国家社会科学基金项目（16CJL036）成果

Economic Growth Led by Income Distribution, Endogenous Demand and Supply Side Synergy:

Perspective of Heterodox Theories

收入分配、内生需求与供给侧协同下的经济增长

非主流理论视角

刘 盾 ◎著

透过**收入分配**与供需协同的**宏观动态学**理论，

解读“**百年大变局**”背后的矛盾运动规律，

阐明我国“**双循环**”发展之内生动力。

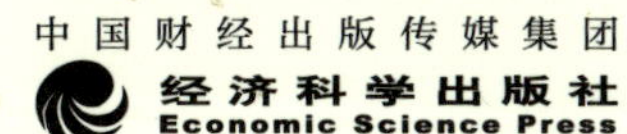
中国财经出版传媒集团
经济科学出版社
Economic Science Press

图书在版编目（CIP）数据

收入分配、内生需求与供给侧协同下的经济增长：非主流理论视角 / 刘盾著. --北京：经济科学出版社，2023.11

ISBN 978-7-5218-4804-5

Ⅰ.①收… Ⅱ.①刘… Ⅲ.①中国经济-经济增长-研究 Ⅳ.①F124

中国国家版本馆 CIP 数据核字（2023）第 099521 号

责任编辑：杨　洋　杨金月
责任校对：王肖楠
责任印制：范　艳

收入分配、内生需求与供给侧协同下的经济增长：
非主流理论视角
刘　盾　著
经济科学出版社出版、发行　新华书店经销
社址：北京市海淀区阜成路甲 28 号　邮编：100142
总编部电话：010-88191217　发行部电话：010-88191522
网址：www.esp.com.cn
电子邮箱：esp@esp.com.cn
天猫网店：经济科学出版社旗舰店
网址：http://jjkxcbs.tmall.com
北京季蜂印刷有限公司印装
710×1000　16 开　21.75 印张　330000 字
2023 年 11 月第 1 版　2023 年 11 月第 1 次印刷
ISBN 978-7-5218-4804-5　定价：75.00 元
（图书出现印装问题，本社负责调换。电话：010-88191545）

本书在批判主流经济学的分配与增长理论的基础上，通过梳理西方马克思主义与后凯恩斯主义关于分配与增长关系的理论脉络，发展了一套体现收入分配、有效需求与供给效率之间互动关系的宏观动态学理论框架。立足该理论框架，本书重新审视了欧美经济危机乃至“百年大变局”背后的矛盾运动规律，并结合实证分析提出对我国的政策启示，即通过内生于收入分配改善的需求侧“主轮驱动”与供给侧动态协同，促成双循环发展的内生动力。

序一

林木西

自从经济学成为一门独立的学科以来，不同学派关于收入分配与经济增长之间关系的争论就从未间断过。之所以如此，不仅因为该问题与意识形态和政策实践的联系异常紧密，还因为该问题剑指经济理论的基石与核心，涉及学派之间在预先假设与研究范式层面的争论。相信任何一个打算以此为题写作的学者，都会深感手中的笔杆之重。初看这本书时，我不由得为作者的勇气点赞；细读下来，感到这是一本值得耐心品读的严肃理论著作。

本书在批判主流经济学的分配与增长理论的基础上，通过梳理西方马克思主义与后凯恩斯主义关于分配与增长关系的理论脉络，发展了一套体现收入分配、有效需求与供给效率之间互动关系的宏观动态学理论框架。立足该理论框架，本书重新审视了欧美经济危机乃至“百年大变局”背后的深层次矛盾根源，并结合实证分析，对我国通过改善收入分配，促进更高水平的供需动态平衡与“双循环”新发展格局提出了若干政策启示。我认为本书在理论建构及其现实应用方面都作出了一定贡献。

就理论建构而言，本书立足于西方非主流学派的分配与增长理论，这在国内同类著作当中并不多见。西方非主流学派构成庞杂，主体是西方马克思主义与后凯恩斯主义。尽管理论模型与意识形态各异，但就理论范式而言，非主流学派的共性大于分歧，那就是以社会再生产为研究对象，重点考察收入分配与资本积累之间的宏观动态关系，进而探讨资本主义经济的矛盾运动规律与经世济民的施政方略。也正因此，西方非主流经济学可被称作广义的“西方政治经济学”。发端于2008年的西方国家经济危机促使经济学家反思既有的经济模式和主流理论。马克思、凯恩斯、卡莱斯基、凡勃伦和明斯基等经济思想家的理论受到了比以往更多的关注。但在西方经济学界，传承自这些思想家的非主流学派仍是一个“风雨飘摇”中的群体。更令人遗憾的是，在中国，西方主流经济学长期主导课堂教学与学术研究，以至于很多高年级的经济学专业学生，也全然不知在主流教科书之外，还有如此“帮派林立”、缤纷多彩却又如此贴近现实的理论世界。当前风云际会的国内外经济环境，造就了百年不遇的学术争鸣的氛围与机会。本书作者怀着宣传“异端”学说的热忱，为当前的学术争鸣带来不一样的视角和声音，我认为是适逢其时的。

本着“不破不立”的原则，本书首先系统性地回顾并批判了西方主流经济学的分配与增长理论。从建模思路、形式逻辑，到理论实体、前提假设，再到方法论基础乃至意识形态，作者层层深入，总结分析了主流经济学相关理论的七大主要缺陷：虚幻的个人主义方法论、“乌托邦式”的交换经济、没有时间观念的均衡观念、同义反复的形式逻辑、无从立足的边际生产力分配论、脱离现实的供给决定论、欲盖弥彰的意识形态。尽管学界对西方主流经济理论的批判不在少数，但本书的论证更加深入、更加透彻、更具系统性。随后，本书对西方马克思主义和后凯恩斯主义的分配与增长理论做了比较深入的回顾与评析，梳理了其中体现收入分配、内生需求与供给侧协同的思想脉络，并以此为基础发展了本书的理论模型。类似于后凯恩斯主义的立场，本书强调有效需求决定经济增长的“第一性”作用，但其着眼于“内生需求”，即内生于收入分配的有效需求。而供给约束直接地或者（通过反作用于收入分配）间接地对内生需求创造产生反馈作用，体现了供给侧因素能在多大程度上与内生需求形成有效协同。通过引入非线性的“增长区制”与“分配区制”，分别考察工资份额对经济增长的影响以及供给约束和内生性技术进步对收入分配的反馈作用，该模型比较深入地分析了收入分配、有效需求与供给效率之间的宏观动态关系，对于理解需求与供给的动态平衡、“双循环相互促进”的内在机理以及收入分配在其中发挥的基础性作用提供了丰富的理论洞见。

在理论的现实应用层面，本书立足上述理论框架，反思了2008年经济危机的深层次根源，并就我国构建新发展格局提出政策启示。关于此轮危机根源的著述可谓汗牛充栋，但大多同意它是资本主义国家再次面临深层次结构性变革的转折点。作者认为，此轮危机的根源，乃是西方国家新自由主义转型导致的工资份额下降与收入差距扩大，与其潜在的增长区制发生矛盾，进而引发内生需求不足、亦即剩余价值的实现危机。在此背景下，欧美国家借助全球化与金融化浪潮，分别发展出了“负债驱动”与“出口驱动”这两种互为条件的外生需求驱动方式，虽暂时缓解了需求不足的危机，却终致更猛烈的危机相继在美国和欧洲爆发。从更深广的历史视域来看，此次危机也是美国主导的世界体系陷入全面危机的标志。随着美国霸权的衰落，美国已不具备通过制度变革实现更高水平供需协同，进而在现有世界体系框架内重启一轮长波周期的客观条件。而“百年大变局”本质上是既有世界体系陷入失序，又有新的世界体系尚待确立的历史更迭时期。当然，这些思想并非完全是作者的原创，但却是作者立足本书理论框架加以整合、发展之后的系统性阐述。

随后，作者将视角转向国内，阐释了深化收入分配改革与实现供给需求“更高水平动态平衡”、构建“双循环”新发展格局的内在联系。作者通过实证分析表明，当前我国的总需求和劳动生产率均处于“工资拉动增长”的区制，适度提升劳动收入份额，不仅有利于总需求的更快增长，还可通过诱致性技术进步，促进劳动生产率更快提高。这一局面既有助于做大、做强“国内大循环”，还有助于通过产品竞争力的增强和国际价值链地位的攀升，不断缓解国内需求扩张的国际收支约束，实现“国内国际循环相互促进”。在此过程中，一系列配套的供给侧结构性改革，不仅是改善收入分配的前提，也可为内生需求增长提供有效协同。有鉴于此，作者着重从劳动力市场制度和财税体系两个方面，就我国改善收入分配、转型高质量发展提出了若干政策启示。党的十八大以来，党中央围绕我国转变经济发展方式发表了一系列重要论述。一方面，继续强调深化收入分配制度改革，“提高劳动报酬在初次分配中的比重”，力求“在高质量发展中促进共同富裕”；另一方面，以供需协同看待经济增长，“坚持扩大内需这个战略基点”，“把实施扩大内需战略同深化供给侧结构性改革有机结合起来”，“构建以国内大循环为主体、国内国际双循环相互促进的新发展格局”。作者应用相对严谨的理论框架，把这两个方面的政策创新思想有机地联系起来，算得上本书的又一亮点。

习近平总书记指出，“我们要立足我国国情和我们的发展实践，深入研究世界经济和我国经济面临的新情况新问题，揭示新特点新规律，提炼和总结我国经济发展实践的规律性成果，把实践经验上升为系统化的经济学说，不断开拓当代中国马克思主义政治经济学新境界，为马克思主义政治经济学创新发展贡献中国智慧”。[①] 面对中国特色社会主义市场经济的伟大实践，我们需要尽快建立自主的政治经济学理论体系。但不容否认的是，自20世纪六十年代以来，特别是2008年国际金融危机之后，西方政治经济学取得了长足发展，它们无疑可为我们建立中国特色的政治经济学理论体系提供有益的借鉴。本书不失为发展西方政治经济学理论并将其应用于国内现实的一次有益尝试。

当然，正如作者在书末指出的，本书更多体现为对现有理论的整合与边际创新，对于很多理论和实证问题的探讨还有待深入，一些具体观点也容许进一步的争论。特别是本书更多借鉴了西方政治经济学的理论，如何让这些理论服务于经典马克思主义的守正创新及其“中国化”，仍有进一步提升的空间。尽管如此，我们不难从字里行间看得出作者为此倾注的心血，看得出作者在这一领域多年的耕耘与积淀。

此书是作者的一项国家社科基金项目成果取得良好的结题评价之后，又经历大约一年时间修改、完善而成。作者刘盾自从攻读博士学位开始，就一直专注于非主流理论视角下收入分配与宏观经济动态的理论研究，至今已在国内外高水平期刊发表论文十余篇，出版专著多部。成果数量虽算不上高产，但文章与著作均表现出较高的含金量与独创性。众所周知，理论经济学的基础研究并不是一份“讨巧”的工作，需要经年累月潜心其中，特别是非主流经济学领域的高水平期刊数量较少，研究成果的发表难度更大。在青年学者普遍看重短期回报的今天，刘盾博士甘于寂寞，潜心研究，不怕坐冷板凳，敢于啃硬骨头，其态度与坚持难能可贵。本书可算是对他过去十余年研究成果的一次阶段性总结。我对这位青年学者的学术追求和探索精神表示赞赏，对他取得的这一阶段性成果表示祝贺。希望他能沿着既有的研究方向继续前进，在未来的学术道路上取得更大进展。

林木西

辽宁大学资深教授、长江学者特聘教授、“万人计划”领军人才

---

① 习近平. 不断开拓当代中国马克思主义政治经济学新境界［EB/OL］. 求是网，2020－08－15.

序二

袁伦渠

党的十八大以来，国内外“两个大局”的历史交汇给经济学界提出了新的理论问题，也催生了新的理论需求。放眼全球，始于2008年的全球性经济危机成为资本主义体系再度面临深层次变革的转折点。危机促使人们以争鸣的方式反思既有的经济制度与主流经济学理论。新自由主义的自由市场信仰受到普遍质疑，马克思、凯恩斯、明斯基等思想家的理论受到追捧，长期被边缘化的非主流经济学引发更多关注。正如美国著名马克思主义经济学家理查德·沃尔夫（Richard Wolff）所言：“经济学理论从一种主流形式走向另一种主流形式，既影响资本主义不同模式的转换，也深受资本主义不同模式转换的影响。”然而十多年过去了，关于经济治理模式与经济学理论的变革远未达成共识，“百年未有之大变局”仍在加速演进。面对持续加剧的贫富差距、政治极化、逆全球化思潮与技术性失业威胁，学界与政界无法给出系统性的解决方案。西方各国虽见证了国家干预的回归，但这仅限于临时性的需求刺激政策，一场涉及深层次变革的“21世纪新政”如今看来依然遥不可期。

与西方国家的动荡与分化相比，我国面向高质量发展之路达成了前所未有的改革共识，并围绕收入分配与增长方式转换提出了一系列重要的思想与实践创新：其一，深化收入分配制度改革，提高劳动报酬占初次分配的比重，“在高质量发展中实现共同富裕”；其二，“坚持扩大内需这个战略基点”，发挥消费的基础作用，“构建以国内大循环为主体、国内国际双循环相互促进的新发展格局”；其三，加快建设现代化经济体系，“把实施扩大内需战略同深化供给侧结构性改革有机结合起来”，“形成需求牵引供给、供给创造需求的更高水平动态平衡”。

尽管近年来相关的政策解读或评论分析性文章如雨后春笋，但一些基础性的理论问题仍有待深入讨论，比如，如何看待经济增长过程中供给与需求的互动，如何理解收入分配与供需动态平衡的关系，进而如何实现收入分配改善、国内需求扩张、供给效率提升的良性循环？这些问题关乎构建新发展格局的底层逻辑，同时也是贯穿经济思想史的永恒话题。对这些问题的讨论，不仅有助于深刻理解政策实践，也有助于完善中国特色政治经济学的自主知识体系。

刘盾博士的这本新作从更加理论化的层面和与众不同的视角，尝试对这些问题做出回应。通过梳理并发展西方非主流经济学的分配与增长理论，作者从收入分配与供需协同的视角切入，不仅反思了此轮欧美经济危机的根源，还较为系统地阐释了我国改善收入分配与构建新发展格局的深层次联系。总的说来，本书给我留下了三点比较深刻的印象。

其一是作者表现出的独立思考与批判精神。本书旗帜鲜明地以西方非主流经济学作为立论基础，并对西方主流经济学做了系统深入的批判。西方非主流经济学（也常被称作“非正统经济学”）主要包括西方马克思主义、后凯恩斯主义、历史制度学派、演化经济学等流派，虽然尚未形成统一的理论范式，但这些流派表现出对立于新古典主义的共性特征，那就是承袭悠久的政治经济学传统，立足历史、制度与宏观动态学分析范式，探讨特定生产关系下收入分配、技术进步、资本积累的矛盾运动关系，强调资本主义经济的非均衡特征与内在不稳定。长期以来，非主流学派在西方经济学界只能偏居一隅，共同对抗新古典主义的话语霸权；在我国，由于这些流派既远离主流的西方经济学，又不同于传统的马克思主义政治经济学，因而更是“孤独的少数派”。本书处处体现出挑战西方主流成见的鲜明立场，并将其建基于周密严谨的思辨和论证之上。特别是作者本着“先破后立”的原则，从方法论基础、前提假设、建模思路乃至意识形态等层面，总结归纳了新古典主义分配与增长理论的七大主要缺陷，其论证是比较深刻、到位的。

其二是作者比较深厚的理论积累和融合创新意识。本书对西方马克思主义和后凯恩斯主义的分配与增长理论做了细致的梳理与比较，并在此基础上进行了一定程度的融合与发展。这部分内容体现了作者比较丰富的学术积淀，以及对各类模型深层次内涵的体悟与理解，从中看得出作者的确投入了心血，看得出作者是在忠实地对待伟大经济学家的思想遗产，忠实地对待经济学的基础理论研究。作者发展的理论模型引入非线性的“增长区制”与“分配区制”，分别考察工资份额对经济增长的影响以及供给约束和内生性技术进步对收入分配的反馈作用，比较深入地分析了收入分配、有效需求与供给效率之间的宏观动态关系。该模型融会了西方非主流学派的诸多理论思想，如马克思的周期性危机理论、新卡莱斯基增长模型、法国调节学派关于制度形式与“积累区制”相匹配的思想等。作者强调内生于收入分配的有效需求对经济增长的主导作用，兼顾供给约束与诱致性技术进步对“内生需求”创造的协同效果。尽管具体观点容许进一步争论，其论证本身是逻辑自洽的，也是有充分的理论依据与现实基础的。

其三是本书具有比较广阔的历史视野与现实关切。作者从收入分配与内生需求的视角，反思了2008年全球性经济危机的根源，并阐释了当前我国改善收入分配与实现供给需求“更高水平动态平衡”，构建“双循环”新发展格局的内在联系。作者认为，此轮经济危机本质上仍是一次剩余价值的实现危机，根源在于新自由主义转型导致的工资份额下降与相关国家潜在的“工资拉动型增长区制”发生矛盾，以致经济增长依赖负债消费以及对负债消费国的出口这两种不可持续的“外生需求刺激”。拉长历史视域来看，此次危机也是美国主导的世界体系的危机。随着美国霸权的衰落，美国已不具备在现有世界体系框架内重启一轮长波周期的客观条件，而这也正是“百年大变局”的历史背景。尽管这些观点并非是全新的，但作者基于本书的理论框架，对其做出了更加系统、严整的阐释。国内方面，作者通过实证分析表明，当前我国的总需求和劳动生产率均处于“工资拉动型区制”，适度提升劳动收入份额，不仅有利于总需求的更快增长，还可通过诱致性技术进步，促进劳动生产率更快提高。这一局面既有助于做大做强“国内循环”，还有助于通过提升产品竞争力，不断缓解内需扩张的国际收支约束，实现“国内国际循环相互促进”。这一结论将实现共同富裕与构建新发展格局有机联系起来，站位足够高远，也颇有新意。

习近平总书记指出，“要按照立足中国、借鉴国外，挖掘历史、把握当代，关怀人类、面向未来的思路，着力构建中国特色哲学社会科学”，并特别强调“要立足我国国情和我们的发展实践，深入研究世界经济和我国经济面临的新情况新问题”，“不断开拓当代中国马克思主义政治经济学新境界。”① 出于理论源流和研究范式的共性特征，西方非主流经济学可被视作广义的西方政治经济学。尽管从传统马克思主义的视角来看，西方政治经济学的很多观点值得商榷，但它们无疑可为我们完善中国特色的政治经济学理论体系提供有益借鉴。有鉴于此，国内多一些如本书这样的理论研究，是件好事。

当然在我看来，本书也给作者留下了不少有待进一步改进提升的空间。比如，本书主要立足于西方政治经济学的理论，更多以资本主义经济为研究对象，理论建构和指向的“中国化”程度尚显不足；又如本书偏重于后凯恩斯主义的理论成分，对马克思主义经济学在新的历史条件下的最新进展还缺乏足够的关注。相信这些问题也将指引作者在后续研究中的努力方向。

本书作者刘盾在北京交通大学经济管理学院攻读博士学位期间，我是他的指导教师。他在清华大学顺利完成博士后研究工作之后，又回到北京交通大学经管学院任教数年。可以说，我见证了这名青年学者学术生涯初期的成长历程，深知其执着严谨的治学态度与真诚谦恭的性格品质。攻读博士学位期间，他就对理论经济学产生了浓厚的兴趣，并自那时起一直专注于非主流理论视角下劳动关系、收入分配与宏观经济动态的交叉研究。十余年来，刘盾耐得住寂寞，埋头书山文海，潜心于基础理论研究，这在青年学者大多追求“短平快”式研究的今天显得尤为可贵。看到他的国家社科基金课题成果行将出版，我由衷地感到欣慰。我对他表示祝贺，也期待他的下一本佳作问世。

国务院原参事、北京交通大学资深教授

① 牢记使命 不负时代：哲学社会科学工作者谈习近平总书记在哲学社会科学工作座谈会上的重要讲话［EB/OL］. 新华社，2016－05－17.

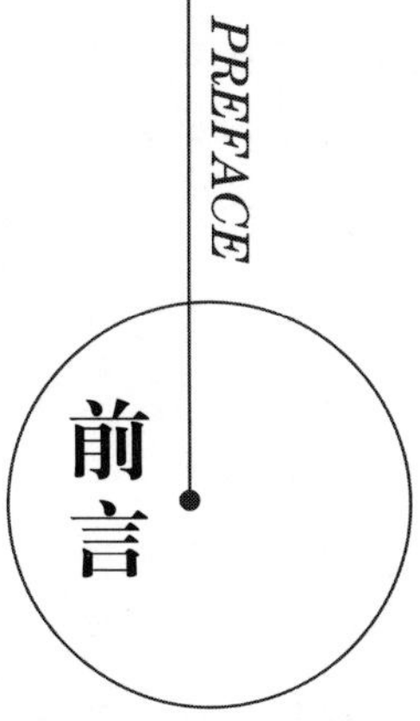

前言

就在本书写作之际，全球“百年未有之大变局”正加速演进：政治极化加剧、民粹主义抬头、“逆全球化”思潮涌动、国际紧张局势升级、经济“滞涨”趋势凸显、贫富差距有增无减。相比于西方的动荡与分化，我国经济社会发展表现出了强大的韧性与战略定力，并就全体人民迈向高质量发展之路达成了前所未有的改革共识：其一，深化收入分配制度改革，提高劳动报酬占初次分配的比重，“在高质量发展中实现共同富裕”；其二，“坚持扩大内需这个战略基点”，发挥消费的基础作用，“构建以国内大循环为主体、国内国际双循环相互促进的新发展格局”；其三，“扭住供给侧结构性改革”，加快建设现代化经济体系，“把实施扩大内需战略同深化供给侧结构性改革有机结合起来”“形成需求牵引供给、供给创造需求的更高水平动态平衡”。一言以蔽之，我国实现高质量发展的核心要义，在于实现收入分配改善、国内需求扩张与供给效率提升的良性循环。

从2008年金融危机之后的传统总需求管理，到2015年提出“供给侧结构性改革”，再到2020年提出“以国内大循环为主体”“把满足国内需求作为发展的出发点和落脚点”，以及

“把实施扩大内需战略同深化供给侧结构性改革有机结合”，反映了我国经济决策层对经济增长过程中需求与供给的关系的认识不断深化，其指向是超越传统凯恩斯主义与西方主流的供给侧经济学，形成新的综合（崔之元，2022a，2022b）。然而这一指向也给经济学理论界提出了重要课题：如何重新审视经济增长过程中需求与供给的关系，形成新的理论综合？如何实现扩大内需战略与供给侧结构性改革的“有机结合”，实现供需双侧的“更高水平动态平衡”？更重要的是，该如何理解供需互动与收入分配之间的关系，进而实现收入分配改善、国内需求扩张与供给效率提升的良性循环？尽管近年来学界围绕扩大内需与供给侧结构性改革的关系、新发展格局的构建开展了大量研究，但现有研究大多局限于政策解读与现实分析，鲜有对现实问题之下的理论“底层架构”的研究。笔者认为，唯有在基础理论层面上进一步厘清分配、需求、供给的动态互动关系，才可对相关现实问题产生更深刻的认识，并且澄清某些常见的分歧乃至误区。

实际上，分配、需求、供给的关系问题，也就是贯穿于整个经济思想史的关于收入分配与经济增长的关系问题。这一问题又可分解为两个方面：何者决定分配，何者决定增长。它可谓是经济理论中的永恒话题，有如爱情在文学作品中的地位。之所以如此，笔者认为，一方面，是因为其他问题从不会像该问题这样与意识形态和政策实践如此紧密地联系在一起；另一方面，是因为分配和增长理论堪称经济学理论体系的主干——它深扎于价值和资本理论的庞大根系，生发出商业周期、经济危机、经济制度和财政学理论的繁茂枝叶。任何一个想以此为题写作的严肃理论学者，都会深感手中的笔杆之重。不过，笃信新古典主义的主流经济学者不大可能对这个论题抱以同等的重视。立足于原子化个人主义方法论、完全理性或理性预期假设、静态均衡分析和边际生产力分配论，主流经济学将分配和增长归结于心理、技术和自然条件：分配取决于生产函数的性质，增长取决于技术和人口增长率；除了资源禀赋的初始分配在新增长模型中有所顾及之外，分配与增长无关。于是，分配与增长的关系逐渐丧失了其在古典主义时代的核心地位，周期波动、经济危机、劳动关系和政府的作用，也逐渐淡出主流经济学的理论模型。庆幸的是，马克思主义、后凯恩斯主义和历史制度主义等非主流经济学派一直延续着古典政治经济学的伟大传统——那就是，把收入分配和经济增长之间的宏观动态关系作为经济学的核心议题，强调社会经济关系对收入分配，以及收入分配通过影响总需求对经济增长的决定性作用，并从收入分配和供需协同的视角考察资本主义经济的非均衡特征和内在不稳定性。

当然，中国特色社会主义市场经济的伟大实践需要中国特色的经济学理论。但是不容否认的是，西方非主流经济学（也可称之为广义的西方政治经济学）在最近几十年取得了长足发展，特别是在2008年金融危机后又掀起了一波理论产出的高潮。它们无疑可为我们的理论创新提供有益借鉴。本书就是试图整合、发展西方非主流经济学的分配与增长理论，并将其应用于国内外现实问题分析的一个初步尝试。本书标题中的“内生需求”，指的是内生于收入分配的有效需求，其背后的理论主旨是：供给内生于需求、需求内生于收入分配，收入分配则内生于制度结构；收入分配的变化与潜在的“增长区制”的匹配或失配，决定了内生需求的增长或停滞（同时也包括通过决定内生技术进步，继而通过影响国际收支约束影响内生需求增长的限度）；但是另外，同样受制于制度结构的供给约束又会通过影响收入分配对内生需求产生反馈作用，继而决定了供给侧因素能在多大程度上与内生需求增长形成有效协同。这样一个理论框架可以为我们反思欧美经济危机乃至“百年大变局”的根源，以及我国构建“双循环”新发展格局的总体思路提供一个较新的理论视角。

本书的主要内容围绕以下五个方面展开：其一，回顾、评析主流经济学的收入分配与经济增长理论，并对其方法论基础和理论实体做出系统性批判。其二，梳理、比较与评析西方马克思主义和后凯恩斯主义关于收入分配、经济增长及其互动关系的理论，厘清其中关于收入分配、内生需求与供给侧协同的理论脉络。其三，通过整合、发展非主流学派的既有理论，构建理论模型，分析收入分配、内生需求与供给约束之间的宏观互动关系，并借此说明现阶段我国通过改善收入分配促进供需协同、实现“双循环相互促进”的理论机制。其四，从收入分配与内生需求的视角，探讨2008年欧美经济危机的深层次根源，继而将这一对危机的解释上升到“长波周期”与“世界体系周期”理论，对当前世界的“百年大变局”提出一个新的诠释角度。其五，应用理论模型，对我国工资份额提升、总需求增长与劳动生产率增长的关系做初步的实证检验。实证分析表明，当前我国的总需求和劳动生产率均处于“工资拉动的增长”区制，提升工资份额、改善收入分配是促成需求与供给的“更高水平动态平衡”、构建新发展格局的关键。其六，主要从构建以体面劳动为导向的劳动力市场制度、完善就业优先和更加公平的财税体系这两个方面提出若干政策启示。

本书在理论视角、理论分析与研究结论等方面可能有一定的创新之处，包括对主流经济学相关理论的系统性批判、立足非主流理论的宏观动态学模型构建，以及从收入分配、内生需求与供给侧协同的视角解释西方经济危机的根源和我国“双循环”发展的内生动力等。但是，这些创新之处更多是边际上的创新，谈不上重大的理论突破。因此，笔者希望本书能成为学界同行进一步深入研究的抛砖引玉之作。此外，考虑到非主流经济学理论在我国的普及程度还不高，而本书又将很大的篇幅用于理论回顾、比较与评析，因此本书也适宜作为学者或学生了解非主流经济学理论，或者从事相关领域教学与入门研究的参考书。

本书是笔者于2016年开始主持的国家社会科学基金青年项目“非主流宏观动态学视角的收入分配、内生需求与供给侧协同研究”（16CJL036）的最终成果。参与该项目结题评审的5位匿名专家在对成果给予肯定评价的同时，也提出了诸多宝贵的修改建议。笔者根据专家建议对结题时提交的成果又做了较大幅度的改进，遂成此书。在此，笔者对五位匿名评审专家表示衷心的感谢。当然，尽管本人为本书的写作投入了大量时间，终究才识疏浅，以致书中仍多有不足之处，敬请各位专家批评指正。

刘盾

2023年2月于北京

目录

第1章 绪论

1.1 研究背景：“百年未有之大变局”下的世界与中国

1.1.1 分化的世界，分化的思想

2008年爆发的全球性经济危机无疑是西方发达国家乃至全世界的一个重要转折点。有关经济和社会治理的结构性变革，占据了学术和政策辩论的最显要位置。然而十多年过去了，变革的共识仍未达成。相反，令人愈发困惑的分化来自世界的方方面面。始于2019年底席卷全球的新冠疫情，让刚刚看到复苏希望的全球经济再度阴霾密布，让西方世界的收入差距、阶层分化、政治极化、社会动荡愈发凸显，乃至雪上加霜。

富人区与平民区之间的高墙依然高耸。全世界的富裕阶层正在用私人飞机、会员制诊所、贵宾俱乐部乃至私人音乐会，构建一个自足自治的封闭王国（Frank，2007）。在危机爆发后幸运地抓住“黄金降落伞”的金融高管，在数年后的金融业先行复苏中“满血复活”；而愤怒的纳税人经过“占领华尔街”运动的短暂宣泄后，依然未能促成民主政府找到解决方案。在经历了危机后短暂的财富缩水，美国“逆向再分配”税收改革与欧洲的财政紧缩使得西方国家巨大的收入差距不降反升。截至2021年，美国和欧盟国家最富有的1%人群占有的税前收入分别高达18.8%和11.6%；

后者较之2008年时的11.9%仅有细微改观，前者较之2008年时的18.1%则有过之而无不及。[①] 然而当“左”派政党和劳工组织尚未来得及提出一套可行的解决方案，第四次工业革命又裹挟着人工智能与平台经济汹涌而至；一时间，“无保障劳工”（precarious workers）比例的大幅上升、传统雇佣时代的终结、技术性失业的末世预言、收入差距的进一步扩大，又再次成为学界、媒体和公众关注的头条话题。

长期的经济停滞、失业率高企、贫富分化与阶层固化，让西方国家尤其是美国陷入前所未有的政治极化。在美国，民主党更“左”，共和党更“右”，双方互视对方为敌人，所谓的“民主政治”只是为了否决对方而存在；即便在新冠疫情下的公共危机之中，双方也难以达成妥协方案。在整个社会层面，民众在社会经济政策、政治立场、身份认同、文化价值观方面的差异日益两极分化，“黑人命贵”“占领国会山”等社会动荡频发。在欧洲，极端民族主义思潮沉渣泛起，“疑欧主义”的呼声一浪高过一浪。在2019年5月落幕的欧洲议会选举中，疑欧党派和极右翼势力一举拿下近1/3席位。

在国际层面，全球价值链收缩与“逆全球化”已成大势所趋，贸易保护主义有所抬头，地缘政治冲突有增无减。美国重回“孤立主义”与“美国优先”战略，在国际贸易与外交领域奉行单边主义路线，并将国内政治经济矛盾归咎于中国的社会倾销，不断煽动“中国威胁论”与意识形态对立。对于俄罗斯，以美国为代表的西方国家集团固守警惕与对抗的冷战思维，通过北约不断东扩步步紧逼，拒绝其以自主的方式融入欧洲秩序，终致俄乌冲突的爆发。冲突爆发后，美国与欧盟对俄罗斯采取突破底线的制裁措施，造成粮食与能源价格暴涨，而为此付出最大代价的无疑是西方及众多发展中国家的底层民众。联合国发展计划署估计，仅在2022年3月至6月，飙升的生活成本就将7100万人推至贫困线以下。[②]

一如齐泽克（Zizek，2009）所言：“1989年11月9日，柏林墙倒塌。

① 资料来源：世界财富与收入数据库（World Inequality Database）。

② UNDP. Addressing the cost-of-living crisis in developing countries: Poverty and vulnerability projections and policy responses [R]. New York: United Nations High-Level Political Forum on Sustainable Development, 2022.

这一事件看似宣告了‘快乐的90年代’和弗朗西斯福山的‘历史终结’的乌托邦的开始；自由民主的信仰原则上赢了，一个自由地球村似乎在拐角处等待”，但是25年后的今天，“新的高墙又在世界各地筑立”[①]：筑立在伦敦金融城和郊区的移民聚集区之间，筑立在华尔街精英和愤怒的白人无产阶级之间，筑立在克里米亚－顿涅茨克沿线，筑立在欧盟周边和成员国之间，当然也筑立在各派政党和经济学家之间。

拨开这“百年未有之大变局”的层层迷雾，可以看到处于风暴中心的、实则为各种矛盾根源的，同时也是最引人注目、与2008年经济危机关系最紧密的，莫过于阶级和收入的分化。经过30多年的新自由主义实验，全球大部分人口都经历了收入和财富分配差距的急剧扩大，其深度和速度堪比19世纪的“镀金时代”和20世纪“咆哮的20年代”（甚至有过之而无不及）。在“货币主义”“供给学派”和“新古典宏观经济学”的理论支持下，通过打压工会、削减福利、放松管制、解除资本流动限制、促进制造业的对外转移，资本相对劳动的谈判实力和盈利能力大幅增强，西方国家的劳动收入份额普遍出现了明显、持续的下降。与此同时，劳动者内部的工资差距，尤其是金融业与实体经济行业的员工之间、高管与普通员工之间的薪酬差距急剧扩大（刘盾和施祖麟，2014）。结果是绝大多数收入与财富向极少数尖端群体聚集，马克思所说的阶级社会和“资本的积聚与集中”从未像今天这样有现实意义。从1981年到危机发生前的2007年，美国最富有的1%的人群所占有的收入份额从10.0%增加到23.5%；英国（不含资本利得）则从6.7%增加到15.4%；在美国，1975～2007年的所有新增收入中，竟然有46.9%的收入被最富有的1%的人群收入囊中，在英国、挪威、意大利、法国、西班牙，这项数字分别为24.3%、11.7%、11.5%、11.4%、10.7%。[②] 另据国际著名发展与援助组织乐施会（OXFAM，2014）的估计，截至2014年初，全世界最富有的85个人拥有的财富相当于这个星球上最穷的那一半人所拥有财富的总和！更令人担忧的是，经济危机并未使两极分化的态势有所改观；由于政府对金融机构的救助、大规

① ZIZEK S. First as tragedy, then as farce [M]. London: Verso, 2009, 3.

② 资料来源：世界财富与收入数据库（World Inequality Database）。

模的收购兼并、对民众的财政紧缩计划，以及资本市场的率先复苏，经济合作与发展组织（OECD）成员的平均收入分配差距不降反升。[①]

危机发生后，很多经济学家意识到急剧扩大的收入分配差距——而不仅是贪婪的金融部门和无效的政府管制——是危机发生的重要诱因，并开始对过去30多年来占主流地位的新自由主义经济学开始了深刻的反思。“数量惊人的自由市场经济学家，曾经对米尔顿·弗里德曼及其芝加哥同事们顶礼膜拜，如今也排起队来，对约翰·梅纳德·凯恩斯宣誓效忠。”“但它并不能构成一场知识革命。”（朱特，2012）主流经济学阵营内的争论局限于“淡水派”与“咸水派”[②]之间，局限于多一些自由市场还是政府干预，多支持“华尔街”（wall street）还是“商业街”（main street）之间。受制于其方法论基础和理论范式的局限，主流经济学家不能认识到当代资本主义经济的深层次结构性矛盾，继而难以针对当前变局提出标本兼治的结构性变革建议。而一直把收入分配与经济增长的宏观动态关系作为核心议题的非主流经济学派——如西方马克思主义、后凯恩斯主义和历史制度学派，不仅从更深层面剖析了2008年经济危机以及后危机时代的经济治理，还在早些年就准确地预言了这场危机[③]，然而他们的声音却一直没有得到足够的重视。一场与经济社会治理的结构性变革相适应的知识革命仍有待展开。

1.1.2 从“供给侧结构性改革”到“新发展格局”：中国的改革探索与实践

改革开放40多年以来，我国经济持续保持年均9.43%的高速增长，

① 资料来源：OECD国家收入分配数据库（OECD Income Distribution Database）。

② “淡水派”指信奉新古典宏观经济学的学派，因其大本营为芝加哥大学和明尼苏达大学，濒临五大湖，故而得名。“咸水派”指信奉“新古典综合”或新凯恩斯主义经济学的学派，因其大本营为哈佛大学和麻省理工学院，濒海，故而得名。

③ 早在危机爆发之前，一些刊登在非主流经济学期刊上的文章就曾正确地指出，20世纪90年代以来资本主义世界（尤其是美国）持续稳定的经济增长，是由于消费信贷取代工资增长而成为有效需求的主要推动力；一旦债务负担的累积超过了消费者的实际偿还能力，金融危机便不可避免。本书很大程度上受到这类观点的启发，对此类文章的综述详见因佩里亚和马菲奥（Imperia & Maffeo，2011）。

并于2010年在按美元计算的GDP方面超越日本，成为世界第二大经济体。[①] 即便在国际经济哀鸿遍野的2020年，我国仍然成为世界主要国家中唯一实现正增长的经济体。中国的和平崛起，正在并且还将会深刻影响全球经济秩序与政治格局，而这本身也是“百年未有之大变局”中的重要因素。

当然不容忽视的是，我国经济在保持持续高速增长的同时，也累积了一系列有待解决的结构性问题。后者在改革开放的“后半程”（即大约2000年之后）表现得尤为突出，并可概括为以下三个典型事实：即收入分配差距持续扩大、需求结构趋于失衡、供给侧结构性矛盾日益凸显。如图1－1左侧所示，1978～1997年，表现功能性收入分配的要素成本法劳动收入份额（labor share at factor cost）基本保持稳定，尽管表现个体收入分配的收入最高10%群体的收入份额（top 10% income share）缓慢上升。但是从1998年起，劳动收入份额开始显著、持续地下降，直至2011年的历史低点51.6%[②]；收入最高10%群体的收入份额则开始迅速攀升，并于2011年升至42.9%的历史高位。[③] 居民消费率几乎与收入分配差距的变化保持同步，改革开放的前20年，中国的居民消费率只呈现出小幅的下降，但从2000年起开始迅速下降，直至2010年的34.6%，其后才伴随着收入分配差距的小幅收窄而温和回调。2008年国际金融危机之后，我国长期依赖廉价劳动力与投资扩张的增长模式面临瓶颈，经济下行压力持续加大，而传统总需求管理的弊端——如加重产能过剩与地方政府债务、助长资产泡沫与金融投机、难以适应不断升级的国内消费需求等——也越发明显地表露出来。越来越多的人将目光转向供给效率问题。如果将劳动生产率作为衡量供给效率的近似指标，则如图1－1右侧所示，全国总和劳动生产率（aggregate labour productivity）在经历了始于新世纪的一轮加速增长之后，自2008年起也随着经济增速的下行而连续回落。

---

① 资料来源：根据《中国统计年鉴（2022）》提供的我国1978～2021年不变价GDP核算。

② 资料来源：关于要素成本法劳动收入份额的计算以及针对2004～2007年统计口径改变所做的数据调整，详见本书第8章。

③ 资料来源：世界财富与收入数据库（World Inequality Database）。

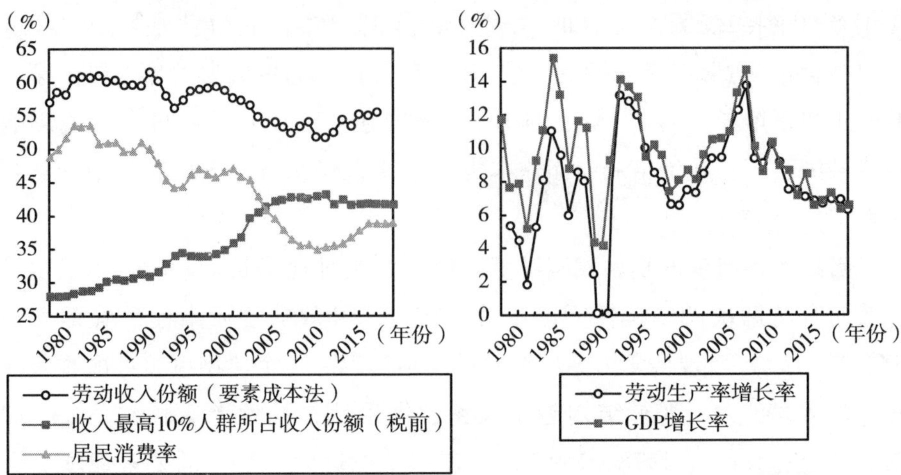

图1－1　1978～2019年我国的收入分配、居民消费率以及劳动生产率增长率

注：1990年的劳动生产率增长率剧烈下降至－11.19%。为了保持适宜的显示尺度，该年对应的数据点并未包含在图表的显示范围之内。

面对这一现状，党中央审时度势地采取了针对性的改革策略。其一，坚持深化收入分配制度改革，多次提出“提高劳动报酬在初次分配中的比重”，“在劳动生产率提高的同时实现劳动报酬同步提高”，并在2021年8月17日召开的中央财经工作会议中再次强调“在高质量发展中促进共同富裕”。其二，“坚持扩大内需这个战略基点”，“加快培育完整内需体系”，使居民消费成为经济增长的主要驱动力，进而“构建以国内大循环为主体、国内国际双循环相互促进的新发展格局”。2022年12月颁布的《扩大内需战略规划纲要（2022－2035年）》进一步明确了将“坚定实施扩大内需战略、培育完整内需体系”作为构建新发展格局的关键支撑。其三，“在适度扩大总需求的同时，着力加强供给侧结构性改革，着力提高供给体系质量和效率”①，逐步实现从要素驱动型增长向效率驱动、创新驱动型增长转变，“形成需求牵引供给、供给创造需求的更高水平动态平衡”。一言以蔽之，我国经济高质量发展的目标，应是实现收入分配公平、

① 以上引述的原文出自2015年11月至2020年12月期间习近平总书记在不同会议或正式场合上的讲话。这些讲话稿收录于中共中央党史和文献研究院编辑的习近平同志专题文集《论把握新发展阶段、贯彻新发展理念、构建新发展格局》。

需求总量增长与结构改善，以及劳动生产率提升的良性循环。

从传统的总需求管理，到供给侧结构性改革，再到双循环新发展格局与需求供给的更高水平动态平衡，这一系列大政方针体现了我们党在治国理念与经济思想方面的重大创新。与西方国家的分化相比，我国在“扩内需、调结构、转方式”等方向性问题上达成了前所未有的改革共识。然而，方向性的共识也留给学术界诸多需要解决的重要课题，比如，当前制约我国经济增长的，到底是供给抑制还是需求不足？提高劳动报酬在初次分配中的比重，将如何影响我国经济的增长速度与质量？2008 年欧美经济危机的根源是什么，这对我国转变经济发展方式又有着怎样的启示？如何将“扩大内需战略与供给侧结构性改革有机结合”，进而实现需求与供给的“更高水平动态平衡”？如何理解供需动态平衡与“双循环”发展格局之间的关系，以及收入分配如何促进“双循环”发展的内生动力？如何理解当前世界的“百年未有之大变局”，以及我国构建新发展格局在这一变局大势下的历史与现实意义？尽管每一个问题都宏大深邃，容得下多种理论、多元视角的分析与争鸣，但在笔者看来，它们都与新时代改革共识提出的基本理论问题相关，即收入分配、总需求增长与供给效率的关系。

然而面对这一重要课题，传统的经济学理论是滞后于实践的。尽管众多学者认识到，收入分配不均是我国消费率下降的重要原因，但是收入分配对总需求增长和供给效率（如劳动生产率）的影响却没有得到同等的关注。造成这一现状的原因与主流经济学中供给导向的增长和分配理论有关。在基于个体最优化决策的一般均衡分析框架之下，收入分配取决于生产函数的性质与要素禀赋；在价格机制总能促使要素市场出清的前提下，经济将沿着由外生技术进步和要素供给决定的均衡路径增长，与收入分配无关（Solow，2012）。主流经济学还认为，除非是纠正“市场失灵”，否则“人为”干预要素收入分配的举措，只会扭曲要素市场，影响经济效率。相比之下，以马克思主义、后凯恩斯主义为代表的非主流经济学一直秉承政治经济学的理论传统，坚持生产关系决定收入分配和需求决定增长的分析范式，强调收入分配、经济增长与技术进步之间的宏观互动关系。它们无疑可以成为反思主流经济学方法论局限、实现中国特色社会主义经济学创新的一个理论出发点。

中国特色的社会主义市场经济需要中国特色的经济学理论。当然，这并不意味着另起炉灶、闭门造车。尽管西方政治经济学长久以来被我们忽视，但其各学派的确在最近几十年取得了长足发展，并在金融危机后再度引发学界关注。它们无疑可为我们的理论创新提供有益借鉴。我们相信，通过创新理论基础，深入探讨收入分配与经济增长的关系，不仅对经济发展理论有所贡献，还有助于回答上述关于改革共识的具体问题，进而对我国在社会主义新时代实现增长方式转型升级，“在高质量发展中促进共同富裕”提出更加明确、更具内在一致性的政策启示。

1.2 研究目标与特色

本书在回顾、整合、发展西方非主流经济学（主要是西方马克思主义与后凯恩斯主义）的分配与增长理论的基础上，研究经济增长过程中收入分配、内生需求与供给侧因素之间的互动关系。本书研究目标有以下五个方面。

（1）回顾、评析主流经济学的收入分配与经济增长理论，并对其方法论基础和理论实体做出系统性批判。

（2）对西方马克思主义和后凯恩斯主义关于收入分配、经济增长及其互动关系的理论加以梳理、比较与评析，剖析其中不同理论分支的深层次联系，厘清其中关于收入分配、内生需求与供给侧协同的理论脉络。

（3）通过对既有理论的整合与发展，构建收入分配、总需求增长、技术进步之间的宏观动态学模型，进一步完善关于收入分配、内生需求与供给侧因素（制度供给、产品供给、要素供给、技术供给、技能供给）之间协同关系的理论框架。

（4）应用本书提出的理论视角，剖析 2008 年欧美经济危机的制度与收入分配根源，继而上升到“长波周期”与“世界体系周期”理论，对当前世界的“百年大变局”提出新的理论解释。

（5）基于本书构建的理论模型，就我国收入分配对经济增长和劳动生产率的影响展开实证研究，借此反思“新常态”背景下我国经济结构性矛盾的根源，得到通过改善收入分配促进“双循环新发展格局”与需求供给“更高水平动态平衡”的政策启示。

与研究对象相似的同类文献相比，本书主要体现出如下特点。

其一，对西方主流经济学的分配与增长理论的方法论基础与理论实体做出系统性批判。尽管现有对西方主流经济理论的批判性论著不在少数，但或者只是针对某一具体理论，或者抽象地针对整套理论体系宽泛论述，无法触及具体的理论模型与逻辑思路。本书针对分配与增长理论这一核心理论议题，在详细回顾其理论基础与代表性模型的基础上，从建模思路、形式逻辑，到理论实体、前提假设，再到方法论基础乃至意识形态层面，层层深入，从而做出论证更加透彻、更具说服力和更加系统化的批判。

其二，立足非主流理论视角，提出了收入分配、内生需求与供给侧协同的思想脉络与理论框架。西方非主流经济学一直是国内经济学界涉足较少的领域，近年来虽然出现了越来越多的相关译著与专著，但在收入分配与经济增长的关系这一非主流学派关注的核心议题上，现有著作尚缺乏足够系统、深入的分析与发展。本书对西方马克思主义与后凯恩斯主义的分配与增长理论做了比较深入的回顾与评析，力求厘清不同理论分支“底层逻辑”的区别与联系，并通过理论整合与发展，提出了收入分配、内生需求与供给侧协同的理论框架。

其三，基于非主流宏观动态学理论，发展了关于收入分配、内生需求与供给侧协同的理论模型。该模型以马克思主义的积累的社会结构（SSA）理论和调节机制理论为背景假设，以后凯恩斯主义的巴杜里—马格林（Bhaduri-Marglin）模型为理论基础，融合了对抗性通货膨胀与周期性利润挤压理论、诱致性技术进步理论、国际收支约束理论等要素。一方面，该模型立足需求决定增长的理论预设，通过引入非线性“增长区制”（growth regime），允许工资份额变化对经济增长可能产生的不同影响；另一方面，通过引入非线性“分配区制”（distribution regime），纳入产品、劳动力、人力资本供给约束以及内生技术进步对收入分配进而对经济增长的反馈作用。该模型对于理解需求与供给的动态平衡、“双循环相互促进”的内在机理以及收入分配在其中发挥的基础性作用提供了较丰富的理论洞见。

其四，将理论应用于当前国内外的重要现实问题。一方面，从收入分配与内生需求的视角，剖析2008年欧美国家经济危机的制度根源与发生机制，继而将本书理论特别是对危机的解释与“长波周期”“世界体系周期”理论相结合，为当前世界“百年大变局”提供一个新的诠释角度；另一方面，立足理论模型，通过实证研究检验了我国劳动收入份额、劳动生产率与经济增长之间的内生性关系，既在一定程度上支持了理论主张，也对解决我国现有的结构性经济问题，实现“扩大内需战略与供给侧结构性改革有机结合”、构建“双循环新发展格局”提出了政策启示。

1.3 理论正名

接下来，笔者就本书的研究对象和理论视角做两点解释：其一，在衡量收入分配的众多维度中，为什么偏重要素收入分配？其二，什么是非主流经济学派，以及为什么以非主流经济学派的分配与增长理论作为本书的理论基础？

1.3.1 为什么是要素收入分配

对收入分配的研究主要围绕以下两条路线展开：一条路线是研究要素收入分配（factor income distribution），也称“功能性收入分配”（functional income distribution），它是指国民总收入在资本、劳动、土地等生产性投入也即“生产要素”所有者之间的分配，一般由归属于各类生产要素的收入在总收入中所占份额表示。在现代国民经济统计体系中，国民总收入在扣除生产、销售环节由政府征收的间接税净额之后，由劳动和资本这两大基本“要素”（或阶级）占有，因而劳动或资本收入份额——也即劳动或资本收入占扣除间接税净额后的国民总收入的比重——反映了劳资双方的分配关系。同样的概念也适用于特定区域（如一省、一市）内的国民总收入或特定部门（如一厂、一业）内的总增加值的分配。另一条路线是研究个体间的收入分配，也称“规模性收入分配”（scale income distribution），它是指总收入在个人或家庭之间的分配，一般由基尼系数（Gini coefficient）、泰尔指数（Theil index）或不同收入水平的人群占总收入的份额表示。同样的概念不仅适用于作为流量的收入，也适用于作为存量的财产在个人或家庭之间的分配。本书虽然会经常涉及个体间的收入分配，但理论分析和实证研究均偏重要素收入分配，确切地说是劳资分配。

毫无疑问，要素收入分配是个体间收入分配的源头。不管是在一个高度公司化的成熟市场经济体，还是在一个农民或小业主占主体的欠发达经济体，个人都凭借其拥有的“生产要素”获取收入，并因由“生产要素”的初始分配和“要素价格”决定个体间的收入分配。即便是最倾向于采用个人主义方法论的新古典主义经济学，也用劳动、资本等“生产要素”构成的生产函数作为分配理论的出发点。

但本书偏重要素收入分配绝不仅限于如上理由。在主流经济学——或者说新古典主义经济学的传统中，要素收入份额没有太大的实际意义，重要的只是要素价格。一个完全外在于个人和社会的市场仲裁要素价格，继而给定每个人对生产要素的所有权状况下，决定了个体间的收入分配状况。于是乎，主流经济学采取了一种与历史现实相反的因果推理：不是生产资料所有制关系决定要素价格，而是要素价格反过来决定要素所有者的收入。报酬不是支付给人，而是支付给物，于是物归谁所有、由谁支配与要素的报酬没有关系。所有人都是平等的“生产要素”所有者，大家只有禀赋差异，并无阶级之别；所有人之间只存在对等的交换关系，不存在谁雇佣谁，谁剥削谁的问题；重要的只是要素禀赋差别带来的个人收入差别。

然而事实上，决定一个社会收入分配的根本因素，不是瓦尔拉斯式的要素市场交换，而是生产关系或社会经济结构，正所谓“生产方式决定分配方式”。资本所有者和劳动者之间的对抗性阶级关系、资本所有者或劳动者阶级内部的竞争关系，以及上述关系与社会经济结构、制度之间的互动，共同决定了宏观和微观层面的收入分配。比如，工会组织和福利国家是阶级斗争的结果，而它们又反过来影响劳资双方的力量对比，调节着企业之间或劳动者之间的竞争强度与方式。因此，资本和劳动绝不是什么非人格化的“生产要素”，而是能动地决定收入分配的、活生生的社会力量。被误导性地称作“要素收入分配”的劳资分配也绝不只是用所谓的生产函数解释个体收入分配的理论跳板，而是它本身就有超越个体收入分配的现

实意义，本身就值得关注。

也许有人认为上述说法夸大了阶级差别，夸大了经济地位相似的人们之间的阶级意识。但实际上，不管当事人是否有所察觉，阶级意识无处不在。尽管在特定历史时期，其他社会属性的划分（如性别、种族、职业）会占据身份政治的前台，但一旦历史的钟摆重新向不受规制的自由市场与丛林法则回摆，以生产资料所有制为基础的阶级关系就会再度显现它作为资本主义社会根本社会关系的本质。20 世纪 80 年代以来，随着数十年间西方国家收入分配的两极分化，阶级社会重现已成为不争的现实。在“二战”之后“黄金时代”壮大起来的中产阶级群体被“再无产阶级化”，在日本则有“一亿总中流消失”（姜辉，2011）（不要忘记，“二战”后“黄金时代”使收入分配差距大幅压缩的强大工会和福利制度，也是上百年工人阶级斗争的结果）。据英国国家社会研究中心 2007 年 1 月公布的一项数据显示，在英国，仍有 57% 的人认为自己是工人阶级（姜辉，2011）。金融危机后，大批愤怒的民众走上街头并打出“99% vs. 1%”的标语，凸显了再次强化的阶级意识。可见，阶级社会从未离我们远去，立足于阶级关系的劳资分配仍具有首要的理论和现实意义。

1.3.2 什么是、为什么是非主流学派

在当代西方，主流经济学（orthodoxy economics 或 mainstream economics）大体包括 20 世纪 50 年代兴起的“新古典综合派”（neo-classical synthesis，或称为主流凯恩斯主义）、20 世纪 70 年代兴起的“新古典经济学”（new classical economics，不同于 1870 年后的传统“新古典主义经济学”）、20 世纪 80 年代兴起的“新凯恩斯主义”（new keynesians），以及立足在后者基础上并融合了前两者部分思想的“新共识”（new consensus）宏观经济学。[①] 尽管他们对市场不完全的存在性与重要性、进而对政府干预经济的必要性和方式存在分歧，但都遵循大致相同的理论范式，包括方法论个人主义、外在于历史和制度环境的市场、一般均衡分析（相对价格作为出

① 关于现代宏观经济学的主要流派及其思想，详见斯诺登和文恩（Snowdon & Vane，2005）。

清市场的机制）、消费者与劳动者主权（个人偏好决定产品和要素供给）、边际生产力分配论、不同程度的理性预期，以及不同版本的“萨伊定律”（总需求总能调整以适应总供给）等。在既有范式下，经济增长最终取决于技术进步和人口增长率，与收入分配无关，或者后者仅从供给侧（通过影响人力资本投资和“扭曲市场”的再分配制度）影响经济增长；非自愿失业、周期性波动和危机只是外部冲击或各种市场不完全的结果，与长期或潜在增长率无关；对经济增长方式也缺乏关注。

非主流经济学（heterodoxy economics 或 heretics economics）主要包括“新马克思主义”（neo-marxians）和“后凯恩斯主义”（post-keynesians），也涉及“历史制度主义”（historical institutionalists）、“新熊彼特学派”（neo-schumpeterians）和“演化经济学”（evolutionary economics）的一些分支。由于非主流学派强调多元化的理论和方法论，相互之间交叉借鉴，上述派别并不存在清晰的界限。尽管尚未形成统一的理论范式，非主流学派大多呈现出如下特点；这些特点使其在解释资本主义经济的复杂历史现象，尤其是收入分配与经济增长乃至周期性危机的关系方面，表现出远超主流学派的解释力（对主流与非主流经济学理论范式的比较如表 1－1 所示）。

（1）整体结构主义方法论：与主流经济学以“经济人”“代表性个人”为代表的个人主义方法论不同，非主流学派采取整体结构主义的方法论。它认为整个社会虽由个人构成，但个体间关系的加总会在组织和群体层面上产生凸显的特征，使整个社会的发展有其独特的目的、需要和发展轨迹；个人作为社会的一员，其行为受到社会环境的制约（Hodgson，1988；朱富强，2010）。非主流学派认为，收入分配不是平等的要素市场交换过程，而是特定制度环境之下，劳资双方在劳动过程控制、产品定价和信贷获取方面权力不对称的结果。

（2）市场与社会的关系：与结构主义方法论相适应，非主流学派不认为市场是由追求利益最大化的个人组成的“自生自发秩序”，而是政治和权力形塑的结果。用卡尔・波兰尼（2007）的话说，市场内嵌于社会之中，劳动力市场尤其如此。战后“黄金时代”的分配大压缩和新自由主义时代的两极分化不是技术和市场自然演化的结果，而是组织化的政治运动使然。①

（3）资本主义经济的内在不稳定性：非主流学派认为资本主义经济危机（以及贫富差距的扩大）并非市场失灵的结果，反而恰恰是资本主义市场机制正常运转的结果。不管是因为资本主义竞争固有的生产过剩倾向（马克思的观点）、市场经济中“根本的不确定性”（凯恩斯的观点）、必然导致过度投机的信贷体系（明斯基的观点），还是不均衡分布的“创造性毁灭”（熊彼特的观点），资本主义经济具有内在的不稳定性。不受管制的市场经济必然导致周期性危机和两极分化。

（4）结构性演进的视角：出于以上理由，非主流学派大多认为资本主义经济并非一成不变，更不是抽象的函数变量关系，而是伴随着危机不断发生包括劳资关系、劳资各方的组织方式、政府干预市场的方式、货币信贷体制乃至意识形态等一系列制度安排的结构性演变过程——简言之，即生产、分配关系和增长方式的互动演进过程。1929 年“大萧条”和第二次世界大战、20 世纪 70 年代的滞涨危机，和 2008 年经济危机，各自被视作资本主义世界发生结构性演变的历史节点。

（5）动态非均衡分析：主流学派认为单一均衡是经济可实际达成的目标（不管经过多久），而非主流学派只是把均衡位置当作分析的标尺（benchmark），用以分析非均衡增长的类型和路径。由于时间的不可逆转性和人们的有限理性，经济增长具有滞后效应、路径依赖性和锁定效应，因而均衡点与经济过程不可分割，简单地区分长期和短期没有意义（拉沃，2009）。基于同样理由，非主流学派一般不相信有“潜在增长率”或“自然失业率”这种东西。

（6）反边际主义：非主流学派反对基于公理性假设而非现实行为的边际主义分析，尤其反对边际生产力分配论。他们主张收入分配最终是阶级间对抗（inter-class conflict）和阶级内竞争（intra-class competition）的结果（Bhaduri，2007a）；后者既受技术与制度环境影响，也受经济增长作用于产品市场和劳动力市场的影响。

① 金融危机后，一些信奉新凯恩斯主义的主流经济学家也认识到了这一点，如克鲁格曼（2008）、斯蒂格利茨（2020）。

（7）反萨伊定律：与主流学派认为要素供给决定经济增长的观点不同，大部分非主流经济学家——尤其是后凯恩斯主义——坚持增长取决于总需求。尽管部分新马克思主义经济学家同意长期增长取决于供给侧的结论，但其背后的推理不是价格机制使需求适应供给的“萨伊定律”，而是资本主义固有的竞争关系使然。以上观点使得收入分配得以通过影响需求总量和结构而对经济增长发挥主导作用。

表1－1　　主流经济学派与非主流经济学派的理论范式比较

<table>
<tr><th rowspan="2">范式比较</th><th colspan="3">学派</th></tr>
<tr><th>主流经济学</th><th colspan="2">非主流经济学</th></tr>
<tr><td>方法论基础</td><td>原子化个人主义</td><td colspan="2">整体结构主义</td></tr>
<tr><td>市场与社会的关系</td><td>市场外在于社会</td><td colspan="2">市场内嵌于社会之中</td></tr>
<tr><td>权力关系</td><td>消费者与劳动者主权</td><td colspan="2">资方与生产者主权</td></tr>
<tr><td>资本主义经济的稳定性</td><td>超越制度的市场经济/
自动稳定机制</td><td colspan="2">资本主义经济具有内在不稳定性/
周期性危机与结构性演进</td></tr>
<tr><td>对均衡的看法</td><td>单一均衡/实际可达成的目标/
均衡与过程无关</td><td colspan="2">多重均衡/仅作为分析标尺/
均衡与过程不可分离</td></tr>
<tr><td>分配理论</td><td>边际生产力分配论</td><td>反边际主义</td><td rowspan="2">重视收入分配与
经济增长的
互动关系</td></tr>
<tr><td>增长理论</td><td>萨伊定律/供给主导</td><td>反萨伊定律/
需求主导</td></tr>
</table>

1.4　研究内容与主要观点

本书的主要内容可划分为三部分，依次为理论梳理与评析、理论整合与发展、理论应用与实证分析。

1.4.1　理论梳理与评析

本书第一部分（第2～4章）依次对新古典主义、西方马克思主义以及后凯恩斯主义的相关理论加以回顾、梳理、比较与评析。该部分不是简单的回顾与铺陈，而是在回顾的同时加以比较和评论，剖析不同理论分支在底层逻辑上的区别与关联，从而把这些思想脉络逐渐编织在一起，进而为第5章和第6章的理论模型构建奠定基础。

“不破不立，破而后立”。鉴于新古典主义在当今经济学界的主导地位，如果不对其做触及根基的批判，本书立论基础的说服力也将被削弱不少。第2章回顾、评析、批判主流经济学，即新古典主义的收入分配与经济增长理论。2.1节首先介绍新古典理论中增长与分配理论的基础，即总量生产函数、要素替代弹性与有偏性技术进步。2.2节借助主流经济学派应用有偏性技术进步假说解释全球性劳动收入份额下降这一重要议题的代表性模型，2.3节则深入20世纪80年代后期兴起的新增长理论，以及应用该理论研究收入差距影响经济增长的代表性理论。这两部分并没有流于简单的概括或文字表述，而是比较详细地展示并比较了具体的理论模型，意在揭示主流理论在分配与增长问题上的惯用“套路”与逻辑方法，并先行对其形式逻辑做简要批判。2.4节则从方法论、预先假设和理论实体层面，对主流经济学的分配与增长理论进行系统性的批判，总结了主流经济理论的七项主要局限：虚幻的个人主义方法论、“乌托邦式”的交换经济、抽离时间的均衡观念、同义反复的形式逻辑、无从立足的边际生产力理论、脱离现实的供给决定论，以及欲盖弥彰的意识形态。尽管这些批评主要围绕分配和增长问题展开，但它们却指向整个新古典主义经济理论。这并不奇怪：既然分配和增长理论是各派经济学理论的基石与核心，因而要对主流经济学的分配和增长理论展开彻底的批判，就不仅限于批判某条具体假设或结论，而是批判它的整套立论基础与理论建构，以至于动摇整个新古典主义经济学的理论大厦。当然这不代表全盘否定它的局部科学性与现实意义。

第3章回顾、梳理、比较西方马克思主义的分配与增长理论。3.1节从马克思主义相关理论的根基——剩余价值理论出发，简要阐明其理论体系的方法论基础，继而梳理出该理论体系的三大支柱，依次为：分配与增长的微观经济学——劳动过程理论、分配与增长的制度经济学——“积累的社会结构”理论（SSA）与调节理论、分配与增长的宏观经济学——周期性危机理论。3.2～3.4节则依次回顾、评析上述这三类理论。后两类理论对本书尤其关键。SSA 与调节理论构成了理解收入分配长期决定的政治经济学基础，周期性危机理论提出的两大危机——剩余价值的生产危机与实现危机——是贯穿经济思想史中分配与增长关系的两大思想脉络，更是非主流经济学分配与增长理论的灵魂。这两类理论所蕴含的“增长区制”与制度结构相匹配以实现经济可持续增长的思想，更是成为本书最重要的理论基础。

第 4 章回顾、梳理、比较后凯恩斯主义的分配与增长理论。4.1 节评介该学派两种重要的分配理论——完全由有效需求决定的、体现充分灵活价格加成的新剑桥模型，以及主要由制度决定的、体现不变价格加成的卡莱斯基（Kalecki）的“垄断程度”理论；在此基础上，介绍体现二者折中的、允许可变价格加成的对抗性通货膨胀理论。4.2 节转而评介分配影响增长的相关理论，首先是模型化表述剩余价值的实现危机的新卡莱斯基（Neo-Kaleckian）增长模型；其次则是将剩余价值的生产与实现问题熔为一炉，也是作为本书直接理论基础的巴杜里—马格林（B－M）模型。该模型区分了收入分配影响总需求的两种可能“区制”（regimes）：当提高劳动收入份额对消费的促进作用超过其对投资和净出口的抑制作用，则经济处于“工资拉动的总需求”（wage-led demand，WLD）区制，反之则属于“利润拉动的总需求”（profit-led demand，PLD）区制；将这种影响应用于稳态增长路径，则区分了“工资拉动的增长”（wage-led growth，WLG）区制与“利润拉动的增长”（profit-led growth，PLG）区制。

通过比较发现，非主流学派的各分支之间实则属于本质上兼容、内容上互补的关系。就收入分配而言，马克思、卡莱斯基和新剑桥学派分别从资本主义生产关系的不同侧面阐述了资方相对于劳方的不对称权力，依次为劳动过程控制权、产品定价权和信贷优先权，它们共同构成了资方的收入分配权。权力的大小，继而劳资分配的相对份额，长期内取决于 SSA 学派和调节学派界说的社会经济结构，短期内则与经济增长相互作用。前者对应沿袭自古典经济学的生产价格传统，反映了收入分配的长期趋势；后者则对应市场价格围绕生产价格的短期波动，进而使收入分配产生短期波动。通过初步融合相关理论中分配与增长的关系，收入分配、内生需求与供给侧协同的思想脉络也初具雏形。

1.4.2 理论整合与发展

在将数条思想脉络逐渐扭合之后，本书第二部分（第5~6章）对非主流学派的相关理论做进一步的整合、发展并加以模型化阐述。第5章先建立一个不包含技术进步、不考虑开放经济的基础理论模型。鉴于“需求决定的增长”是本书的理论出发点，5.1节依次从内生于需求的产品供给、要素供给、技术进步的层面，阐明需求决定增长的合理性。5.2节通过整合既有的零散观点，引入收入分配对经济增长的非线性影响，即提升利润份额对总需求增长的影响会发生从PLD向WLD的“区制转换”（regime switch），并将静态模型动态化，构造稳态增长率等斜线即“增长曲线”。5.3节转而考察增长对分配的反馈作用。在简要回顾利润份额的顺周期与逆周期假说的基础上，借助“对抗性通货膨胀”（conflict-claims inflation）的理论框架，构建一个能够体现两种“分配区制”（distribution regimes）的理论模型，即“产品市场主导”（product market driven，PMD）区制与“劳动力市场主导”（labor market driven，LMD）区制，并构造动态化的利润份额等斜线即“分配曲线”。该模型有助于理解决定收入分配长期趋势的结构性因素与影响收入分配短期波动的要素供给约束之间的区别与联系。5.4节将增长曲线与分配曲线交会，分析二者的互动关系，展现不同场景下由于增长和分配区制的“双重非线性”导致多重均衡的可能性，并以此为工具分析不同类型的财政政策对分配和增长的潜在影响。

第6章对理论模型做进一步扩展。6.1节引入体现为劳动生产率增长的技术进步。首先是引入外生技术进步，考察在不同的增长与分配区制的组合之下外生技术进步对增长和分配的可能影响，强调了在WLG的增长区制下，片面追求产业升级导致消费不足与增长停滞的可能性。其次是引入两种重要的内生技术进步，依次为“马克思—希克斯”（Marx-Hicks）效应和“卡尔多—凡登”（Kaldor-Verdoon）效应，前者表现为工资份额上升驱使厂商采用提升劳动生产率的生产技术，后者表现为总需求扩张通过细化劳动分工、动态规模经济和“干中学”效应推升劳动生产率。在给定增长区制的前提下，两种效应使得劳动生产率的增长也可呈现“工资拉动”与“利润拉动”两种区制，但呈现“工资拉动”的可能性更大，并且在考虑了内生技术进步之后，增长区制更倾向于呈现 WLG 的属性。在 6.1 节的最后，笔者简要讨论了人力资本供给对技术应用与扩散的制约作用，以及收入分配与人力资本供给之间的相互作用关系。

6.2 节将模型放在开放经济的环境之中。该部分首先通过引入“国际收支约束”（balance-of-payment，BOPC）理论，说明国内需求的增长不能长期超过 BOPC 对应的增长率上限，而这一增长率上限取决于国内产品的非价格竞争力。其次，模型将内生技术进步与 BOPC 理论相结合，说明给定增长区制，收入分配的变化如何通过影响一国技术水平收紧或缓解内需增长的 BOPC 约束。在 6.2 节的最后，笔者阐明了上述理论对于我国构建新发展格局的现实启示：在当前我国内需处于 WLG 区制的条件下，提高工资份额不仅可以促进内需更好、更快增长，还可以通过促进内生技术进步，提升国内产品非价格竞争力，不断缓解内需增长的国际收支约束。因此，改善收入分配有助于做大、做强“国内循环”，并经由供给体系的效率提升，实现“国内国际循环相互促进”。

6.3 节总结了经济增长过程中收入分配、内生需求与供给侧协同的理论框架。其一，作为底层结构的“制度供给”决定了收入分配的长期趋势，后者与潜在增长区制（WLG 或 PLG）的匹配与否决定了内生需求的创造。其二，给定制度供给决定的劳资双方结构性权力对比抑或劳动力和产品市场的竞争状况，劳动力供给和产能供给约束的相对强弱决定了收入分配的短期波动，并产生两种分配区制（PMD 或 LMD），继而与增长区制共同决定了稳态下的实际增长率与利润份额。其三，技术进步内生于收入分配与总需求增长，但其实际效果也受到供给侧因素制约；人力资本的“深化”“广化”“均化”有利于加速技术应用与扩散，前者与收入分配改善互促互进；技术进步的速率又通过影响产品非价格竞争力，为内需增长创造更大的空间与潜力。该理论框架阐明了收入分配、总需求增长与供给效率的互动关系，有助于解释我国通过提高工资份额，实现供需双侧有效协同、有机结合，以“内循环”带动“外循环”的作用机理。

1.4.3 理论应用与实证研究

本书第三部分（第7~9章）将理论分析应用于国际与国内经济现实，包括解读2008年欧美经济危机的根源乃至“百年大变局”的本质，以及对当前我国劳动收入份额、经济增长与劳动生产率的关系加以实证检验。需要说明的是，本书作为一部理论著作，实证分析并非重点，这里的实证分析并非对理论模型的全方位检验，只是选取其中能够支持关键政策启示的若干方面。

第7章从收入分配与内生需求的视角，解释2008年美国金融危机和欧洲主权债务危机的制度根源。7.1节回顾了新自由主义时期的制度转型如何导致工资政策转变、去工业化与金融化，以及三者如何在交互作用中导致工资份额下降、收入差距扩大和产业竞争力下降。7.2节阐释了危机发生的内在机理。笔者提出，2008年欧美经济危机的根源在于新自由主义转型造成的工资份额下降与潜在的“工资拉动增长”（WLG）区制发生矛盾，导致内生需求不足，以致经济增长在金融化浪潮的助推下，过度依赖两种不可持续的外部需求刺激——负债驱动的增长和出口驱动的增长。这两种增长方式虽然暂时缓解了需求不足的危机，却使需求结构与国际收支的失衡不断累积，直至更猛烈的危机相继在美国和欧洲爆发。

7.3节将这一危机理论与“长波周期”和“世界体系周期”理论相结合，尝试对当今世界“百年未有之大变局”提供一个新的诠释视角。笔者提出，跨越一个“长世纪”（long century）的世界体系周期包含了若干个发生于核心国家的长波周期；核心国家特别是霸权国家的收入分配与增长区制的匹配情况，决定了其处于长波上行阶段抑或危机阶段；收入分配与增长区制的失配，会导致剩余价值的生产抑或实现危机。面对危机，核心国家内部的政治博弈会内生性地通过制度变革使收入分配回调，以重启新一轮长波周期，但这一过程以霸权国家对当前世界体系的支配地位为条件。当霸权国家衰落，重启长波周期会因收入分配回调受阻或者产品竞争力下降导致的国际收支约束而无法实现，于是一个世界体系随之陷入危机。正如长波周期内生于收入分配必将走向增长区制的反面的基本矛盾，世界体系周期也内生于霸权国家面临的国际竞争加剧和利润率下降导致金融化的基本矛盾，并且后者的基本矛盾与长波周期内的分配和增长动态紧密联系。当既有世界体系陷入失序，新的世界体系尚未确立，世界便进入充满不确定性与动荡的“百年大变局”。而中国的和平崛起，将打破资本主义世界体系的霸权转移逻辑。

第8章则将目光转回国内，检验我国劳动收入份额、总需求增长与劳动生产率提高之间的关系。8.1节将第6章的理论模型略加改造成一个更适用于实证检验的模型。8.2节简要综述现有实证研究的结果和不足。8.3节利用我国1978~2017年的省级面板数据，估计了提高真实工资率对我国总需求和劳动生产率增长的潜在影响。相比于有限的同类实证研究，笔者做出了如下改进：其一，引入劳动收入份额影响投资和劳动生产率的非线性特征，从而揭示总需求与劳动生产率的增长存在“区制转换”的可能性。其二，注重不同地区经济发展的异质性，分别考察东部与内陆地区的总需求和劳动生产率区制。其三，更加审慎地选择估计方法与控制变量，包括更好地控制真实工资与劳动生产率之间的内生性。研究发现：当前我国的总需求和劳动生产率均处于“工资拉动增长”的阶段。提高真实工资率，不仅会通过“马克思—希克斯”效应推升劳动生产率，还会通过提高劳动收入份额促进总需求增长，而后者又通过“卡尔多—凡登”效应进一步促进劳动生产率增长。这种效应在内陆地区比在东部地区更加明显。在这一结论基础上，8.4节提出，“新常态”初期我国面临的经济结构性矛盾一定程度上源于现实中的劳动收入份额下降与潜在的WLG区制发生矛盾，以致经济过多依赖出口和政府主导的投资这两种外部需求刺激。推动真实工资更快增长，提高劳动报酬占初次分配的比重，是将扩大内需与提升供给效率有机结合、实现“以内促外”的新发展格局的关键。

第9章进一步讨论了本书的政策启示。在9.1节总结全书论点的基础上，9.2节针对美国学者昂格尔（Unger）提出的一些与本书内容密切相关的观点加以评论和商榷，从而进一步深化理论认识、明确政策启示。9.3节为我国通过改善收入分配促进经济高质量发展提出了两个方面的政策建议，即构建以体面劳动为核心的劳动力市场制度，以及健全就业优先与公平导向的财税体系。前者包括促进平均工资水平与劳动生产率同步增长、

促进“体面工作时间”、完善产业工人技能形成体系等。后者则要求改变传统的总需求管理理念，更加注重财政政策的就业拉动与收入分配效果，以及从收入侧和支出侧进一步加强财税体系的再分配效应。该部分还就收入分配对创新驱动发展的双重作用、教育公平与结果公平的辩证关系做了补充讨论，旨在辨析一些认识误区。最后，9.4 节指出本书的主要不足与有待进一步解决的问题。

第 2 章

主流经济学派的分配与增长理论：回顾与批判

分配理论说到底是价值和资本理论。现代主流经济学虽流派众多，但根本的识别标志是共同建立基于新古典主义的价值和资本理论，即主观效用价值论和（作为资本理论的）一般均衡与边际生产力理论。相应的新古典主义分配理论，一般即指由阿尔弗雷德·马歇尔（Alfredo Marshall）、克努特·维克塞尔（Knut Wicksell）、约翰·贝茨·克拉克（John Bates Clark）等边际主义先驱创始，由约翰·希克斯（John R. Hicks）和保罗·萨缪尔森（Paul Samuelson）等现代学者完善，立足于总量生产函数的边际生产力分配论。该理论将劳动和资本视同技术意义上的生产要素，并假定在完全竞争和规模报酬不变等前提假设下，劳动和资本凭借其在一般均衡状态下的边际生产力获取收入。

新古典主义的世界由无数原子化的个人（住户）和企业构成。个人既是生产要素的所有者，又是消费者，他们在既定的要素禀赋约束下，通过选择当前和未来的消费（储蓄）、工作和闲暇的水平，实现效用最大化，进而决定了要素的供给与产品的需求。企业被抽象成代表投入产出技术关系的生产函数，在给定的预算约束下，通过选择劳动、资本的投入数量与比例，实现利润最大化，进而决定了要素的需求与产品的供给。所有的企业和个人都在市场中碰面，相互作用并相互依存；每个企业或个人都根据相对价格做出选择，同时又影响相对价格。最终，所有主体都在约束条件下实现利益最大化，以至于每个主体都不再有改变自己行为的趋势，经济便达到一般均衡。此时，所有劳动和资本都实现了“充分就业”，也就是劳动和资本的均衡价格刚好弥补各自的边际负效用，即多付出一单位劳动或资本所需承担的机会成本；所有劳动和资本的均衡价格都等于充分就业水平下各自的边际产品收益（marginal product revenue），即多投入一单位劳动或资本能给生产者带来的收益。在纯粹的瓦尔拉斯主义者（或哈耶克主义者）看来，收入分配无非是“自发市场秩序”中价格决定过程的副产品：拥有无穷多样化的生产要素的微观个体通过市场交换获取收入，因此只存在资源禀赋差异造成的个体收入差距；而所谓的劳动收入份额只是具有相似来源的个体收入在宏观层面加总的结果，本身并无独立的理论含义，李嘉图眼中“政治经济学的首要问题”——即国民收入在社会阶级之间的分配法则——也就不再有现实意义。

进入20世纪50年代，随着经济学界开始越发关注经济增长问题，来自微观经济理论的两个关键概念——生产函数与要素替代弹性被引入宏观经济领域，从而为主流学者处理经济增长与宏观分配问题提供了理论工具。微观层面的一般均衡理论通过“代表性个人”和“代表性企业”在宏观层面得以复现。前者基于一个主观效用函数，根据要素价格对应的收入流做出跨期消费（有时也包括劳动时间供给）决策以实现终身效用最大化，进而决定了要素供给；后者立足一个总量生产函数，根据要素价格和边际产出决定产量以实现利润最大化，进而决定了要素需求。既然价格机制总能使所有资源达到充分就业，那么经济增长取决于个体最优化决策决定的要素供给和外生的技术进步，而要素收入份额取决于生产函数的性质。长期内，经济将收敛于一个稳态（steady state）增长率或所谓的平衡增长路径（balanced growth path），产出、消费、资本存量将保持同步增长，要素收入份额也将维持不变；当外部冲击（如技术、政策或主观偏好的变化）使经济偏离了平衡增长路径，要素替代弹性决定了要素收入份额的变化方向，但这种变化只会发生在经济回归稳态的“转折动态”（transitional dynamics）过程中。如是观之，新古典理论把分配和增长归结为由主观偏好、生产技术（生产函数的性质）和资源禀赋（长期内为人口增长率）构成的“自然规律”，与社会经济关系无关，可谓是一种“技术—心理—生物决定论”（techno-psycho-bio-determination）（Marglin，1984）。

新古典理论的政策含义显而易见：由完全竞争的市场决定的收入分配是“公平”并且“有效”的。所谓“公平”，是指每个当事人得到的收入都是其生产率的反映，也是其对社会产品的贡献的反映；正如约翰·贝茨·克拉克（John Bates，2008）在《财富的分配》一书的序言中开篇所言：“……社会收入的分配是受着一个自然规律的支配，而这个规律如果能够顺利地发生作用，那么，每一个生产要素创造多少财富就得到多少财富。”[①] 如果某人收入丰厚，那么不是因为他异常勤奋，就是因为他本人或者他的长辈富有远见地为其积蓄了一笔可观的货币或人力资本；相反，如果某人收入微薄，那么不是因为他对闲暇有过强的偏好，就是寅吃卯粮、目光短浅的结果。所谓“有效”，是指如此决定的收入分配能够保证资源的最优化配置，实现经济的最大化增长；除非是为了纠正“市场不完全”，任何旨在人为促进经济增长或收入再分配的干预政策将势必阻碍经济运行的效率，妨碍“人尽其才，物尽其用”。于是乎，新古典理论构造了一个童话般的乌托邦；史蒂芬·马格林（Stephen A. Marglin）对一个纯粹形式的新古典世界做了如下生动的描述（Marglin，1984）：

> 总而言之，新古典理论的核心假设描绘了这样一种世界的画卷：它听候住户的需要和偏好的调遣；“消费者主权”不仅决定了产出的品类，还决定了相对价格和收入分配。在这个世界上，阶级差别无关紧要，看不见的手让每个愿意工作的工人都能在阳光下劳作，或是在装配线上找到属于自己的岗位。在这个世界上，每个人都能通过积极进取和勤奋工作实现美国梦，或是通过克制眼前的快乐从工人摇身变成资本家。在这个世界上，矛盾冲突也许存在，但仅限于对产品和服务的分配，而且对蛋糕的分配与蛋糕的大小无关（除了因偏好不同造成的苹果派和蓝莓派的区别）。毋庸讳言，这是一个美妙的儿童睡前故事，但绝不是一个研究资本主义经济的严肃理论基础。[②]

---

① 克拉克．财富的分配［M］．王翼龙，译．北京：华夏出版社，2008.

② MARGLIN S. A. Growth，distribution，and prices［M］. Cambridge，MA：Harvard University Press，1984：461.

在本章中，笔者将对主流经济学中关于收入分配、经济增长及其二者关系的理论作简要回顾。笔者首先从给定外生储蓄率的索洛－斯旺（Solow-Swan）增长模型出发，依次加入内生储蓄决策和有偏性技术进步的影响，展示传统新增长模型中经济增长与收入分配决定的基本模式。其次，笔者将展示典型的新古典增长理论如何被用于解释20世纪80年代以来备受瞩目的全球性劳动收入份额下降及个体收入差距扩大。再次，笔者将目光转向20世纪80年代兴起的所谓“新增长理论”，探讨此类理论中经济增长的决定机制及其隐含的分配含义，并简要梳理主流学者如何运用新增长理论分析收入分配对经济增长的影响。尽管本章的主要目的是批判新古典主义的相关理论，为了更深刻地揭示此类理论的程式化“套路”及其局限性，一些概要性的数学推导仍不可避免。最后，笔者将从预先假设和理论实体的各个层面，对新古典主义的分配与增长理论做出系统性批判。

2.1 传统新古典主义增长模型中的分配—增长关系

2.1.1 决定要素收入分配的关键变量——要素替代弹性

新古典主义的宏观分配理论主要构建在从微观分配理论总结出来的总量生产函数之上。该函数被视作众多代表性企业的微观生产函数的加总，在任意时点t，利用同质化的资本K和劳动L，生产数量为Y的单一产品：$Y = F(K,L;t)$。在不致引起混淆的前提下，本书将忽略时间下标。记资本和劳动的边际生产力分别为$F_K = \partial Y/\partial K$，$F_L = \partial Y/\partial L$，并假定边际生产力递减：$F_{KK} = \partial F_K/\partial K < 0$，$F_{LL} = \partial F_L/\partial L < 0$。在完全竞争的要素市场中，给定工资率w和利息率r，代表性厂商将选择K和L，实现利润最大化：

$$\max_{K,L} \prod = F(K,L) - wL - rK \tag{2.1}$$

一阶条件意味着：$r = F_K$，$w = F_L$。根据欧拉定理（Euler's theorem），当且仅当F为一阶齐次函数，即当生产技术呈现规模收益不变特征时，依照边际生产力法则确定的均衡劳动收入和资本收入恰好穷尽总产品，即：

$Y = F_K K + F_L L = rK + wL$。这正是由边际主义先驱维克塞尔（Wicksell）和维克斯蒂德（Wicksteed）所阐明的“穷尽问题”（exhaustion problem）（Sandmo，2015）。于是，劳动收入份额 $h = wL/Y$。

新古典模型的一个核心假定是要素的可替代。给定要素的边际收益递减，某种要素价格的提高或者其供给的减少，势必使厂商用另一种要素替代此要素。于是要素收入份额的变化，取决于要素价格之比的变化与要素数量之比的变化的相对大小。为更简明地表述这一数量关系，定义“相对收入份额”：

$$\tau = \frac{rK}{wL} = \frac{K/L}{w/r} = \frac{1}{h} - 1 \tag{2.2}$$

显然，τ 与劳动收入份额成反比。w/r 的变化会引起人均资本存量即 K/L 的同方向变动，于是引出要素替代弹性（factor elasticity of substitution）的概念，即单位 w/r 的变化率所引发的 K/L 的变化率：

$$\sigma = \frac{d\left(\frac{K}{L}\right)\Big/\left(\frac{K}{L}\right)}{d\left(\frac{w}{r}\right)\Big/\left(\frac{w}{r}\right)} = \frac{d\ln(K/L)}{d\ln(w/r)} \tag{2.3}$$

可见若 $\sigma < 1$，w 相对于 r 上涨或者人均资本存量的增加将使 τ 下降，即劳动收入份额提高；反之则反。σ 直接体现在由阿罗等（Arrow et al.，1961）提出，现已被主流学者广泛使用的“常替代弹性”（constant elasticity of substitution，CES）生产函数中：

$$Y = F(K, L) = \left[\alpha(K)^{\frac{\sigma-1}{\sigma}} + (1-\alpha)(L)^{\frac{\sigma-1}{\sigma}}\right]^{\frac{\sigma}{\sigma-1}}$$

当 $\sigma \to 1$，CES 函数就退化为同样常见的柯布－道格拉斯（Cobb-Douglas，CD）函数形式：

$$Y = F(K, L) = K^{\alpha} L^{1-\alpha}$$

此时不管 w/r 或 K/L 如何变化，劳动收入份额恒等于 $1-\alpha$。

2.1.2 假定外生储蓄率的经济增长：索洛－斯旺模型

尽管现代经济增长模型起源于哈罗德（Harrod，1939）和多玛（Domar，

1946)，但此二者的模型假设了不变的资本产出比，并区分了投资与储蓄，因此作为凯恩斯理论的动态化，此二者更加强调经济增长的内在不稳定性。真正意义上的新古典增长模型始于索洛（Solow，1956）和斯旺（Swan，1956)。他们通过引入资本和劳动可连续替代的总量生产函数，并回归储蓄自动转化为投资的“萨伊定律”，复苏了经济将自动趋向均衡增长的新古典教条。

索洛－斯旺模型可表述如下：假定一个单部门的一般化生产函数 $Y=F(K,L)$。为了表述方便，给定规模报酬不变，F 通常转化为如下人均形式：

$$y=f(k)\text{，其中：}y=Y/L, k=K/L \tag{2.4}$$

在完全竞争条件下，厂商利润最大化要求：

$$r=F_K=f'(k)\text{，}w=F_L=y-kf'(k) \tag{2.5}$$

于是给定要素可替代，不管要素供给（进而 k）如何变化，上述价格机制总能使要素实现充分就业。而 k 的变化取决于住户部门的外生储蓄率 s。假设资本折旧率为 δ，人口增长率为 n，则有：

$$\dot{k}=sy-(\delta+n)k\text{，即：}\hat{k}=s\frac{y}{k}-\delta-n \tag{2.6}$$

依照惯例，本书用“·”代表对时间的求导，用“^”代表增长率，即 $\hat{k}=\dot{k}/k=(dk/dt)/k$。由于稳态（steady state）要求 $\hat{k}$ 为常数，由式（2.6）可知，y/k 也必为常数，故 $\hat{y}=\hat{k}$；而给定 dy/dk 随着 k 的增加而递减，唯一满足此条件的是 $\hat{y}=\hat{k}=0$。于是长期内，除非存在外生的技术进步，否则人均收入和人均资本存量都将稳定在一个常数水平，即经济增长率等于人口增长率。

既然稳态下 k、w、r 均为常数，那么劳动收入份额 h 也将保持不变。外生的储蓄率增加，不会改变稳态增长率，只会使稳态下的 y 和 k 达到更高的水平。在经济趋近于新的稳态的转折动态（transitional dynamics）中，h 也会因要素替代弹性 σ 的大小而发生改变：$\sigma<1$ 时，h 上升；$\sigma>1$ 时，h 下降。

2.1.3 内生化储蓄率：拉姆齐模型

索洛－斯旺模型假定储蓄率外生给定。现代主流增长理论通常引入消费者的跨期最优化决策，从而将储蓄率内生化。此类模型立足于拉姆齐（Ramsey，1928）创立的消费者行为理论，并被卡斯（Cass，1965）和库普曼斯（Koopmans，1963）完善，因而通常被称作拉姆齐-卡斯-库普曼斯模型，或简称为拉姆齐模型。

假设一个永续存在、具有完全理性的代表性住户，其家庭成员通过提供劳动、出租资本以换取工资和利息收入，并在任一时点上通过人均消费 c 获取主观效用 u(c)，进而将未被消费的收入（即储蓄）用于资本积累。主流学者通常将 u(c) 假设为如下所示的常相对风险回避系数（constant relative risk aversion，CRRA）形式：

$$u(c)=\frac{c^{1-\theta}-1}{1-\theta}$$

其中，θ 反映了住户的风险规避偏好；θ 越高，住户越表现出在不同时期间平滑消费的倾向。于是住户的最优化问题可表述为选择每一期的 c 以最大化终身效用：

$$\max_c U=\int_0^\infty \frac{c^{1-\theta}-1}{1-\theta}e^{nt}e^{-\rho t}dt \tag{2.7}$$

给定如下预算约束：

$$\dot{a}=w+ra-c-na \tag{2.7a}$$

以及如下横截条件：

$$\lim_{t\mapsto\infty}\left\{a\exp\left[-\int_0^t(r(v)-n)dv\right]\right\}=0 \tag{2.7b}$$

其中，n 代表人口增长率，ρ 为贴现率，反映了住户愿意为收获未来更多的资本收益而克制当前消费的“耐心”程度。式（2.7）隐含地假定住户效用是其成员效用的加总，以及 ρ > n 从而使 U 是收敛的。a 代表住户的资产，r 代表住户收取的利息率；在完全竞争的资本市场上，k = a，并且 r = f′(k) − δ。式（2.7b）意味着住户将在其生命结束前花光所有资产，同时该条件也排除了住户通过庞氏融资超前消费的可能性。于是根据庞特里亚金（Pontryagin）的动态最优化解法，给出现值哈密尔顿函数：

$$H=\frac{c^{1-\theta}-1}{1-\theta}e^{nt}e^{-\rho t}+\mu(w+ra-c-na) \tag{2.8}$$

一阶条件要求：

$$\partial H/\partial c=0\Rightarrow c^{-\theta}e^{(n-\rho)t}=\mu\Rightarrow-\theta\hat{c}+n-\rho=\hat{\mu} \tag{2.8a}$$

共态（costate）条件要求：

$$\dot{\mu} = -\partial H/\partial a \Rightarrow \dot{\mu} = -\mu(F_K - \delta - n) \Rightarrow \hat{\mu} = -[f'(k) - \delta - n] \quad (2.8b)$$

综合式（2.8a）和式（2.8b）可得到描述人均消费增长率的“欧拉方程”：

$$\hat{c} = \frac{f'(k) - \delta - \rho}{\theta} \quad (2.9)$$

稳态下，$\hat{y} = \hat{c} = \hat{k} = 0$。此时对应着一个均衡的人均资本水平 k^*，使得 $f'(k^*) = \delta + \rho$。对于收入分配的决定而言，该模型并没有增加任何新的实质性内容：表现为 ρ 下降的住户“节欲”倾向增强，将使 k^* 提高，于是在经济趋向新的稳态的转折动态中，h 上升（当 $\sigma < 1$）或下降（当 $\sigma > 1$）。只是从本书的主题来看，拉姆齐模型相比于索洛－斯旺模型很难称得上是一种进步：可能受到社会经济因素（特别是收入分配）影响的外生储蓄率被还原成纯粹的消费者主观偏好。此外，与索洛－斯旺模型的自发稳定机制不同，该模型中经济趋向稳态的过程是一条极不稳定的“鞍点路径”（saddle point path）；除非有社会计划者确保 c 和 k 的初始状态恰好处于这一路径上，否则经济将逐渐远离这条路径，直至 c 或 k 减少至零①；于是，本应是对一个分散决策经济体的现实描述变成了一个脱离现实的社会计划问题。

2.1.4 有偏性技术进步的影响

主流学者大多将劳动收入份额的趋势性变化归因于有偏性技术进步（biased technical progress）。为了体现有偏性技术进步的影响，将 CES 生产函数改写成如下更加一般化的形式：

$$Y = F(K,L) = \left[\alpha(AK)^{\frac{\sigma-1}{\sigma}} + (1-\alpha)(BL)^{\frac{\sigma-1}{\sigma}}\right]^{\frac{\sigma}{\sigma-1}} \quad (2.10)$$

其中，A 和 B 分别代表资本增强型（capital augmenting）和劳动增强型（labor augmenting）技术进步（Acemoglu，2003；Ferguson & Moroney，1969）。

① 为节省篇幅起见，此处不再详细讨论拉姆齐模型的转折动态，具体论证可参见巴罗和萨拉·伊·马丁（Barro & Sala－i－Martin，2004）或阿西莫格鲁（Acemoglu，2009）。

$\widehat{A}$ 和$\widehat{B}$即资本和劳动要素的边际生产力的增长率。在完全竞争条件下：

$$r = F_K = \alpha A^{\frac{\sigma-1}{\sigma}}(K/Y)^{-\frac{1}{\sigma}}, w = F_L = (1-\alpha)B^{\frac{\sigma-1}{\sigma}}(L/Y)^{-\frac{1}{\sigma}} \quad (2.11)$$

于是资本收入份额（也就是 $1-h$）：

$$\pi = rK/Y = \alpha\ (K/Y)^{\frac{\sigma-1}{\sigma}} \quad (2.12)$$

换言之：

$$\widehat{\pi} = \frac{\sigma-1}{\sigma}(\widehat{A}+\widehat{K}-\widehat{Y}) \quad (2.12a)$$

可见若 $\sigma>1$，给定资本产出比（即 $\widehat{K}=\widehat{Y}$），资本增强型技术进步将使 π 上升，h 下降。由于平衡增长路径上 π 和 K/Y 均为常数，因此除非 $\sigma=1$（即 CES 生产函数退化为 CD 函数形式），否则 A 也必然是常数，也就是 $\widehat{A}=0$。于是得到了新古典增长理论中一条广为熟知的定理，即唯有只存在劳动增强型技术进步的条件下，经济才可实现稳态增长。为了显示资本或劳动增强型技术进步与其他技术进步偏向性定义的联系，依然用相对收入份额 τ 的变化代理 h 的变化。结合式（2.11）可知：

$$\tau = \frac{rK}{wL} = \frac{\alpha}{1-\alpha}\left(\frac{AK}{BL}\right)^{\frac{\sigma-1}{\sigma}} \quad (2.13)$$

进而有：

$$\widehat{\tau} = \frac{\sigma-1}{\sigma}(\widehat{A}-\widehat{B}+\widehat{k}) \quad (2.13a)$$

根据希克斯（Hicks，1932）的界定标准，定义技术进步的偏向性为：

$$Bias = (\widehat{F_K}-\widehat{F_L})\big|_{给定k} = \frac{\sigma-1}{\sigma}(\widehat{A}-\widehat{B}) \quad (2.14)$$

当 $Bias>0$，称技术进步为偏向资本的（capital biased），或称节约劳动的（labor saving）；反之则为偏向劳动的（labor biased），或称节约资本的（capital saving）。可见，要素增强型技术进步与希克斯意义上的技术偏向性的对应关系取决于要素替代弹性。若 $\sigma<1$，则相对更强的资本增强型技术进步（$\widehat{A}>\widehat{B}$）对应希克斯意义上的偏向劳动的技术进步，相对更强的劳动增强型技术进步（$\widehat{A}<\widehat{B}$）对应希克斯意义上的偏向资本的技术进步；反之则反。将式（2.14）代入式（2.13a），可将 τ 的变化率转述为：

$$\widehat{\tau} = Bias + \frac{\sigma-1}{\sigma}\widehat{k} \quad (2.15)$$

式（2.15）意味着，给定人均资本存量，偏向资本（劳动）的技术进步将使劳动收入份额下降（上升）。当 $\sigma<1$ 时，人均资本存量的增加会抵消偏向资本的技术进步对劳动收入份额的负面影响，或者增强偏向劳动的技术进步对劳动收入份额的正面影响。当然，以上讨论只在非均衡增长路径上有意义。如前文所述，稳态要求只存在劳动增强型技术进步，由式（2.13a）可知，此时 $\widehat{y}=\widehat{k}=\widehat{B}$，并伴以恒定的劳动收入份额。有了上述理论，主流学者便可对20世纪80年代之前劳动收入份额的长期稳定趋势给出一个能够自圆其说的解释。既然历史经验表明技术创新大多是节约劳动的，那么即使抛开 $\widehat{A}=0$ 的简单假设，也可将稳定的劳动收入份额视为要素替代缺乏弹性（$\sigma<1$）和人均资本存量的持续增长相互抵消的结果。

不过，读者不难发现这一理论的同义反复性质，即理论建构过程只是“从概念到概念”的逻辑推演，本身并无实质内容；换言之，给定要素替代弹性和要素增强型技术进步的定义，就必然得出这样的结论，至于 σ 和A、B如何与现实相联系，却无法说清楚。既然 σ 和 $\widehat{A}$、$\widehat{B}$ 都是无法观测的，主流学者总能通过对它们做出某种假定，对现实中劳动收入份额的任何变化给出符合数据的解释，而这些解释是无法证伪的。这样一种思路在主流学者应用传统新古典增长模型（特别是有偏性技术进步理论）解释20世纪80年代以来世界各国普遍经历劳动收入份额下降的实证研究中得到充分的体现。

2.2 实证应用：解释全球性劳动收入份额下降

劳动收入份额在长期内保持稳定，即所谓的“鲍利定律”（Bowley's law），一度被经济学界视作最显著的宏观经济现象之一。凯恩斯认为，“这是整个经济统计范围内最令人惊讶却又确凿无疑的事实之一”①；卡尔

① KEYNES J. M. Relative movements of real wages and output［J］. The Economic Journal, 1939, 49（193）：34－51，48.

多（Kaldor，1961）将其列入发达国家经济增长所呈现的六大“特征事实”（stylized facts）之一；克莱因和科索沃（Klein & Kosobud，1961）将恒定的劳动收入份额列为经济学的五个“伟大比例”之一。尽管不少学者从统计角度质疑“鲍利定律”（Kuznets，1959；Solow，1958；Young，2010），但是这一现象还是被主流学者普遍当作CD形式总量生产函数或者经济在长期内将趋向稳态增长的现实证明。

然而自20世纪80年代，“鲍利定律”的幻象被现实击碎：全球大多数国家的劳动收入份额出现了不同程度的趋势性下降，并伴以工资差距进而个体间收入差距的扩大。于是，一度遇冷的功能性收入分配问题再度成为宏观经济学界的热门话题，解释劳动收入份额下降成因的研究如雨后春笋般涌现。主流经济学家普遍将原因归结为技术进步、全球化或企业垄断势力的增强。接下来简要回顾技术进步论的几个代表性理论模型。之所以选取技术进步论作为讨论对象，原因有以下两个方面：其一，在主流学派的代表性观点中，又以技术进步论居主导地位；这不仅体现在文献数量与影响力上，还体现在技术进步与其他原因密切联系（如技术进步与全球化的影响彼此强化）或者是其他原因的深层次诱因（如技术进步通过“赢者通吃”效应导致企业垄断势力增强）。其二，技术进步论与前文回顾的传统新古典增长理论联系最为紧密，可以更清晰地呈现新古典增长模型特别是有偏性技术进步理论在解释现实收入分配问题中的应用，从而更清晰地揭示主流学派在讨论分配与增长问题时的惯用“套路”与深层次局限性。

2.2.1 资本增强型技术进步

众多学者将劳动收入份额下降归因于以信息通信技术（ICT）为代表的资本增强型技术进步。根据式（2.12a），给定一个初始稳态下的K/Y，假定$\sigma>1$，则资本增强型技术进步将使h下降。然而这也意味着经济将偏离均衡增长路径，与一般均衡分析框架无法兼容。为此，卡拉巴博尼斯和内曼（Karabarbounis & Neiman，2014）诉诸一个存在投资品生产技术进步的理论模型。在此模型中，投资品生产效率的持续提升造成投资品相对价格的同步下降，致使厂商不断地用资本替代劳动，以致均衡增长路径对应着 K/Y 的持续提高与 h 的持续下降。

为了体现投资品生产效率与其相对价格的反比关系，假设消费品和投资品由一组相同的中间产品按照如下方式生产：

$$C = \left[\int_0^1 (y_i^C)^\beta di\right]^{\frac{1}{\beta}}, I = \frac{1}{\xi}\left[\int_0^1 (y_i^I)^\beta di\right]^{\frac{1}{\beta}} \tag{2.16}$$

其中，y_i^C、y_i^I 分别代表用于生产消费品和投资品的第 i 种中间产品的数量。以消费品为“计价物”，记其价格为 1，投资品和中间产品的相对价格分别为 p 和 p_i。假设消费品和投资品的厂商是完全竞争的，则消费品和投资品的价格等于其边际成本：

$$1 = \int_0^1 (p_i)^{\frac{\beta}{\beta-1}} di, p = \xi\int_0^1 (p_i)^{\frac{\beta}{\beta-1}} di = \xi \tag{2.17}$$

可见，随着投资品的生产效率（$1/\xi$）提高，投资品价格等比例的下降。即 $\hat{p} = \hat{\xi} < 0$。

接下来假设每种中间产品都按照如下 CES 生产函数生产（此处为了专注于投资品生产效率的作用，忽略了中间产品生产中的资本与劳动增强型技术进步）：

$$y_i = F(k_i, l_i) = \left[\alpha k_i^{\frac{\sigma-1}{\sigma}} + (1-\alpha) l_i^{\frac{\sigma-1}{\sigma}}\right]^{\frac{\sigma}{\sigma-1}} \tag{2.18}$$

既然所有中间产品厂商被默认为是同质的，每家厂商拥有相同的 k_i、l_i 和 y_i，并且 $\int_0^1 k_i di = K$，$\int_0^1 l_i di = L$。于是式（2.18）转化为熟悉的总量生产函数：

$$Y = F(K, L) = \left[\alpha K^{\frac{\sigma-1}{\sigma}} + (1-\alpha) L^{\frac{\sigma-1}{\sigma}}\right]^{\frac{\sigma}{\sigma-1}} \tag{2.18a}$$

于是利润份额：

$$\pi = F_K K/Y = \alpha\ (K/Y)^{\frac{\sigma-1}{\sigma}} \tag{2.19}$$

换言之：

$$\hat{\pi} = \frac{\sigma-1}{\sigma}(\hat{K} - \hat{Y}) \tag{2.19a}$$

式（2.19a）再现了前文中的式（2.12a），表明利润份额与资本产出比之间的对应关系。在标准模型中，稳态下的 K/Y 保持不变；然而在假设投资品价格下降后，稳态下的 K/Y 将持续上升。假设住户最大化终身效用

（简便起见，假设人口数量不变）：

$$\max_c \int_0^{\infty} \frac{c^{1-\theta} - 1}{1 - \theta} e^{-\rho t} dt \tag{2.20}$$

并有如下预算约束：

$$\dot{a} = w + ra - c$$

在完全竞争的资本市场上：$a = K$，$r = F_K/p - \delta + \hat{p}$

于是得到熟悉的动态最优化条件：

$$r = \theta\hat{c} + \rho \Rightarrow F_K/p = \theta\hat{c} + \rho + \delta - \hat{p} \tag{2.21}$$

其中，$\hat{p} = \hat{\xi}$。由于稳态时$\hat{c}$为常数，如果假设$\hat{\xi}$也为常数，则 F_K/p 也必为常数，即$\widehat{F_K} = \hat{p} = \hat{\xi}$。换言之，稳态增长要求持续的资本深化，即 K/Y 上升，从而使 F_K 与投资品价格同步下降。这背后的经济学直觉很好理解：既然投资品有了与消费品不同的价格，那么均衡状态就要求经过价格调整的资本边际收益不变，毕竟是按照消费品数量衡量的资本边际收益决定了住户的“真实”利息收益。根据式（2.19a），如果 $\sigma > 1$，则 K/Y 上升对应劳动收入份额的下降。实际上，该模型只是年代（vintage）资本模型的变体，即相同价格的资本品，年代越近，质量越好（边际生产力越高），于是投资品价格的倒数可以等价地表述为资本的质量指标。可见该模型只是换一种与稳态增长相容的方式表达资本增强型技术进步（$A = 1/\xi$）。

由于 $F_K = \alpha\,(K/Y)^{-\frac{1}{\sigma}}$，$\widehat{F_K} = -\frac{1}{\sigma}(\hat{K} - \hat{Y}) = \hat{p}$；将其代入式（2.19a）：

$$\hat{\pi} = (1 - \sigma)\hat{p} \tag{2.22}$$

或者将$\hat{\pi}$转化为劳动收入份额的变化率$\hat{h}$：

$$\frac{h}{1-h}\hat{h} = (\sigma - 1)\hat{p} \tag{2.22a}$$

于是卡拉巴博尼斯和内曼（Karabarbounis & Neiman，2014）将式（2.22）作为待估计方程，使用来自不同数据库的国家层面与行业层面的利润份额变化率作为被解释变量，使用来自“泛世界表”（PWT）与“世界发展指标”（WDI）数据库的投资品价格指数变化率作为解释变量，对同一时期的截面数据做加权 OLS 估计[①]，得到 σ 的估计值为 1.28。显而易

① 使用截面数据是为了过滤掉资本增强型技术进步的影响。在将后者纳入模型后，文章转而使用包含时间维度的面板数据。

见，该实证研究并没有对理论本身加以验证，而只是在已预设理论成立的前提下，利用既定事实估算出与事实数据相符的前提假定！或者毋宁说，该理论本身是无法证实，更谈不上证伪了。毕竟待估计方程式（2.22a）就是基于该理论推导出来的，只要回归结果显示$\hat{h}$与$\hat{p}$正相关，当然就会得到$\sigma > 1$，但$\hat{h}$与$\hat{p}$正相关这一事实表象可以由完全不同的多种理论解释。既然σ本身就是一个对要素相对价格与要素份额相互关系的同义反复的概念表述，其本身既无法观测，又没有现实对应物，当然只能在预设的理论前提下通过事实数据反推出来。

2.2.2 偏向技能的技术进步

即便是在遵循同样方法论的主流学术圈内，卡拉巴博尼斯和内曼（2014）的研究也引来不少质疑。他们对σ的估计与现实中资本和劳动通常呈现互补关系的日常经验不符，况且大量经验研究得出$\sigma < 1$的估算结果（Antràs，2004；Glover & Short，2020；Klump，McAdam & Willman，2007；Oberfield & Raval，2021）；此外，他们用于估计σ的方程只在稳态下才成立，而现实中的经济增长极少会停留在稳态路径。① 一些学者通过引入“资本－技能互补性”（capital-skill complementarity）和“偏向技能的技术进步”（skill biased technical change，SBTC）概念，允许资本与不同技能水平的劳动力有不同的替代弹性，从而一体化地解释劳动收入份额下降与工资差距扩大（Arpaia，Pérez & Pichelmann，2009；Elsby，Hobijn & Sahin，2013；Krusell et al.，2000；Ohanian，Orak & Shen，2021；Paul，2019）。如今，偏向技能的技术进步已经成为对20世纪80年代以来收入差距扩大的最流行解释。②

① 格洛弗和肖特（Glover & Short，2020）通过放松稳态增长的假设，引入转折动态中的消费增长率变化，估算$\sigma \approx 0.97$。

② 保罗·克鲁格曼（2008）幽默地评论道：“科技变化提高了技术需求，从而导致收入不均的差距，这一假说流传甚广，以至于在各种大会上，经济学家常常不加解释地使用SBTC这一缩写，其含义是‘技能偏向型的技术变化’，仿佛听众都明白其含义一样。”参见：克鲁格曼·P. 美国怎么了?：一个自由主义者的良知［M］. 刘波，译. 北京：中信出版社，2008：101.

此类学者的所有观点都隐藏在一个形如 Y = F[L，f（K，H）]的嵌套 CES 生产函数中：

$$Y = F(K,H,L) = \left\{(1-\alpha)L^{\frac{\sigma-1}{\sigma}} + \alpha\left[\beta K^{\frac{\varphi-1}{\varphi}} + (1-\beta)H^{\frac{\varphi-1}{\varphi}}\right]^{\frac{\varphi}{\varphi-1}\frac{\sigma-1}{\sigma}}\right\}^{\frac{\sigma}{\sigma-1}} \tag{2.23}$$

其中，L 和 H 分别代表低技能劳动力和高技能劳动力的数量。与传统 CES 生产函数相比，该函数无非是将原有 K 的位置替换为由 K 和 H 作为投入品的内嵌 CES 生产函数。因此，最终产品 Y 可视作由 L 和以 K 与 H 作为投入品的中间产品生产，但如此设置当然不是因为它更符合生产实践，而纯粹是为了能够方便地推导出预设结论：它使 L 与 H 的替代弹性 σ_{LH} 等于 L 与 K 的替代弹性 σ_{LK}，但 L 与 K 的替代弹性不等于 H 与 K 的替代弹性 σ_{HK}。资本 - 技能互补性意味着 $\sigma_{HK} = \varphi < 1$ 且 $\sigma_{HK} < \sigma_{LK}$，即资本深化倾向于增加对高技能劳动力的需求，而造成对低技能劳动力的替代。可以证明，为使 $\sigma_{HK} < \sigma_{LK}$ 只需有 $\varphi < \sigma$。①

基于该生产函数，可将“技能溢价”（skill premium）——即高技能劳动者与低技能劳动者的工资水平之比——表示为要素投入数量之比的函数：

$$\omega = \frac{w_H}{w_L} = \frac{F_H}{F_L} = \frac{\alpha(1-\beta)}{1-\alpha}\left(\frac{L}{H}\right)^{\frac{1}{\sigma}}\left[\beta\left(\frac{K}{H}\right)^{\frac{\varphi-1}{\varphi}} + 1 - \beta\right]^{\frac{\sigma-\varphi}{\sigma(\varphi-1)}} \tag{2.24}$$

效仿克鲁塞尔等（Krusell et al.，2000），将 ω 的增长率近似表示为如下形式：

$$\hat{\omega} \approx \beta\,\frac{\sigma-\varphi}{\sigma\varphi}\left(\frac{K}{H}\right)^{\frac{\varphi-1}{\varphi}}(\hat{K}-\hat{H}) + \frac{1}{\sigma}(\hat{L}-\hat{H}) \tag{2.24a}$$

毫不意外，在任何情况下，L 相对于 H 的增加将使 ω 上升。重要的是，当发生卡拉巴博尼斯和内曼（2014）所述的投资品生产效率提高，K/H 将持续上升，即 $\hat{K} - \hat{H} > 0$，那么给定资本 - 技能互补性（$\varphi < \sigma$），ω 也将上升。换言之，给定高技能和低技能劳动者的相对数量，偏向技能的技术进步导致二者工资差距的扩大，并且其程度随着 $\sigma - \varphi$ 的增加而

① 与此类模型有关的详细推导过程可参见阿帕亚等（Arpaia et al.，2009）和保罗（Paul，2019）。

增强。

相关学者发现，20 世纪 80 年代以来总体劳动收入份额的变化伴随着高技能劳动者收入份额（h_H）的上升与低技能劳动者收入份额（h_L）的下降（Elsby et al.，2013；Paul，2020），这意味着 $\sigma_{HK}<1$ 而 $\sigma_{LK}>1$。只要 σ_{LK}充分地大而 σ_{HK}不至于过小，那么偏向技能的技术进步提升 h_H 的效应不及它压低 h_H 的效应，最终结果是 h 的下降。根据保罗（Paul，2019）的证明，满足上述条件需要 $|1-\sigma_{HK}|<|1-\sigma_{LK}|$。对 σ_{LK}的推导过于复杂，也无在此展示的必要；此处只表明，经过代数推导，可以得到：

$$\hat{\tau}=\phi[\hat{\omega}+(\hat{H}-\hat{L})]+\left(1-\frac{1}{\varphi}\right)(\hat{K}-\hat{H}) \tag{2.25}$$

其中：

$$\varphi=\frac{w_L L}{w_L L+w_H H}$$

可见，由于 $\varphi<1$，由投资品生产效率提高带来的资本深化一方面通过提高 h_H 对 h 施加正面影响，另一方面按照式（2.24a）所示方式通过增加技能溢价对 h 造成负面作用。给定 H 与 L 的相对数量，$\sigma-\varphi$ 越大，资本深化通过增加技能溢价压低 h 的程度就越强。

至此也就不难窥探出主流经济学在论证类似问题时的惯用“套路”：整个论证的核心，就是构造出一个足够“精巧”的生产函数。只要对该生产函数的关键参数（在此例中就是资本—技能互补性）做出一个无法证伪的前提假设，就自然会推演出研究者想要的结论，正所谓“结论早已隐藏在前提假设当中”，而数学推导只是走过场，“是一种精致的包装”（张延，2010）。

2.2.3 诱致性技术进步

早在古典经济学时代，大卫·李嘉图就意识到，技术进步并非偶然或自发的过程，而是厂商对要素成本变化的自觉反应。然而直到 20 世纪 60 年代，以肯尼迪（Kennedy，1964）和萨缪尔森（Samuelson，1965）为代表的主流经济学者才提出比较正式的“诱致性技术创新”（induced innovation）模型。此类模型假定厂商面临着一组包含无数种创新可能性的可选集合，每一种创新都是在节约更大比例的资本成本或节约更大比例的劳动成本之间的一种权衡，但一定量的创新投入在节约资本和劳动的效果之间存在“边际替代率”递减，即备选技术进步的资本节约属性越强，进一步提高资本成本节约率所需放弃的劳动成本节约率就越大。于是在一个以资本和劳动成本的节约率为轴的二维坐标系中，特定的创新投入对应一条凹向原点的“创新可能性曲线”。给定劳动和资本收入份额，即总成本中劳动和资本成本的比例，厂商将在创新可能性曲线上选择一点，使该点切线斜率的绝对值与要素的相对收入份额相等。诱致性技术创新又通过改变要素收入份额，继续影响技术创新的选择，直到最优点所对应的资本和劳动成本节约率相等。此时技术进步为希克斯中性，劳动收入份额也相应地达到均衡水平。

“创新性可能性曲线”的设计当然夸大了诱致性创新的机械性与可预见性，但它阐明了要素收入分配的一种自动稳定机制（布朗芬布伦纳，2009）。如果像多数学者检验的那样，资本和劳动缺乏替代弹性（$\sigma<1$），那么依据式（2. 13a），在没有创新时，随着人均资本存量不断升高，劳动收入份额将上升，而后者将诱发节约劳动的创新。于是“鲍利定律”并非“平衡增长路径”的现实证明，而是缺乏弹性的要素替代和诱致性技术进步相互抵消的结果。

当代的一个代表性诱致性技术进步模型来自达伦·阿西莫格鲁（Acemoglu，2003），该模型将资本或劳动增强型技术进步内生化为从事研发的市场主体逐利的结果。假设最终产品由资本密集型产品和劳动密集型产品按照如下 CES 生产函数生产：

$$Y=F(K,L)=\left[\alpha\,(Y_K)^{\frac{\sigma-1}{\sigma}}+(1-\alpha)(Y_L)^{\frac{\sigma-1}{\sigma}}\right]^{\frac{\sigma}{\sigma-1}} \tag{2. 26}$$

其中，Y_K 和 Y_L 分别代表资本密集型和劳动密集型产品的投入数量，消费者效用最大化要求：

$$\frac{P_K}{P_L}=\frac{\partial Y/\partial Y_K}{\partial Y/\partial Y_L}=\frac{\alpha}{1-\alpha}\left(\frac{Y_K}{Y_L}\right)^{-\frac{1}{\sigma}} \tag{2. 27}$$

Y_K 和 Y_L 分别由 a 种和 b 种中间产品按照相似的 CES 生产函数生产：

$$Y_K=\left[\int_0^a (y_i^k)^{\beta}di\right]^{1/\beta},\ Y_L=\left[\int_0^b (y_i^l)^{\beta}di\right]^{1/\beta} \tag{2. 28}$$

其中，y_i^k 和 y_i^l 分别代表第 i 种资本密集型和劳动密集型中间产品的投入数量，它们各自由单位资本和劳动转化而来：$y_i^k = k_i$，$y_i^l = l_i$；k_i 和 l_i 在宏观层面加总为总的资本存量和劳动力供给，即 $K = \int_0^a k_i di$，$L = \int_0^b l_i di$。结合式（2.3），得到中间产品的需求方程为：

$$p_i^k = P_K \frac{\partial Y_K}{\partial y_i^k} = P_K \left(\frac{y_i^k}{Y_K}\right)^{\beta - 1}, \quad p_i^l = P_L \frac{\partial Y_L}{\partial y_i^l} = P_L \left(\frac{y_i^l}{Y_L}\right)^{\beta - 1} \tag{2.29}$$

以上结构意味着 K 和 L 部门的价格将按如下方式在各自的边际成本（r 和 w）基础上实现价格加成：

$$p_i^k = p^k = \frac{r}{\beta}, p_i^l = p^l = \frac{w}{\beta} \tag{2.30}$$

均衡时，所有中间厂商生产相同的产量，耗费等量的资本或劳动，即：

$$y_i^k = y^k = K/a, \quad y_i^l = y^l = L/b \tag{2.31}$$

将式（2.31）代入式（2.28）得到：

$$Y_K = a^{\frac{1-\beta}{\beta}} K, \quad Y_L = b^{\frac{1-\beta}{\beta}} L \tag{2.32}$$

记 $A = a^{\frac{1-\beta}{\beta}}$，$B = b^{\frac{1-\beta}{\beta}}$，则生产函数又被改写为熟悉的形式：

$$Y = F(K,L) = [\alpha (AK)^{\frac{\sigma-1}{\sigma}} + (1-\alpha)(BL)^{\frac{\sigma-1}{\sigma}}]^{\frac{\sigma}{\sigma-1}}$$

其中：

$$\hat{A} = \frac{1-\beta}{\beta}\hat{a}, \hat{B} = \frac{1-\beta}{\beta}\hat{b}$$

以上过程借鉴了即将在下一节介绍的由罗默（Romer，1990）提出的一种内生技术进步模型，即中间产品数量的增加带来了正外部性，以致在宏观层面带来了资本与劳动增强型技术进步的效果。

接下来的问题是，$\hat{a}$和$\hat{b}$将如何由市场主体的逐利动机内生地决定。为此，阿西莫格鲁引入了第三类主体——“科学家”，或者理解为广义的研发部门。假设每一种新的中间产品创意都是由科学家按照特定的生产函数生产，$\hat{a}$和$\hat{b}$分别与投入其中的科学家数量 S_K 和 S_L 成正比。科学家再将新产品创意通过专利转让的方式一次性卖给中间厂商。记两部门新产品专利的价格分别为 V_k 和 V_l，又假设中间厂商是专利市场上的竞争性购买者，于是每个科学家将获取与其创造的边际价值相等的报酬。科学家的自由流动将使两部门的科学家创造的边际收益相等。由于每家中间厂商将在各时期按照式（2.30）所示的价格加成方式获得正的利润流（分别记作 π_k 和 π_l），V_k 和 V_l 等于无限期间内 π_k 和 π_l 之和的现值。

阿西莫格鲁证明，与教科书的标准模型一致，稳态时不存在资本增强型技术进步，即 $\hat{a}=0$。此时投入 K 部门新产品创意的科学家数量 S_K 使 a 的"毛增量"刚好弥补其折旧。稳态增长率 $\hat{Y}=\hat{K}=\hat{B}$（忽略 L 的增长）。此外根据 V_k 和 π_k、V_l 和 π_l 之间的关系以及跨期套利条件，亦可得到 V_k、π_k、V_l、π_l 的稳态增长率。

接下来考虑相对收入份额：

$$\tau=\frac{rK}{wL}=\frac{\alpha}{1-\alpha}(\tilde{k})^{\frac{\sigma-1}{\sigma}}\text{，其中}\tilde{k}=\frac{AK}{BL} \tag{2.33}$$

稳态下 $\tilde{k}$ 为常数，记作 $\tilde{k}^*$，故 τ 保持不变。然而如果有外部冲击使 $\tilde{k}$ 偏离 $\tilde{k}^*$，那么在经济体回归稳态增长路径的过程中，可能会伴随着资本增强型技术进步以及劳动收入份额的变化。

实际上，阿西莫格鲁正是用经济回调至稳态路径的转折动态来解释 20 世纪 80 年代以来的劳动收入份额下降。他认为"二战"之后偏向劳方的劳动力市场制度使工资水平提高，导致 L 下降，继而使 $\tilde{k}>\tilde{k}^*$。于是在经济回归稳态的过程中，$\tilde{k}$ 逐渐回调。根据式（2.33），当 $\sigma<1$ 时，$\tilde{k}$ 下降将使 τ 上升，即劳动收入份额下降。这背后的作用机制是，由于 w 的增速超过其稳态增速，使 V_l 相对于 V_k 上升，继而使从事 L 部门新产品创意研发变得更加有利可图，从而吸引更多科学家投入其中，于是催生了更快的劳动增强型技术进步。可以证明，只有在 $\sigma<1$ 时，该动态系统才是稳定的；否则若 $\sigma>1$，使 $\tilde{k}>\tilde{k}^*$ 的外部冲击反而会诱发资本增强型技术进步，使 $\tilde{k}$ 进一步远离其均衡水平。

在另一篇文献中，阿西莫格鲁（Acemoglu，2002）还用诱致性技术进步理论解释工资差距的扩大，只是其背后的诱致机制与上述模型完全不同。该文旨在解释最近 30 多年来发生在美国（也较低程度地发生在其他发达国家）的一个看似矛盾的现象：尽管高学历（高技能）劳动力的供给较之低学历（低技能）劳动力的供给持续增加，但高学历与低学历劳动者之间的工资差距却不断扩大。该文使用了一个上文所述模型中 CES 生产函数的简化版本，假设最终产品由两种分别是高技能劳动力 H 和低技能劳动力 L 作为唯一投入品的中间产品生产：

$$Y=\left[\alpha\, Y_H^{\frac{\sigma-1}{\sigma}}+(1-\alpha)\,Y_L^{\frac{\sigma-1}{\sigma}}\right]^{\frac{\sigma}{\sigma-1}} \tag{2.34}$$

其中，Y_H 和 Y_L 分别代表“高技能产品”和“低技能产品”的数量，并且：

$$Y_H=AH,\ Y_L=BL \tag{2.35}$$

于是式（2.34）还是转化为形同式（2.10）的标准形式。H 相比于 L 的技能溢价：

$$\omega=\frac{w_H}{w_L}=\frac{\partial Y/\partial H}{\partial Y/\partial L}=\frac{\alpha}{\alpha-1}\left(\frac{A}{B}\right)^{\frac{\sigma-1}{\sigma}}\left(\frac{H}{L}\right)^{-\frac{1}{\sigma}} \tag{2.36}$$

换言之：

$$\widehat{\omega}=\frac{\sigma-1}{\sigma}(\widehat{A}-\widehat{B})-\frac{1}{\sigma}(\widehat{H}-\widehat{L}) \tag{2.36a}$$

可见在其他条件不变的情况下，高技能劳动力相比于低技能劳动力的供给增加（$\widehat{H}>\widehat{L}$）将使 ω 下降。然而此处阿西莫格鲁借鉴了一个经常被非主流学者应用的“需求拉动的技术创新”（demand - pull innovation）的理念，即某种产品的市场规模扩大使引入可以更高效地生产该产品的技术变得更加有利可图，从而加速了对新技术的应用。他类比地认为，H 相对于 L 的供给增加使得使用与 H 互补的技术变得更加有利可图，从而诱致 A 相较于 B 被更快地应用。假设高技能和低技能产品的价格分别为 p_H 和 p_L，则最终产品厂商的利润最大化要求：

$$\frac{p_H}{p_L}=\frac{\partial Y/\partial Y_H}{\partial Y/\partial Y_L}=\left(\frac{AH}{BL}\right)^{-\frac{1}{\sigma}} \tag{2.37}$$

假设厂商可以自由选择对 A 和 B 的应用程度。既然 A 和 B 的边际收益分别为 $p_H H$ 和 $p_L L$，那么中间厂商利润最大化要求为：

$$p_H H=p_L L\xRightarrow{\text{结合式(2.37)}}\frac{p_H H}{p_L L}=\left(\frac{A}{B}\right)^{-\frac{1}{\sigma}}\left(\frac{H}{L}\right)^{\frac{\sigma-1}{\sigma}}=1$$

于是有：

$$\widehat{A}-\widehat{B}=(\sigma-1)(\widehat{H}-\widehat{L}) \tag{2.38}$$

可见若 $\sigma>1$，$\widehat{H}>\widehat{L}$ 将诱使 $\widehat{A}>\widehat{B}$。那么 σ 要达到什么程度，才足以使 $\widehat{H}>\widehat{L}$ 诱致的技能偏向型技术进步超过 $\widehat{H}>\widehat{L}$ 对 ω 的直接负效应呢？只需将

式（2.38）代入式（2.36a）得到：

$$\widehat{\omega}=\frac{\sigma(\sigma-2)}{\sigma}(\widehat{H}-\widehat{L}) \tag{2.39}$$

可见如果要用该理论解释文章提出的矛盾现象，即$\widehat{H}>\widehat{L}$反而导致 ω 增加，σ 需要大于 2！

尽管阿西莫格鲁对工资差距扩大的理论解释本身是逻辑自洽的，也称得上别出心裁，但难掩其深层次矛盾。首先，相比于得出 $\sigma<1$ 的大多数文献，此文提出的一个大于 2 的 σ 实在是太大了。其次，此文将偏向技能的技术创新的诱致机制类比于需求拉动型创新实在过于牵强；该文认为 H 相对于 L 的增加诱致更多与 H 互补的技术创新，至多只能算是“供给推动”的；特别是文章大段引述施莫格勒（Schmookler，1966）的需求拉动型技术进步理论，但正如笔者将在回顾非主流理论时展示的，该文提出的技术诱致机制与施莫格勒的理论大相异趣。更何况文中中间产品厂商对偏向技能的技术进步的选择完全是因为 H 和 L 之间的替代弹性足够大，以致使 H 边际生产力提高的技术进步会引发对 H 更大的需求，说到底还是传统的要素替代机制，与真正意义上的诱致性创新有本质区别，更遑论需求拉动的技术进步了。最后，本书与前面那一篇解释劳动收入份额下降的文章（Acemoglu，2003）对 σ 的假定是自相矛盾的。在前面的文章中，阿西莫格鲁证明其提出的动态系统的稳定性依赖于 $\sigma<1$，并在假定 $\sigma<1$ 的前提下解释现实中劳动收入份额的下降，同时还提出“很多证据表明替代弹性小于 1”（Acemoglu，2003）作为佐证。而在后面的这篇文章中，阿西莫格鲁对工资差距扩大的解释又依赖于 $\sigma>2$，同时又找到若干得出 $\sigma>2$ 的实证研究为其辩护（Acemoglu，2002）。同一作者几乎在同一时间发表的两篇文章，在核心假设方面也出现了不可调和的矛盾！

2.3 新增长模型中的分配—增长关系

在主流经济学家们自己看来，传统新古典增长模型至少具有如下缺陷：首先，新古典增长模型一方面将技术进步看作经济增长的决定因素，另一方面又假定技术进步是外生变量而将其排除在考虑之外，这一假定无疑排除了影响经济增长的最重要因素；其次，新古典增长理论认为政府的经济政策对经济的长期增长没有影响，但是现实告诉人们，政府的一些政策不仅影响收入水平，而且影响经济的长期增长；最后，新古典增长理论认为各国经济增长率存在趋同倾向，而现实中各国的经济增长率却存在广泛的差异，并未出现趋同倾向。与此同时，20 世纪 70 年代“滞涨时期”的生产率下降之谜、经济增长一度举世瞩目的苏联突然崩溃、“亚洲四小龙”的增长奇迹与拉丁美洲增长停滞并存、通信与信息技术（ICT）的突飞猛进照亮“知识经济”的玫瑰色前景，无不在拷问着传统新古典增长模型的现实适用性。于是在理论和现实的双重挑战之下，所谓的“新增长理论”（new growth theories）自 20 世纪 80 年代后期开始如雨后春笋般涌现。①

新增长理论，又被称作“内生增长理论”（endogenous growth theories），只是由一些持相同或类似观点的经济学家提出的各种增长模型构成的一个松散集合体。这些模型的共同点是：经济增长不再受外生因素增长（如人口增长和外生技术进步）的制约，而是由经济主体的行为决策“内生”地决定；如此一来，政府的经济政策或收入分配就会通过影响要素积累对经济增长产生持久的影响。由于主流理论认为经济增长取决于要素供给，只要“可积累的”（accumulable）或者说“可再生产的”（reproducible）生产要素呈现规模收益递减的性质，那么在没有技术进步的条件下，经济增长将收敛于不可积累要素的外生增长率。在古典的李嘉图增长模型中，劳动力被假定是取之不尽、用之不竭的，用来雇佣更多工人的“工资基金”被视同投资，所以劳动力是可积累的，而土地是不可积累的；在没有耕作技术进步的前提下，经济增长最终收敛于“土地的增长率”——当然是零！新古典模型无非是忽略了土地的制约，把不可积累要素由土地变成了劳动力，于是经济增长终将收敛于劳动力的增长率或者存在技术进步条件下的“有效劳动力”增长率（即劳动力与劳动增强型技术进步的增长率之和）。

① 斯诺登和韦恩（Snowdon & Vane，2005）总结了导致新增长理论兴起的 12 个因素，包括新的理论工具出现、一大批有关众多国家经济增长的数据变得可以获得、很多欠发达国家并未出现“赶超现象”引起更多的注意、对美国相比于其他新兴发达国家的经济地位引发越来越多的关注，等等。

相比之下，新增长模型通过引入某种机制，消除可积累生产要素的收益递减，或者产生可持续的技术进步，从而仅凭消费者和厂商的最优化选择即可实现超过外生因素增长率的均衡增长率。这种机制可大致分为两类：其一，引入正外部性，使可积累要素尽管在微观层面仍是收益递减的，但在宏观层面却呈现收益不变的性质。其二，假定可以用收益不变的方式生产至少一种可积累要素，或者用收益不变的方式生产“新技术”；而这种收益不变的生产，一定程度上也可视作某种要素正外部性的结果。如此一来，不同的新增长模型均可转化为某种广义的 AK 模型或者包含内生化劳动增强型技术进步的 F（K，AL）形式；很多情况下，这两种函数形式可以相互转换。新增长沿着上述理论脉络的分类及其代表性文献如图 2 -1 所示。

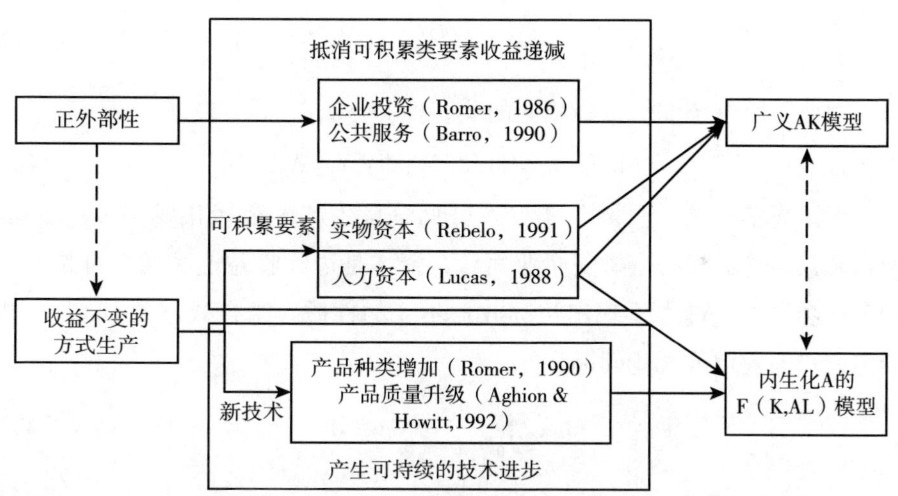

图 2 -1　新增长模型的分类与代表性文献

2.3.1　基于正外部性的新增长模型

基于正外部性的新增长模型以保罗 · 罗默（Paul Romer，1986）的一篇开创性文章为代表；该文也被学界普遍看作新增长理论产生的标志之一（朱勇和吴易风，1999）。罗默在阿罗（Arrow，1962）的“干中学”（learning by doing）理论的基础上，提出了基于“知识外溢”的内生增长模型。罗默认为，企业在进行实物资本投资的同时，也在学习如何更有效地生产知识。由于知识具有非排他性，个别企业通过投资产生的知识也可以被其他企业利用，提高生产效率，因而个别企业 i 的生产函数可表述为如下形式：

$$Y_i = A\,K_i^{\alpha}(KL_i)^{1-\alpha} \tag{2.40}$$

或者转化为人均形式：

$$y_i = A\,k_i^{\alpha}K^{1-\alpha} \tag{2.40a}$$

其中，$K = \int_0^1 K_i di$，即全社会的总资本存量，此处发挥了相当于劳动增强型技术进步的作用。每家企业将 K 视为既定，于是在完全竞争市场上，每家企业都会使自身的资本边际收益等于租金价格。

$$\frac{\partial y_i}{\partial k_i} = \alpha A\,k_i^{\alpha-1}K^{1-\alpha} = r + \delta \tag{2.41}$$

因此，所有企业会选择相同的 k_i，即 $k_i = k$，于是：

$$y = Ak^{\alpha}K^{1-\alpha} = AkL^{1-\alpha}\text{，即：}Y = AKL^{1-\alpha} \tag{2.42}$$

出于简单起见，假设 L 不变。可见总量生产函数转化成了 AK 形式。换言之，尽管对于每个微观企业而言，资本是边际收益递减的，可是加总到全社会层面，资本呈现出边际收益不变的性质。结合式（2.41），可知给定住户的效用最大化问题：

$$\max_C \int_0^{\infty} \frac{C^{1-\theta} - 1}{1-\theta} e^{-\rho t} dt \tag{2.43}$$

稳态增长率：

$$\widehat{Y} = \widehat{C} = \frac{r-\rho}{\theta} = \frac{\alpha AL^{1-\alpha} - \delta - \rho}{\theta} \tag{2.44}$$

然而对于一个追求社会福利最大化的社会规划者而言，最优的资本净收益率应该由式（2.41）所示的总量生产函数决定：

$$r_s = \frac{\partial Y}{\partial K} - \delta = AL^{1-\alpha} - \delta \tag{2.45}$$

相应的社会最优稳态增长率：

$$\widehat{Y_s} = \widehat{C_s} = \frac{r_s - \rho}{\theta} = \frac{AL^{1-\alpha} - \delta - \rho}{\theta} \tag{2.46}$$

显然，由于知识具有正外部性，企业不会独占投资产生的知识收益，以致企业收获的资本收益率低于社会最优水平，进而导致“投资不足”的倾向，使竞争均衡下的实际增长率低于社会最优增长率。理论上，要达到 $\widehat{Y}_s$，资本应独占所有收入，劳动收入份额趋近于零。由此得到了一个反其道而行之的再分配政策药方：社会应对劳动收入课税，补贴投资！

与罗默不同，巴罗（Barro，1990）强调政府作为推动经济增长的重要力量，认为政府提供的公共服务（如基础设施建设）能使生产实现规模收益递增。巴罗假设个别企业 i 面临着以政府的公共支出 G 作为劳动增强因子的生产函数：

$$Y_i = A K_i^{\alpha}(GL_i)^{1-\alpha}，即：y_i = A k_i^{\alpha} G^{1-\alpha} \tag{2.47}$$

与式（2.41）同理，所有企业选择相同的 k_i，故式（2.47）转化为：

$$y = Ak^{\alpha}G^{1-\alpha} \tag{2.48}$$

即：

$$Y = Ak^{\alpha}G^{1-\alpha}L \tag{2.48a}$$

由式（2.48a）可推出：

$$G = (G/Y)^{\frac{1}{\alpha}}(AL)^{\frac{1}{\alpha}}k \tag{2.48b}$$

假设政府支出占 GDP 的比重 G/Y 为常数，则用式（2.48b）替代式（2.48）中的 G，即可将式（2.48）转化为 AK 形式：

$$y = Ak(G/Y)^{\frac{1-\alpha}{\alpha}}(AL)^{\frac{1-\alpha}{\alpha}} \tag{2.49}$$

可见此时资本的边际收益率随着 G/Y 递增。然而巴罗绝非在为“大政府”辩护，因为在政府采取平衡预算的情况下，如果政府征收一部分资本收入税为 G 筹资，那么随着 G/Y 的增加，税收对资本净收益率的抑制作用终将超过 G/Y 对资本净收益率的提升作用。于是，巴罗再现了 20 世纪 70 年代供给学派借以鼓吹减税论调的“拉弗曲线”，即税收会随着税率的提升先增加后减少。特别是由式（2.44）所示的欧拉公式可知，影响稳态增长率的只有资本净收益率，故而工资税或消费税对经济增长没有影响，具有“非扭曲性”的总额税（lump-sum tax）性质（Barro & Sala-i-Martin，2004）。可以证明在征收总额税的情况下，$G/Y = 1 - \alpha$ 即可使住户获得最大效用。结果该模型清晰地传达了新自由主义者惯常鼓吹的“滴流”（trickle down）论调：为资本“减负”，用包括工资税在内的“非扭曲性”

税收为政府支出筹资；只要税率设置得当，即可通过实现更高的利润率来促进经济增长，进而使全民受益！

2.3.2 用收益不变技术生产可积累要素

与基于正外部性的新增长模型将 AK 函数作为微观主体行为的“副产品”不同，大部分新增长模型假设有一种“核心”生产要素可以用收益不变的技术生产，从而使生产函数“先天”地呈现 AK 形式。其中的一个早期版本是雷贝洛（Rebelo，1991）的两部门 AK 模型。该模型假设消费品使用传统的 CD 函数生产：

$$C = BK_C{}^{\alpha}L^{1-\alpha} = B(\phi K)^{\alpha}L^{1-\alpha} \tag{2.50}$$

而投资品可以用不需要劳动的 AK 函数生产：

$$I = AK_I = A(1-\phi)K \tag{2.51}$$

其中，$K_C + K_I = K$，$\phi = K_C/K$。记投资品价格为 p（消费品为计价物），则总产出 $Y = C + pI$。均衡时，两部门的资本边际收益率相等：

$$p\frac{\partial I}{\partial K_I} = \frac{\partial C}{\partial K_C} \Rightarrow pA = \alpha B(\phi K)^{\alpha-1}L^{1-\alpha} \tag{2.52}$$

换言之（同样假设 L 不变）：

$$\widehat{p} = (\alpha - 1)\widehat{K} \tag{2.52a}$$

稳态时：

$$\widehat{Y} = \widehat{C} = \widehat{p} + \widehat{I} = \widehat{p} + \widehat{K} = \alpha\widehat{K} \tag{2.53}$$

给定形同式（2.43）的住户效用最大化问题，得到稳态下 $\widehat{C}$ 的欧拉公式表达，再根据式（2.53）所示关系，即可得到：

$$\widehat{K} = \frac{A-\delta-\rho}{1+\alpha(\theta-1)},\ \widehat{Y} = \widehat{C} = \frac{\alpha(A-\delta-\rho)}{1+\alpha(\theta-1)} \tag{2.54}$$

既然 $\widehat{K} = I/K - \delta = A(1-\phi) - \delta$，对照式（2.54）即可得到均衡时 K_I 的占比：

$$1-\phi = \frac{A-\rho-\delta\alpha(1-\theta)}{A[1-\alpha(1-\theta)]} \tag{2.55}$$

不难看出，雷贝洛的两部门模型与 2.2.1 部分介绍的卡拉巴博尼斯和内曼（Karabarbounis & Neiman，2014）模型异曲同工：由于投资品可以被更有效率地生产，其相对价格不断下降，稳态下的资本产出比持续提高。不过由于稳态时消费部门的产出比重恒定并且消费函数采取 CD 函数形式，稳态增长路径上劳动收入份额保持不变。

AK 模型意味着更高的积累率带来更高的增长率，这与更高的储蓄倾向相联系——结合欧拉公式可知，给定投资品的产出效率（即给定 r），ρ 越低，$\widehat{C}$ 进而 $\widehat{Y}$ 越高。为了更清楚地表明这一点，只需将住户效用最大化决定的内生储蓄率替换为索洛模型中的外生储蓄率 s，即 $\widehat{K}=sY/pK-\delta$，可以推导出：

$$\widehat{K}=\frac{A}{1+\alpha\frac{1-s}{s}}-\delta,\ \widehat{Y}=\alpha\left(\frac{A}{1+\alpha\frac{1-s}{s}}-\delta\right) \tag{2.56}$$

显然，s 越高，$\widehat{K}$ 或 $\widehat{Y}$ 越高。如果离开主流学派的代表性个人假设，如非主流学派指出的，资本收入通常具有更高的储蓄率，则 AK 模型意味着更高的资本收入份额将带来更高的增长率。当然，雷贝洛的模型可得出与前述罗默和巴罗模型相同的再分配启示（毕竟后两者也可转化为广义的 AK 模型）：通过降低资本收入税，提振资本净收益率，即可实现更快的经济增长。

雷贝洛的 AK 模型假设投资品生产不需要劳动力投入未免过于脱离现实。小罗伯特·卢卡斯（Lucas，1988）在宇泽弘文（Uzawa，1965）的模型基础上，提出了一个包含人力资本的广义 AK 模型，成为新增长理论中最具代表性的贡献之一。假设总产出由实物资本 K 和人力资本 H 生产：

$$Y=AK^{\alpha}(uH)^{1-\alpha}=C+I \tag{2.57}$$

且 K 与 H 可按如下方式积累：

$$\dot{K}=I-\delta K,\ \dot{H}=B(1-u)H-\delta H \tag{2.58}$$

其中，u 代表分配于人力资本再生产的 H 比重（可将人力资本再生产部门视同广义的教育部门）。于是生产函数对于可积累要素是规模收益不变的，当然这也意味着 K 和 H 均可通过收益不变的方式生产。给定同样的住户效用最大化问题，以及由式（2.58）界定的预算约束，得到现值哈密尔顿函数：

$$J=\frac{C^{1-\theta}-1}{1-\theta}e^{-\rho t}+\upsilon[AK^{\alpha}(uH)^{1-\alpha}-C-\delta K]+\mu[B(1-u)H-\delta H] \tag{2.59}$$

其中，υ 和 μ 为动态拉格朗日乘子，分别代表 $\dot{K}$ 和 $\dot{H}$ 的影子价格。根据一阶条件 $\partial J/\partial C=0$、$\partial J/\partial u=0$，共态条件 $\dot{\upsilon}=-\partial J/\partial K$、$\dot{\mu}=-\partial J/\partial H$，以及均衡状态下 K 和 H 的收益率相等，最终可推导出稳态下：

$$\hat{Y}=\hat{K}=\hat{H}=\frac{B-\delta-\rho}{\theta},\ u=\frac{(\delta-B)(1-\theta)+\rho}{B\theta} \tag{2.60}$$

与所有新增长模型一样，卢卡斯模型预设了更高的资本收益率或更高的储蓄倾向会引致更高的增长率。不同之处在于，更快的经济增长可以通过补贴人力资本的生产（相当于提升 B）来实现。此外，给定均衡状态下 K 与 H 的收益率相等，有助于提升实物资本收益率的再分配政策也可带来更高的人力资本收益率（相当于更高的工资率），这可谓是“滴流”论调的另一种生动表达。不过，该模型可引申出收入分配通过影响人力资本投资而影响经济增长的可能性。正如下文将展示的，盖勒和泽拉（Galor & Zeira，1993）提出在存在信贷市场不完全的情况下，收入不平等会通过抑制低收入群体的人力资本投资，阻碍经济增长。

2.3.3　内生化技术进步

将收益不变的生产方式应用于生产“新技术”（如新产品创意、新机器等），即可得到由内生化的可持续技术进步所推动的内生增长模型。出于得到稳态增长的建模目的，相关学者通常基于 F（K，AL）的生产函数形式，将劳动增强因子 A 视作由市场主体的经济决策决定的内生变量。实际上，上文提到的卢卡斯人力资本增长模型也可归为此类，毕竟人力资本水平 h 可视同劳动增强因子。不过真正意义上的内生技术进步模型由罗默（Romer，1990）提出，该模型将可持续的经济增长归因于中间产品种类的增加。

假设经济体由最终产品部门、中间产品部门和研发部门构成。最终产品由劳动 L_Y 和 A 种中间产品按照如下生产函数所示的方式生产：

$$Y=F(L_Y,x_i)=L_Y^{1-\alpha}\int_0^A x_i^{\alpha}di \tag{2.61}$$

其中，x_i 代表投入的第 i 种中间产品的数量。此处将 x_i^{α} 表示为“加性可分”（additive separable）的形式，体现了产品种类增加的收益不变性质：尽管每种产品投入的数量扩大至 n 倍，Y 只会扩大至n^α 倍，但倘若产品种类扩大至 n 倍，即便维持每种产品的投入量不变，Y 也会扩大至 n 倍。假设 x_i 由无数均质化的垄断厂商提供，所有的 x_i 都相等，即 $x_i = x$，于是 $\int_0^A x_i^\alpha di = Ax^\alpha$，进而式（2.61）转化为如下形式：

$$Y = L_Y^{1-\alpha} Ax^\alpha = (AL_Y)^{1-\alpha}(Ax)^\alpha \tag{2.61a}$$

既然 x 对于最终产品厂商来说是资本品，在宏观层面加总成为资本存量，即 Ax = K，所以式（2.61a）还可写成：

$$Y = K^\alpha (AL_Y)^{1-\alpha} \tag{2.61b}$$

于是总量生产函数又被转化成了熟悉的包含劳动增强型技术进步的 CD 生产函数。只是此时的劳动增强因子 A 不再是外生的，而是来自中间产品种类的增加。

记每一种中间产品的价格为 p（最终产品作为计价物，价格为 1），劳动力的工资率为 w_Y，则最终产品厂商的利润最大化条件要求：

$$w_Y = \frac{\partial Y}{\partial L_Y} = (1-\alpha)\frac{Y}{L_Y},\ p = \frac{\partial Y}{\partial x} = \alpha L_Y^{1-\alpha} x^{\alpha-1} \tag{2.62}$$

假设中间产品厂商并不从事生产，只是以 r 的价格从住户手中租借 1 单位资本品，再以 p 的价格转租给最终产品厂商。于是中间产品厂商按照如下方式实现利润最大化：

$$\max_x \pi = px - rx = (\alpha L_Y^{1-\alpha} x^{\alpha-1} - r)x$$

一阶条件意味着：$r = \alpha^2 L_Y^{1-\alpha} x^{\alpha-1} = \alpha p$，即 $p = r/\alpha$

换言之，中间产品厂商将在其边际成本 r 的基础上实现 $1/\alpha$ 的价格加成，于是可获得利润：

$$\pi = (p-r)x = \alpha(1-\alpha) L_Y^{1-\alpha} x^{\alpha-1} \tag{2.63}$$

假设研发部门按照如下方式生产新的产品创意：

$$\dot{A} = \mu L_A A，也就是：\widehat{A} = \mu L_A \tag{2.64}$$

其中，L_A 指研发人员的数量。此处假设产品种类的增量不仅与 L_A 成正比，还与既有产品种类的数量 A 成正比，意指既有知识存量的增加会促进新知识的生成，正所谓“因为站在巨人的肩膀上，所以能看得更远”，可被看作创意生产的正外部性在研发部门的体现。① 假设研发部门通过专利转让的方式，以 P_A 的价格将新产品创意售卖给中间厂商；并假设研发部门对于研发人员来说是完全竞争的劳动力买方，则研发人员工资：

$$w_A = \frac{\partial(P_A \dot{A})}{\partial L_A} = P_A \mu A \tag{2.65}$$

如果中间产品厂商在专利市场上是完全竞争的，那么 P_A 就应该等于无限期界内各时期 π 之和的折现值，折现率为利率 r。既然稳态时 r 为常数，则有：

$$P_A = \frac{\pi}{r} \tag{2.66}$$

记劳动力总数为 $L = L_Y + L_A$，并且出于简单起见，假设 L 保持不变。如果忽略 L_A 与 L_Y 的素质差异，则均衡状态下：

$$w_A = w_L \xrightarrow{\text{结合式(2.62)、式(2.63)、式(2.65)、式(2.66)}} L_Y = \frac{r}{\alpha\mu}, L_A = L - \frac{r}{\alpha\mu} \tag{2.67}$$

稳态增长率以及均衡的 r 由住户的效用最大化决策决定：

$$\max_C \int_0^{\infty} \frac{C^{1-\theta} - 1}{1 - \theta} e^{-\rho t} dt$$

继而有稳态下的消费增长率：

$$\hat{C} = \frac{r - \rho}{\theta} \tag{2.68}$$

稳态下 $\hat{Y} = \hat{C} = \hat{A} = \mu L_A = \frac{r - \rho}{\theta}$，结合式（2.67）得到：

$$r = \frac{\theta\mu L + \rho}{1 + \theta/\alpha}, \ \hat{Y} = \frac{\alpha\mu L - \rho}{\alpha + \theta} \tag{2.69}$$

稳态下每种中间产品的数量 x 保持不变，但中间产品的种类 A 却以恒定的速率增长，从而产生相当于传统新古典增长模型中劳动增强型技术进步的效果。而 A 之所以能够持续增长，源于式（2.64）所示的规模报酬不变的生产技术。不过也正是这种生产技术，使人口规模直接决定了 A 进而

① 琼斯（Jones，1995）提出，由于存在重复研究的可能性，研发人员数量的增加不会带来新产品创意的等比例增加；与“站在肩上”效应相对应，琼斯将其称作“踩在脚下”效应。笔者认为将其称作“内卷”效应更贴切。在此情形下，新创意生产将呈现边际收益递减，以致增长率仍然依赖人口增长率。

Y 的增长率①。

此类模型没有蕴含多少分配含义，但是可引申出如下的再分配启示：一方面，增加对研发部门的补贴（相当于提升 μ），可以促进经济增长。另一方面，由于中间产品厂商索取垄断定价，降低了最终产品厂商对新产品的需求，以致竞争均衡下的增长率低于社会最优增长率，因此增加对最终产品厂商应用新产品的补贴可以促进经济增长。

2.3.4 拓展应用：新增长模型中分配对增长的影响

新增长理论尽管从未将收入分配作为关注重点，但它们还是一定程度上丰富了主流经济学关于分配与增长关系的认识。至少对于大部分 AK 模型而言，标准的理论都隐含着资本收入份额对经济增长的促进作用，并暗示“劳动补贴资本”的再分配方案。然而在现实中，更多的证据却指向收入不平等不利于经济增长（Aghion，Caroli & Garcia-Penalosa，1999）。为此，一些学者通过在新增长模型中引入市场不完全或更加丰富的个体行为假设，得到了收入不平等会抑制经济增长的结论。比较有代表性的影响机制可概括为三条路径：通过影响再分配政策、通过影响人力资本投资，以及通过影响政治社会稳定②。但这些研究主要是从供给不足的角度得出上述结论，与非主流理论主要从需求不足角度得出同样结论的路线大相异趣。

1. 通过影响再分配政策

认为分配差距通过左右再分配政策影响经济增长的代表作来自阿莱辛那和罗德里克（Alesina & Rodrik，1994）。本书发扬了所谓“新政治经济学”（new political economics）的研究路线，其核心主张是：在一个多数人

① 这当然是一个不太符合现实的结论，毕竟“人口越多的国家增长率越高”很难得到经验的支持。一个可规避此问题的替代假设是新产品创意的产出与研发支出占总收入的比重成正比。

② 最后一条渠道与新增长理论的联系并不紧密，笔者将其包括在内，是出于以下三条理由：第一，研究该渠道的代表性学者大多也是在研究和应用扩展新增长理论方面有所建树的学者；第二，对该渠道的研究或多或少地与新增长理论共享同样的前提假设，或应用了新增长理论的结论；第三，有关社会政治制度影响经济增长的研究，紧随新增长理论兴起之后，并受新增长理论的启发与鼓励。

表决政策的民主社会中，收入分配差距会通过“中间人”投票机制导致不利于资方的再分配政策，从而降低利润率进而均衡增长率。本书基于巴罗（Barro，1990）的政府服务促进内生性增长的理论，构建了如式（2.47）所示的企业层面生产函数：$Y_i = A K_i^{\alpha}(GL_i)^{1-\alpha}$，其中 i 代表不同的企业，G 代表公共支出。G 通过资本存量税筹资：$G = \epsilon K$。如式（2.49）所示，税率 ϵ 的增加一方面通过提升 G/Y 增进资本收益率，另一方面又直接减少给定 G/Y 的税后资本收益率，因而私人决策导致的税后资本收益率 r_i 随 ϵ 的增加先升后降。

既然均衡增长率 $\widehat{Y} = (r_i - \rho)/\theta$，存在一个使 r_i 最大化进而使 $\widehat{Y}$ 最大化的最优税率——记为 ϵ^*。那么民众是否会支持税率 ϵ^* 呢？答案是否定的。阿莱辛那和罗德里克用如下方式定义 j 的相对禀赋状况：$\nu_j = (l_j/k_j)/(L/K)$，l_j 和 k_j 分别代表 j 拥有的劳动和资本存量。ν_j 越大，j 对劳动收入的依赖程度越高；$\nu_j = 0$ 意味着 j 是一个纯粹的资本家。对 j 而言的最优税率为 $\epsilon_j = \epsilon(\nu_j)$，且 $\epsilon'_j > 0$，即一个人越依赖劳动收入，越偏好较高的资本税率。又经过推演，唯有 $\epsilon(0) = \epsilon^*$，也就是只有纯粹的资本家才会偏好最优税率，其他人都偏好使经济增长率低于其最大值的较高税率。理论上，在按照简单多数原则表决政策的民主社会，其资源禀赋处于中位数水平 ν_m 的个人偏好的税率 $\epsilon_m = \epsilon(\nu_m)$ 将成为实际税率。资源禀赋的分配越不平等，中位数水平的 ν_m 越大，实际税率将越高，经济增长率也就越低。因此，收入分配差距（确切地说是禀赋差距）不利于经济增长。

2. 通过影响人力资本投资

对财富分配通过左右人力资本投资影响经济增长的开创性研究来自盖勒和泽拉（Galor & Zeira，1993）。他们假定在一个开放经济中，人们生活两期，并选择在第一期和第二期从事同样的低技能工作，并领取较低报酬；或者在第一期从事人力资本投资，在第二期接手高技能工作，并领取较高报酬。每人都把两期总收入的一部分遗赠给下一代，因而每个人来到世间都带着数额不等的财富，其数额记为 x。最终产品既可以单纯用低技能劳动力生产，也可以由资本和高技能劳动力联合生产。

两个前提条件决定了 x 对人力资本投资的影响。其一，信贷市场不完善：如果借钱从事人力资本投资，贷方需花费一定数量的监督成本，防范违约风险，因而贷方收获的利息低于借方需支付的利息。其二，人力资本的不可分割性：对人力资本的投资数额必须达到一个最低限度，否则收效为零。在此条件下，唯有个人继承的财富 x 高于某个门槛值$\bar{x}$，才能保证在今生或若干世代后，本人或其后代能一直选择从事人力资本投资并接手高技能工作；否则即使今生选择人力资本投资，经过若干时代后，也将滑落至世代从事低技能工作的境地。于是，一个社会中处于拥有 $x>\bar{x}$的人数越多，稳定状态下高技能人才的比例越高进而生产率和经济增长率越高。富国之所以富，是因为财富分配更加平均。为此，政府可考虑对高技能收入征税，补贴人力资本投资，同时致力于完善教育信贷市场。

在之后的一篇文章中，盖勒和莫夫（Galor & Moav，2004）将收入分配对人力资本投资的影响融入一个对经济发展阶段的动态解释当中。该文中，住户按照与前文类似的方式积累物质资本，并通过消耗一定量的物质资本和时间积累人力资本；而生产技术则呈现新增长模型的特质：$Y=AHK^{\alpha}$。在经济发展的第一阶段，由于 K 相对稀缺，其边际收益率高于 H 的边际收益率，因而经济增长由物质资本积累驱动；由于拥有更多财富的"富人"具有更高的储蓄倾向，故此时财富与收入不平等将导致更快的资本积累。随着 K 的不断增加，K 自身的边际收益递减而 H 的边际收益递增，直至诱发住户开始积累 H，随即经济发展进入由物质和人力资本共同驱动的第二阶段。在第二阶段的较早时期，给定信贷市场不完善，"穷人"的人力资本投资仍受限于信贷约束，使其无法将 H 积累至最优水平，此时财富与收入的不平等转而开始抑制经济增长。随着所有住户都积累了足够的财富，人力资本投资不再受制于信贷约束，所有住户都能按照边际收益相等的原则配置 K 与 H，此时经济发展即进入第二阶段的成熟时期，经济增长不再受到收入分配的影响。该模型预测在经济发展进入成熟期之前，收入不平等先是促进、然后抑制经济增长，可谓是对"库兹涅茨曲线"一种较为精巧的解释。

3. 通过影响政治社会稳定

一些学者还指出收入或财富分配差距过大会导致政治、社会不稳定，

继而阻碍了经济增长。他们认为，财富和收入分配的不平等，一方面，使大量低收入者在面对少数非常富有的人时，对社会经济现状产生不满，要求进行重大社会变革，继而导致政治体制和政策法规的短期性和不确定性。另一方面，不平等迫使少数低收入者从事犯罪、暴力及其他破坏性活动；而这些活动本身不会创造生产力，还将威胁到对投资起决定作用的产权。比如，阿莱辛那和帕洛提（Alesina & Perotti，1996）通过对70个国家的1960～1985年的数据研究表明，收入两极分化会显著增加政治、社会的不稳定，诸如政权更迭、政治暗杀、武装政变、群众骚乱等；这些不稳定状态与投资增长呈显著的负相关性。

阿西莫格鲁和詹姆斯·罗宾逊（Acemoglu & Robinson，2002）的一篇文章，可谓是对上述几种思想的综合应用。两位作者根据个人掌握的广义资本存量，构想了一个由占人口大多数的“穷人”和少数掌握政权的“富人”组成的社会；积累人力资本需要一笔最低数额的投资。穷人可以选择革命，前提是革命的收益大于成本；富人识别到革命的必然性，会被迫进行民主化改革。一旦财富分配差距大到一定程度，只有富人才能积累人力资本；如果不存在革命威胁（因政治流动性过低或革命得不偿失），收入分配差距将持续扩大，少数精英“稳坐江山”，经济增长率将收敛到一个较低的水平，作者称为“专制灾难”（autocratic disaster），并将深陷中等收入陷阱的拉丁美洲国家比作此类。如果存在革命威胁，统治者被迫实行民主化改造，“中间投票人”（也就是占多数的穷人）表决推行高度累进性的再分配政策；若该政策使穷人也得以积累人力资本，收入分配差距将由升转降，经济增长也终将驶入快车道，这便是西方发达国家经历的“库兹涅茨曲线”背后的故事。如果财富分配一开始就比较平均，不需要大规模再分配也能使穷人积累人力资本，以致收入分配差距单调下降的同时经济高速增长，则是“东亚奇迹”呈现的故事。

2.3.5 一个简要批评

行文至此，不妨对新增长理论中的相关论述做简要批评。该批评只是针对新增长理论与传统新古典模型的区别，以及主流派学者眼中新增长理论较之传统新古典模型取得的进步；至于它们在方法论基础和理论实体层面的共同缺陷，将留待下一节集中讨论。新增长理论强调了分工、技术进步、知识积累和政府服务对经济可持续增长的决定性作用，弥补了传统新古典模型在分配和增长关系方面的理论匮乏；其从供给方面展开的分配差距过大阻碍经济增长的论述，具有一定的现实意义（尤其是对于发展中国家），因而较之传统新古典增长理论具有一定的进步性，但是这种进步是相当有限的。

理论上讲，名义上的“新”增长理论实则是“新瓶装旧酒”。该理论对技术进步、知识积累等增长动力的处理，仍旧是在生产函数上做文章，“就像是在科布—道格拉斯函数的基础上加入了洋葱、芥末和番茄酱等调味品一样”。[①] 为了实现全要素的规模收益递增，同时又保证平衡增长路径，可积累要素仍需保持规模收益不变，这就使生产函数不得不依赖十分严苛的假定，比如巴罗模型中政府服务的指数必须与劳动要素的指数相同，这显然不符合实际；并且得出不可积累要素的收入份额为零才能实现社会最优增长率的尴尬结论，这本身就是边际生产力分配论为解决“穷尽问题”必须依赖的严苛假设（所有参与分配的要素的规模收益不变）所导致的尴尬结果。虽然名义上也被称作“内生”增长理论，但该理论假设的“内生”增长要素早已在生产函数中做了预设，均衡增长率和收入分配仍然是由消费者的外生偏好以及生产函数的外生特质决定的。

就政策含义而言，新增长理论大多契合新自由主义的意识形态。毋宁说，其意识形态属性正是它得以在20世纪80年代后期兴起的背景和原因。乍看起来，这一论断令人困惑：毕竟新自由主义经济学一般会为市场“自发调节”形成的收入差距辩护，而上文提到的新增长理论家得到了分配差距过大不利于经济增长的结论。但实际上，他们得到上述结论的推理却完全是市场原教旨主义的，与中间偏左派理论家的推理是截然相反的。比如，阿莱辛那和罗德里克得出上述结论是经过两个环节：第一，民主社会中大多数人左右政治决策；第二，任何“劫富济贫”的再分配政策都会扭曲经济效率。可事实上，资本主义的所谓民主社会中的经济权力通常转化

① 布朗芬布伦纳·M. 收入分配理论［M］. 方敏，等，译. 北京：华夏出版社，2009：390.

为政治权力，民主决策很少听命于忍受不平等之苦的“沉默的大多数”；本轮经济危机之前，持续数十年的亲资本政策和收入分配差距扩大，更是展现了商界精英如何俘获政治决策的生动一课。至于再分配政策会抑制经济增长，更是无法经受理论和实证研究的考验；即便是新增长理论家自己也不会完全同意这一点，毕竟上文刚刚提到了再分配政策会缓解人力资本投资不足和政治社会不稳定。

至于有些新增长理论鼓励人力资本投资，具有一定的进步性。毕竟在一个欠发达社会中，促进教育公平是缓解不平等的重要途径。可是相关理论隐含的假设是高技能获得的高溢价是完全合理的报酬，是市场自发调节的必然结果，高收入是高效率的表现；政府要做的只是保障获取教育机会的平等。这一论调清晰地传达了新自由主义的政策主张：只有机会公平才是重要的，结果公平不应是政府主动追求的。相关理论家不会看到，所谓的“技能溢价”是技术进步和特定的制度环境、意识形态互动的结果，教育公平不会自动抵消“技能溢价”带来的过程和结果不公，甚至在资本主义社会，教育在一定程度上是造成现有不平等状况的社会结构的再生产工具。

只要解开包裹在其表面上的华丽数学包装，新增长理论的意识形态内核就暴露无遗。新增长理论仍然固守静态均衡分析，仍然笃信“萨伊定律”。遵照拉姆齐 - 卡斯 - 库普曼斯模型，增长率直接取决于利润率，而利润率是由生产函数的技术性质给定的。利润率越高，增长率越高，再给定生产函数决定的收入份额，所有人的收入也水涨船高。这不由让人联想起美国商界的一句名言：“对通用公司好的，就是对美国好的。”——直白的“滴流”论调！

2.4　对主流经济学相关理论的系统性批判

标准的主流分配与增长模型脱离现实的属性，使其遭到了很多乃至来自主流阵营内部的批评。然而主流学派对这些批评的应对方法，不外乎是向模型中添加一些更真实的假设，但这种修修补补只会使模型变得更加复杂和难以捉摸。非主流学派认为，主流分配与增长理论的症结不在于某条具体的假设、结论或某种具体的方法，而在于整个新古典主义的理论范式本身。借用莱容胡佛（Leijonhufvud，1976）提出的概念，新古典理论范式的缺陷，根植于它的“预先假设”（presuppositions）当中。这些预先假设是一个学派学术思想的根本，它们优先于立足其上的一般假设和理论，是不能被公式化和模型化的。很多方法论学者认为预先假设是形成一套理论范式的所有最本质信念的集合（拉沃，2009；2021）。如果将某学派的整套理论体系比喻为一棵大树，预先假设是大树的根基，理论范式犹如大树的主干，而诸多具体的理论或模型则只是枝叶而已。唯有深入剖析新古典主义的预先假设和理论范式的根本缺陷，才能剑指主流分配和增长理论的真正要害。

接下来，笔者将从预先假设和理论范式的层面，总结分析主流经济学理论的七大主要缺陷；它们决定了主流经济学理论在解决分配、增长及其相互关系方面的先天不足。此处将矛头指向整个主流经济学理论——而不仅是主流经济学中的分配和增长理论——绝不是无谓地扩大“打击面”。既然分配和增长理论是经济学理论的基石与核心，那么对主流分配和增长理论的彻底批判，等同于（并且有必要）撼动当代主流经济学的根基。当然这不代表我们全盘否定它的局部科学性与现实意义。在下文列出的七条局限性中，前四条关乎主流经济学分配与增长理论乃至整个理论体系的预先假设或方法论基础，第五条和第六条指向主流经济学的分配与增长理论本身，第七条揭示了这些预先假设和理论实体的意识形态本质。

2.4.1 虚幻的个人主义方法论

经济现象是人之行为产生的，因而经济学理论依赖一定的行为认知基础。在此问题上，经济学界主要有两个相对应的分析视角：一是抽象同质的原子个人主义，它认为社会现象必须由个人行为的有意识或无意识的结果来解释，所有社会科学的纯理论都可由个人行为以及该行为所依赖的特定条件或范围演绎而来，因而研究经济现象最适当的方法应在个人的水平上进行。二是具体异质的整体结构主义视角，它认为整个社会的发展有其独特的目的、需要和发展轨迹，个人只是社会整体的一员，其行为也受到社会环境的制约，因而经济学应关注对个体行为发生作用的社会结构（朱富强，2010）。显然，现代主流经济学大致采取了原子个人主义的分析视角。

在大多数主流经济学家眼中，社会的构成粒子是无数抽离了社会关系的抽象个人：他是原子人，个体之间既无本质区别，也无本质联系，因而个体可代表整体；他是消费者，也是生产者，银行或者企业等机构只是个人意愿或偏好的掩体。他是经济人，拥有动物般的利欲本能，只关心既定约束条件下的利益最大化，有如“闪电般地计算快乐与痛苦的计算器”。他还是理性人，拥有上帝般的全能理性，既能知己知彼，又能预知未来；即便某些新古典模型引入了不完全信息假设，也无非是突出了个人在有限条件下计算优化信息的能力。

对于主流经济学个人主义方法论的最直接、最广泛的批评，在于其不切实际的理性人假设。对此，谢克（2021）已有精辟全面的概括：

> 大量证据表明，我们并不能对偏好进行一致的排序，我们对概率的判断很差，我们并不以“理性”的方式对待风险，我们经常犯大量的推理错误，而且我们的行为通常基于习惯和经验法则。最后，我们的“理性并不高贵，力量并不伟大”。相反，我们的“理解力极为薄弱……［而且］受制于我们很大程度上无法理解的力量。”……
>
> 新古典经济学完全无视这些证据，顽固地将个体描绘成利己的计算机器，具有高贵的理性和伟大的力量，且几乎不受外部影响。风险、不确定性和信息成本的引入改变了约束条件，但并未改变基本的行为模型。①

然而，主流经济学个人主义方法论的虚幻性远不止于对个体理性的假设，而在于忽视了社会关系和制度结构对资源、权力分配进而对个体行为的决定作用。主流经济学将个人的行为，直至整个社会的行为和结果，都归结为个人在特定技术条件和资源约束下的主观心理行为；收入分配只是企业为满足消费者偏好配置生产要素的副产品。如此一来，分配关系转化

---

① 谢克·A. 资本主义：竞争、冲突与危机［M］. 赵准，等，译. 北京：中信出版集团，2021：120－121.

为平等的要素所有者之间的交换关系，不存在谁雇佣谁，谁剥削谁的问题。不管是工具所有者雇佣工匠生产，还是工匠租借工具自己从事生产，结果都是一样的；工具所有者得到的是同样的利息，工匠收获的是同样的工钱。“资本雇佣劳动”，抑或“劳动雇佣资本”，在分配上不会有任何差别。① 每个人既可能是劳动者，也可能是资本家，不管他拥有的是工具、存款抑或所谓的“人力资本”；他们只是把自身拥有的要素拿到市场上，尽量卖个好价钱。在这样一种情形下，劳资分配自然失去了它在古典经济学中的中心地位，而只具有宏观统计上的意义；重要的只是要素禀赋差别带来的个人收入差别。正如马克思所说，新古典学派“把阶级差别变成了‘钱包大小的差别’，把阶级矛盾变成了‘各行业之间的争吵’。”②

从历史唯物主义的立场来看，这种无视社会与历史规定性的理论不可能对分配和增长给予科学的解释。一方面，它抹杀了生产关系对收入分配的决定作用。个人作为社会关系的总和，其行为受到社会关系的制约；所谓“市场”，也不过是一系列社会制度形塑的结果（Hodgson，1988）。“社会的制度决定了人们所建立的组织类型，组织和个人的目标，及其追求这些目标的方式。在此过程中，它们塑造了经济过程（如工资的决定和个体或组织之间的互动）进而经济结果。”③ 此处所谓制度，无非是各种生产关系的总和。正如马克思（2004b）的总结，“分配关系本质上和这些生产关系是同一的，是生产关系的反面”。④ 不同的生产关系势必带来不同的分配关系。资本主义经济中劳动者不占有生产资料，决定了劳资双方本质上的不平等；在此基础上，生产技术与劳动过程，劳动力市场制度与产品市场结

① 从边际革命时期的魏克赛尔（Wicksell）（他说：“我们可以设想地主雇佣劳动者并支付工资……或者劳动者租用一块土地并支付地租。”），直到新古典综合时代的萨缪尔森（Samuelson）（他说：“记住在一个竞争的市场真的无所谓谁雇佣谁，我们同样可以说劳动雇佣资本。”），主流经济学家一直在强化这一论调。转引自：MARGLIN S. A. Growth, distribution, and prices [M]. Cambridge, MA: Harvard University Press, 1984: 482.

② 马克思. 道德化的批评和批评化的道德 [C]//马克思恩格斯全集第四卷. 中共中央著作编译局，译. 北京：人民出版社，1958：322 - 356，343.

③ CORNWALL J., CORNWALL W. Capitalist development in the twentieth century: An evolutionary-Keynesian analysis [M]. New York: Cambridge University Press, 2001: 70.

④ 马克思. 资本论（第三卷）[M]. 中共中央著作编译局，译. 北京：人民出版社，2004b：994.

构，财税体系与国际竞争环境，资本积累对产业后备军的耗竭与再造，共同决定了劳资双方的力量对比与分配份额。

另一方面，主流经济学把先验存在的个人需求偏好作为要素配置进而收入分配的先决条件，这种看法是本末倒置的。主流增长理论所立足的拉姆齐模型可谓这种看法的集中体现。它将住户的消费需求满足作为分析的出发点，认为代表性住户为最大化终身效用的跨期消费决策决定了资本供给与要素价格，进而决定了经济增长与收入分配。众所周知，资本所有者才是资本积累的主体，而马克思早已不厌其烦地表明，资本所有者的目的绝不在于消费需求的满足，而在于利润的占用和资本的积累；“越来越多地占有抽象财富是他活动的唯一动机”①。即便是以消费需求满足为主要目的的工薪阶层，其消费行为也远非出于最大化终身效用的理性决策，而是更多地取决于社会规范及其所处的社会关系。② 因此，不是消费需求决定收入分配，而是收入分配决定消费需求。对此，马克思（2004b）早有精辟的阐述：

> “社会需要”，也就是说，调节需求原则的东西，本质上是由不同阶级的互相关系和它们各自的经济地位决定的，因而也就是，一是由全部剩余价值和工资的比率决定的，二是由剩余价值所分成的不同部分（利润、利息、地租、赋税等）的比率决定的。这里再一次表明，在供求关系借以发生作用的基础得到说明以前，供求关系绝对不能说明什么问题。③

最后，主流经济学个人主义方法论忽视了个体经济行为的加总效应，亦即整体行为不等于个体行为的简单加总。借用系统论和生态学的术语，

---

① 马克思. 资本论（第一卷）［M］. 中共中央著作编译局，译. 北京：人民出版社，2004c：178.

② 例如，马克思（1958）曾说：“工人买马铃薯和妇女买花边这两者都是根据本人的意见行事的。但是他们意见的差别就是由于他们在社会上所处的地位不同，而这种社会地位的差别又是社会组织的产物。”参见：马克思. 哲学的贫困［C］//马克思恩格斯全集第四卷. 中共中央著作编译局，译. 北京：人民出版社，1958：71－198，86－87.

③ 马克思. 资本论（第三卷）［M］. 中共中央著作编译局，译. 北京：人民出版社，2004b：202.

经济系统具有“涌现特质”（emergent properties），经济或社会组织一旦形成就可能产生其构成个体所不具有的秩序、结构或特性，因此每一个层次都不能在另一个层次上得到完整的解释（Setterfield & Gouri Suresh，2014）。主流经济学家孜孜以求的微观行为基础不能对宏观经济表现做出准确预测，反而会经常陷入“合成谬误”（fallacy of composition）。其中最为著名的是凯恩斯提出的“节约悖论”（paradox of thrift），也就是微观家庭的储蓄增加会带来财富增加，但所有家庭都提高储蓄的结果却是总需求进而总收入不足，实际储蓄反而下降。与之相关的另一则合成谬误是卡莱斯基提出的“成本悖论”（paradox of cost），也就是个别企业降低工资成本固然会提高利润，但所有企业降低工资成本的结果却会造成消费需求不足和产能过剩，因而利润很可能不升反降。主流增长模型中更高的利润率势必导致更高的增长率的论断，充分暴露了个人主义方法论的合成谬误。

2.4.2 “乌托邦式”的交换经济

出于原子个人主义的方法论，主流经济学把分配和增长问题归结为主观心理、外生技术和资源禀赋决定的“自然规律”，以致“它的各种规定带有适合一切社会形态的无时间性的永恒范畴的假象”①。无怪乎多位新古典学派的代表人物都宣称，他们的经济理论是既适合荒岛上的鲁宾逊，又适合一切社会经济形态的普遍规律。② 然而实际上，主流经济学的理论有时只适合荒岛上的鲁宾逊，有时只适合小农经济或简单商品经济，更多的时候像是社会主义计划经济，唯独不像资本主义经济或现代市场经济。相关的例子不胜枚举，它们或直接或间接地与分配和增长问题相关；在此仅择要论述。

---

① 卢卡奇·G. 历史与阶级意识：关于马克思主义辩证法的研究［M］. 杜章智等，译. 北京：商务印书馆，1996：63.

② 比如，维克斯蒂德（Wicksteed，1932）就曾公然宣称：“我们的规律是绝对普遍适用的……它不仅是一套分配理论，而是一套有关生产要素和产品的组合与配置的一般性分析工具和综合规律。它适合荒岛上的鲁宾逊、美洲大陆的一个宗教公社、印第安人的原始村落，乃至现代工业的竞争中心。”参见：WICKSTEED P. H. An essay on the co – ordination of the laws of distribution［M］. London：London School of Economics，1932：42.

首先，主流经济学模型假定市场经济的根本目的是按照价格信号以最有效的方式组织生产（配置稀缺资源），从而最大程度地满足消费需要。这种观念与其说是符合资本主义经济，不如说更符合理想中的社会主义经济。正如马克思不断提醒我们的，资本主义生产的唯一目的不是满足人类对物品的需要，而是对维持资本积累的利润的持久渴望。① 商品追逐的是货币利润，而不是社会需要，哪怕是关乎社会福祉的最迫切需要。

这种混淆资本主义经济根本目的的一个直接后果，就是笃信“萨伊定律”。由于假设所有生产都是为了满足现在或未来的消费需要，又假设全知全能的经济人能够准确地按照价格信号调节供给以适应需求，因而主流经济学（尤其是新古典宏观经济学）从根本上排除了持续的生产过剩或需求不足的可能性，进而得出供给决定增长的结论。这种仍停留在实物交换经济的想象，无论如何也不适用于资本主义货币经济。因为后者的本质决定了，企业不是“为买而卖”，而是“为卖而买”，并且买和卖在时间和空间上都是分开的过程；在此过程中，货币不仅是交换的媒介，还是买和卖在时空上分离的媒介（斯威齐，1997）。一旦总货币需求不足以让企业实现预期的甚或必需的利润率，买卖过程即将中断，停滞乃至危机也将发生。资本主义分配关系必然导致的周期性需求不足、市场经济中“根本的不确定性”以及资本主义独特的信贷制度，使这种中断必然经常地发生。

其次，主流经济学把收入分配过程视同平等的要素所有者之间的交换关系，这种观念充其量只适合简单商品经济，甚至只适合“重建个人所有制”的社会主义合作经济。资本主义生产方式的特殊性在于：第一，生产资料归少数人所有，而几乎一无所有的劳动者只能把劳动力作为商品租借给生产资料所有者，因而通常不是主流经济学家所幻想的在收入 - 闲暇偏好下的自愿选择；第二，劳动者在生产过程中受生产资料所有者支配。从生产线上的工作纪律、加班加点，到对所谓“白领”工作者的目标管理与考核激励，无不成为资方控制劳动过程、继而决定微观收入分配的手段。

---

① “任何时候都不应忘记，在实行资本主义生产的条件下，问题并不在于使用价值，而在于交换价值，特别在于增加剩余价值。”参见：马克思．剩余价值理论（第二册）[M]．中共中央著作编译局，译．北京：人民出版社，1975：564 - 565．

最后，主流经济学模型描述的市场经济，是一种没有竞争的“冒牌市场经济”。尽管竞争的概念充斥着主流经济学的教科书，但这种假想的竞争只是作为经济实现一般均衡的前提条件存在的，它至多只起到竞价和传递信息的作用，与现实中人们为追求利润乃至生存的竞争差之千里。[①] 新古典模型也许更适合于社会主义计划经济，因为只要解决了通过价格信号传递信息的问题，即可实现资源的最优配置和社会福利最大化，竞争是没有必要的。无怪乎新古典主义的资源配置原理在苏联有许多经济学家进行研究并加以利用；早在新古典理论诞生后不久，即有不少新古典主义经济学家主张将其作为计划经济的解决方案（柳欣，2006）。连新自由主义的旗手哈耶克（2007）也驳斥了这种“假定所有的事实都是已知的”虚假竞争观念：“这是一种被经济理论奇怪地称为‘完全竞争’的状态。它根本没有为可称为竞争的活动留下任何空间，却以为这种活动已经完成了它的任务。”[②]

资本主义经济中的竞争不是为了促进实物商品交换的竞价拍卖，而是人们为了获取纯粹的价值符号——货币而进行的残酷斗争。对资本家而言，竞争不是对短期利润的斤斤计较和对既有生产技术的权衡选择，而是一场弱肉强食、你死我活的战争；资本家唯有无休止地积累、扩大再生产，无休止地追赶最先进的生产技术，才能不断抵御竞争导致的利润率下降和资本价值的消灭，否则资本家的地位不保（Jarsulic，1988；Palermo，2017）。由此孕育了必然的生产过剩倾向以及利润、工资份额的周期性消长。对劳动者而言，竞争是为了生计而争夺有限的工作机会；层出不穷的资格认证、技能筛选、行业门槛、等级设定，直至企业内部的绩效考核与激励机制，都是强化劳动者内部竞争的手段。对资本家和劳动者的任何一方而言，对方的内部竞争越激烈，分化越显著，己方的议价能力越强，从

① 主流经济学家把一般均衡过程的逻辑证明应用到了对现实市场的解释，并误将其作为对现实的市场经济运行过程的描述，最典型的例证就是把它与亚当·斯密的“看不见的手”联系起来，认为对一般均衡的证明就是对亚当·斯密“看不见的手”的证明。但这却是一个天大的错误。亚当·斯密的“看不见的手”是建立在现实市场经济中的竞争基础之上的，而在新古典一般均衡理论中根本就不存在竞争。参见柳欣（2006）。

② 哈耶克·F·V. 作为一种发现过程的竞争［C］//F V 哈耶克. 哈耶克文选. 冯克利，译. 南京：江苏人民出版社，2007：110.

而分配份额也越高。正是相互交织的阶级间对抗和阶级内竞争，决定了分配与增长之间的复杂多变的宏观动态关系。

2.4.3 没有时间观念的均衡观念

主流经济学家把增长问题化约为求解动态一般均衡问题。“它在动态系统中回答了均衡的存在性和稳定性（即是否收敛到均衡道路）问题。它首先强调了对于一个经济体系来说存在着一条反映了生产技术特征的最优增长道路，在这一道路之外的任何其他增长道路的效果指标（如产出水平、消费水平等）总是低于这条道路的。在经济主体（企业、个体或国家的经济计划管理部门）行为是合理的条件下，从任一初始状态出发，无论市场是否均衡，经济活动都会逐步收敛到这一道路上。非均衡状态仅仅是一种短期的背离。”① 由于假定经济主体的理性预期和灵活价格下的市场出清，大多数主流经济学家都认为均衡是现实存在的，并且是经济的“大势所趋”。

在宏观动态分析中，识别均衡点（或称作“不动点”“稳定点”）的位置当然是不可或缺的。然而正如布里斯（Bliss，1975）指出，经济学界存在两种对待经济均衡的分析进路：一种是将均衡视作现实世界中动态系统的作用结果，“因为动态力量将以某种方式作用于经济，并且其作用过程足够快……以致均衡是预期可以实际发生的事情”；另一种则更加强调动态非均衡过程，因而只是将均衡视作“分析的落脚点，以便对分析做出必要的简化，而不至于陷入无望的困难之中”。② 大部分主流经济学的分配与增长理论无疑属于前者。尽管动态分析已进入绝大部分主流的高级宏观经济学教科书，并会对经济偏离均衡点时的“转折动态”适当着墨，但它们通常不会对“转折动态”给予足够的重视。很多情况下，主流学者甚至不会关心理论上的均衡点是否是现实经济可以趋向的稳定点；比如，很多增长模型（包括作为主流增长理论基础的拉姆齐模型）中的均衡点只是

---

① 朱嘉明. 论非均衡增长［M］. 上海：三联书店，1988：29.

② BLISS C. J. Capital theory and the distribution of income［M］. Amsterdam：North－Holland Publishing Company，1975：27.

“鞍点路径稳定”（saddle-path stable）的，这意味着初始状态恰处于其“稳定臂”（stable arm）上时经济才会趋向均衡点。这与主流学派宣扬的市场经济具有自动稳定倾向的论调当然是自相矛盾的。

乔安·罗宾逊夫人（Joan Robinson）把主流学派对均衡的迷信归结为他们头脑中虚幻的“逻辑时间”（logical time）观念（溯源于牛顿的绝对时空观）。在逻辑时间中，经济可以随着参数的变化来回变换位置；当参数变回原值时，经济又重新回到了新的位置，这一切似乎跟时间没有关系。真实世界中的历史时间则完全不同：经济个体只要执行某项决定，除非付出极高代价，否则这个过程将无法逆转。如果说稀缺资源是存在的，那一定是时间（拉沃，2009）。对此，罗宾逊夫人做了如下阐述。

> 正统派体系的根本谬误在于相信市场经济总是倾向于达到均衡，就像左右摇摆的摆锤总要接近静止状态一样。这个类比是错误的。一种空间运动可以来回往复，然而通过时间的运动规则只能是单向的，从过去到将来的。人类生活势必在没有“正确预见”的情况下度过。支配经济行为的，要么是对行动将要产生的结果所做的预测，或者是依据常规判断而得出什么是适当行为的见解；要么是根据过去的经验教训，而这些经验教训可能被证明是靠不住的。①

与传统智慧认为外生冲击总是能引发反方向的力量使经济快速回归均衡位置不同，历史时间具有不可逆性和不可预见性。一方面，“在时间上，我们只能单向行走，从过去到将来，不论一旦发生什么情形，都会影响以后将要发生的事情。”② 另一方面，由于不完全理性以及分散决策主体的行为带来的不可逆影响，人们不可能对经济的未来走势做出理性预期，这使现实中的经济运动呈现如下特性。

（1）累积效应：需求高涨可以通过乘数效应、加速效应、通货膨胀以及预期的自我强化，使经济持续扩张，并累积资产泡沫与债务风险；反之需求收缩乃至泡沫破裂会引发投资萎缩和预期恶化的连锁反应；企业竞相

①② 罗宾逊·J.，伊特韦尔·J. 现代经济学导论［M］. 陈彪如，译. 北京：商务印书馆，1982：63.

裁员、降薪、去杠杆的行为不会使经济在短期内重回充分就业状态，反而会使情况更糟。尽管这种连锁反应不会无限持续。

（2）路径依赖性：任一短期内的有效产出，都是前期由需求决定的可用资源利用率和预期利润率引发的历史结果，它又通过改变资源的产能与结构，对下一期的需求和资源利用率产生影响。

（3）滞后效应：短期现象可能引发不可逆的长期结果。比如，当今在经济学界被越来越多的学者认同的失业滞后效应（hysteresis），意指短期失业会因劳动力闲置、人力资本贬值和信心的丧失，发展成长期失业或劳动力参与率的下降。

从这个角度出发，我们可以肯定：长期的经济表现跟短期的经济运行是分不开的，它只是一系列短期经济运行的结果（Kalecki，1971b）。主流经济学把长期趋势和短期波动区别开来的观念只是一种虚幻的想象。

2.4.4 同义反复的形式逻辑

现代主流经济学的一大特点，是为了追求形式的严谨和模型的精巧，不断把现实中重要的社会、历史、制度因素当作外生变量，将其舍象或仅作为对公理化假设的补充，从而使经济理论体系日益变成一套狭隘、封闭的逻辑分析体系。[①] 这么做的后果，是表面上“使经济理论从一种艺术（在许多方面是文学的）被改变为一种日益严密的科学”，但实际上却使经济学与真正经世致用的科学渐行渐远。一方面，出于对基于内省的（却远离现实的）公理化行为假设的依赖，出于日益强盛的抽象演绎倾向和对于“工具理性”的推崇，主流经济学成为“一种纯粹分析的事情，不管现实的问题”[②]；它抽象掉了技术变动与利益冲突，抽象掉了历史、制度等路径

① 这一倾向溯源于所谓的“边际革命”时期。当时，一批职业经济学家受到自然科学方法及其所取得成就的感召，力求把机械力学的均衡原理和数理逻辑引入经济分析，以建立起比较严格的公理化逻辑分析体系。以致瓦尔拉斯认为，“这种经济学纯理论是在所有方面都类似于物理－数学科学的一种科学”，甚至“不了解力学的人，就不能了解政治经济学。”参见：柳欣. 资本理论：价值、分配与增长理论［M］. 西安：陕西人民出版社，1994：9.

② 熊彼特语，转引自：柳欣. 资本理论：价值、分配与增长理论［M］. 西安：陕西人民出版社，1994：9.

依赖因素，继而抽象掉了收入分配与非均衡增长的宏观动态关系，“也抽象掉了经济学背后的文化传统和民族性，从而也同时消解掉了古典经济学中始终坚守和洋溢的人文关怀的精神立场。”① 另一方面，由于主流经济模型完全是由预设的公理化假设经逻辑演绎得出，结论早已隐藏在假设当中，以致整个模型就是一个同义反复的封闭体系，除了逻辑分析之外再无实质内容。

基于总量生产函数的收入分配理论是对主流经济模型同义反复性质的集中体现。主流理论对现实中劳动收入份额变动的解释，全然依赖对要素替代弹性与技术进步类型的组合假定。只要换一组假定，即可提出完全不同的理论。正如前文已详细回顾的，对于同样的劳动收入份额下降的现实，既可以说是更快的劳动增强型技术进步与小于 1 的替代弹性的联合结果，也可以说是资本增强型技术进步与大于 1 的替代弹性作用使然。现实情况究竟如何？替代弹性与技术进步性质的定义决定了这些理论是无法被验证的。替代弹性本身就是由要素收入相对份额的会计表达式直接演绎而来的（这一表达式的唯一实质内容是把要素价格等同于生产函数对各要素的导数，即边际产品收益）。那么试问：替代弹性到底是什么概念？仅说它是资本与劳动之间相互替代的容易程度，并没有让我们的认识前进多远。它既不能被直观地感知，也不能被计量，或被统计资料验证。我们不得不进一步问：替代弹性是由哪些因素决定的呢？回答只能是生产技术，只能回到预先的假设——生产函数本身。分析的全部内容仅在于定义本身。同样的批判也适用于主流理论对于技术进步类型的界定。所谓的资本增强型或劳动增强型技术进步，只是体现为生产函数中 K 和 L 的系数，它们既无现实对应物，也无法被检验；现实中可观测的劳动生产率提高、资本产出比上升，抑或劳动收入份额下降，可以来自任意一种技术进步，只需改变对替代弹性的假定即可。更何况，鉴于技术进步不可能脱离资本实体而以“非实体化”（unembodied）的形式存在（Kaldor，1961；1978），以及下文将详细讨论的“剑桥资本争论”提出的资本测量问题，用 K 和 L 的系数表示技术进步类型本身在理论上也是站不住脚的。

① 朱富强．对现代主流经济学的方法论反思［J］．政治经济学评论，2010，（2）：121－137，126．

进一步来说，主流收入分配理论的同义反复性质根源就在于生产函数本身的同义反复性质。实际上，生产函数本身就是为了解释要素收入份额的相对稳定性，根据统计事实反推的“逆向工程”的产物，是头脑的造物。当现实中的要素收入份额不再呈现科布-道格拉斯函数预测的恒定趋势，就依照统计事实反推出一个 CES 生产函数，以此容纳有偏性的技术进步和不等于 1 的替代弹性。当现实的经济增长率与按照生产函数计算的要素投入增长率之间出现了巨大的误差，就把这些误差归结于全要素生产率，并通过在生产函数中加入一个非实体化技术进步的要素来解决，也就是所谓的“索洛余值法”。而这个“神秘”的“索洛余值”可谓将主流经济学的虚空性质表现得淋漓尽致。诸多非主流学者反复地表明（McCombie & Thirlwall，1994；Shaikh，1974；拉沃，2021），对生产函数的估计不过是对国民收入核算账户的特征的再现而已，而所谓的“索洛余值”，无非是现实中工资率增长率与利润率增长率的加权平均值!①

正如菲利佩和麦康比（Felipe & McCombie，2013）的著作标题所表明的，新古典生产理论“甚至连错误都算不上”（not even wrong）。主流理论对收入分配问题的解释，只是通过引入日益复杂的数学包装，对生产函数加以调整，重复着形式逻辑层面的数学推导；其结论早已隐藏在前提假设当中，而这些前提假设本身无法被证实，更别提证伪了。所谓的对理论的“实证”分析——如对替代弹性、生产函数系数或技术进步性质的估计，也不过是利用既定事实“复述”一下前提假设。对此，卡尔多（Kaldor，1972）的批评可谓一针见血。

---

① 主流学者通常采用如下套路核算经济增长的来源并顺便“验证”CD 型生产函数的正确性。假设总量生产函数采取 CD 形式：$Y = AK^{\alpha}L^{1-\alpha}$，则经济增长率可表述为：$\widehat{Y} = \widehat{A} + \alpha\widehat{K} + (1-\alpha)\widehat{L}$。于是通过 $\widehat{Y}$ 对 $\widehat{K}$ 和 $\widehat{L}$ 的回归分析，得到 $\widehat{K}$ 和 $\widehat{L}$ 的系数估计值，理论上也就是资本收入和劳动收入的份额；通过观察系数估计值与现实中要素收入份额的一致性以及要素收入份额在长期内保持稳定的事实，来说明 CD 型生产函数很好地“拟合”了现实；同时，作为常数项的 $\widehat{A}$——也就是所谓的“索洛余值”——就代表中性技术进步的贡献。可实际上，这种做法完全不能说明理论“拟合”了现实，只是在复现国民收入恒等式而已。既然国民收入 $Y = rK + wL$，转化为增长率形式：$\widehat{Y} = \frac{rK}{Y}\widehat{r} + \frac{wL}{Y}\widehat{w} + \frac{rK}{Y}\widehat{K} + \frac{wL}{Y}\widehat{L}$，可以发现 $\widehat{K}$ 和 $\widehat{L}$ 的系数——也就是上面的增长率核算公式中的 α 和 $1-\alpha$——必然就是资本收入和劳动收入份额；而所谓的“索洛余值”$\widehat{A}$，实际上就是$\frac{rK}{Y}\widehat{r} + \frac{wL}{Y}\widehat{w}$，无非是工资率增长率和利润率增长率的加权平均而已!

在经济学中，有悖于流行理论的观测事实普遍被忽略了……而且在为了迎合理论模型而引入经验材料的领域，比如计量经济学，实证检验的作用是为了“叙述”或者“包装”理论，而不是为基础假定提供支持（例如，大量试图估计生产函数系数的研究即属此列）。①

2.4.5 无从立足的边际生产力分配论

如果说以上批判指向的是主流经济学中分配与增长理论的方法论基础，那么本节直面主流经济学的分配理论本身——边际生产力分配论。笔者认为，该理论从边际生产力这一概念本身的逻辑合理性、边际生产力的存在性、按边际生产力分配的现实性及其理论主张的公平性而言，都是站不住脚的。

首先，边际生产力这一概念本身就存在着无法回避的逻辑矛盾。该逻辑矛盾来自它立足的宏观生产函数的逻辑矛盾，即资本的计量与加总问题。1953 年，罗宾逊夫人（Robinson，1953）率先发难：既然宏观生产函数的 K 代表真实资本总量，那么现实中千差万别的资本产品是如何被加总为一个总量的呢？显然要解决这一问题，必须要把所有实物资本换算成货币价值进行加总。但问题是，任何一件资本品的货币价值取决于它所能带来的收益流的贴现值，于是要计算资本价值就必须事先知道利润率。可是按照主流理论，资本的利润率等于其边际生产力，即生产函数对 K 的导数；而 K 的计算又依赖利润率。如此一来，岂不陷入了利润率决定利润率的循环论证？后来，皮埃罗·斯拉法（Piero Sraffa）在其名著《用商品生产商品》中将类似矛盾进一步阐明（斯拉法，1991）：相对价格不可能独立于收入分配存在；给定技术条件，一个外生的收入分配（或利润率）决定了相对价格，因而不可能按价格加总、也不可能按还原为“有时期的劳动”加总的资本数量决定利润率。这一论点对边际生产力理论的批判可谓

① KALDOR N. The irrelevance of equilibrium economics [J]. The Economic Journal, 1972, 82 (328): 1237 - 1255, 1239.

是致命的。由此引发的“剑桥资本理论争论”（Cambridge controversy of capital theory）主要在批判主流理论的后凯恩斯学派（大本营为英国剑桥大学）和为主流理论辩护的新古典综合派（大本营为位于美国剑桥市的麻省理工学院）之间展开。[①] 尽管主流学派提出了很多应对方案，包括萨缪尔森提出的“代理生产函数”（surrogate production function）或者声称斯拉法体系只是一般均衡体系的一个特例，但都没有从根本上解决边际生产力理论的逻辑矛盾。其实这一逻辑矛盾的实质，在于新古典学派用现实中并不存在的、表示实物技术关系的总量生产函数，解释一个货币经济中由社会关系决定的、对货币价值的宏观分配关系（柳欣，2006）。而后者正是马克思主义和后凯恩斯学派的理论精髓。

其次，在现实中，边际生产力的存在性也是很值得怀疑的。边际生产力这个概念，就像新古典学派中的许多其他概念一样，不是来自社会生产实践，而是来自主观臆想或概念推演。边际生产力递减规律，原本是李嘉图和马尔萨斯用来描述土地肥力随着资本积累和就业增加而递减，以致地租升高的宏观动态规律，这在一定程度上是符合生产生活实践或历史事实的。而后世之庸俗经济学家却不顾现实情况，把它移植到了微观领域，移植到了一切行业和生产要素上。于是边际生产力这个概念，或者说边际生产力递减这一规律，逐渐演变成了普遍化的、抽象的自然概念或规律，脱离了与具体的生产生活实践的联系。在现实生产中，边际生产力不仅难以度量，而且在很多情况下干脆就不存在。比如，在现代工业化生产条件下，一般是固定数量的工人使用一台机器。这种情况下，每个岗位的劳动生产率是固定的，由机器的额定产能决定。在机器达到满负荷运转之前，每增加一单位的劳动时间，产量增加都是一样的。由于不存在所谓的边际生产力递减，劳动力和机器的边际产品无法分离，所谓的“归因问题”（imputation）也就无解。此外，现代社会中越来越多的行业或职业具有“团队生产”（team production）的性质（Alchian & Demsetz，1972）。也就是任何一个单独的人都不可能生产出任何成果，而多人合作却会取得“事半功倍”的效果。这种情况下边际生产力的概念更是没有现实意义了。

---

① 有关剑桥资本争论的一个详细回顾，参见哈考特（Harcourt，1969）。

再次，即便我们承认边际生产力的存在性，现实社会也不存在使要素收入等于要素边际生产力的机制。要使要素收入按边际生产力分配，需要同时满足三个假设条件：其一，资本与劳动的连续替代；其二，规模报酬不变；其三，市场完全竞争（Marglin，1984）。毋庸讳言，这三个条件在现实中都是很难满足的。

最后，即便我们承认边际生产力的存在性，也姑且假定要素价格与边际生产力相符，那么边际生产力也绝非规范意义上的正当、合理的报酬。自从边际生产力这一概念诞生的年代，它的创立者们——诸如魏克赛尔（Wicksell）、维赛尔（Weiser），尤其是克拉克（Clark）——就明确地把符合边际生产力的利息或工资当作资本或劳动凭借其贡献而获得的正当、合理的报酬，是合乎“自然规律”和“公正的经济秩序”的报酬，因此边际生产力不仅被当作配置效率的标尺，还被当作公平、道德的标尺。这种观点的意识形态色彩是显而易见的，其合理性基础却极其脆弱。一方面，边际生产力反映的绝不是要素的实际贡献，而是要素的稀缺程度。它至多只能回答，在一个虚构的完全竞争社会，各要素所有者“能够”获得多少收入，但绝不会告诉我们各要素所有者“应该”获得多少收入（刘易斯，1991）。实际上，所谓的要素稀缺程度，大多数情况下是资本主义生产关系下人为控制的结果（如少数人对生产资料的垄断性占有、既得利益集团对职业门槛的设置等）。[①] 另一方面，考虑到主流经济学家常说的“外部性”，对企业来说符合利润最大化原则的要素价格，未必是对社会最优的要素价格，自然也称不上合乎公平道义的价格。这种外部性既存在于企业之外（如企业雇人从事污染环境的生产活动或雇人从事伤害竞争对手的准犯罪活动），也存在于企业之内（如下属之间的激烈竞争让上司得以享受半退休状态的悠闲，并领取与其实际生产力不符的高额报酬）（布朗芬布伦纳，2009）。

总之，边际生产力论是不足为信的。从实证上讲，现实世界中不存在使要素价格等于其边际生产力的机制；从规范上讲，边际生产力也绝不能作为收入分配合理性的标尺。甚至边际生产力这个概念本身也是缺乏现实意义的。这一结论尤其值得我们警惕：我国主张的“要素按贡献参与收入

① 关于把边际生产力等同于要素贡献的逻辑矛盾，详见格德斯（Gerdes，1977）。

分配”，绝不能等同于按所谓自由市场决定的边际生产力分配。

2.4.6 脱离现实的供给决定论

传统新古典模型认为长期内经济增长将收敛于均衡增长路径，而均衡增长率取决于外生的技术进步和不可积累要素的供给。新增长模型无非是抽象掉了不可积累要素的供给瓶颈，将均衡增长率归结为由主观偏好和技术特性决定的广义资本供给。这种供给决定论的理论基础是各种版本的“萨伊定律”，其宗旨无非是在有效市场和理性预期假设下，价格机制总能促成生产资源的充分就业；有效需求至多只影响经济围绕其均衡路径的短期波动。上文已经论证，这一观念的根本谬误在于把资本主义经济制度视同以满足消费需求为目标的实物交换经济和虚幻的逻辑时间观。事实正相反，在绝大多数情况下，主导增长的不是要素供给，而是有效需求。鉴于需求拉动的增长是非主流经济理论的基础，第 5 章还将对其详细阐述，故而此处只对其做简要说明。

第一，在现实经济中，产品市场不完全竞争和生产资源未充分利用属于常态，因而厂商主要通过数量调整应对需求变化，而非通过灵活的价格调整实现产品出清。停滞（staganation）理论的提出者，对后凯恩斯主义影响深远的斯坦德道尔（Steindl，1952）指出，保有过剩产能是垄断资本主义阶段厂商的战略性选择。为了维持自身的市场份额，厂商一方面需要保有富余产能以应对繁荣时期的需求增加，防止竞争对手“乘虚而入”，另一方面通过保有短时间内大幅增产、压低价格的潜力，阻遏潜在的进入者。相比之下，马克思更为深刻地将资源未充分利用归因于资本主义竞争所固有的生产过剩倾向。因为资本家为了在“大鱼吃小鱼”的残酷竞争中立于不败之地，必须不断地积累、更新资本，以追赶前沿技术和资本集中的趋势；新增的过剩产能既是让竞争对手的既有产能过剩、过时乃至消灭的必要手段，又是这一过程的必然结果。因而他说“生产能力决不能使用到超过这个限度，以致它不仅能够生产更多的价值，而且还能把它实现。”（马克思，2004b）

更重要的是，主流学者眼中的广义要素供给——包括劳动力、资本和技术进步——本身就是内生于需求的。当经济快速膨胀时，劳动力供给也会顺应发展，主要通过增加单位员工的劳动时间、增加劳动参与率（特别是女性），或者增加外来移民来完成（拉沃，2009）。马克思则为其加上了技术进步再造产业后备军的机制。

第二，正如当前日益流行的现代货币理论指出，货币是内生于需求的（Mitchell，Wray & Watts，2019；Nishiyama，2014；Wray，2015）。货币产生于银行的信贷过程；银行对企业或公众的每一笔贷款随即生成了一笔等量的存款，这一过程只取决于借款人的信誉与现有的金融规则，不需要事先储蓄的存款，也通常不受法定准备金的限制。银行只是根据风险加成原则在央行设定的基础利率之上设定贷款利率，并在借款者提供良好抵押的基础上满足其所有贷款需求，必要时通过向央行借款补齐头寸。反映到实体经济层面，只要经济中存在过剩生产资源，信贷所支持的投资活动就不会造成对当前消费的挤占；相反，投资创造了收入，继而派生出储蓄，同时也创造新的生产能力。因此，不是存款创造贷款，而是贷款创造存款；不是储蓄决定投资，而是投资决定储蓄。主流经济学认为住户储蓄转化为资本积累只是一种脱离货币经济现实的幻想。

第三，技术进步也“不像天上飘落的细雨一样是一种自然现象”（Robinson，1956）。需求扩张通过加速劳动力向生产率较高部门的转移，促进规模经济、“干中学”效应以及劳动分工的细化，加速新技术的研发与应用，或既有技术条件下劳动组织的优化与劳动生产率的提升。这一效应最早可追溯至斯密定理，即“市场规模限制劳动分工”。卡尔多（Kaldor，1961，1966）通过借鉴“凡登定律”（Verdoorn's law），系统地阐释了这一效应，使其更加广为人知。另外一位主张需求拉动技术进步的代表性学者——施莫格勒（Schmookler，1966）通过翔实的史实与数据表明，需求扩张带来的市场扩大与盈利前景，诱使大量躺在专利局抽屉或实验室中的技术发明被投入应用，并转化为生产性投资；资本设备的专利授权数目与资本设备的支出紧密相关。正如施莫格勒套用“斯密定理”的句式所说：“市场规模限制创新数量”。[①]

---

① SCHMOOKLER J. Invention and economic growth [M]. Cambridge, MA: Harvard University Press, 1966, 137.

2.4.7 欲盖弥彰的意识形态

“经济学说总是作为宣传品才到我们面前来。这是由这一学科的本质决定的。借‘纯科学’的名义佯说不是如此，是极不科学地拒绝接受事实。”[①] 罗宾逊夫人（1963）此处所谓“借‘纯科学’的名义佯说不是如此”者，无疑指向借助复杂的数理模型和统计分析而显示其“科学性”与“客观性”的现代主流经济学。幸运的是，主流经济学阵营中也有清醒地认识到本学派意识形态属性的严肃学者。比如，新古典增长模型的创始人罗伯特·索洛（Robert Solow）曾有如下精辟之语。

> 社会科学工作者同其他人一样，也具有阶级利益、意识形态取向和各种价值判断。但是，所有的社会科学不同于物理或化学，它们与阶级利益、意识形态和各种价值判断的关系非常密切。不论经济学工作者是否愿意，不论是否察觉，不论是否回避，其对研究主题的选择，其所提出的问题，其所没有提出的问题，其研究框架，其语言的使用，都很可能在某种程度上反映了他的阶级利益、意识形态和价值判断。[②]

既然所有社会科学流派都不免具有意识形态属性，那么主流经济学具有意识形态属性这一事实本身，当然不算“罪过”。这里要批判的，是主流经济学意识形态所固有的保守性或辩护性，以及利用数理逻辑和实证主义包装对其欲盖弥彰的特性。一旦我们洞察了主流经济理论尤其是其分配和增长理论的根本谬误（正如我们在以上六个小节中所做的），其潜藏的意识形态内核就变得非常明显：那就是盲信有效市场和政府干预最小化的市场原教旨主义、宣扬企业利润最大化等同于社会福利最大化的“滴流”论调、为现有收入不平等辩护并鼓吹“优胜劣汰、适者生存”的社会达尔文主义，它们统一内化成为20世纪70年代后兴起的新自由主义意识形态。

---

① 罗宾逊·J. 马克思、马歇尔和凯恩斯［M］. 北京大学经济系资料室，译. 北京：商务印书馆，1963：17.

② 转引自：HAUSMAN D. M. The philosophy of economics: An anthology［M］. Cambridge, UK: Cambridge University Press, 1994: 243 - 244.

比如，它把充满利益冲突与制度约束的收入分配化约为生产要素的平等交换，是为了消解劳动与资本之间的阶级差别，掩盖二者在生产领域和流通领域的不对称权力；它借助极端脱离现实的代表性个人追求一生效用最大化的静态均衡分析，将社会最优增长率直接挂钩于企业利润率，无非是鼓吹“对企业好的就是对社会好的”减税与去规制措施；它借助边际生产力分配论和从头脑中抽象的 CES 生产函数，将劳资分配差距和工资差距归因于有偏性技术进步，还原为生产函数上的一个技术参数，无疑是为现有收入不平等的自然性与合理性辩护，以扭曲经济效率为借口阻遏劳工组织与收入再分配。

也许对于大多数深受主流经济理论熏陶并将其视同真理的学生、学者而言，他们在应用这些理论的时候并未带有明确的价值诉求。但是一旦考察这些理论产生的历史背景和学术思想渊源，考察其如何被政客用于政策辩论，尤其是当我们已经发现其合理性基础的虚幻性之后，这些理论带有的意识形态色彩就彰显出来了。

这里不妨再举两个前文未曾详述却对微观收入分配理论而言十分重要的例子。第一个例子是有关收入—闲暇选择的劳动力供给理论，它在 20 世纪 80 年代后期进入了真实经济周期学派的理论模型。其主张大家十分熟悉：每个人都面临一组由收入（对应潜在的消费）和闲暇两个维度构成的效用无差异曲线，因而每个人的劳动力供给都是根据工资水平选择收入与闲暇组合以实现效用最大化的结果。也许这是经济学中意识形态色彩最为浓厚的一则理论了：它至多只在充分就业的边际上有意义，而马克思和凯恩斯都论述了资本主义经济与充分就业不相容的道理。对于失业者来说，该理论就像说“每晚有 1700 万人饿着肚子上床睡觉是因为他们都在节食”一样荒谬。[①] 众所周知，劳动资源，即时间，是一去不复返的；得不到就业，相当于工人具有的禀赋从来就没有存在过，同时使工人面临饥饿乃至死亡的威胁，更别说享受“闲暇”了；而失业条件下工人“闲暇”所带来的真实

① 这句玩笑话来自罗纳德·里根在 1964 年 10 月 27 日代表当时竞选总统的巴利·戈德华特所做的一次演讲：“抉择的时机”（a time for choosing）。在演讲中里根大肆攻击“大政府”与福利国家计划。他说：“四年前有人告诉我们，每晚有 1700 万人饿着肚子上床睡觉。”这指的是约翰·肯尼迪在竞选中的一个说法，“说不定确有此事，他们都在节食。”转引自：克鲁格曼·P. 美国怎么了?：一个自由主义者的良知［M］. 刘波，译. 北京：中信出版社，2008：80－81.

痛苦，从来无法进入新古典主义的理论分析（樊纲，1994）。真实经济周期学派则将该理论发挥到极致：他们假定完全理性的个人会根据外生技术冲击预期工资水平，并据此选择效用最大化的就业与闲暇水平；于是所有失业都是“自愿失业”，任何产出波动都是对外来冲击的最优反应![①]

另外一个例子是被广为接受，以致被大多数人视作理所当然的人力资本理论。不可否认，该理论在解释知识技能的差异造成工资收入的差异，以及对知识技能的投资促进经济增长方面，具有一定的现实意义。但只要深加思考即可发现，人力资本理论同很多主流经济学的其他理论一样，其意识形态属性大于其科学属性。

首先，人力资本理论只是通过把决定工资差距的机制视作既定，回避了不同质的劳动分配问题。试问：为什么特定形式的人力资本会具有统计数字所显示的那个收益率？或者换个方式来问：各种技能所享有的“技能溢价”是如何决定的？答案还是要退回到生产函数的性质，特别是一个包含技能偏向型技术进步（SBTC）的生产函数。但该理论同样不能回答，为什么在经济和技术发展水平相仿的国家，人力资本投资收益率会有如此大的差异。

通过把不同复杂程度的劳动的概念转换成人力资本，甚至像 AK 型生产函数那样把所有工资收入都转变为人力资本的“利息”收入，人力资本理论可谓抹杀了主流理论中劳动和资本的最后一道分界线，完成了把劳资分配关系转化成平等要素交换关系的最后一步。通过把工资差异转化成人力资本收益率的差异，前者就完全变成与其他商品一样由技术和供需决定的自然结果，再也无须过问决定劳资分配和劳动者内部分配的社会机制。与此同时，人力资本理论也如同 CES 生产函数一样，退化成停留在事物表面数量关系上的无法证伪的循环论：先假定不同学历水平的工资差异源于人力资本的差异，再用学历水平与工资差异的回归分析来测算人力资本收益率；那怎样解释不同国家、不同时期的工资差距呢？答案就是生产函数与人力资本供需的差异所导致的人力资本收益率的差异。

人力资本理论的政策含义十分简单：工资差距与社会制度无关，完全是由个人或其家庭对于当前消费和未来消费的偏好不同导致的，也就是选择当前牺牲多少消费用于人力资本投资以换取将来更高收入的决策导致

① 详见布莱恩·斯诺登和霍华德·韦恩的综述（Snowdon & Vane，2005）。

的。于是低工资是个人自愿选择或缺乏远见的结果，与公平问题无关。如果存在公平问题，至多只涉及初始财富分配不均导致的人力资本投资不均。政府要做的只是尽可能促进教育的机会公平，而无须插手工资的决定机制。上述论调成为一些欧洲国家在被称作“第三条道路”的福利改革中抛出的“个人责任”口号的依据，那就是个人应为自己的未来担负更多责任，政府应更多地保障机会公平和促进人力资本的开发，少些对劳动力市场的干预和收入再分配。

实际上，政府可以对劳动力市场自由放任，仅通过促进教育公平即可改善收入分配的观点，是值得高度怀疑的。在资本主义生产方式下，资本家对与“人力资本所有者”进行“平等互利”的交换当然没有兴趣，更别提让后者凭借人力资本“致富”了。因为资本家关心的只是自身拥有的货币资本的收益，一旦劳动者凭借人力资本获取了更高收入份额或摇身变为生产过程的主人，资本家会尽快转变生产方式，进而转变技能需求结构或实现生产过程的“去技能化”（deskilling），就像 19 世纪机器的大规模使用降低了资本家对熟练工匠的依赖一样。

资本家对生产技术进而对技能结构的选择，是为了更好地加强对劳动过程的控制并获取更多利润份额；企业设置的层层岗位等级与晋升通道，并使之与各种学历、技能标准和资格认证挂钩，起到了加强劳动者内部的竞争与分化，从而更好地管控劳动力并压低大部分劳动者工资的作用（尽管接近金字塔顶的劳动者工资会异常的高）。甚至由资方主导的教育体系本身也充当了不断再生产既有的技能等级结构和工资差距的角色（Bowles & Gintis，1975）。人力资本理论，或者说把现有技能工资差距视为理所当然的观念，无疑加剧了劳动者之间的分化与竞争。于是人力资本理论在观念上及其在政策实践上的盛行，不仅没有加强劳动者对技能的自主权，反而加剧了技能对劳动者的“异化”——不是劳动者选择技能，而是技能选择劳动者。后者为了让自己的劳动力卖个好价钱，只能选择加入获取技能的残酷竞争（竞争的前奏甚至从孩提时代就开始了，常听到的理由是“不能让孩子输在起跑线上”），即便某种技能的收入前景是相当不确定的，以致不可逆的时间投资很可能付诸东流；即便由市场决定的不同技能的投资成本差别会进一步固化由财富差距造成的收入差距和阶层差距。

既然主流经济学的理论实体难逃意识形态属性，那么我们最后要问：

它对实证研究方法的推崇是否显示其中立性与客观性呢？答案依然是否定的。由于社会科学无法像自然科学那样从事控制外部环境的实验，因而对社会科学结论的验证只能求助于历史，或者说求助于主流经济学家尤其推崇的对历史数据的回归分析。但是回归分析同样不可能凌驾于意识形态之上。其一，正如谢克（2021）所说，“不同的假设经常能产生相同的经验预测，因而区分这些模型的唯一方法是扩展经验的范围，直到它们的预测不同”。[①] 而后者对于依赖历史数据的社会科学来说通常十分困难，况且对经验范围的扩展本身就依赖理论的指引。比如，即便在主流经济学内部，对劳动收入份额下降的解释就可以容纳不同的理论，更不要说对此采取完全不同的方法论基础的非主流理论了。其二，现实世界具有“非遍历性”（non - ergodic），也就是说，由于外部环境的瞬息万变，过去发生过的事件不会在未来重演，基于历史数据的统计分析也不足以被当作普遍规律（拉沃，2009）；如果被统计分析验证的结论在应用过程中出现问题，那么很难判别是由于模型本身的谬误，还是外部环境发生了改变（Robinson，1977）。其三，对数据分析结果的诠释仍然依赖模型背后的先入之见，正如对半杯水我们可以称其为“半满”，也可以称其为“半空”；如果某项政策的结果看起来不尽如人意，那么反对该政策的人会把它当作政策无效的证据，而支持该政策的人会辩称有些因素影响了政策效果的发挥，或者声称如果不实行此项政策那么结果会比现状更糟。最后，不乏案例表明，意识形态或早已预设好的结论会引导数据分析方法乃至数据本身的选择；一旦统计结果与其打算支持的结论不符，统计方法会被转换，数据会被重新加工乃至丢弃。[②] 永远不用

① 谢克·A. 资本主义：竞争、冲突与危机［M］. 赵准等，译. 北京：中信出版集团，2021：122.

② 关于经济学者会根据预设结论操纵数据的一个近期事例，来自卡门·雷恩哈特（Carmen M. Reinhart）和肯尼斯·罗格夫（Kenneth S. Rogoff）的在2009年及2010年相继发表的两篇著作及文章。他们通过回归分析表明，政府债务占GDP比重与经济增长率明显负相关，并且前者一旦超过90%，经济增长将陷入停滞。二人的研究成果被欧美国家多位政府官员作为鼓吹紧缩政策的依据。然而，当二人迫于压力公开了数据序列之后，学者们发现了有意的数据遗漏、分析方法问题和Excel编码错误。一旦这些错误被修正，90%的政府债务门槛也将不复存在。除了操纵数据之外，二人的研究还呈现出经济学实证研究中常见的意识形态影响分析结果的事例，也就是用相关性混淆因果关系，以此作为对自己有利的证据。比如，政府债务占GDP比重与经济增长率负相关，同样也可以（而且是令人信服的）解释成经济增长下降导致政府债务比例升高。详见康策尔曼（Konzelmann，2014）。

担心经济学家的百宝箱里会缺少这类工具！

总之，主流经济学的话语霸权与新自由主义意识形态及政治实践的兴起密切相关；后者为前者提供了思想先导与物质基础，前者为后者提供了科学包装与理论支持；正所谓“谁出钱，谁点戏”（巴兰和斯威齐，1977）。当然，并不是主流阵营中的所有流派都无条件地支持新自由主义政策，比如被称作“咸水派”的新古典综合或新凯恩斯学派。但后者只是把现实中的分配不均或增长失衡归咎于市场不完善，主张政府干预是为了让实际的市场更接近所谓的“完全竞争市场”；因其与新古典宏观经济学共享同样的方法论与理论基础，“咸水派”与“淡水派”之争更像是“可口可乐”与“百事可乐”之争——尽管时常争论得水深火热，但本质上都是“可乐”！并且二者的争论造成了主流经济学的多元化表象，占据了政策辩论与公众视野的中心，阻碍了非主流经济学攻城略地（Palley，2012）。与资方利益捆绑在一起的主流经济学派成为一个与物质生产阶层相对立的“意识形态阶层”，牢固地掌控了大学、智库、主流媒体与出版机构；通过对本领域智力产品的“质量管理”，不断从事着主流经济学话语霸权的再生产（Dequech，2018；Robinson，1977）。马克思（1972）在1845年做出的精辟论断，依然适用于当今的经济学界。

> 统治阶级的思想在每一时代都是占统治地位的思想。这就是说，一个阶级是社会上占统治地位的物质力量，同时也是社会上占统治地位的精神力量。支配着物质生产资料的阶级，同时也支配着精神生产的资料，因此，那些没有精神生产资料的人的思想，一般的是受统治阶级支配的。①

① 马克思，恩格斯. 德意志意识形态［C］//马克思恩格斯全集（第三卷）. 中共中央著作编译局，译. 北京：人民出版社，1972：11－640：52.

第3章 马克思主义的分配与增长理论

在西方经济学界，非主流学派是新古典主义主导的主流学派之外各学术流派的统称。非主流经济学派的构成十分庞杂，但主体是西方新马克思主义者（Neo-Marxians）和后凯恩斯主义者（Post-Keynesians）。尽管其理论模型和意识形态各异，但就理论范式而言，非主流学派之间的共通之处要大于分歧，主要表现在：与主流学派从公理性假设出发，探讨个人选择与资源配置不同，非主流学派一般从历史现实出发，以社会生产与分配为研究对象，重点考察收入分配与资本积累之间的宏观动态关系，进而探讨资本主义经济的运行规律与经世济民的施政方略。它们一般秉承整体结构主义方法论，重视生产关系对收入分配的决定性作用，并关注资本主义经济的动态非均衡特征与内在不稳定性。因而非主流学派为分配—增长关系的研究提供了更加现实、丰富的理论基础。

马克思主义与主流经济学派的最大区别，在于它能够透过经济主体之间的表面联系，探讨其背后的利益矛盾与社会关系。马克思从历史唯物主义的立场出发，提出生产关系决定分配关系这一基本原理。他指出："所谓分配关系，是同生产过程的历史地规定的特殊社会形式，以及人们在他们的人类生活的再生产过程中相互所处的关系相适应的，并且是由这些形式和关系产生的”。[①] “消费资料的任何一种分配，都不过是生产条件本身分配的结果。而生产条件的分配，则表现为生产方式本身的性质。例如，资本主义生产方式的基础就在于：物质的生产条件以资本和地产的形式掌握在非劳动者的手中，而人民大众则只有人身的生产条件，即劳动力。既然生产的要素是这样分配的，那么自然而然地就要产生消费资料现在这样的分配。”[②] 正是从特定历史条件下的资本主义生产方式出发，马克思拨开了笼罩在商品流通领域的迷雾，转而深入到商品生产领域，确立了决定劳资分配关系的剩余价值规律。

3.1 收入分配的理论基础：剩余价值理论

马克思对资本主义生产与分配关系的分析从商品开始。商品具有二重性：它既是使用价值，又是价值。作为使用价值，它是能满足某种需要或者说带来某种效用的物；作为价值，它是“无差别的人类劳动的单纯凝结”。[③] 一件商品的价值用生产它所需的社会必要劳动时间来计量，也就是“在现有的社会正常的生产条件下，在社会平均的劳动熟练程度和劳动强度下制造某种使用价值所需要的劳动时间。”[④] 商品的交换就是价值的交换。马克思意在阐明，社会整体层面的利润总额不可能通过单纯的商品交换产生；由市场权力带来的“不等价交换”，只能造成利润在不同商品所有者之间的转移。要探寻利润的来源，就必须“离开这个嘈杂的、表面的、有目共睹的［流通］领域”，“进入门上挂着‘非公莫入’牌子的隐蔽的生产场所”。[⑤]

在资本主义生产方式下，生产资料被少数人占有，几乎一无所有的劳

① 马克思. 资本论（第三卷）［M］. 中共中央著作编译局，译. 北京：人民出版社，2004b：999－1000.

② 马克思. 哥达纲领批判［C］//马克思恩格斯选集（第三卷上）. 中共中央著作编译局，译. 北京：人民出版社，1995：352－378：13.

③④⑤ 马克思. 资本论（第二卷）［M］. 中共中央著作编译局，译. 北京：人民出版社，2004a：51－52，204，198－199.

动者为了生产使自己活下去的生活资料，就必须把劳动力作为商品出卖给生产资料所有者，也就是资本家，并在劳动过程中受后者控制。一方面，同任何其他商品一样，劳动力价值——也就是资本家所支付的真实工资率——也是由“再生产这种独特物品所必要的劳动时间决定的”，即“维持劳动力所有者所必要的生活资料的价值”。① 但另一方面，劳动力的特殊性在于，它作为价值的源泉，可以生产出超过自身价值的价值量，即剩余价值（马克思，2004c）。在其劳动过程中，工人一方面转移生产资料的价值，另一方面创造新的价值。对于前者，资本家是从商品市场上按“十足价格”支付过的；对于后者，资本家只支付了劳动力的价值。一旦劳动时间超过某个点，工人便开始了剩余价值的生产，而这部分价值随着商品的出卖被资本家无偿占有了。于是工人的工作日分为两部分：再生产劳动力价值的必要劳动时间 T_n 和生产剩余价值的剩余劳动时间 T_s。马克思把用于购买生产资料的预付资本称作不变资本 C，用于购买劳动力的预付资本称作可变资本 V，剩余价值记作 S，则剩余价值率：

$$e = \frac{T_s}{T_n} = \frac{S}{V} \tag{3.1}$$

剩余价值率很容易与宏观层面的劳动收入份额联系起来。如果忽略从价值到价格的转型问题，或者简单地假设一个单一部门经济体，则 V 可视同工资总额，S 可视同利润总额扣除掉固定资产折旧的部分（相当于国民收入统计账户中的“营业盈余”），二者之和为净增加值。于是劳动收入份额可表示为：

$$h = \frac{V}{V + S + C_f} = \frac{1}{1 + e + C_f/V} \tag{3.2}$$

其中，C_f 代表不变资本被逐渐地转移到商品价值中的部分，即固定资产折旧；C_f/V 与资本有机构成成正比，与产能利用率成反比。给定 C_f/V，剩余价值率 e 越高，h 越低，利润率越高。而 e 的大小直接取决于三个因素：工作日的长度 T、每工作日的真实工资率 V，以及劳动生产率 a，即单位时间内劳动者创造的价值增量；a 又取决于技术条件和劳动强度。既然 aT =

① 马克思. 资本论（第二卷）[M]. 中共中央著作编译局，译. 北京：人民出版社，2004a：51 - 52，204，198 - 199.

$aT_n + aT_s = V + S$，则剩余价值率还可表示为：

$$e = \frac{aT}{V} - 1 \tag{3.3}$$

因此，提高剩余价值率可以通过延长工作日 T、降低日工资率 V、提高劳动生产率 a（包括改进生产技术和提高劳动强度）或者三者的结合来实现。如果单纯延长 T，则必要劳动时间不变、剩余劳动时间增加，马克思称之为绝对剩余价值的生产；如果是降低 V 或提高 a，则必要劳动时间减少、剩余劳动时间增加，马克思称之为相对剩余价值的生产（马克思，2004c）。在影响剩余价值率的三个因素中，V 由劳动力市场决定，这是其他经济学流派（包括非主流阵营中的后凯恩斯学派）主要关注的对象，马克思也曾详细阐述产业后备军规模的变化对 V 的影响。但在马克思看来，V 的决定只是"故事的开始"，真正值得关注的是劳动力买卖一经完成之后，劳资双方在生产领域关于劳动时间和劳动强度的对抗。也正是这种对劳动过程的强调，成为马克思主义区别于其他经济学派的最重要因素（Rowthorn，1973）。

尽管马克思主义对作为剩余价值直接发源地的生产领域给予了格外的重视，但它并非单纯亦非孤立地考察生产领域。在马克思主义的分配理论中，直接决定剩余价值率的三个因素——V、T 和 a——取决于劳资双方的力量对比，而这种力量对比又取决于双方在流通领域（劳动力市场）、生产领域（劳动过程）和政治领域（社会经济制度）三个场域的斗争，并且三者相互交织、紧密联系。资方在生产领域能榨取的剩余价值，无疑受到劳动力市场上产业后备军规模的制约，这种制约一方面作用于工作场所的力量对比，另一方面是通过影响日工资率。作为回应，资方会通过改进生产技术与劳动组织，加强对劳动过程的控制权，通过提高劳动生产率抵御工资上涨对利润份额的侵蚀，同时也通过再造产业后备军，加剧"失业与过劳并存"的局面，对工资率上涨与劳方权力的增强造成反击。① 与此同时，劳资双方在政治层面的角力，又通过形塑社会经济制度，对另外两个

① "工人阶级中就业部分的过度劳动，扩大了它的后备军队伍，而后者通过竞争加在就业工人身上的增大的压力，又反过来迫使就业工人不得不从事过度劳动和听从资本的摆布。"参见：马克思．资本论（第二卷）［M］．中共中央著作编译局，译．北京：人民出版社，2004a：733.

场域施加影响。这种影响一方面作用于劳动过程（如通过改变工作场所规则、员工参与制度），另一方面作用于劳动力市场，包括直接提升劳方议价能力（如工会体系、最低工资），或者通过控制产业后备军规模（如充分就业导向的宏观经济政策）、促进劳动力的去商品化（如社会福利制度）间接提升劳方的议价能力。反过来说，剩余价值率所对应的收入分配状况又会对三个场域产生反馈影响，包括通过诱致性技术进步变革劳动过程，通过造成社会压力与经济领域的权力分配影响经济政策的制定，以及通过引发利润挤压或消费不足导致周期性停滞乃至危机。这些反作用反映了收入分配对经济增长的影响。

因循上述框架，笔者对西方马克思主义的分配与增长理论做三重面向的划分，它们各自面向决定剩余价值率的某个场域，依次为：关注剩余价值生产微观基础的劳动过程理论，关注中观层面制度结构的“积累的社会结构”（SSA）理论与法国调节学派的理论，以及关注宏观经济动态与劳动力市场的周期性利润挤压理论。笔者分别将其称作西方马克思主义关于收入分配与经济增长的微观经济学、制度经济学与宏观经济学（见图3－1）。本章余下部分对这三类理论依次做简要回顾与评析。

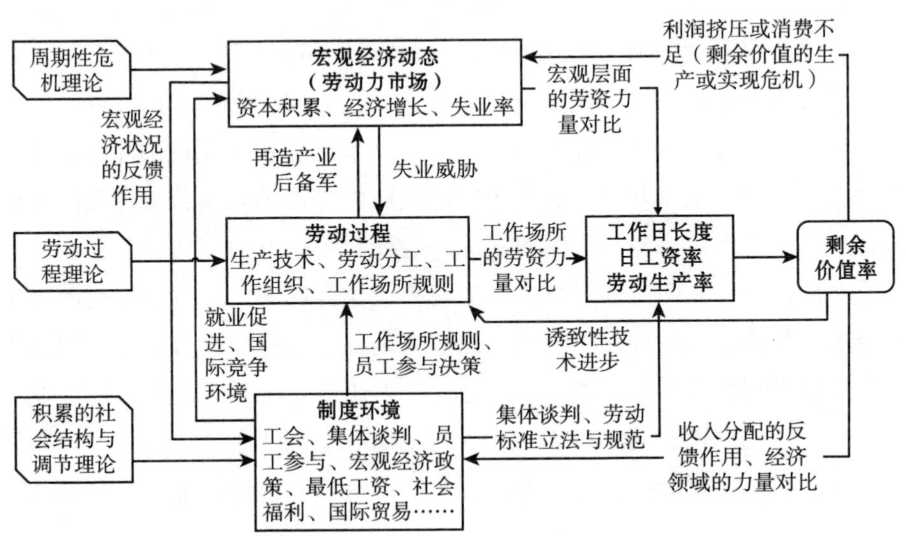

图3－1　西方马克思主义收入分配理论的总体框架

3.2 分配与增长的微观经济学：劳动过程理论

从生产方式决定分配方式的思想出发，马克思重点强调了微观生产方式的历史演进对劳资分配的影响，其中最扣人心弦的篇章当属机械化所引发的劳动过程变革（马克思，2004a）。随着独立手工业发展为工场手工业，再进一步发展为机器大工业，劳动过程发生了深刻的变革，以致经济增长突飞猛进的同时，剩余价值率不断提高。其一，机器使劳动生产率大幅提高，生活资料变得更加便宜，必要劳动时间相应缩短。其二，“就机器使肌肉力成为多余的东西来说，机器成了一种使用没有肌肉力或身体发育不成熟而四肢比较灵活的工人的手段……它使工人家庭全体成员不分男女老少都受资本的直接统治”①，从而使产业后备军规模不断扩大。其三，机器不受人力限制的持续不断地运转，为无限度地延长工作时间创造了有利条件；同时，机器的价值会因闲置不用而损耗的特性，为无限地延长工作时间创造了新的强大动力。其四，机器的改进带来机器的运转速度和机器工人劳动范围的扩大，劳动强度相应增加。其五，机器把复杂的手工劳动分解为单调枯燥的简单劳动，不仅劳动者的教育费用进而劳动力价值降低，还打破了资本对熟练劳动力的依赖，使工人更加依赖资本，从而完成了劳动对资本的形式从属向实际从属的转变。

哈里·布雷弗曼（Harry Braverman）发展了生产技术使工人“去技能化”（deskilling）的理论。布雷弗曼（1978）认为，“泰勒制”与“福特制”生产方式把传统工艺分解成一系列标准化的简单工序，把“全能工人”降级为固定在每一道工序上的“局部工人”，从而通过促进“概念”与“执行”的分离，亦即“脑”与“手”的分离，剥夺了技术工人对劳动过程的控制权，并不断细化工人的等级分工，以致显著分化、消解了劳动者的阶级权力。大卫·诺布尔（David F. Noble）通过对数控机器工具的发展应用史的

① 马克思．资本论（第一卷）［M］．中共中央著作编译局，译．北京：人民出版社，2004c：453－454．

翔实分析表明，企业实际选择的生产技术往往不是能够实现短期利润最大化的技术，而是最有利于打破技术工人的知识垄断、从而消解其自主权的技术（诺布尔，2007）。正如斯蒂芬·马格林（Marglin，1974）指出，不是技术进步与分工导致“老板”成为生产的组织协调者，而是“老板”推动技术革新并创造出分工，使工人更加依赖资本，使资本家更便于控制工人。

有学者认为以上论述过于强调资方在技术选择方面的主导权，“把生产过程中的工人当作受资本的意志支配的、服从这种意志的对象”，却忽略了“工人的反抗作为一种力量会导致资本主义生产方式为了顺应工人而发生变化”。[①] 比如，迈克尔·布若威（Michael Buroway）指出，资本主义企业内的劳动组织，不可能完全依靠强制来协调，还须取得工人的“同意”（consent）。让工人分享剩余、给予工人相对稳定的工作保障或者通过内部劳动力市场加强工人的纵向流动，成为谋取工人同意与合作的主要手段（布若威，2008）。理查德·爱德华兹（Edwards，1979）认为，工人在车间里发动的斗争影响了资本主义生产组织的历史进程。他提出自19世纪中期以来，资本主义的劳动控制模式大致可分为三种类型：简单控制、技术控制与科层控制；每一次劳动控制的变迁都是对生产实践中日益激化的劳资矛盾与冲突的回应。如果说布雷弗曼观察到的劳动过程是技术控制的典型代表，则20世纪中期以来的劳动过程日益体现出科层控制的特征，主要表现为正式的职位说明、工资结构、绩效评估、晋升阶梯与有限的工人自治等。科层控制一定程度上将劳资双方的“竞争地带”转化为“妥协地带”，同时通过造成正规部门和非正规部门的分割，弱化了工人的阶级权力与斗争意识。威廉·拉佐尼克（William Lazonick）通过对比研究19世纪英国和美国的棉纺工业，以及20世纪美国和日本的总体工业发展史，说明了劳资关系如何影响企业对生产技术的选择，乃至影响国家的工业竞争优势。拉佐尼克（2007）指出，19世纪技术工人控制劳动过程一度使英国棉纺织业领跑世界，但掌握了自主权的技术工人日益成为英国棉纺企业引进大规模生产技术的阻碍。相反，由于美国的工会力量较弱，美国企业得以发展更有利于控制劳动、提高剩余价值率的生产技术；作为交换，企业

① 哈维·D. 资本的限度［M］. 张寅，译. 北京：中信出版社，2017：201.

向员工（主要是任职于正规部门的白人男性员工）提供更体面的工资、更稳定的工作保障和更有吸引力的科层流动。然而，片面追求“去技能化”和劳资矛盾的日益激化，使美国的工业领导者地位再次旁落于日本。后者更重视对员工的技能培训，并利用终身雇佣制和年功序列制培养员工对企业的组织承诺，促进劳资双方的合作。

布若威、爱德华兹和拉佐尼克的研究展现了劳资双方在工作场所达成妥协的可能性（乃至必要性），也揭示了劳资双方在价值创造中存在“正和关系”，也就是通过让工人分享剩余，更好地调动工人的技能与投入，从而创造更多剩余（孟捷，2011）。然而出于其作者所处的特定历史阶段，这些研究难免有其历史局限性。实际上，这些研究主要着眼于“二战”以后资本主义国家普遍经历的“福特制生产”（Fordist production）阶段。这一历史阶段的主要特征是：集体谈判和福利国家制度的普遍确立使工人分享剩余的权利制度化，实际工资得以与劳动生产率同步增长，劳动收入份额在相当长的一段时期内保持稳定。作为交换，资本家得以采取具有更高劳动生产率的标准化生产技术。于是一定程度的“劳资协调”（labor capital accord）成为资本主义车间的主旋律，劳资对抗则主要从生产领域转移到了分配领域（Bowles & Gintis，1982）；凭借稳定的劳资关系以及稳定的劳动收入份额所支撑的充足消费需求，主要资本主义国家的经济得以在“二战”后保持近30年的高速增长。然而自20世纪70年代末开始，权力的天平重新向资方倾斜。信息通信技术（ICT）与全球化的迅速发展以及制度和意识形态领域的新自由主义改革，使资方重新获取了在生产车间和劳动力市场上的主导权。在工作离岸外包、去工业化以及更加先进的工作监控手段大幅削弱了蓝领工人的议价能力之后，更强的劳动过程控制与劳动力市场控制开始施加于原本享有优势地位的高技能劳动力。一方面，计算机算力、大数据与机器学习的大规模应用使高技能劳动者的“隐性知识”（tacit knowledge）更容易被编码成为算法与程序，从而使越来越多的只需常规认知能力的工作任务被人工智能取代。另一方面，利用同样的技术，并借助互联网平台的发展，资方得以将复杂的工作任务拆分为标准化的简单任务，继而将其外包给“人力众包平台”，从而在全球范围内扩展“产业后备军”。站在当今的时点回望历史，不难发现，通过“去技能化”

消解技能工人的自主权一直是资本孜孜以求的目标，这是资本追求剩余价值的内在要求，而非科学技术自然演进的结果。一旦劳方的议价能力威胁到剩余价值的生产，资本就会通过有意识的技术选择给予回击。

总之，与主流经济学将生产过程还原为外生的技术参数决定的投入产出过程（“生产函数”）不同，马克思主义更加强调劳动过程中的权力冲突与社会关系，以及这种社会关系与生产技术的交互作用。劳动过程理论关于生产技术和劳资分配的关系的论述，体现了生产力和生产关系的辩证统一；无论就研究方法还是研究内容而言，都要比新古典学派关于有偏性技术进步和要素收入分配的关系的论述要深刻得多。一方面，生产技术决定劳资分配：前者不仅直接决定劳动生产率，还影响了资本对劳动过程的控制，进而决定了绝对与相对剩余价值率。另一方面，劳资分配影响技术选择：出于短期利润最大化的考虑，工资份额过高会促使资本家采取节约劳动的生产技术，这是主流学派关于诱致性技术创新的观点，也是马克思未曾忽略的因素；但更重要的是，既定的劳资关系往往使资方不能采取（或者宁愿不采取）实现利润最大化的技术工具；资方与劳动者就收入分配达成妥协，通常成为劳动者与资方就技术选择达成妥协的必要条件，也通常成为经济更快增长的条件。

3.3 分配与增长的制度经济学：“积累的社会结构”理论与调节理论

3.3.1 “积累的社会结构”（SSA）理论

企业内部的劳资关系与企业外部的政治形势和制度体系互为条件；因而特定的微观生产方式的维系需要与之相适应的宏观制度环境。作为西方新马克思主义的重要分支，美国“积累的社会结构”学派与法国调节学派在研究制度体系如何形塑劳资关系和经济增长方面作出了重要理论贡献。前者的代表人物包括大卫·高登（David M. Gordon）、萨缪尔·鲍勒斯（Samuel Bowles）、理查德·爱德华兹（Richard Edwards）和大卫·科兹

（David M. Kotz）等[①]，后者的代表人物包括米歇尔·阿格列塔（Michel Aglietta）、阿兰·利皮兹（Alain Lipietz）和罗伯特·博耶（Robert Boyer）等[②]。二者于20世纪70年代后期几乎各自独立地发展起来，但理论范式十分相似，犹如分处大西洋两岸的“孪生兄弟”。

所谓“积累的社会结构”（social structure of accumulation，SSA），是指用于支持剩余价值的生产、实现与资本积累的一整套制度结构。SSA和调节理论都认为，资本主义经济的存续与发展依赖剩余价值的生产、实现以及资本积累的稳步推进，然而劳资双方之间的阶级冲突以及个体资本之间的竞争使上述过程充满了矛盾，致使资本主义经济存在利润率下降、生产过剩或消费不足等诸多危机倾向。而一套内部协调一致的SSA有助于调节这些矛盾，稳定利润预期，支持资本积累。SSA涉及经济、政治、社会乃至意识形态等诸多层面；尽管不同学者对SSA所包含的具体内容各有侧重，但一般都从调节劳资双方的阶级关系与个体资本之间竞争关系的视角对这些制度加以归纳和分类，包括特定的劳动控制系统、劳资关系、货币与信贷体系、限制企业间竞争的机制、政府干预市场的方式，以及全球经济秩序等。

SSA理论原本旨在解释资本主义经济发展的“长波周期”（long swing），即长约50～60年的高速增长与停滞的周期性更替。相关学者大多遵循马克思主义的“多元决定论”（overdetermination）视角，即认为社会进程中“所有不同方面均塑造其他方面，并被其他方面所塑造”（沃尔夫和雷斯尼克，2015）；“由于每个过程的存在都是所有其他进程的结果，因此每个过程都是一团矛盾”（沃尔夫和雷斯尼克，2015）[③]。如此一来，一个SSA就

① “积累的社会结构”理论的代表性著作包括戈登、爱德华兹和赖希（Gordon，Edwards & Reich，1982）、魏斯科普夫等（Weisskopf et al.，1983）、鲍尔斯、戈登和魏斯科普夫（Bowles，Gordon & Weisskopf，1986）、戈登、魏斯科普夫和鲍尔斯（Gordon，Weisskopf & Bowles，1983）等，更多该领域的文章可参阅如下论文集：科茨、麦克唐纳和赖希（Kotz，McDonough & Reich，1994）、麦克唐纳、赖希和科茨（McDonough，Reich & Kotz，2010）、奥哈拉（O'Hara，2006）。

② 法国调节学派的代表性著作包括阿吉利埃塔（Aglietta，1979）、利皮茨（Lipietz，1987）、博耶（Boyer，1990）、博耶和杜兰德（Boyer & Durand，1997）等。该领域较新的文章可参阅论文集博耶和塞拉德（Boyer & Saillard，2002）。

③ “多元决定论”也就意味着，没有任何一个组成部分能够施加比其他部分更大的影响，因而并不存在某种先导性或核心的制度要素（Lippit，2010）。但迈克尔·华莱士和大卫·布拉迪（Wallace & Brady，2010）认为，应遵循SSA概念的提出者的传统，将劳动过程的演变作为SSA演变的核心特征，因此劳动控制系统应被视作一套SSA的核心要素。这一观点与法国调节学派将工资－劳动关系作为首要的制度形式有共通之处。

是由一系列相互作用、相互依赖和相互转化的制度构成的矛盾综合体，其构成要素之间既有对立、斗争的一面，也有互为条件、相互依存的一面。当这些制度得以协调一致，为剩余价值的生产和实现创造一个适宜的外部环境，继而使资本能够获取稳定且合意的利润率，资本积累就得以顺利进行，资本主义经济也就进入了一段稳定发展的相对繁荣时期。然而正如世上任何一种矛盾运动，任何一种 SSA 或增长方式的产生与发展，都孕育着其自身毁灭的种子。伴随着外部环境的变化及其内部矛盾的累积，既有 SSA 内部的斗争、对立的一面逐渐超过其协调一致的一面，其发展潜力也趋于耗尽。于是秩序变为无序，平衡变为失衡，资本主义经济随之陷入危机与停滞。因此，资本主义发展史中每一次重大危机，都是 SSA 交替更迭的时期；资本主义经济结构性演变的历史，就是 SSA 交替演进的历史。

秉承上述精神，SSA 理论的提出者——大卫·高登等（Gordon et al.，1982）将一个 SSA 的生命周期划分为探索（exploration）、巩固（consolidation）和衰落（decay）三个阶段[①]；而且每一个 SSA 的衰落期，通常也是处于萌芽状态的 SSA 的探索期。一个资本主义经济的长波周期，即一个 SSA 的生命周期。一个长波的上行阶段就是一个 SSA 确立并巩固，从而利润率较高、资本积累较为活跃的时期，而下行阶段就是一个 SSA 的衰落，从而利润率下降，资本积累萎缩的时期。每一个长波周期都包含着若干“短波周期”（short wave），也就是通常所说的商业周期，它是社会结构保持稳定状态下的宏观经济波动。高登等（Gordon et al.，1983）把处于长波上行阶段的短波周期称作“再生产性周期”（reproductive cycles），即资方能够通过重新收复利润份额，恢复利润率，进而实现既有 SSA 的再生产，所以再生产性周期中，劳动收入份额呈顺周期变动。处于长波下行阶段的短波周期被称作“非再生产性周期”（non - reproductive cycle），即 SSA 已处于衰落阶段，资方无法通过重振利润份额，恢复利润率，因而劳动收入份额呈逆周期变动。笔者认为这种观点是不全面的，因为它假设所

① 佛教理论将一个世界的生命周期划分为“成、住、坏、空”四个阶段，也称为“四劫”。笔者认为，借用“四劫”的概念划分 SSA 的生命周期似乎更为贴切：“成”即生发、确立的时期，“住”即巩固、成熟的时期，“坏”即衰落、溃败的时期，而“空”即旧的已经崩溃、新的尚未确立的无序、探索时期。

有周期性衰退都是因为工资上涨挤压利润份额导致的，以至于只有通过重新提升利润份额，才能重振利润率；然而利润率下降也可能是因为消费不足导致的产能利用率下降，或者资本过度积累导致的资本有机构成提高引起的。如果是这样，只有通过商品价格较之货币工资的下降或资本价值的消灭才能重振利润率，它们直接或间接地使劳动收入份额回升（逆周期变动）；而这种情况既有可能发生在长波的上行阶段，也有可能发生在长波的下行阶段。因而是否属于再生产性周期，与劳动收入份额是否顺周期变动没有必然联系。

3.3.2 调节理论

尽管没有明确与长波周期相联系，法国调节（Régulation）学派采用相似的理论范式研究资本主义的不同发展阶段，并建立了一套可以与SSA理论相呼应的概念体系（Boyer，1990；Boyer & Saillard，2002）。主要包括以下方面。

（1）积累区制（regime of accumulation）：处于宏观经济层面，主要指资本积累的类型以及借以实现宏观经济稳定的消费与积累的平衡。就资本积累的类型而言，调节学派区分了涉及劳动过程变革的集约型积累（intensive accumulation）以及不涉及劳动过程变革、仅涉及资本总量扩张的粗放型积累（extensive accumulation）；就消费与积累的平衡而言，调节学派格外重视大规模消费（mass consumption）的作用，它借助工人工资与劳动生产率的同步提高，为大规模生产维持充足的有效需求。为此，调节学派识别了资本主义发展史中依次出现的三种积累区制：粗放型积累（19世纪）、没有大规模消费的集约型积累（19世纪90年代至20世纪30年代），以及也被称作“福特制生产”（Fordism）的存在大规模消费的集约型积累（20世纪30年代至70年代）。

（2）制度形式（institutional forms）：类似于SSA理论中的制度结构，是对马克思的生产关系更加具象的表达，主要包括五个方面，即工资—劳动关系、货币体系、竞争形式、国际秩序，以及国家嵌入国际秩序的形式等。因其直接关乎剩余价值的生产与实现，工资—劳动关系（wage - labor nexus）被视作首要的制度形式，包括劳动过程控制、工资决定机制与社会福利制度等。

（3）调节机制（mode of regulation）：当所有制度形式能够协调一致地支持某种积累区制，调节学派就称其为一种调节机制。可见调节机制几乎等同于“积累的社会结构”。

（4）发展模式（model of development）与危机：当积累区制和调节机制相互协调，进而能够维持一段相当长时期的资本主义稳定发展，这样一种组合就被称为一种发展模式。反之，如果既有调节机制的内在矛盾不断激化，或者既有调节机制不再能够支持新生的积累区制（比如，低工资无法为集约型积累提供充足的消费需求，引发生产过剩或消费不足的危机），资本主义经济就将陷入结构性危机。

SSA 理论与调节理论的相似之处显而易见：二者都采用马克思主义的阶级、矛盾与历史分析法，都将制度结构（生产关系）视作影响剩余价值率和利润率进而影响资本积累的关键动因，都将制度结构的内在矛盾视作引发资本主义经济危机的根源，进而都将资本主义的长波周期或发展阶段视作制度结构更迭演进的过程。然而这两种理论也有若干重要的区别。

其一，SSA 理论大多秉承“多元决定论”的思想，认为所有的制度要素互为条件，相互依存，并无“先后主次”之分；调节理论则明确将“工资—劳动关系”作为制度形式的首要方面；更重要的是调节理论认为积累区制可能会外生于调节机制率先发生变化（比如，在劳动关系仍处于泰勒制的情况下，福特制的大规模生产便开始被广为采用），以致结构性危机可能来自既有的调节机制无法支持新生的积累区制，实则体现了生产力决定生产关系、既有生产关系会束缚生产力发展的思想。因此，相比于 SSA 理论，调节理论具有更强的“一元决定论”色彩，更接近传统马克思主义的唯物史观。

其二，尽管 SSA 学派（特别是其“初创团队”）兼顾了制度结构的供给侧（剩余价值的生产）与需求侧（剩余价值的实现）作用，但他们对 SSA 的实际作用机制的历史分析更多偏重维持较高的利润份额，这在高登等（Gordon et al.，1983）关于“非再生产性周期”中劳动收入份额呈逆周期变动的论断中体现得最为明显。相比之下，调节理论与后凯恩斯主义思想的联系更加密切，更加注重调节机制通过稳定劳动收入份额维持充足的消费需求的作用，这在调节学派对福特制生产的浓墨重彩的历史分析中得到了充分体现。

其三，SSA 理论认为制度结构对资本积累的支持作用主要体现在提供一个稳定的利润预期，降低凯恩斯所谓的“根本不确定性”对投资的负面影响，而调节理论则更加深刻地将调节机制与积累区制的协调一致作为持续地资本积累的前提条件，实则是将特定制度结构下的收入分配与剩余价值的生产和实现相联系，并以此作为解释资本主义经济增长或危机的底层逻辑。

3.3.3 SSA 理论与调节理论对资本主义发展阶段的历史分析

SSA 学派或调节学派最大的理论贡献并不是提出上述概念体系，而是利用这些概念体系对资本主义发展阶段所做的具体历史分析。由于笔者在本书第 7 章的国际比较和对 2008 年经济危机的分析中，主要借鉴 SSA 学派和调节学派的分析工具和部分成果，因而对 SSA 和调节学派所做的相关历史分析仅做如下简要回顾。

相关学者普遍认为，20 世纪资本主义世界主要经历了两次 SSA 的更替。第一次更替发生在两次世界大战之间（即原有 SSA 的衰落期与新的 SSA 的探索期），并且以 1929 年的大萧条作为原有 SSA 崩溃的正式标志。在此之前的 SSA 以自由放任的经济政策、工厂化和泰勒制生产方式、激烈对抗的劳资关系以及总体上不断扩大的收入分配差距为主要特征①。新的 SSA 在“二战”之后确立，通常以罗斯福新政作为其确立的正式标志。这

① 也有部分 SSA 学者，包括提出“长波”概念的大卫·高登等（Gordon et al.，1983）将视域扩展到 20 世纪之前，认为在 19 世纪 90 年代也有一次 SSA 的更迭。也就是说，从 1890 年前后至 1929 年就存在着一个 SSA 周期，即长波周期。持类似观点的还有华莱士和布拉迪（Wallace & Brady，2010）。对于 19 世纪 90 年代资本主义经济是否经历了显著的结构性演变，学者尚无定论。但 1890 ~ 1920 年是美国的“进步时代”（progressive era），政治民主与国家对经济的干预明显增强，尽管到了 1920 年后有所减退，因而笔者认为将 1890 ~ 1929 年作为一个独立的 SSA 周期是有道理的。

一SSA阶段通常也被称作凯恩斯主义（或“国家凯恩斯主义”）时期[①]，其主要特征是相对缓和的劳资关系、福特制生产方式、充分就业导向的宏观经济政策、相对完备的福利国家制度、较强累进性的收入再分配政策、集体谈判和生产率导向的工资规范、企业之间有限度的竞争、国家对部分行业的严格规制乃至国有化，以及美国霸权主导下的全球经济秩序。在这一历史时期，与生产率同步提高的工资和相对稳定的就业保障为大规模生产提供了充足的消费需求，也为劳资双方在生产领域的妥协创造了条件。与此同时，大量军用技术转为民用和“二战”后重建带来的旺盛投资需求、美国对其他国家尤其是第三世界国家的有利贸易条件更是为劳资双方的“双赢”局面提供了有利条件。美欧国家经历了大约25年之久的战后“黄金时代”（postwar golden age）。

然而凯恩斯主义时代的SSA自20世纪60年代后期开始渐露颓势。目前，非主流学派对“黄金时代”衰落的原因尚无一致意见。SSA学派一般将原因归结为劳方权力“过强”所致，因为就业保障与福利制度大大削减了资方利用产业后备军规训劳工的能力，加之美国霸权衰落和来自后起工业化国家的竞争导致的贸易条件恶化，使企业利润率大幅下降。也有其他新马克思主义学者将原因归结于企业垄断势力增强导致的消费不足、过度积累或生产过剩、资本有机构成提高，或原有工业范式的潜力耗尽。[②] 不管怎样，学者一般同意20世纪70年代的“滞涨”时期是SSA再次更迭的时期。1980年前后，里根和撒切尔的改革为新的SSA拉开帷幕。这一阶段通常也被称作新自由主义（或“全球化新自由主义”）时期。其主要特征

---

① 大多数SSA学者用意识形态或经济政策的特征为SSA命名。华莱士和布拉迪认为应将劳动过程作为SSA的核心特征，因而应使用劳动过程的特征作为划分SSA并为其命名的依据。该传统来自SSA概念的提出者（Gordon et al.，1982），他们将1790～1980年的资本主义发展史划分成三个SSA阶段，分别称为“初始的无产阶级化”（initial proletarianization）、“同质化”（homogenization）和“分化”（segmentation）阶段。华莱士和布拉迪（Wallace & Brady，2010）结合1980年以后资本主义生产方式的新变化，为其接续了“空间化”（spatialization）阶段。各阶段的时间划分与其他学者对SSA的时段划分大致相同。四个阶段的主导性劳动控制系统分别为企业家在车间的直接控制、“去技能化”的流水线技术控制、依靠“劳资协调”和内部劳动力市场的等级控制，以及服务于全球化生产和弹性生产的技术官僚控制。

② 关于对“二战”后“黄金时代”衰落原因的不同表述，参见布伦纳和格里克（Brenner & Glick，1991）。

是资本的全球化流动与弹性专业化生产、私有化与解除规制、劳工力量被大幅削弱、福利被大幅削减、税收累进性被大幅降低、实体经济空心化与金融化、宏观经济政策目标由充分就业转向控制通胀、工资规范由生产率导向转为竞争导向、收入分配差距再度急剧扩大。

事后看来，新自由主义的 SSA 一直与此起彼伏的区域性金融动荡相伴，这一时期的实际经济增长率也显著低于凯恩斯主义时期。在经历了 21 世纪头个十年间最后的金融狂欢之后，2008 年席卷全球的经济危机预示着新自由主义 SSA 的溃败（至少非主流学派包括笔者本人这么认为）。也许近期全球经济的持续疲弱和世界多地出现的政治变局乃至政治动荡正酝酿着新一轮的 SSA 交替，尽管新的 SSA 将是何种面貌尚未露出端倪。

3.4 分配与增长的宏观经济学：周期性危机理论

除了对生产方式与劳资关系的历史分析，马克思还继承并发展了古典经济学家（尤其是李嘉图）的宏观动态分析传统。在他的文献中，劳资分配从来都是和资本积累、经济增长、商业周期等问题联系在一起的，其中既有长期趋势的理论，也有周期性波动的理论。

就长期趋势而言，马克思认为，随着资本的积累和集中，资本主义经济会呈现工人阶级贫困化和利润率下降并存的趋势。[①] 背后的逻辑是，竞争驱使资本家不断通过新机器的使用提高劳动生产率，以致等量的劳动能推动越来越多的机器和原料，也就是资本有机构成不断提高。这一趋势生产出规模日益扩大的相对过剩人口（产业后备军），他们“通过竞争加在就业工人身上的增大的压力……迫使就业工人不得不从事过度劳动和听从资本的摆布”（马克思，2004a），以致实际工资难以跟得上劳动生产率的提高，劳动收入份额不断下降。然而由于可生产剩余价值的活劳动相较于不变资本的相对数量不断减少，加之工人本身的生理限制和对收入份额下降的抵抗，以致相对剩余价值率的提高难以抵消资本有机构成提高所导致

① 关于这部分内容，主要参见《资本论》第一卷的第 23 章，“资本主义积累的一般规律”。

的利润率下降。

工人阶级贫困化和利润率下降是马克思的理论中招致批评最多的论点。毕竟历史数据表明，不管是劳动收入份额还是利润率都不曾表现出单调下降的趋势。笔者认为，这些批评大多出自对马克思观点的教条式解读，并且终究表现出对历史的短视。马克思抽象掉了其他制度环境（尤其是国家的调节），意在阐述最纯粹的资本主义生产方式所固有的矛盾，也就是基本矛盾。但这丝毫不排除当经济关系、社会制度发生变化，工人阶级的力量变得较为强大，或者国家为资产阶级的整体长远利益而对经济关系进行某些调整的情况下，技术进步和资本积累会同样导致工人生活水平的提高，甚至会导致在一段时间内劳动收入份额的提高。SSA 和调节学派的理论就沿着辩证历史唯物主义的思想，分析了凯恩斯主义的 SSA 或调节机制如何维持了“二战”后稳定的劳资分配关系，以及这种稳定的劳资分配关系如何在特定的历史条件下带来稳定的利润率。然而，凯恩斯主义的 SSA 终究不得不让位于资本主义的基本矛盾。经过了 20 世纪 80 年代资方的全面反攻后，当“福利包袱”和政府干预的“枷锁”被层层卸下，资本主义回归了其原始和纯粹的形式。西方国家——尤其是美国和英国重新出现了收入两极分化的显著趋势（并且有学者证实西方国家自 20 世纪 60 年代后期起就已出现利润率下降的趋势①），中产阶级的神话破灭，“库兹涅茨曲线”的幻象消失（转而出现“U 形大反转”），直至引发 2008 年的全球性经济危机。

与本书主题更密切的，尤其是对其他新马克思主义和后凯恩斯主义学者影响更大的是马克思的周期性危机理论。在这些理论中，马克思表述了短期经济增长率与劳资分配的不同关系。不过马克思对经济周期和危机的论述是零散的、不系统的。他在著作中提到了多种周期性危机的原因或形式，包括短期内工资率提高导致的利润率下降危机（或称为工资挤压利润的危机）、部门比例失调的危机、生产过剩的危机和消费不足的危机。② 其中与收入分配直接相关的是工资挤压利润的危机和消费不足的危机。

---

① 参见克莱曼（2013）。但他对 1980 年后劳动收入份额的下降有不同意见。

② 斯威齐（1997）对马克思提到的危机种类进行了详细的回顾和梳理。

3.4.1 剩余价值的生产危机（周期性利润挤压）

所谓工资挤压利润的危机，是指一段时间内投资高涨引起的工资率上涨，使资本家不能生产出足够的剩余价值用以完成扩大再生产，以致资本积累放缓，经济陷入停滞的状况。可见工资挤压利润的危机属于剩余价值生产的危机。马克思提出，资本的膨胀和收缩，引起产业后备军相对规模的扩大和收缩，进而引起工资水平的上浮和下降（马克思，2004a）。当竞争压力（如新技术的扩散）导致资本积累加快，产业后备军被吸收，工资率随之上升；在劳动生产率的提高暂时跟不上工资率上涨的情况下，利润份额和利润率随之下降；资本积累因之放缓，经济增长速度下降。之后，或因资本积累速度低于劳动力增长速度，或因过剩资本被消灭，或因节约劳动的机器设备被投入使用，导致产业后备军被再造，进而工资和劳动收入份额回落，利润率回升继而投资扩张，于是产生了如图 3－2 所示的周期循环。

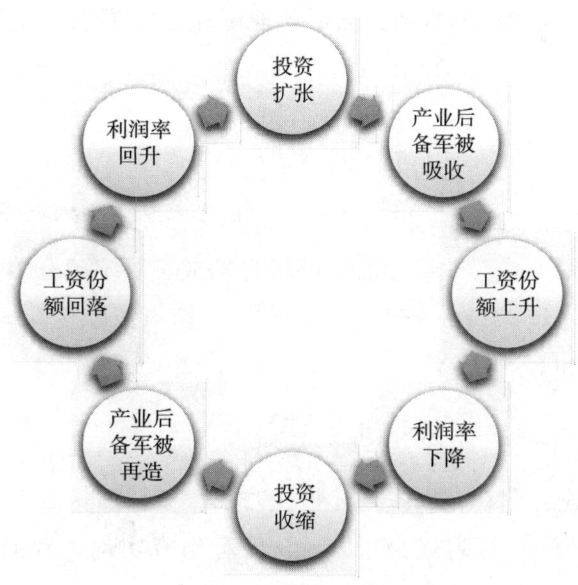

图 3－2　工资挤压利润的商业周期

可见在工资挤压利润的商业周期中，工资份额与短期经济增长率呈反方向的互动关系：一方面，投资扩张抬升工资份额，投资收缩压低工资份额；另一方面，工资份额上升终将抑制投资扩张，工资份额下降有助于投资回升。工资份额呈顺周期变动。很多经济学家都观测到了工资份额的顺周期趋势，一般表现为工资份额自扩张中期开始上升，一直延续到收缩末期，直到周期谷底才开始回落（Barbosa-Filho & Taylor，2006；Boddy & Crotty，1975；Lear，1992；Weisskopf，1979）。

依照上述动态，理查德·古德温（Goodwin，1969，1989）建立了一个简单的宏观动态模型：社会总产品由工资和利润组成，所有工资用于消费，所有利润用于投资；人口按照一个外生的速率增长，工资仅与产业后备军的规模，或者说失业率有关；投资的膨胀与收缩，决定了就业率进而工资率的高低。该模型由以下两个方程组成：

$$\hat{h} = \frac{\dot{h}}{h} = al - \phi \tag{3.4}$$

其中，h 依然代表劳动收入份额，l 代表就业率，ϕ 代表区分工资是否升高的临界就业率，a 假设为常数，衡量就业率超过临界点后工资随就业率上涨的速度。

$$\hat{l} = \frac{\dot{l}}{l} = v(1-h) - (\eta + x) \tag{3.5}$$

其中，v 代表技术决定的产出资本比，η 和 x 分别代表人口自然增长率和单位劳动生产率。式（3.4）和式（3.5）构成了系统动态学中著名的洛特卡—沃尔泰拉（Lotka-Volterra）方程组。[①] 均衡点意味着 $\dot{h} = \dot{l} = 0$，于是有均衡时的 h 和 l 分别为：

$$h^* = 1 - \frac{\eta + x}{v},\ l^* = \frac{\phi}{a} \tag{3.6}$$

由于在均衡点附近，以式（3.4）和式（3.5）所构成方程组对应的雅可比矩阵的迹为 0，行列式为正，故该方程组有实部为 0 的共轭复数根，所以从均衡点附近邻域的任意初始状态出发，h 与 l 的相对运动将形成一个

① 也被称作“掠食者—猎物”方程组（predator-prey equations），最早用于生态系统的研究。

以均衡点为中心的封闭循环（见图3-3左侧）。整个宏观经济围绕自然增长率（η+x）做周期性波动。相应地，h会在l上升阶段的中期开始上升，形成对利润份额的挤压，延续至l下行阶段的中期开始下降（见图3-3右侧）。马克思（2004a）在《资本论》第二卷（第21章）展示的扩大再生产过程，就是这样一种增长路径。沿着这条路径，实际增长率或投资率围绕其均衡水平（η+x）做周期性波动；相应地，劳动收入份额和就业率分别围绕其均衡水平 h^* 和 l^* 做周期性波动。该模型也被称作“周期性利润挤压”（cyclical profit squeeze，CPS）模型。

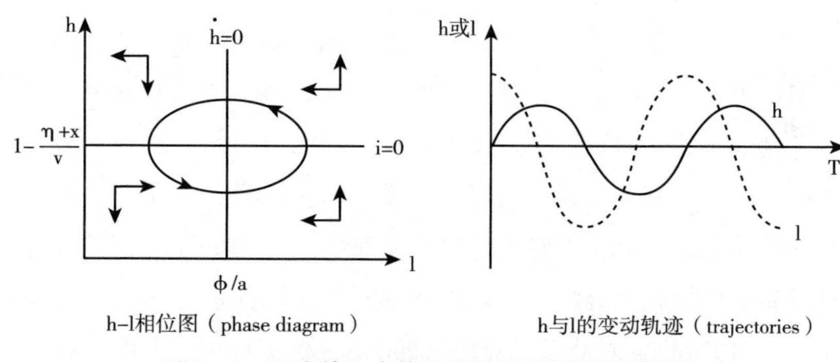

图3-3　理查德·古德温的周期性利润挤压模型

古德温将工资挤压利润的经济周期模型化，但代价是使其过于简单化了。由于假设产能充分利用和外生的劳动力供给，该模型得出了一个类似于新古典增长模型的单一均衡增长路径。当然，均衡增长路径绝非古德温的分析重点，认为经济将沿均衡路径增长也绝非古德温的本意。不管是在古德温模型中还是在马克思的扩大再生产图式中（也包括后凯恩斯主义的所有存在“均衡”点的动态模型中），均衡只是一个用于分析的参照系，意在表明，当一些人为选择的核心变量之外的因素被舍象之后，宏观经济可能遵循的动态过程（并且经常是逐渐远离均衡点的，乃至导向危机的不稳定过程），而绝非像主流学派那样，把均衡看作现实经济不断趋近的目标。此外，古德温中的“均衡工资份额”是由特定的生产关系——或者说SSA决定的工资份额，是一种“制度均衡”或“权力均衡”的结果，而绝非像在主流派理论中是由主观偏好和生产函数决定的。

为了考虑有效需求的影响，一些学者对古德温模型加以改进，包括容许产能利用率的变化，或加入明确的投资函数，从而使模型更具新马克思主义与后凯恩斯主义相融合的特征（Desai，1973；Jarsulic，1988）。对于类似模型，我们将在第5章重点阐述，故而此处不做赘述。

3.4.2 剩余价值的实现危机（消费不足）

另外一个在马克思的理论中具有重要地位的周期性危机是消费不足的危机，意指资本主义生产关系所固有的压低劳动收入份额的倾向将导致消费需求不足，以致企业生产出来的剩余价值无法如数实现为货币利润，结果造成库存积压、产能闲置、商品跌价、资本贬值，进而利润率下降、预期恶化、投资萎缩、增长停滞。故而消费不足的危机也被称作剩余价值的实现危机。如同工资挤压利润的理论一样，消费不足论也是一则古老的理论。但到了马克思这里，消费不足的根源与实质才得到了透彻的表述，并对后凯恩斯主义的收入分配与有效需求理论产生了深远影响（甚至超过了凯恩斯本人的影响）。对此，马克思（2004b）做了如下一段深刻的阐述。

> 一旦可以榨出的剩余劳动量物化在商品中，剩余价值就生产出来了。但是这样生产出剩余价值，只是结束了资本主义生产过程的第一个行为，即直接的生产过程……现在开始了过程的第二个行为。总商品量，即总产品，无论是补偿不变资本和可变资本的部分，还是代表剩余价值的部分，都必须卖掉。如果卖不掉，或者只卖掉一部分，或者卖掉时价格低于生产价格，那么，工人固然被剥削了，但是对资本家来说，这种剥削没有原样实现，这时，榨取的剩余价值就完全不能实现，或者只是部分地实现，资本就可能部分地或全部地损失掉。①

这里马克思清楚地阐明，剩余价值的生产和实现是两个分开的过程，前者发生在生产领域，后者发生在流通领域。只有吸收了无酬劳动的商品

① 马克思. 资本论（第三卷）[M]. 中共中央著作编译局，译. 北京：人民出版社，2004b：272－273.

按其生产价格全额卖出去（此处生产价格是按照既定剩余价值率转型而来的价格），剩余价值才能如数实现为货币利润。那么为什么剩余价值不能如数实现呢？为什么不会像主流学派认为的生产活动会创造它自己的需求呢？这是因为：

> 直接剥削的条件和实现这种剥削的条件，不是一回事。二者不仅在时间上和空间上是分开的，而且在概念上也是分开的。前者只受社会生产力的限制，后者受不同生产部门的比例和社会消费力的限制。但是社会消费力既不是取决于绝对的生产力，也不是取决于绝对的消费力，而是取决于以对抗性的分配关系为基础的消费力；这种分配关系，使社会上大多数人的消费缩小到只能在相当狭小的界限以内变动的最低限度。其次，这个消费力还受到追求积累的欲望，扩大资本和扩大剩余价值生产规模的欲望的限制。①

原来阻碍剩余价值实现的原因，不仅在于生产和销售在时空上是分开的，更重要的是在于决定剩余价值生产和决定剩余价值实现的是两则完全不同、甚至相互矛盾的规律。一方面，资本主义的竞争压力将促使资本家不断地变革生产工具、变革劳动组织、提高劳动生产率，同时抵御工资上涨和工人抵抗的压力，因而在不受调节的资本主义经济中，作为个体的资本家势必有不断压低工资份额的趋势，否则就会被市场淘汰。但是另一方面，剩余价值的实现却受“社会消费力”的限制，也就是受有效需求的限制（注意此处马克思所说的消费是指广义的消费，包括现代意义上的消费和投资），而有效需求是由劳资分配决定的（即“取决于以对抗性的分配关系为基础的消费力”）。如果忽略出口，那么有效需求来自消费和投资：消费需求主要来自劳动者，但偏偏资本主义的分配关系“使社会上大多数人的消费缩小到只能在相当狭小的界限以内变动的最低限度”。其他的需求则依赖于投资，它“受到追求积累的欲望，扩大资本和扩大剩余价值生产规模的欲望的限制”。正是由于资本主义生产具有不断压低工资份额的

① 马克思. 资本论（第三卷）［M］. 中共中央著作编译局，译. 北京：人民出版社，2004b：272－273.

倾向，使社会平均消费倾向不断下降，于是要使总量及其占总产品的比例不断升高的剩余价值实现为利润，就必须使投资总量及其在总需求中的占比与剩余价值总量及其在总产品中的占比同步提高，否则就是有效需求不足，就是事后投资小于事前储蓄，就是部分储蓄“化为乌有”（没有实现的储蓄就等于从来没有存在过），就是收入增长下降。当然，如果资本家增加消费乃至浪费也有助于剩余价值的实现。总而言之，日益扩大的剩余（不仅指总量，还指占比）需要同步扩大支出，或是消费，或是投资，或是外部需求，哪怕是浪费掉。对此，语言的表意总是模糊的，要将其转化成清晰的模型化表达，必须求助于下一章的卡莱斯基（Kalecki）增长模型。

那么，单凭资本家扩大再生产的欲望，是否使投资与剩余同步增长，从而将剩余实现呢？这就要借助于后凯恩斯主义（尤其是卡莱斯基）的投资函数了。后凯恩斯学派认识到资本家的投资需求取决于利润率和产能利润率，因为后者决定了盈利预期以及资本家获取内部投资基金或信贷的能力。当剩余价值无法实现，就会出现库存积压、产能过剩，直至商品价格下跌、资本估值下降，这时不仅利润率下降，资本家获取信贷乃至偿还信贷的能力都大受影响，投资不仅难以与剩余同步增长，其增速乃至绝对量恐怕都会下降。因而消费不足很可能引发投资萎缩与增长停滞的恶性循环。当然这种恶性循环不会无限进行下去。随着商品价格相对货币工资的下跌，过剩资本的贬值乃至消灭，工资份额进而平均消费倾向会随之回升，继而产能利用率提高，投资增速反弹，新一轮的扩张开始。于是产生了如图 3 –4 所示的周期循环。

然而消费不足的危机往往比工资挤压利润的危机更持久，原因就在于剩余价值生产和实现的矛盾性：作为个体的资本家面临需求不足、利润率下降时，通常会降薪裁员；甚至在当厂商具有较强垄断势力时，还会限制供给，防止商品价格的大幅下降，这些措施都会阻碍工资份额的回升，进而阻碍消费需求的回升。于是出现了卡莱斯基的“成本悖论”（详见下一节内容）：对于个体资本家来说，削减成本固然是有益的，但所有资本家一起削减成本的结果，却使消费不足的问题变得更糟。所以如果没有政府的及时干预，消费不足的危机将会相当持久，后果也更严重。只需回想一下 1929 年的大萧条，如果没有罗斯福的“新政”，危机不知会持续多久。

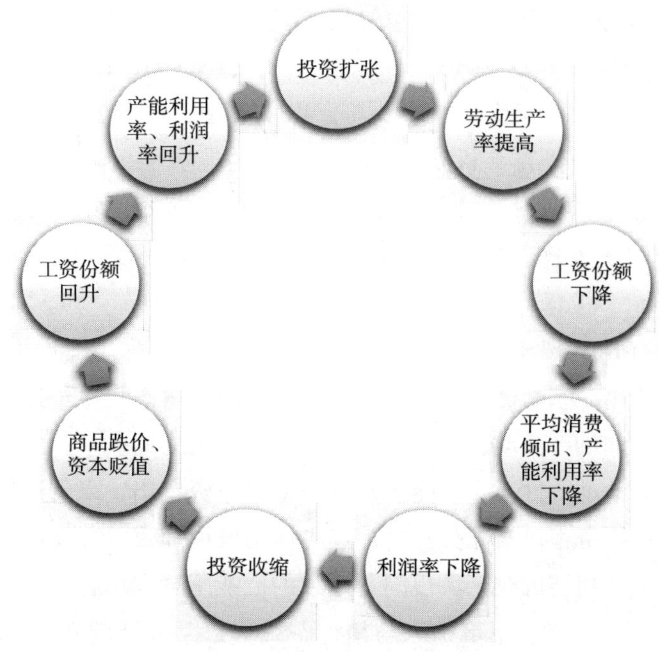

图3－4　消费不足引发的商业周期

在消费不足引发的商业周期中，工资份额和短期经济增长的关系与其在工资挤压利润的周期中是相反的：一方面，在扩张阶段，劳动生产率相对于工资率的提升使工资份额下降；在收缩阶段，商品和资本贬值使工资份额回升。另一方面，扩张阶段的工资份额下降诱发消费需求相对不足，继而抑制投资扩张；收缩阶段的工资份额回升促使消费需求的占比回升，继而引领投资增速回升。因此工资份额呈逆周期变动。

在马克思之后，最早发展了消费不足论的马克思主义学者是罗莎·卢森堡（Rosa Luxemburg）。她在《资本积累论》一书中指出，要使剩余价值得以实现，就要为剩余价值找到与之相匹配的社会需求。然而这部分需求不可能单纯依靠资本家的消费（否则将不会有扩大再生产），同时资本家也不可能为了找不到消费需求的生产活动而投资，于是剩余价值的实现只能依靠非资本主义的外部市场，抑或政府开支，尤其是为了争夺外部市场的军事开支（卢森堡，1959）。罗莎·卢森堡正确地指出了有效需求对于实现剩余价值的必要性，以及外部市场和政府支出在其中发挥的重要作用。遗憾的是，她过分夸大了消费需求对刺激投资的必要性，同时她认为剩余价值能被实现的程度受限于总出口和总财政支出，也是存在逻辑漏洞的（应当是净出口和财政赤字）；这些缺陷已被卡莱斯基（Kalecki，1967b）言明。

到了20世纪50年代，一些新马克思主义学者沿着罗莎·卢森堡的足迹继续前行，转而研究垄断资本主义所固有的消费不足问题。他们是因创办了美国著名左派期刊《每月评论》（*Monthly Review*）而得名的“每月评论”学派，代表人物包括保罗·斯威齐（Paul Sweezy）、约翰·伯拉明·福斯特（John Bellamy Foster）、哈里·麦格道夫（Harry Megdoff）和霍华德·谢尔曼（Howard J. Sherman）。比如，保罗·巴兰（Paul Baran）和保罗·斯威齐指出，垄断已成为当代资本主义经济的常态。通过控制价格和提高劳动生产率的创新活动，垄断企业生产出日益庞大的剩余；然而由于垄断资本主义创新活动的性质，产能扩张总是超过投资支出，以致这些剩余仅靠消费和自发性投资很难被充分吸收；广告促销费用和政府开支固然吸收了一部分，但仍无法扭转因剩余实现问题导致的产能闲置和增长停滞，还导致了日愈盛行的消费主义、军事扩张与精神空虚（巴兰和斯威齐，1977）。霍华德·谢尔曼（Howard Sherman）则把20世纪70年代的经济滞涨归咎于垄断资本主义。他认为垄断企业在萧条时期能够通过限制供给有效地阻止价格下跌，从而在阻碍消费需求回升的同时，加剧了通货膨胀（谢尔曼，1984）。

总之，尽管马克思未曾提出一套明确、完整的有效需求理论，但他深刻地认识到社会阶级结构导致的有限的消费能力将资本主义经济扩张陷入停滞。这一思想被卡莱斯基进一步发掘，并成为后凯恩斯主义有效需求理论的根基。谢尔曼（2016）对此做出的评价可谓恰如其分。

> 马克思而不是凯恩斯，首次通过指出有效需求的缺乏将导致资本主义社会的大量失业这一事实来系统剖析萨伊定律。马克思而不是凯恩斯，首次在其著名的再生产理论中论述了资本主义中的动态均衡是可能实现的，当且仅当有效需求以某一比率持续增长时。马克思而不是凯恩斯，首次指出资本家需要面对的是两个难题而非一个：利润创造的困难和利润实现的困难。①

① 谢尔曼·H. 商业周期：资本主义下的增长和危机［M］. 胡永红，译. 北京：中国社会科学出版社，2016：190.

第4章

后凯恩斯主义的分配与增长理论

在新古典主义占据主流经济学界的时代，“消费不足论”只能作为异端存在。直到1929年后，持续多年的“大萧条”击碎了人们对市场自发调节的信心，以及1936年凯恩斯《就业、利息与货币通论》（以下简称《通论》）的出版，有效需求问题才引起主流经济学派的注意。然而由于凯恩斯没有触动主流经济学的边际生产力分配论，也没有摆脱主流学派的静态均衡分析，从而留下了诸多含混不清乃至自相矛盾之处，并提出了如何将凯恩斯的短期理论长期化和动态化的问题。① 对于这一问题的不同回答，造就了凯恩斯主义在日后的重要分野。

以约翰·希克斯（John Hicks）和保罗·萨缪尔森（Paul Samuelson）为代表的一批美国学者试图调和新古典与凯恩斯的理论体系，创立了“新古典综合派”（Neo-Classical Synthesis），亦称“主流凯恩斯主义”或“新古典凯恩斯主义”。从IS－LM模型到AD－AS模型（总需求—总供给模型），工资与利息再次被看作劳动力市场与资本市场的均衡机制，非自愿失业或有效需求只是各种“市场不完全”的结果。“萨伊定律”尽管不复存在，但代替它的是“假定精心制定的凯恩斯主义政策使投资保持在能吸收充分就业时所能产生的一切储蓄”②，从而仍然是储蓄决定投资，仍然是

① 关于凯恩斯留下的争议与矛盾，参见阿西马科普洛斯（Asimakoupulos，1988）。

② ROBINSON J. Economic heresies：Some old－fashioned questions in economic theory［M］. New York：Basic Books，1971：10.

供给决定增长，仍然是生产函数决定收入分配。财政和货币政策只是为了省去对市场调节的痛苦等待的手段。到了20世纪50年代，“新古典综合派”已然成为大学课堂和政策领域中无法撼动的主流，成为“城里唯一的游戏”（the only game in town）。

与新古典主义相反，以乔安·罗宾逊（Joan Robinson）、尼古拉斯·卡尔多（Nicholas Kaldor）、皮埃罗·斯拉法（Piero Sraffa）为代表的一批剑桥大学学者转向马克思和米哈尔·卡莱斯基（Michal Kalecki）的理论中寻求宝藏，继承并发扬了凯恩斯的理论精髓。他们被称作“后凯恩斯主义者”（Post-Keynesians），也被称作“左派凯恩斯主义”。他们强调预期的不确定性和“历史时间”的不可逆性，反对新古典学派不切实际的前提假设与均衡分析。他们回归古典主义和马克思的宏观动态学传统，重点研究资本积累与劳资分配的互动关系。他们意识到，正是因为凯恩斯保留了新古典主义就业理论的第一条假设（即边际生产力分配论）[①]，为《通论》的“新古典化”打开方便之门（Bortis，2003），因而要从凯恩斯止步的位置继续前进，就必须回过头去学习马克思、斯拉法和卡莱斯基的分配理论。

如同新马克思主义者一样，后凯恩斯学派还远未形成一个统一的体系。但所有把分配与增长的关系作为主要研究议题的后凯恩斯主义学者，都很大程度上受到波兰经济学家米哈尔·卡莱斯基的影响。这是因为卡莱斯基比凯恩斯更早提出了有效需求理论[②]，并且前者的有效需求理论更为清晰、真实、连贯，也更容易与其他非主流学派的分配与增长理论架设起沟通的桥梁。罗宾逊夫人（Robinson，1975）说：“后凯恩斯学派沿袭的与其说是凯恩斯本人的通论，不如说是卡莱斯基版本的通论。”[③] 基于学者借鉴卡莱斯基理论的不同侧重方面，后凯恩斯学派主要发展出了新旧两类增

---

① 在《通论》第二章，凯恩斯（2011）指出，新古典学派的就业理论“奠基于两个假设前提之上”：其一，“工资等于劳动的边际产品”；其二，“当就业数量为既定时，工资的效用等于该就业数量时的边际负效用。”凯恩斯保留了第一条假设，批驳了第二条假设，即有效需求不足可能使经济处于存在非自愿失业的水平。参见：凯恩斯·J. M. 就业、利息和货币通论（重译本）[M]. 高鸿业，译. 北京：商务印书馆，2011：10.

② 卡莱斯基对有效需求理论的最早论述见诸他的《经济周期理论》一文，该文在1933年写成，直到1937年才被翻译成英文。参见卡莱斯基（Kalecki，1937b）。

③ ROBINSON J. Collected economic papers, Vol. 3 [M]. Oxford: Basil Blackwell, 1975: xiv.

长模型：较早出现的新剑桥增长模型（Neo-Cambridge growth model）和稍晚出现的新卡莱斯基增长模型（Neo – Kaleckian growth model）。

新剑桥模型立足于卡莱斯基的利润方程，以及劳资分配因劳资两大阶级的储蓄倾向不同对平均储蓄率的影响，但由于该模型假设长期内经济趋向充分就业或正常产能利用率，劳资分配变成了一个被增长率决定的变量，而不是卡莱斯基笔下由“垄断程度”决定的一个外生于增长率的变量。新剑桥模型本质上是一种“强制储蓄论”：劳资分配的变化使储蓄被动适应投资。它引申出了工资份额与增长率的反向关系，但背后的因果关系却与周期性利润挤压（CPS）模型相反。而新卡莱斯基模型忠实于卡莱斯基的劳资分配理论，它们把工资份额视作由“垄断程度”决定的一个外生变量；工资份额通过影响平均储蓄率决定了投资的乘数效应，进而决定了产能利用率和增长率。新卡莱斯基模型引申出了工资份额与增长率的正向关系，它是对“每月评论”派的消费不足论的一种正式表述。接下来笔者将对这两类模型做比较性的回顾与评述；不过作为介绍新卡莱斯基增长模型的必要准备，卡莱斯基的劳资分配理论将被安插在新卡莱斯基增长模型之前。

4.1 后凯恩斯主义的收入分配理论

4.1.1 新剑桥增长模型中的分配—增长关系

新剑桥增长模型是由罗宾逊夫人、尼古拉斯·卡尔多（Nicholas Kaldor）和路易吉·帕西内蒂（Luigi L. Pasinetti）接力创建并发展的。[①] 该模型延续了哈罗德（Harrod）和多马（Domar）的早期增长模型，并融入了卡莱斯基包含阶级分析的有效需求理论。如果忽略政府支出和进出口，则消费需求（C）和投资需求（I）决定了总收入（Y），后者被划分为工资

① 代表性作品包括罗宾逊夫人（Robinson，1956）、卡尔多（Kaldor，1955）、帕西内蒂（Pasinetti，1971）。

收入（W）和资本收入（R）：$Y = C + I = W + R$。

设劳动者和资本家的边际储蓄倾向分别为 s_W 和 s_R，则 $s_W < s_R$。这不仅是对凯恩斯所说的边际储蓄倾向递减的一种简化表示，更是资本主义的生产关系的反映，因为利润存在的目的是实现价值增值并不断地积累，而工资是为了消费劳动力借以存续的使用价值。于是总储蓄：

$$S = s_W W + s_R R = s_W (Y - R) + s_R R \tag{4.1}$$

既然产品市场均衡意味着储蓄等于投资，即 $I = S$，则式（4.1）转化为：

$$I = s_W (Y - R) + s_R R \tag{4.2}$$

将式（4.2）两边同时除以总产出 Y，整理得到：

$$\pi = \frac{R}{Y} = \frac{1}{s_R - s_W}\frac{I}{Y} - \frac{s_W}{s_R - s_W} \tag{4.3}$$

也就是说，投资率越高，利润份额越大。如果假设资本产出比 $\nu = K/Y$ 由技术条件给定，进而经济增长率 $g = \hat{Y} = \hat{K} = I/K$（此后遵循后凯恩斯学派的习惯，出于简单起见，忽略固定资产折旧），则式（4.3）还可表述为：

$$\pi = \frac{R}{Y} = \frac{\nu}{s_R - s_W} g - \frac{s_W}{s_R - s_W} \tag{4.3a}$$

或者：

$$r = \frac{R}{K} = \frac{1}{s_R - s_W} g - \frac{s_W}{\nu(s_R - s_W)} \tag{4.3b}$$

换言之，增长率（资本积累率）越高，利润份额或利润率越高。新剑桥模型立足于两个关键的前提假设：其一，长期内经济将趋于充分就业，因此 Y 是一个由供给约束给定的量；其二，投资属于自发性支出，取决于高度不确定的利润预期或凯恩斯所说的“动物精神”（animal spirit），因而此处 g 是外生变量，π 和 r 是被 g 决定的内生变量；换言之，式（4.3）应该“从右往左读”，其背后隐藏的因果关系是凯恩斯或卡莱斯基的有效需求理论：投资决定储蓄。来自这一因果关系的式（4.3b）还清楚地表明：给定工人的储蓄率（通常很低），资本家作为一个整体得到的收入，是由他们自己的投资决策和储蓄倾向决定的。投资越多、消费越多，则利润越多。这也正是凯恩斯首先在《货币论》中提出，后来被卡莱斯基（Kalecki，1942，1967a）所阐明的“寡妇的魔坛”（widow’s cruse）：工人花费他们得到的，资本家得到他们花费的（workers spend what they earn，capitalist earn what they spend）！

那么g决定π或r的背后是怎样的一种经济机制呢？由于假定生产性资源充分就业，所以投资增速增加导致的超额需求将引发通货膨胀，以致价格相对于货币工资提高，工资份额下降。正是通过有利于资方的收入再分配，社会平均储蓄率随之提高，才使得储蓄被动地适应投资。这也就是最早曾由哈耶克（Hayek，1933）所表述的“强迫储蓄”（forced saving）。“强迫储蓄”得以发生的本质原因，在于资本方掌握“信贷优先权”，也就是资本家与劳动者在获取信贷方面所处的地位是不对称的。不仅因为资本家拥有大得多的可供抵押的财富量，更因为资本家可以凭借利润预期获取超过现有偿付能力的信贷，而劳动者至多只能凭借现有收入和抵押物获取数量有限的贷款（Marglin，1984）。受向好的利润预期鼓动，资本方的投资计划扩张，引起信贷扩大和内生性的货币增发；后者通过挤压工资份额，把更多资源从消费领域转移到投资领域。短期内，资本方总能通过信贷手段实现自己的投资计划，而劳动者的真实收入是受投资计划支配的。

可见在新剑桥模型中，虽然工资份额与增长率的关系如同在CPS模型中一样是负相关，但是其背后的因果关系却与CPS模型相反：不是分配决定增长，而是增长决定分配；不是工资挤压利润，而是利润挤压工资。此时，利润不再是产出扣除工资之后的剩余，相反，工资成为产出扣除利润后的剩余：资本家的投资支出决定了利润，进而通过影响价格决定真实工资率。

当然，简单地给新剑桥模型贴上“强制储蓄”的标签容易造成这样一种错觉，即该模型的本意是表达资本家的投资冲动总会造成通货膨胀以及相应的真实工资下降，实际上该模型是一种对称的理论。如果投资需求过低，那么在经济趋向充分就业的过程中，价格相对于名义工资率下降，即利润份额降低、真实工资率提高。由于该模型假设长期内经济可实现充分就业，即长期内真实产出并不取决于有效需求，所以只能称得上“准后凯恩斯主义”。但该模型中经济实现充分就业的机制与新古典增长模型大相径庭：后者是通过资本与劳动的替代，而前者是通过改变收入分配。

既然投资增长率决定利润率，那么什么决定投资增长率呢？如果要建立一套长期理论，那么把投资决策视为不依赖利润率的外生变量显然是不现实的。罗宾逊夫人（Robinson，1962）指出，投资决策取决于资本家的预期利润率 r^e，而预期利润率无疑是受当前利润率 r 影响的。如果假设 r^e 与 r 之间存在着稳定的正向关系，则可以定义资本家计划做出的资本增长率（desired growth rate）：

$$g^d = \frac{I^d}{K} = g^d(r) \tag{4.4}$$

并且：$g_r^d > 0$，$g_{rr}^d < 0$，$g^d(0) < 0$（不致引起歧义时，下标代表偏微分），前两个不等式表明，利润率越高，则计划增长率越高，但随着投资信贷的扩张所带来的潜在风险成倍增加，任何计划投资增速的进一步增长都需要利润率更大幅度的增长；第三个不等式表明，唯有利润率高于某个临界值，资本家才会计划做出投资。于是 g^d 表现为图 4－1 中一条向上凸的、截距为负的曲线。另一方面，利润率按式（4.3b）所表示的关系取决于当前的实际投资增长率 g，它是以往做出的计划投资增长率的结果。表现在图中，g 是一条从原点出发，斜率为 $1/(s_R - s_W)$ 的直线。在任意时期内，只要 $g^d > g$，g 就会进一步增长，原因在于当期做出的投资计划会决定下一期的实际增长率。换言之：

$$\dot{g} = \theta(g^d - g) \tag{4.5}$$

其中，θ 代表 g 的调整速度，它取决于投资计划转化为实际需求的时间。直到 $g^d = g$，经济才会达到均衡状态，也就是所谓的“稳态”（steady state）。于是长期内的均衡增长率对应 g^d 与 g 的交点。由于 g^d 的非线性特征，g 与 g^d 可能有两个交点，但较高位置的交点才是稳定的。只需假设经济从一个较低的增长率 g^0 出发，对应的初始利润率为 r^0；由于在 r^0 的利润率水平上，资本家计划做出的投资增速高于现有的投资增速，而一旦这个更高的投资增速付诸实施，利润率就会被推至一个更高水平，进而引致更高的计划投资增速。于是经济将按照图中虚线箭头所示的轨迹逐渐调整至 g^*。

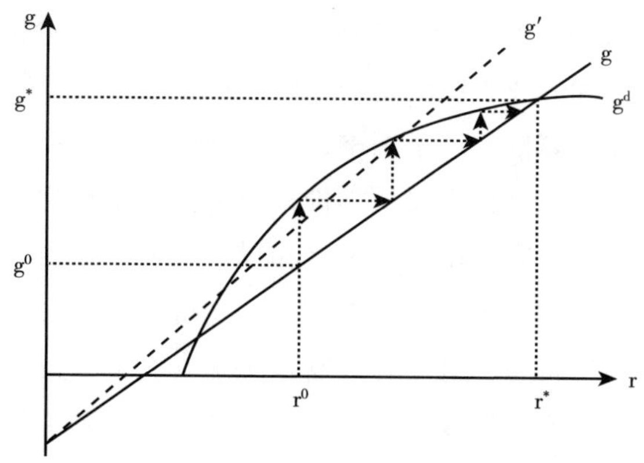

图 4－1 新剑桥模型中的均衡增长率与利润率

图 4－1 也被形象地称作罗宾逊的“香蕉图”。该图还展示了凯恩斯所说的“节约悖论”（paradox of thrift），也就是尽管个别资本家提高储蓄率有利于积累私人财富，但所有资本家一起提高储蓄率的结果（表现为图中 g 曲线的斜率升高），却使均衡利润率和增长率降低。

由于罗宾逊夫人（Robinson，1962）假设“长期内企业间的竞争总能使价格被确定在使正常产能利用率对应的产品量被出清的水平”，于是给定正常产能利用率和资本产出比 ν，r 直接取决于 π，所以上述 g 与 r 的关系等同于 g 与 π 的关系。如同其他新剑桥模型的提出者一样，罗宾逊夫人把劳资分配视作使经济实现正常产能利用率的均衡机制。其潜在含义是，当存在超过现有产能的超额需求，价格相对货币工资上涨，π 或 r 提高，从而诱使资本家扩大投资，以致产能增长率大于需求增长率，直到增长率被拉回均衡水平 g^*。反之，当存在过剩产能，价格相对于货币工资下跌，π 或 r 降低，从而诱使资本家减缓投资，以致产能增长率大于需求增长率，其结果同样是增长率回归均衡水平 g^*。换言之，厂商完全通过相对于货币工资的价格调整消化超额需求或过剩供给。

现在看来，新剑桥增长模型显然是不能令人满意的。它与凯恩斯和卡莱斯基的理论存在着明显的矛盾，很难称得上真正的“后凯恩斯主义”。在凯恩斯尤其是卡莱斯基的模型中，过剩产能属于资本主义经济的常态，因而有效需求的扩大会引起产量的扩大与产能利用率的提高，而新剑桥增长模型却假定产能利用率会在长期内回到正常水平。卡莱斯基和一些马克思主义学者（尤其是“每月评论”派）意识到，企业的价格加成率是由特定时期的生产关系和产业组织决定的，因而在相当大的产能变动范围内保持稳定，需求变化主要依靠产量调整，而新剑桥增长模型却假定价格加成率是充分灵活的，需求变化主要依靠价格调整。由于排除了产能利用率的变化，也就忽略了产能利用率对利润率和投资决策的重要影响。这使后凯恩斯学者更倾向于用它表示需求异常高涨、产能接近充分利用时的情况。在认同过剩产能属于常态、进而有效需求决定真实产出的情况下，后凯恩斯学者一般诉诸卡莱斯基的收入分配理论，并在此基础上构建收入分配影响经济增长的理论模型。

4.1.2 卡莱斯基的收入分配理论：“垄断程度”理论

卡莱斯基区分了现实世界中两种不同的定价模式：“成本决定”的定价（cost determined）和“需求决定”（demand determined）的定价。前者常见于工业制成品（finished goods）。此类产品市场普遍呈寡头或垄断竞争的结构，厂商一般保有富余产能，在额定产能达标之前，直接成本（prime cost）保持恒定，因此短期内产品供给富有弹性，厂商多通过产量调整应对需求波动，而价格变动很小。定价通常是在直接成本的基础上设定一个加成比率（mark - up），即成本加成定价。后者常见于初级产品，如矿产品和农产品，此类产品的供给在短期内缺乏弹性，需求上涨会导致存货的迅速消耗和价格上涨，而这种价格上涨通常又伴随投机需求，更加剧了价格的波动（Kalecki，1971a）。现代社会中，第一种商品占绝大部分，因而卡莱斯基主要关注成本决定的定价模式。即使是初级产品，也常被垄断或寡头厂商控制，其定价接近第一种模式。

对工业制成品而言，直接成本通常包含两部分：投入品（原材料与能源）M 和工人工资 W，它们与产量成比例增长。间接成本主要指管理费用（overheads）O，包括管理或技术人员的薪金、固定资产折旧和销售费用等，它们一般是个固定的总量，与产量关系不大。卡莱斯基指出，厂商一般采取如下定价模式：

$$p = (1 + m) c_p \tag{4.6}$$

其中，c_p 即单位产品的直接成本，m 即价格加成比率（mark-up）。用总量表示，厂商的销售收入 $T=(1+m)(M+W)$，扣除投入品 M，增加值 Y 就等于：

$$Y=mM+(1+m)W \tag{4.7}$$

加总到宏观经济层面，整个经济体的总收入 Y 等于所有厂商的增加值之和；所有在上游作为制成品、在下游作为投入品的中间产品将相互抵消，如果忽略进口原材料，则整个经济体的直接成本就只剩下工资成本 W。于是 $Y=(1+m)W$，相应的工资份额等于：

$$h_w=W/Y=1/(1+m) \tag{4.8}$$

注意 h_w 只是记入直接成本的工人工资份额，而不是全部的劳动收入份额；按照卡莱斯基的称谓，前者只包括“工资劳动者”（wage earner）的收入，后者则囊括了被记入管理费用的“薪金劳动者”（salary earner）的收入。如果假定薪金劳动者的人数与企业固定资产规模成正比，并且薪金与工资水平的差距保持稳定，则不难推知薪金份额与产能利用率 u 成反比，因为 u 越高，单位产品分摊的薪金成本越低。于是劳动收入份额：

$$h=\frac{W+S}{Y}=\frac{1}{1+m}+\frac{\phi}{u} \tag{4.9}$$

其中，S 指薪金总额，ϕ 是一个正的常量，代表薪金总额与固定资产的比例关系。简约起见，相关学者通常忽略薪金份额对 h 的影响（或者说简单地假设 S 也与 Y 等比例变化），因此对 h_w 与 h 不做区分。于是本书也继续将“劳动收入份额”与“工资份额”交替使用。式（4.9）表明，工资份额直接受 m 的影响，m 越高，工资份额越低，利润份额越高。按照卡莱斯基的说法，m 的高低反映了厂商的“垄断程度”（degree of monopoly），它是对厂商市场权力或价格竞争强度的综合概括（Sawyer，1985）；价格竞争越弱，厂商制定价格或影响价格的能力越强，m 越大。根据卡莱斯基本人散见于多篇论著的论述以及其他学者的发展，可将“垄断程度”归结于如下影响因素。

（1）产业集中度：产业集中度越高，居主导地位的少数厂商越容易达成默契的价格协议，削弱价格竞争。

（2）固定资产规模：更大规模的固定资产会加强规模经济，抬高进入壁垒，提高产业集中度。

（3）工艺或产品差异化程度：工艺差异化使享有成本优势的厂商得以获取比竞争对手更高的价格加成，产品差异化则会削弱价格竞争的强度；成本或产品差异化程度越大，行业平均的价格加成率也就越高。约翰·肯尼斯·加尔布雷思（John Kenneth Galbraith，2008）指出，在成熟的市场经济社会，产品竞争正日益取代价格竞争，“价格战”被视为极度危险而被尽量避免。大企业之间保持心照不宣的价格协议，通过保持尽可能高的价格加成比率，转而为新产品研发与营销领域的“暗战”筹资。资金雄厚的大企业通过持续的产品创新和密集的营销攻势与广告宣传，不断创造、管理着公众的品牌忠诚与消费欲望，也在不断加固企业获取高额加价的市场权力。

（4）工会力量：当工会的力量足够强大并且觉察到企业正坐享较高的价格加成率，就会要求更高的货币工资。即便垄断势力较强的企业能通过提高价格将工资成本上涨的压力转嫁给下游行业或消费者，但受到潜在进入者或国际竞争的压力，企业转嫁成本的能力毕竟是有限度的，因而工会的工资诉求间接地压缩了企业的价格加成率。特别是在工资谈判的集中化程度较高且劳资双方签订“指数化”工资条款的情况下（比如，“二战”之后欧美国家普遍实行的使货币工资锚定消费者价格与劳动生产率的工资条款），工会的工资政策直接制约了企业的价格加成率。

（5）政策法规环境：政府一方面可能通过反垄断法规限制行业的垄断程度；另一方面可能通过行业准入政策造成行政垄断，以及通过关税政策和非关税壁垒调节国际竞争的压力。

卡莱斯基的直接成本加成定价被认为是一种最古老和最简单的定价方式，目前仍被一些中小型企业使用。相当多的企业行为研究表明，最符合现实，同时也是大企业最经常使用的方法是“标准成本定价法”（normal cost pricing），有时也被称作“全成本定价法”（full cost pricing）（拉沃，2009）。它是指企业在制定价格策略时，要求价格在扣除单位直接成本和在正常产能利用率下摊销的单位间接成本后，还能为厂商带来一个预期的总成本利润率；因而“标准成本定价”相当于企业在标准产能利用率所对应的单位总成本的基础上实行加成定价，此时价格对总成本的加成比率相当于总成本利润率。假定在额定的产能范围内，每件产品包含的直接成本

c_p 是恒定的，而每件产品摊销的单位间接成本 c_f 却随着产量增加而递减，于是产能利用率 u 越高，单位总成本 c 越低，在给定的价格下成本利润率 $r_c=(p-c)/c$ 越高。于是企业的直接成本加成率 m 应该满足如下条件：它使企业在预期的标准产能利用率 u^e 之下收获预期的成本利润率，也就是：

$$r_c^e=\frac{p-c(u^e)}{c(u^e)}=\frac{mc_p-c_f(u^e)}{c_p+c_f(u^e)}\text{，其中 }c=c_p+c_f\text{，}\partial c_f/\partial u<0$$

很多研究还证实大中型企业将总成本利润率与它们的目标资本回报率（target capital return）绑定在一起。毕竟目标资本回报率通常是企业追求的最终目标，因为它也是企业股东或投资人最关心的目标。给定目标资本回报率和总投资规模（因而也就给定了标准产能利用率下的单位总成本），也就确定了企业应当遵循的价格和总成本利润率，进而也就确定了直接成本加成率 m。目标回报率越高，企业的间接成本越高，m 自然也就越高。

实际上，目标回报率定价、标准成本定价与直接成本定价是相辅相成的关系。间接成本催生了厂商提高直接成本加价的主观动机，间接成本越高，一定的目标回报率和总成本利润率要求的直接成本加成率越高；而垄断程度构成了企业索取直接成本加价的客观条件；反过来说，间接成本支出又通过强化产业集中度与差异化优势，强化了这些客观条件；标准成本定价与直接成本定价相互促进，互为因果。

成本加成定价反映了一个与新古典传统相对立的，却又是显而易见的事实：价格总是在商品投入市场之前就确定下来（Andrews & Brunner，1975；罗宾逊和伊特韦尔，1982）；企业是主动的价格制定者，而不是被动地“随行就市”；正如米恩斯（Means，1936）所说，价格总是被“管理”的。不管行业中的厂商是多是少，是由少数寡头占领还是由个别价格领导者及众多小厂商构成，成本加成定价是普遍存在的，价格竞争并非唯一甚至不是主要的竞争模式。正如卡莱斯基把新古典学派广泛采取的完全竞争假设当作“一个最不现实的假设，它不仅对当前的资本主义阶段不适用，甚至对过去几个世纪被称作竞争资本主义的阶段也是不适用的。”① 卡

① KALECKI M. Selected essays on the dynamics of the capitalist economy 1933 – 1970 [M]. Cambridge, UK: Cambridge University Press, 1971a: 158.

莱斯基的价格与分配理论更符合经验常识和企业战略实践，也得到了众多实证研究的验证（Labini，1971；Neild，1963；Nordhaus & Godley，1972）。

需要特别指出，卡莱斯基的“垄断程度”与新古典主义的“垄断程度”以及新古典综合学派的价格刚性的概念是不同的。新古典学派用“勒那指数”（Lerner index）衡量“垄断程度”，也就是用均衡价格减边际成本之差比边际成本所得到的比率。它表面上近似卡莱斯基的价格加成率，但新古典主义的价格加成是假设企业对需求曲线具有完全的知识，进而由边际收益曲线和边际成本曲线的交点得到的。而卡莱斯基不赞同这种不切实际的均衡分析方法和完全知识的假定，他指出：“考虑到企业在制定价格过程中面临的不确定性，我们不认为企业会用任何精确的方式最大化利润。”① 相比于外部的市场环境，企业总是更了解自身的成本状况，因此企业倾向于根据自身的策略与目标，在其成本基础上定价，这是一个面临不确定性时优先“硬性的信息”（hard information）作为决策基础的问题（Bhaduri，1986）。也正因为此，企业能根据其利润率目标自主设定价格，而不是像新古典学派假设的那样根据客观的需求弹性被动接受一个“最优”的价格。后凯恩斯学者在接受卡莱斯基的成本加价时，还把它与企业为增长筹资的需求联系起来，成为一种动态理论，而新古典学派的成本加价完全建立在当前利润最大化的静态均衡之上。此外，卡莱斯基的成本加成定价也不同于新古典综合派的价格刚性的概念。后者是指竞争的环境下价格调整需要时间，只要假以时日，价格总会调整到均衡水平；而前者是现实的市场环境或产业结构所固有的现象，与时间无关（Sawyer，1985）。

尽管卡莱斯基为劳资分配问题提供了更加贴近现实的解释，但他的理论是不完全的。他把利润来源完全归结为流通领域，即产品市场和劳动力市场：资本家在劳动力市场上承受的工资上升压力，可以转过头来，凭借其在产品市场上的垄断势力转嫁给消费者。仅从行业层面来看，这种解释是能说明部分问题的，毕竟本行业的劳动者与该行业的消费者不是同一群人。但加总到宏观层面，这种解释就站不住脚了，所有劳动者作为一个整

① KALECKI M. Selected essays on the dynamics of the capitalist economy 1933 – 1970 ［M］. Cambridge, UK：Cambridge University Press, 1971a：173.

体，本身也是消费者，那么社会产品的总价格高于工资总额的部分，只是简单地意味着资本家占有了社会产品的一部分，于是又回到马克思与斯拉法的剩余概念。正如马克思所说，如果人人都企图通过价格加成来捞取利润，那么“各人都是以卖者的身份获利，而以买者的身份赔钱，唯一的结果是到处涨价，没有一个人从中得到好处。”① 因此资本家作为一个整体收获的利润，不可能来自流通领域，只能来自生产领域。与其说垄断程度决定宏观层面的劳资分配，不如说决定剩余价值总额在行业之间的再分配；它可以作为考察行业工资份额的出发点，却不能从本质上解释宏观层面的工资份额。行业层面的“垄断程度”理论，终究要归结为宏观层面的剩余价值理论。回到卡莱斯基的宏观成本加成定价公式：$Y = (1 + m)W$，此处 W 对应马克思的可变资本，Y 是所有新增劳动价值，m 即为剩余价值率。在宏观层面上，卡莱斯基所谓的“垄断程度”提高，无非是指剩余价值率提高。

实际上，决定“垄断程度”的一些因素，包括产业集中度和固定资产规模（对应马克思所说的资本积聚和集中的程度）、影响阶级斗争的工会力量，以及调节企业间竞争的政策法规环境，本身也是决定剩余价值率的重要因素。这些因素在 SSA 或调节学派的理论中都得到了清楚地阐明。马克思主义理论中对于决定剩余价值率至关重要的劳动过程理论，在只着眼于流通领域的“垄断程度”理论中却不见踪影。但是另外，后者强调的一些影响价格竞争的因素，如产品差异化程度，在决定总剩余价值在企业间的再分配，乃至影响价值转型为价格之后货币价值在劳资双方的再分配方面，确实有重要理论意义。可见卡莱斯基和马克思的分配理论是在本质上兼容、内容上互补的关系。

4.1.3 折中的视角：从固定加成到可变加成

卡莱斯基认为在正常情况下，价格加成进而劳动收入份额完全由制度

① 斯威齐．资本主义发展论：马克思主义政治经济学原理［M］．陈观烈，秦亚男，译．北京：商务印书馆，1997：79.

或市场结构等外生因素决定，因此除非直接成本发生趋势性变化，价格将在相当长的一段时期内保持稳定，厂商完全通过产量调整应对需求变化。新剑桥模型则假设价格调整充分灵活，以致长期内总能使生产资源得到充分就业，因而价格加成进而劳动收入份额将取决于经济增长。换言之，在卡莱斯基的垄断程度理论中，需求扩张将引发完全的真实乘数效应，而在新剑桥模型中，需求扩张只会带来货币乘数效应。一种更加贴近现实的观点认为，在正常的就业率与产能利用率范围内，需求扩张会在带来产出增加的同时导致价格加成的调整，尽管这种调整不会灵活到使生产资源趋向充分利用。由于价格调整主要取决于产品市场，货币工资调整主要取决于劳动力市场，而两个市场上的供需状况很可能并不一致，于是产品价格 p 和货币工资率 w 的不同程度变化，决定了真实工资（进而在忽略劳动生产率变化情况下的劳动收入份额）的变化。

对经济增长引发价格调整的阐述集中体现在由罗森（Rowthorn，1981）提出的对抗性通货膨胀（conflicting inflation）模型中。此类模型产生于 20 世纪 70 年代经济“滞涨”的背景下，主旨是解释“工资—价格螺旋”（wage-price spiral）的形成机制，大意是反映产品市场需求压力的产能利用率决定了厂商对社会总产品的要求份额，即利润份额；反映劳动力市场需求压力的就业率（或就业率）的变化决定了劳动者对社会总产品的要求份额，即工资份额。当二者的要求超出了实际的总产出，则厂商会通过提高价格达成其目标利润份额，劳动者则必须通过提出更高的货币工资要求达成其目标工资份额，而后者又促使厂商进一步提高价格，于是造成工资与价格的交替性加速上涨。经济增长会同时造成产能利用率与就业率上升；厂商与劳动者的目标份额对产能利用率和就业率的不同反应程度，决定了工资份额的变化。此处借鉴卡塞蒂（Cassetti，2003）的阐述简要呈现上述作用机制。

给定如下价格加成等式：$p=(1+m)w/a$，其中 a 代表劳动生产率，w/a 即为单位产品的工资成本（此处忽略进口原材料，因而宏观层面上工资成本构成所有的直接成本）。于是工资份额或利润份额完全取决于 m：$h=1/(1+m)$，$\pi=1-h$；劳动者与厂商的目标份额分别可转述为各自的目标价格加成率。

既然劳动力市场趋紧（或者说产业后备军被吸收）会提高劳动者的议价能力，劳动者的目标工资份额（进而目标价格加成率 m_w）与就业率正相关。尽管很多包括菲利普斯曲线在内的类似理论将就业率作为目标工资份额的决定因素，卡塞蒂（Cassetti，2003）认为将就业率的变化作为目标工资份额的决定因素更为恰当。笔者对此表示同意，并将在第 5 章的模型中采用同样的设置。于是假设 m_w 与就业率的变化率$\hat{l}$之间呈现如下关系：

$$m_w = \alpha_0 - \alpha_1 \hat{l} \tag{4.10}$$

一旦实际价格加成率 m 高于 m_w，劳动者会要求提高货币工资率，从而弥合 m 与 m_w 的差距：

$$\hat{w} = \dot{w}/w = \theta_w(m - m_w) \tag{4.11}$$

其中，θ_w 代表货币工资的调整速度，它也与劳方议价能力有关，不过此处出于简单起见，假设其为常数。另外，厂商的目标价格加成率 m_c 与产能利用率 u 正相关：

$$m_c = \beta_0 + \beta_1 u \tag{4.12}$$

一旦实际价格加成率 m 低于 m_c，厂商会提高价格，以达成目标利润份额：

$$\hat{p} = \dot{p}/p = \theta_c(m_c - m) \tag{4.13}$$

产品市场均衡意味着 I = S。简单起见，假设只有厂商（资本家）储蓄，储蓄率为 s_c，则对 I = S 两边同除以 K：

$$g = \frac{I}{K} = \frac{S}{K} = s_c\frac{\pi Y}{K} = s_c\pi u \tag{4.14}$$

此处将技术条件决定的额定产能与资本的比值标准化为 1，故 Y/K 可直接表述为产能利用率 u。于是 u 取决于 g：

$$u = \frac{g}{s_c\pi} = \frac{g}{s_c}\frac{1+m}{m} \tag{4.14a}$$

另外，假设资本与劳动的配比保持恒定，则给定劳动力增长率 n，就业率的变化率：

$$\hat{l} = g - n \tag{4.15}$$

既然 h = w/ap，如果忽略劳动生产率 a 的变化，则 $\hat{h} = \hat{w} - \hat{p}$。稳态要求

$\hat{w}=\hat{p}$。依据此条件，将式（4.15）代入式（4.10），再将后者代入式（4.11）；将式（4.14a）代入式（4.12），再将后者代入式（4.13），整理得到：

$$\theta_c\left[\beta_0+\beta_1\frac{g(1+m)}{s_c m}-m\right]=\theta_w(m-\alpha_0+\alpha_1 g+\alpha_1 n) \qquad (4.16)$$

解之，即可得到稳态下的 m 是一个关于 g 的函数。主要受制于 α_1 和 β_1 的相对大小，m 既可能关于 g 递增，也可能关于 g 递减。前者意味着产能约束占优，更快的资本积累（经济增长）将使劳动收入份额下降，有学者称其为"产品市场主导的"（product market dominated）收入分配；后者意味着劳动力约束占优，更快的资本积累（经济增长）将使劳动收入份额上升，有学者称其为"劳动力市场主导的"（labor market dominated）收入分配。显然，前者更接近新剑桥模型中"强制储蓄"的情况，后者则对应马克思主义经济学中"利润挤压"的情况。

4.2 后凯恩斯主义的经济增长理论

与马克思主义类似，后凯恩斯学派将收入分配作为经济增长的重要决定因素。既然要探讨从收入分配到经济增长的单向因果关系，后凯恩斯学派通常立足于卡莱斯基的收入分配理论，分析制度因素引发的工资份额变化对经济增长的影响。自 20 世纪 80 年代起，一批后凯恩斯主义学者沿着马克思指明的道路继续前行，立足卡莱斯基和斯坦德道尔（Steindl，1952）的收入分配与资本积累理论，阐明了劳动收入份额下降造成经济停滞的作用机制，从而将马克思的消费不足论加以模型化。学界通常称此类模型为新卡莱斯基（neo-Kaleckian）增长模型（Hein，2014）。然而由于此类模型只考虑了利润份额上升通过降低产能利用率对资本积累的负面影响，而没有考虑利润份额下降对资本积累的直接抑制作用，实则排除了发生剩余价值的生产危机的可能性。以马格林、巴杜里和科兹为代表的几位学者通过在投资函数中引入利润份额的直接影响（Bhaduri & Marglin，1990；Kurz，1990；Marglin & Bhaduri，1988），揭示了收入分配影响经济增长的两种不同可能性，即经济增长既可能是"利润拉动"（profit-led），也可能是"工资拉动”（wage－led），从而将剩余价值的生产与实现问题融入同一个理论框架当中。因此类研究中以巴杜里和马格林的文章最被广为引用，通常也被称作巴杜里—马格林（Bhaduri－Marglin）模型。

4.2.1 新卡莱斯基增长模型中收入分配对经济增长的影响

新卡莱斯基增长模型是由剑桥大学的罗伯特·罗森（Robert Rowthorn）与麻省理工学院的艾米塔瓦·克里什那·达特（Amitava Krishna Dutt）和兰斯·泰勒（Lance Taylor）共同提出的（Dutt，1984；Rowthorn，1981；Taylor，1985）。但最初的版本是由卡莱斯基的学生阿尔弗雷多·德尔蒙蒂（Alfredo Del Monte）用意大利语发表（Del Monte，1975）。

新卡莱斯基增长模型忠实于卡莱斯基的分配理论，认为劳资分配是由“垄断程度”决定的价格加成比率决定的；或者正如上文的分析，确切地说是由特定SSA决定的剩余价值率决定的。由于厂商普遍保有富余产能并面临内生性的劳动力供给，价格加成率在短期内保持稳定，厂商一般通过产量调整应对需求变动。假设一个不存在政府与国际收支的封闭经济体，工资成本构成所有的直接成本，价格加成率为m，则利润份额 $\pi = m/(1+m)$。为了表述简便，仍假设只有资本家储蓄，储蓄率为 s_c。给定产品市场均衡条件 $I=S$，两边同除以K，从而得到：由于我们探讨的是经济增长问题，所以总储蓄等式两边需同时除以资本存量K，用于表示资本供给的增长率，即：

$$\frac{I}{K}=\frac{S}{K}\Rightarrow g=\frac{I}{K}=s_c\pi u \tag{4.17}$$

换言之：

$$u=\frac{g}{s_c\pi} \tag{4.17a}$$

可见给定资本积累率g，利润份额π越高，产能利用率u或者说短期内给定资本存量时的总需求Y越低。与凯恩斯本人或新剑桥模型不同的是，新卡莱斯基模型并不是把资本积累看作外生变量，而是认为其受到实际利润率和产能利用率的影响。实际利润率 $r=\pi Y/K=\pi u$。r对投资的促进作用不仅在于它是对预期利润率的良好近似，还因为更高的 r 意味着更多的自有投资基金，从而缓解“风险递增原则”（principle of increasing risk）带来的外部融资约束（Kalecki，1937a）。但在 r 之外，u 对投资还有独立的促进作用。原因在于，厂商为了应对短时内的需求扩张，需要将 u 维持在一个正常水平，因而 u 升高会诱使厂商增扩其资本存量。这一现象被萨缪尔森（Samuelson，1939）称作“加速效应”（accelerator effect）。于是假设：

$$\frac{I}{K}=\alpha+\beta r+\gamma u=\alpha+(\beta\pi+\gamma)u\text{，其中 }\beta>0\text{，}\gamma>0 \tag{4.18}$$

其中，β 和 γ 均大于 0。此外，α 作为反映“动物精神”的自发性投资支出，一般也假定为正。将式（4.18）代入式（4.17），可以得到均衡时的产能利用率：

$$u^{*}=\frac{\alpha}{(s_c-\beta)\pi-\gamma} \tag{4.19}$$

为了得到正值的 u^*，需要有（$s_c-\beta$）$\pi-\gamma>0$，亦即储蓄对产出的变化较之投资对产出的变化更敏感。这也被称作凯恩斯的宏观稳定条件。显然，这也意味着 $s_c-\beta>0$，因此 u^* 与 π 负相关。使用巴杜里和马格林的术语，新卡莱斯基模型中短期内的总需求是“工资拉动”的，即提升劳动收入份额有利于总需求的扩张。由于在稳态增长路径下，u 将维持在均衡水平，即 $\hat{u}=\hat{Y}-\hat{K}=0$，故经济增长率 $\hat{Y}$ 等于资本积累率 I/K。于是将式（4.19）代入式（4.18），得到稳态增长率：

$$g^{*}=\alpha+(\beta\pi+\gamma)\frac{\alpha}{(s_c-\beta)\pi-\gamma}=\alpha\left(1+\frac{\beta+\gamma/\pi}{s_c-\beta-\gamma/\pi}\right) \tag{4.20}$$

显然，g^* 同样与 π 负相关。换言之，在新卡莱斯基模型中，不仅总需求是工资拉动的，经济增长也是工资拉动的。其原因就在于资本家的储蓄倾向较高，有利于资本家的收入分配将导致同等条件下的消费需求下降；由于此类模型隐含地假设了产能利用率较之利润份额对投资有更强的影响，所以消费需求下降的后果就是产能利用率降低，进而增长陷入停滞。

新卡莱斯基模型是对消费不足论的一种正式表述，特别是对新马克思主义“每月评论”派理论的精妙注解。它不仅再现了凯恩斯的“节约悖论”，还再现了卡莱斯基的“成本悖论”：“资本主义体系的一大特征就是有利于某个企业主的行为不会为所有企业主带来利益”[①]。马克思早就透彻地点明了“成本悖论”的本质，那就是在资本主义生产方式下，决定剩余价值生产的规律和决定剩余价值实现的规律是相互矛盾的。作为个体的资本家总是追求更高的劳动生产率、更强的垄断势力或更低的工资成本，进而获取更高的利润份额或剩余价值率，但资本家作为一个整体追求这些目标的结果，却使社会总体的消费率降低，剩余价值无法如数实现，以致陷入产能过剩和投资停滞的恶性循环。

4.2.2 对新卡莱斯基增长模型的修正：巴杜里—马格林模型

由于在新卡莱斯基增长模型中，u 同时隐含在 r 当中（$r=\pi u$），该模型实则假设 u 下降对投资的抑制作用必然超过 π 的等比例上升对投资的促进作用，因而只能得到工资拉动增长的结果。为此，巴杜里和马格林（Bhaduri & Marglin，1990）对新卡莱斯基模型的投资函数做出修正，区分了 π 和 u 对投资的直接作用。巴杜里—马格林模型（以下简称“B－M 模型”）更清楚地体现了劳动收入的两面性：一方面，劳动收入作为消费需求的来源，提高其份额可增加消费需求；另一方面，作为生产供给的成本，提高其份额有可能抑制投资需求和净出口。当提高工资份额对消费的促进作用超过其对投资和净出口的抑制作用，总需求将处于“工资拉动”的区制（wage-led regime），反之则处于“利润拉动”的区制（profit-led regime）。

巴杜里和马格林在其文章中采取了如下更具一般性的投资函数形式：

$$g=\frac{I}{K}=g(\pi,u)\text{，并且 } g_{\pi}>0\text{，}g_{u}>0 \tag{4.21}$$

其中，下标代表偏微分。储蓄函数则依然采取形同上文中新卡莱斯基模型的形式：$\frac{S}{K}=s_c\pi u$。于是产品市场均衡意味着：

① KALECKI M. Selected essays on the dynamics of the capitalist economy 1933－1970［M］. Cambridge，UK：Cambridge University Press，1971a：26.

$$g(\pi,u^*)=s_c\pi u^* \tag{4.22}$$

对式（4.22）两边取全微分，整理得到：

$$\frac{du^*}{d\pi}=\frac{g_\pi-s_cu}{s_c\pi-g_u} \tag{4.23}$$

凯恩斯宏观稳定条件要求 $s_c\pi-g_u>0$，即储蓄对总需求的变化比投资对总需求的变化更敏感。于是当 $g_\pi<s_cu$，即 π 对投资的促进作用小于 π 对储蓄的促进作用（也就是对消费的抑制作用）时，$du^*/d\pi<0$，即总需求处于工资拉动的区制，反之则处于利润拉动的区制。① 进一步地，令稳态增长率 $g^*=g(\pi,u^*)$ 对 π 求导，即可得到 π 对 g^* 的影响：

$$\frac{dg^*}{d\pi}=g_\pi+g_u\frac{du^*}{d\pi} \tag{4.24}$$

当 $du^*/d\pi<-g_\pi/g_u$ 时，$dg^*/d\pi<0$，即经济增长处于工资拉动的区制，反之则处于利润拉动的区制。

于是，现实中的经济可能表现为总需求区制（demand regimes）和增长区制（growth regimes）的不同组合。当 $du^*/d\pi<-g_\pi/g_u$，经济呈现很强的工资拉动的总需求（wage－led demand，WLD）特征，以致属于工资拉动的增长（wage－led growth，WLG）。WLG 对应着新卡莱斯基模型中的消费不足或“停滞”倾向。特别地，由式（4.22）和式（4.24）可以推导出，当 $du^*/d\pi<-g_\pi/g_u$ 时，也有 $dr/d\pi<0$②，亦即提高工资份额反而会因 u 的更大比例提升而使利润率提高，实现劳资双方的合作共赢。因此

① 如果将 B－M 模型的投资函数表述为上文中新卡莱斯基模型的线性形式：$\frac{I}{K}=\alpha+\beta\pi+\gamma u$，则会发现同样只能得到工资拉动的总需求。由产品市场均衡条件 $\alpha+\beta\pi+\gamma u=s_c\pi u^*$，得到 $u^*=\frac{\alpha+\beta\pi}{s_c\pi-\gamma}$，从而有 $\frac{du^*}{d\pi}=-\frac{\alpha s_c+\beta\gamma}{(s_c\pi-\gamma)^2}<0$。不过如果放松劳动者不储蓄的假设，$\frac{du^*}{d\pi}$ 的符号就不再必然为负。

② $\frac{dr}{d\pi}=\frac{d(\pi u^*)}{d\pi}=u+\pi\frac{du^*}{d\pi}$，所以 $\frac{dr}{d\pi}<0$ 意味着 $\frac{du^*}{d\pi}<-\frac{u}{\pi}$。根据式（4.24）有：$g_\pi=s_cu$，$g_u=s_c\pi$，进而有 $\frac{g_\pi}{g_u}=\frac{u}{\pi}$。于是 WLG 的条件 $\frac{du^*}{d\pi}<-\frac{g_\pi}{g_u}$ 等同于 $\frac{du^*}{d\pi}<-\frac{u}{\pi}$。当然这一结论只在假设 $\frac{s}{k}=s_c\pi u$，即劳动者不储蓄的情况下才成立。不过即便假设劳动者有正的储蓄率 s_w，只要 s_w 足够小，WLG 的临界条件与 $\frac{dr}{d\pi}<0$ 不会有太大差别。

WLG 亦可作为社会民主主义者支持“高工资哲学”或者所谓“合作资本主义”的现实理由（Bhaduri & Marglin，1990）。

当 $-g_\pi/g_u < du^*/d\pi < 0$，经济呈现较弱的 WLD，以致处于利润拉动的增长（profit - led growth，PLG）。此时提高工资份额虽然可以实现短期内的总需求扩张，但这种有限的扩张不足以抵消利润份额下降对投资的抑制作用，以致资本积累放缓，产能约束也将愈发突出。另外，此时有 $dr/d\pi > 0$，即提高工资份额将使利润率下降。巴杜里和马格林（Bhaduri & Marglin，1990；Marglin & Bhaduri，1988）将其定义为“利润挤压”（profit sueeze）的情况；很多 SSA 学派的学者也同意 20 世纪 70 年代资本主义“黄金年代”进入暮年时就是对应这种情况（Bowles & Gintis，1982；Bowles，Gordon & Weisskopf，1989；Gordon，1995）。

当 $du^*/d\pi > 0$，经济呈现利润拉动的总需求（profit-led demand，PLD），当然也必然处于 PLG。特别地，作为 WLG 时“合作资本主义”的镜像，当 $du^*/d\pi > g_\pi/g_u$ 时，有 $dhu^*/d\pi = (1-\pi)u^*/d\pi > 0$，即工资总额也会随着 π 的提高而增加（亦即在真实工资降低的情况下，就业量有更大幅度的增加）。这正是新自由主义者习惯鼓吹的“滴流”论调：提升利润份额，会使产出大幅增加，以致劳动者所分得的蛋糕尺寸比原来更大，正所谓“潮水涨起，众船齐升”（rising tide lifts all boats）。而倘若 $0 < du^*/d\pi < g_\pi/g_u$，提升利润份额不会带来如此之大的总需求扩张，但对于扭转经济停滞是必要的，尽管这意味着劳动者要做出一些牺牲，这类似于撒切尔夫人在推行新自由主义改革时宣称的“别无选择”（there is no alternative，TINA）论调。

可见，B - M 模型揭示的不同区制可为范围广泛的政治意识形态提供背书，但每一种区制都面临由消费和投资函数的参数所决定的限制条件。现实情况究竟如何，只能交由实证研究判断。图 4 - 2 展示了每种区制对应的图形示意、取值范围、利益冲突及其支持的意识形态。随着 $du^*/d\pi$ 的值逐渐增加，经济依次呈现出从强 WLD 与 WLG 到强 PLD 与 PLG 的转变。在处于两端的区制中，劳资双方呈现出利益一致性：在 WLG 与强 WLD 的区制下，提高真实工资可以同时使资本收获更高的利润率；在强 PLD 与 PLG 的区制下，提高利润份额可以同时使劳动者总体获得更大的工资总额。而处于中间的两个区制则为劳资双方存在利益冲突的区域，提高真实工资（利润份额）必然使利润率（工资总额）下降。

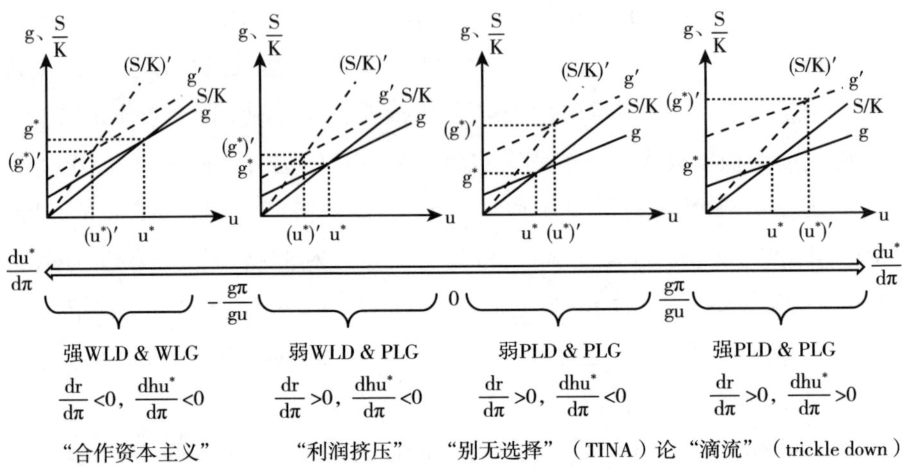

图4-2　不同总需求与增长区制下提高利润份额的影响

图4-2中的u-g坐标系展示了提升利润份额如何影响u^*与g^*的比较静态学结果。u^*与g^*取决于向上倾斜（因$g_u>0$）的投资曲线与向上倾斜的储蓄曲线的交点，且宏观稳定条件要求后者的斜率大于前者。π上升对应着投资曲线的向上平移以及储蓄曲线的逆时针旋转。投资对u的变化越不敏感（亦即投资曲线的斜率越小），对π的变化越敏感（亦即π上升对应的投资曲线上移越大），以及利润与工资的储蓄倾向差别越大（亦即π上升引发的储蓄曲线逆时针旋转角度越大），经济越倾向于呈现利润拉动的区制。

在考虑开放经济的情况下，产品市场均衡条件无非变成$(I+X-M)/K=S/K$，此时需要考虑收入份额变化对出口X和进口M的影响。由于真实工资上涨将促使厂商将一部分成本压力转嫁至价格，造成国内产品相较于国外产品的价格上升，因而工资份额上升通常会导致X增加，M下降，即对净出口产生抑制作用，因而在开放经济中，经济更容易呈现出利润拉动的区制。并且一国的对外依存度越高，也就是进出口总额占国民收入的比重越大，利润拉动的潜质也就越强。由于第6章的模型会详细阐述收入分配对净出口的影响，故此处对相关理论细节不再赘述。

4.3 收入分配、内生需求与供给侧协同：非主流理论视角的初步整合

4.3.1 非主流分配理论小结：再生产范式下的解读

与主流经济学将收入分配视同平等主体之间的要素价格决定机制不同，非主流学派认为特定历史条件下的生产关系是收入分配的根本决定因素。大卫·博迪（David Purdy）将不同经济学流派对劳动力市场的研究归结为两种范式——交换范式（exchange paradigm）和再生产范式（reproduction paradigm）；前者将工资与利润视作一个自然的、抽象的技术条件（生产函数）下的要素交换价格，后者则强调要素再生产过程中的权力结构乃至这种权力结构本身的再生产对收入分配的决定作用（Purdy，1988）。主流经济学与非主流经济学无疑分属于前者和后者。

马克思主义和后凯恩斯主义的不同分支强调了生产关系的不同方面——进而不同的权力结构——对收入分配的影响。马克思强调的是资方的劳动控制权，即资方如何在特定的制度与劳动力市场条件下，资本如何通过有意识的技术选择和劳动组织获取尽可能大的剩余产品（利润份额）。劳动过程理论关注剩余生产的“第一现场”，SSA、调节理论和周期性危机理论则考察影响剩余价值的生产与实现的制度和劳动力市场环境。卡莱斯基强调的是厂商的产品定价权，即综合反映为厂商“垄断程度”的，由资本集中、非价格竞争、工会力量、信贷约束等因素决定的市场权力。加总到宏观层面，这种厂商与消费者之间的权力关系还是化约为劳资双方之间的对抗性分配关系；不过卡莱斯基理论的贡献在于反映了个体资本之间的竞争对劳资力量对比的影响。新剑桥学派实则隐含了资方的信贷优先权，该权力使资方可以通过投资需求引导的信贷扩张（或收缩）支配生产资源，进而通过改变收入分配使储蓄适应投资，也就是需求适应供给。正是这三种资方的不对称权力——劳动控制权、产品定价权和信贷优先权——

决定了劳资双方的分配关系。按照古德斯登（Goldstein，1985）的分类口径，收入分配综合取决于资本之间的竞争关系（K－K 关系）、劳动者之间的竞争关系（L－L 关系），以及由这二者制约的劳资双方的权力对比（K－L 关系）。上述三种不对称权力无疑与这三种权力关系紧密联系（见图 4－3）。

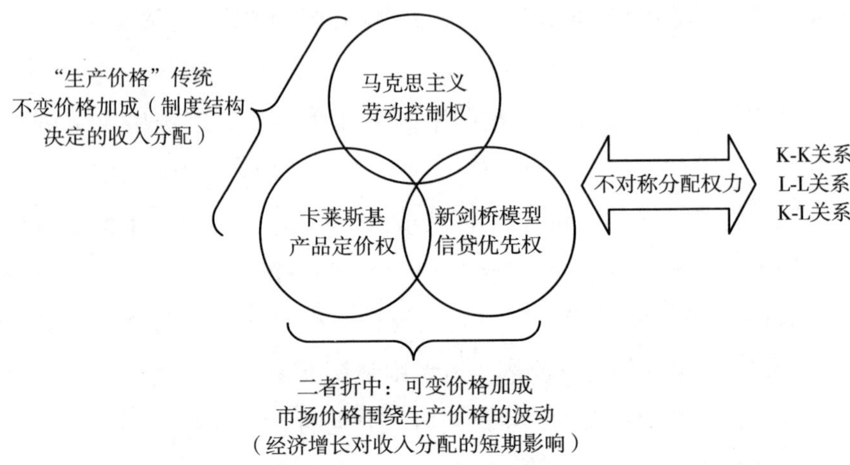

图 4－3　再生产范式下的收入分配及其与“生产价格”传统的理论联系

实际上，马克思和卡莱斯基共同秉承了延续自古典经济学的“生产价格”（production price）理论传统。生产价格取决于由劳资双方的对抗性分配关系（或者如马克思所阐述，由特定剩余价值率对应的商品价值经过转型产生），而后者又取决于特定历史条件下的生产关系或制度结构，也就是 SSA 或调节机制。借用卡莱斯基的术语，生产价格对应着外生决定的、不变的价格加成，也对应着收入分配的长期趋势。新剑桥学派则将收入分配完全诉诸供求关系，反映了充分灵活的市场出清价格。而当今大多数非主流学者都采取卡莱斯基价格理论与新剑桥模型的折中形式，即集中体现于 4.1.3 部分介绍的对抗性通货膨胀理论中的可变价格加成。这一做法容许经济增长对收入分配产生影响，并根据劳动力供给和产能供给的相对强弱，使增长率 g 与劳动收入份额 h 之间呈现两种不同的关系——“劳动力市场主导”（labor market dominated，LMD）的收入分配和“产品市场主导”（product market dominated，PMD）的收入分配，它们分别呈现 g 与 h

的正向与反向关系。可变价格加成反映了市场价格围绕其“重力中心”（center of gravity）——生产价格的短期波动，同时决定了收入分配围绕其长期趋势的短期波动。

4.3.2 增长区制与调节机制的协调与冲突

SSA 学派将一整套“多元决定”的制度结构作为支持剩余价值的生产、实现与积累的外部环境，法国调节学派则从调节机制与积累区制协同的视角，阐明长期内经济增长的动力机制。这些理论为更深入地阐释非主流经济学中收入分配与经济增长的关系，从而为本书提出收入分配、内生需求与供给侧协同的理论视角提供了有力的基础。实际上，调节理论中的积累区制（accumulation regime）与 B－M 模型中的增长区制（growth regime）在含义上高度吻合。它们作为马克思再生产图式的发展（Kotz，1990），都展现了内生于收入分配的消费与投资需求之间的平衡关系。比如，B－M 模型中的需求拉动的增长区制（WLG），意味着由于投资对产能利用率的反应较之其对利润份额的反应更敏感，因此更快的经济增长（资本积累）需要更高的劳动收入份额给予支持；这一区制呼应了调节理论中有“大规模消费的集约型积累区制”（intensive accumulation with mass consumption）。而 B－M 模型中的增长区制取决于消费、投资和净出口的“行为方程”参数，即各需求要素对利润份额的反应程度；这些参数——进而相关宏观经济变量之间的关系——是由特定的制度结构决定的（Gordon，1995；Oreiro，2004），比如信贷体系影响了投资对利润份额的依赖，社会福利制度调节着劳动收入份额对平均消费率的影响，正如调节理论中的积累区制本身孕育自一系列“制度形式”（institutional forms）。

调节理论的核心观点在于，经济的持续增长依赖一整套制度形式所构成的调节机制与积累区制相配合。从 B－M 模型的视角来看，这一过程实则归结为特定的调节机制或 SSA 决定的收入分配与增长区制之间的匹配。如果增长区制本质上属于 WLG（PLG），而现实中的调节机制或 SSA 也确实使劳动收入份额上升（下降），那么经济将在较长时期内经历较高速的增长；反之，如果增长区制本质上属于 WLG（PLG），而现实中的调节机制或 SSA 却使劳动收入份额下降（上升），则意味着调节机制与增长区制发生矛盾，经济将面临剩余价值的实现（生产）危机。

换言之，调节机制进而收入分配与增长区制的匹配，意味着经济可以产生充足的内生需求。此处所谓“内生需求”，意指内生于收入分配及其相关制度结构的有效需求。给定不同需求分量的行为方程，收入分配直接决定了有效需求，但不容忽视的是，制度结构也决定着有效需求，或者说调节着收入分配对有效需求的影响，比如更完备的社会福利制度会降低住户的预防性储蓄（precautionary saving）倾向，从而使既定收入分配状况下的居民消费需求更高。反之，如果调节机制进而收入分配与增长区制相矛盾，经济将因内生需求不足而陷入危机或停滞，除非依赖某种外生需求刺激维持增长。但这些外生需求刺激通常不可持续，虽然可以延缓危机的发生，但却会因加剧调节机制与增长区制之间的内在矛盾，导致一段时期后更猛烈的危机爆发。本书将在第 7 章阐明，正是由于 20 世纪 80 年代以来，西方发达国家普遍经历了大幅的劳动收入份额下降与收入差距扩大，与其潜在的 WLG 区制发生矛盾，以致相关国家走上了两条依赖外生需求刺激的增长道路——出口驱动的增长（export-driven growth）与负债驱动的增长（debt-driven growth），以致结构性矛盾不断累积，最终导致 2008 年经济危机的爆发。第 8 章还将尝试说明，我国经济进入“新常态”时面临的诸多结构性问题，如房地产泡沫、产能过剩、地方政府债务、金融“脱实向虚”等，也与潜在的 WLG 和劳动收入份额下降发生矛盾，以致经济过多依赖外生需求刺激有关。

另外，供给侧也与收入分配和内生需求之间存在互动关系。首先，调节机制或者 SSA 本身就是更具基础意义的“制度供给”，它们调节着收入分配和内生需求的关系，也影响着要素与技术的长期供给，同时收入分配与增长绩效又对制度供给产生反作用。其次，资本、劳动力等要素供给内生于需求，但也对收入分配和内生需求产生约束作用，因而会使经济增长对工资份额的影响呈现 LMD 与 PMD 两种不同的特征；于是 h 影响 g 的两种区制（WLG 和 PLG）与 g 影响 h 的两种区制（LMD 和 PMD）之间发生互动，可能会造成多重均衡，并决定着均衡点的稳定性。非主流学者对此已有丰富的研究；本章并未回顾这些内容，是要将其留待下一章做详细阐述与发展。最后，技术进步也是内生于需求的，但又对收入分配和经济增长产生反作用。本书第6章将技术进步引入理论模型，阐述收入分配如何通过所谓的“马克思—希克斯”效应和“凡登—卡尔多”效应，影响技术进步的速度，进而决定工资份额、经济增长与劳动生产率之间的宏观互动关系。图4-4简要概括了上述收入分配、内生需求与供给侧协同的逻辑关系。

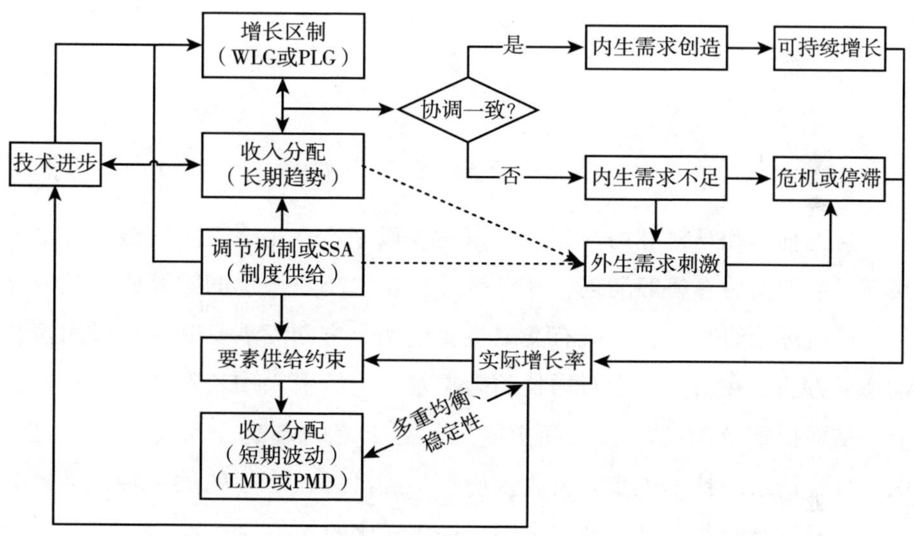

图4-4 非主流理论中的收入分配、内生需求与供给侧协同

第5章 理论整合与模型构建

自巴杜里和马格林的开创性文章发表以来，立足B－M模型的理论与实证研究如雨后春笋般涌现，并已然成为非主流经济学的重要研究领域之一。单就理论研究而言，既有文献主要朝两个方向发展：其一，应用宏观动态学方法，在研究分配对增长的影响基础上，引入增长对分配的反馈影响，从而探索分配与增长之间更复杂、更丰富的宏观互动关系。① 其二，引入分配诱致的技术进步，将收入份额与经济增长之间的关系转化为真实工资、经济增长与劳动生产率之间更加多样化的关系。②

尽管此类研究已经取得了长足进展，但在笔者看来，它们还存在如下不足：首先，尽管增长影响分配的非线性特征已被广泛关注，但分配影响增长的非线性特征还没有得到应有的重视。从4.3.2节提出的理论融合视角来看，这一特征正是理解增长区制转换、调节机制与增长区制的协调与矛盾，乃至资本主义长波周期的关键。其次，对增长影响分配的非线性特

① 此类文献可谓汗牛充栋。此处仅列举少数对本书影响较深的代表性文献：杜特（Dutt，1992）、卡塞蒂（Cassetti，2003）、巴博萨－菲利奥和泰勒（Barbosa－Filho & Taylor，2006）、巴杜里（Bhaduri，2006a）、巴杜里（Bhaduri，2007b）、阿祖兹和杜特（Assous & Dutt，2013）、塔瓦尼、弗拉舍尔和泰勒（Tavani，Flaschel & Taylor，2011）、尼基弗罗斯和福利（Nikiforos & Foley，2012）、基弗和拉达（Kiefer & Rada，2015）、仁志和斯托克哈默（Nishi & Stockhammer，2020）。

② 少数代表性文献包括：卡塞蒂（Cassetti，2003）、纳斯特帕德（Naastepad，2006）、利马（Lima，2009）、海因和塔拉索（Hein & Tarassow，2009）、利马（Lima，2012）、舒茨（Schütz，2012）、塔瓦尼和赞帕雷利（Tavani & Zamparelli，2017）、塞尔瓦斯和纳斯蒂帕德（Servaas & Naastepad，2017）。

征还缺乏一个系统严谨的、可以涵盖不同经典理论视角的理论框架，并且对于收入分配的长期（结构性）决定机制与短期波动之间的区别与联系还有待厘清。最后，收入分配通过影响技术进步，进而缓解供给约束，特别是国际收支约束的作用机制还是一片有待探索的区域。

本章和下一章旨在针对这些不足，对既有理论做初步的整合与发展。本章首先通过梳理、整合非主流学派的既有观点，阐释“需求决定增长”理论的合理性。在此基础上，在传统 B－M 模型中引入收入分配对经济增长的非线性影响，并将静态模型动态化，构造体现区制转换的稳态增长率等斜线，即“增长曲线”。随后，在简要回顾利润份额的顺周期与逆周期假说的基础上，借助对抗性通货膨胀的理论框架，提出一个包含两种分配区制——产品市场主导与劳动力市场主导的相对完整的理论模型，并构造动态化的利润份额等斜线，即“分配曲线”。该理论有助于理解决定收入分配长期趋势的结构性因素与影响收入分配短期波动的要素供给约束的区别与联系。最后，分析体现“双重非线性”的增长曲线与分配曲线之间的互动关系，展现不同场景下多重均衡的可能性以及均衡点的稳定性，并利用此工具分析不同类型的财政政策对分配和增长的潜在影响。

5.1 立论前提：需求决定的增长

坚持经济增长的需求决定论，是大多数非主流经济学者（特别是后凯恩斯主义）与主流经济学派的一项本质区别。尽管一些主流经济学分支承认短期内总需求对产出水平的决定作用，但主流学派一致认为长期内经济增长将趋向由要素供给和外生技术进步决定的“潜在增长率”。[①] 大多数非主流学派则认为，不仅短期内产出水平由总需求决定，更重要的是，要素供给和技术进步进而长期内的经济增长也是内生于需求的。正如塞特菲尔

① 诚然，很多主流经济学者将诱致性技术进步纳入经济增长模型，本书 2.2.3 节介绍的阿西莫格鲁（Acemoglu，2003）构建的理论模型就是一个典型的例子。但是此类技术进步诱致给定要素供给、进而给定要素相对价格条件下的厂商利润最大化决策，因此也是由要素供给决定的。

德和康沃尔（Setterfield & Cornwall，2002）所言："需求不仅决定了任一时点上生产资源的利用率，还通过诱致性技术进步与创新，以及影响劳动参与率和劳动力在不同部门的配置，影响了生产资源本身随着时间的发展。"① 当然，非主流学派并不否认要素供给对需求的约束与反馈作用，以致在实际的经济增长路径中"存在供给与需求的递归的、联合的互动"，但需求在这一"递归式的互动中占据优先位置"。②

尽管笔者已在第2章对主流经济学理论的批判中简要论及需求决定增长的合理性（详见2.4.6节），但鉴于需求决定增长是本书理论模型得以构建的"合法性基础"，此处有必要对其进行更加系统、细致的阐释。综合非主流学派的既有观点，下文从内生于需求的产品供给、要素供给、技术进步等方面，阐释需求决定增长的合理性。

5.1.1 产能未充分利用：内生于需求的产品供给

需求决定增长就其短期、表层的含义而言，是指因经济体存在着普遍的产能未充分利用，厂商主要通过产品数量调整（而不是或者至少不只是通过价格调整）应对需求波动。于是，自发性支出的增长可以产生"真实乘数效应"（Bhaduri，1986）。换个角度说，总需求决定了任一时点的产能利用率，因而厂商得以实现的收入通常受制于需求水平，而非自身的生产能力。这一认识与主流经济学中关于完全竞争厂商的描述形成鲜明对比：后者在由市场决定的价格水平下可以卖出任意数量的商品，即需求不构成对销售量的任何限制，限制其销售量的是生产能力约束下的边际成本递增。尽管垄断竞争市场通过引入向下倾斜的需求曲线引入了需求限制，但厂商依然是根据边际成本等于边际收益的原则，选择一个使利润最大化的"最优产量"。然而现实经验却是，不管是对于寡头、垄断竞争抑或高度竞争的行业，限制厂商销售量的是有限的市场需求，极少有厂商（或者只在

①② SETTERFIELD M. A model of kaldorian traverse: Cumulative causation, structural change and evolutionary hysteresis ［C］ //M SETTERFIELD. The economics of demand-led growth: Challenging the supply-side vision of the long run. Cheltenham, UK: Edward Elgar, 2002, 215－233, 70.

偶然的情况下）能够实现主流经济学所谓的“最优产量”，即在这一产量水平上，边际成本高到继续生产将使厂商的总利润反而下降。正如斯拉法（Sraffa，1926）在一篇年代久远的论文中指出：

> 日常经验表明，大部分企业的生产行为——其中大多数是消费制成品的生产——是在单位成本递减的条件下进行……自认为处于竞争环境中的商人，一定会认为下述观点属无稽之谈，即限制他们产量的是企业内部的生产条件，以致他们无法在不付出更多成本的前提下生产更多商品。为了实现更高的产量，他们需克服的主要障碍不是生产成本——实际上扩大生产经常对降低成本有利——而是在不降低价格或者不增加营销支出的情况下能够卖出更多的产品。①

“停滞理论”的代表性学者斯坦德道尔（Steindl，1952）提出，保有富余产能是厂商“有意为之”的结果。首先，面对市场需求的波动，厂商需要保有充足的产能以满足繁荣时期高涨的需求，以免在繁荣过后将市场份额拱手让给竞争对手。其次，由于生产设施与设备的不可分割性与耐久性，厂商不可能在市场规模扩大时逐步地扩张生产能力，只能“成批量”地布置超前于市场需求的生产能力。最后，厂商（尤其是寡头厂商）将过剩产能作为阻遏潜在进入者的手段：如果价格足够高，即便资本需求量很大，进入该行业也变得有利可图；保有过剩产能使在位厂商能够通过突然地提高产量、压低价格，阻遏潜在的进入者。

马克思（2004a）也同意产能未充分利用是资本主义经济的常态：“资本主义生产全力扩张的时期，通常就是生产过剩的时期。因为生产能力从来没有能使用到这个程度，以致它不仅能够生产更多的价值，而且还能把它实现。”② 不过马克思敏锐地指出，是竞争导致资本主义经济内在的、固有的生产过剩倾向，从而较之斯坦德道尔更深刻地揭示了产能未充分利用

① SRAFFA P. The laws op returns under competitive conditions［J］. The Economic Journal，1926，36（144）：535－550，543.

② 马克思．资本论（第二卷）［M］．中共中央著作编译局，译．北京：人民出版社，2004a：350.

这一现象背后的客观必然性。在马克思看来，竞争是一场战争，是一种强加于资本家的异己的力量。个体资本家扩张资本，并非出于利润最大化计算，而是关乎企业的生存：面对竞争，如果他不能通过应用新技术或通过实现规模经济以削减成本，就只能坐视利润下降、资本贬值，直至被市场淘汰（Jarsulic，1988）。既然每个资本家都将扩大产能作为竞争市场份额的手段，所有资本家作为一个整体势必突破市场规模的限制，不断创造生产过剩的趋势。

5.1.2　投资创造储蓄：内生于需求的“资本供给”

主流经济学将资本与劳动力并列视作生产要素，将储蓄视作“资本的供给”，并认为储蓄可以自动转化为投资，而利率则是使储蓄与投资需求相适应的均衡价格。这是一种罔顾经济现实的想法。非主流学派认识到，投资与储蓄是两个分开的过程——二者不仅在时间、空间上是分开的，其目的和实施主体通常也是分开的。在需求决定产出的视角下，投资作为一种自发性支出，通过乘数效应创造收入，后者派生出储蓄；因此，不是储蓄创造投资，而是投资创造储蓄。

如果映照到货币经济的现实层面，投资创造储蓄意味着贷款创造存款。主流教科书将银行视作“金融中介”，负责把储蓄者的存款“贷出去”，尽管迎合了大多数人的常识，却无疑是对货币经济运行的最大误解。货币的本质是信贷，是一种债权债务关系。任何一笔存款，无非是复式记账本上的一组数字，它是存款人的资产，当然又是银行的负债。存款通过银行信贷被“无中生有”地创造出来：每当银行“发放”一笔贷款，就会在其资产负债表的资产端记录这笔贷款的同时，在借款人的账户因而也就是银行资产负债表的负债端记录一笔同等数额的存款。该过程不需要任何事先存在的存款作为前提（更何况，存款是银行的负债，银行不可能把负债“贷出去”!）。反之，每当借款人偿还贷款，银行与借款人之间的债权债务关系随之勾销，表现为银行资产负债表的资产端和负债端同时减记相应的数额，意味着货币的消灭。质言之，信贷创造货币，货币数量内生于信贷需求。至于储蓄，无非是一部分货币暂时停止支付手段职能，表现为收入转化为需求过程中的“漏出”，与所谓的“资本供给”没有丝毫关系。

贷款不以存款为前提，自然意味着中央银行的准备金要求并不构成对银行货币创造的限制。主流教科书固守存款创造贷款的错误观念，认为银行体系依赖中央银行的初始货币投放开启信贷过程，经过逐轮地把借款人通过贷款得到的存款再度贷出去（但因准备金要求每一轮可贷资金递减），使中央银行投放的初始货币创造出数倍于自身的存款总额，于是提出了“基础货币”与“货币乘数”的虚幻概念，并以此作为中央银行通过准备金要求调控货币数量的理论基础。然而事实是，银行会在遵守特定的金融监管规则以及借款人满足资信要求的情况下，满足借款人的信贷需求，其后再在必要时通过银行间拆借或向中央银行再贴现，补足法定的准备金（也就是所谓的“补齐头寸”）。只要银行提供合格的抵押资产并支付由中央银行设定的利率（亦即再贴现率或政策利率），中央银行总能满足银行的准备金需求。因此，中央银行真正赖以调控货币创造行为的是政策利率，后者构成了银行获取流动性的成本。而贷款利率无非是银行根据风险加成原则在政策利率的基础上设定，并非一个使所谓的“货币供给”与货币需求相等的均衡价格，更谈不上使储蓄和投资需求相适应的均衡价格。①

5.1.3 泛在化的“剩余劳动力”：内生于需求的劳动力供给

在主流增长模型中的稳态增长路径上，资本与产出同步增长，因而稳态增长率（亦即“潜在增长率”）等于劳动力供给的增长率加劳动生产率的增长率。如果持诱致性技术进步的观点，认为要素供给决定的要素相对价格进一步决定了劳动生产率的增长率，则劳动力供给成为经济增长的唯

① 以上论述反映了“现代货币理论”（modern monetary theory，MMT）关于货币本质、货币创造、货币政策的核心观点。关于 MMT 的模型化阐述与现实应用可参阅雷（Wray，2015）、史密斯（Smithin，2018）、拉沃（2021）等，关于货币本质更深入的理论阐释、思想史争论与历史考证，可参阅英厄姆（Ingham，2004）、凯恩斯（1986）、熊彼特（1991b）、格雷伯（2012）等。长期以来，MMT 作为非主流理论存在。2008 年金融危机后，随着西方国家频繁推出非常规货币政策，关于货币本质、货币创造及其货币政策启示的议题再度引起学界热议。2014 年和 2021 年，两家重要的中央银行——英格兰银行和美国圣路易斯联邦储备银行相继发表两篇“科普”性质的通信文章（Ihrig，Weinbach & Wolla，2021；McLeay，Radia & Thomas，2014a，2014b），向公众介绍货币创造的真实过程，相当于主流金融当局“官宣”了 MMT 的正确性。

一外生决定因素。可以说在主流理论中，个体的劳动力供给决策是经济增长的“终极驱动力”。相比之下，非主流理论从来不曾给个体劳动力供给决策一席之地。在非主流学派看来，“剩余劳动力”无时无处不在；不管是在发展中国家还是发达国家，都不存在一个与个体劳动力供给的“最优化决策”相适应的“劳动力市场均衡”。当经济高速增长，劳动力供给也会被动地与之相适应，而这主要通过劳动参与率提高、劳动力迁移特别是部门间的劳动力转移实现。换言之，劳动力供给也是由总需求决定的；就业决定的“主动轮”不是劳动力市场，而是产品市场。

人们很容易将“剩余劳动力”与刘易斯（1991）的“二元经济”模型联系起来。后者指出在发展中国家，一般并行存在着主要从事农业、自雇劳动的家庭生产部门和主要从事工商业、工资劳动的现代产业部门。由于家庭生产部门存在大量的过剩劳动力，劳动力的边际生产力接近于零，以致家庭生产部门的过剩劳动力被吸收（也就是其劳动力边际生产力开始上升）之前，现代产业部门总能在只提供“生存工资”（subsistence wage）水平的情况下获取无限的劳动力供给。这无疑是对我国改革开放之后高速发展阶段的真实写照。不过刘易斯本人认为该理论并不适用于发达国家。然而金德尔伯格（Kindleberger，1967）和康沃尔（Cornwall，1977）通过细致的历史分析表明，由于部门之间存在着劳动生产率和真实工资的显著差距，二元经济模型只需稍加修订，就同样适用于发达国家。他们发现在西方国家高速增长的20世纪五六十年代，欧洲大陆和日本都发生着从农业部门向工业部门的大规模转移，并且工业与农业部门的工资差距并未因为这种转移有显著的缩小。换言之，工业部门在现行工资率下可以获得几乎具有无限弹性的劳动力供给。除了农业部门，劳动生产率相对较低的服务业也是向工业部门转移劳动力的重要来源。比如，斯利珀（Sleeper，1970）发现在1950~1966年的英国，服务业构成了制造业劳动力净流入的最大来源。

除了部门间的劳动力转移，劳动参与率也会弹性地响应总需求的变化。高涨的总需求会让之前放弃寻找工作的所谓“丧失信心的工人”（discouraged workers）重回劳动力市场，或者让长期从事家务劳动者（大多为女性）转而加入工资劳动力队伍。此外，移民也是受总需求牵引的重要劳动力来源，尽管这一来源很大程度上受到本国移民政策的影响。很多发达国家在“二战”之后的高速增长期都有意放宽了移民政策，但在1973年石油危机之后又有所收紧。比如，范德韦（Van der Wee，1986）发现“20世纪五六十年代欧洲经济共同体国家经历了外国劳工数量的惊人飙升”；其中，法国、德国、卢森堡、瑞典、瑞士等国的外国劳工占1950～1972年本国新增劳动力的比例均超过30%。

5.1.4 “卡尔多—凡登”定律与“斯密—杨格”定理：内生于需求的技术进步

在非主流理论中，决定潜在增长率的另一（或者说更重要的）因素——劳动生产率的增长率，并非主要来自外生的科技发明，而是主要取决于需求拉动的技术应用与扩散。尽管这一观点历史悠久，但真正将其发扬光大的当属尼古拉斯·卡尔多（Nicholas Kaldor）。在剑桥大学的就职演说中，卡尔多（Kaldor，1966）提出制造业的产出增长率可以显著促进其劳动生产率的增长率，其原因在于需求拉动的诱致性创新与劳动分工细化导致的收益递增和“干中学”效应，而制造业产出与劳动生产率的增长又促进了农业和大部分服务业等收益递减部门的劳动力向制造业的转移，进而促进全社会整体的劳动生产率增长。卡尔多将这一发现的早期经验证据归功于意大利经济学家凡登（Verdoon），故非主流学者习惯于将总需求增长率对劳动生产率增长率的促进作用称作“卡尔多—凡登”定律（Kaldor-Verdoon Law）。

“卡尔多—凡登”定律很大程度上源于需求拉动的诱致性创新。正如罗宾逊夫人（Robinson，1956）指出：“技术进步的速率不像天上飘落的细雨一样是一种自然现象。当存在提高人均产出的经济激励时，企业主会积极寻求发明与技术改进。”① 与主流学派强调要素相对价格引发的诱致性创新不同，非主流学派更强调总需求对技术创新与应用的诱致作用，即市场规模的扩大使某些需要大量固定成本投入的新技术变得更加有利可图。支

---

① ROBINSON J. The accumulation of capital [M]. London: MacMillian, 1956: 96.

持此观点的一项代表性实证研究来自施莫格勒（Schmookler，1966）。基于1830~1950年铁路、汽油、建筑三个行业的时间序列数据与1939~1942年、1947~1950年22个行业的横截面数据，施莫格勒发现各行业的投资额与投资品专利数量高度相关，并且多角度的数据分析表明前者是后者的原因而非结果。正如施莫格勒套用“斯密定理”的句式所说：“市场规模限制创新数量。”“比加速发明更重要的是加快创新扩散的速度。”[①] 不乏经济史料表明，需求扩张带来的盈利前景诱使大量躺在专利局抽屉或实验室中的技术发明被投入应用。比如，阿西莫格鲁（Acemoglu，2002）通过引述城市有轨电车和轧棉机的例子说明，很多技术早就存在，只待此项技术得以应用的市场规模足够大时才会使该项技术被投入商业化应用。

“卡尔多—凡登”定律可追溯至“斯密定理”——“市场范围限制劳动分工”，即市场规模的扩大使更加专业化的劳动分工成为可能（斯密，2007）。不过斯密定理的内涵似乎更加广泛；它不仅涉及特定企业或行业内的劳动分工，还涉及宏观层面的产业间分工。艾林·杨格（Allyn A. Young）——卡尔多曾经的老师——通过《收益递增与经济进步》（Increasing returns and economic progress）一文重新阐释并发展了斯密定理（Young，1928）。杨格总结出如下三条观点：其一，收益递增的实现并非局限于单个企业或特定行业的规模扩张，而是更多源于产业之间的分工与专业化；由于不同产业之间通过供需关系形成一个紧密联系的整体，由分工专业化引致的新企业或新产业为其他企业或产业创造了新的供给与需求。其二，用现代经济学的术语表述，劳动分工的发展体现为通过更加迂回的生产方式使用劳动力。其三，劳动分工取决于市场规模，而市场规模又取决于劳动分工，因此二者形成了相互强化的正反馈循环。

需要补充的是，“卡尔多—凡登”定律也包含了“斯密—杨格”定理的未尽之意，那就是“实体化技术进步”（embodied technical change）与“干中学”（learning by doing）效应。卡尔多（Kaldor，1961，1972）明确反对主流增长理论将资本存量增加与技术进步截然分开的做法，强调新技术、新知识大多实体化为更先进的资本设备，因而更快的资本积累通常意

① ROBINSON J. The accumulation of capital [M]. London: MacMillian, 1956: 96.

味着更快的技术进步。一个与之密切联系的观点是阿罗（Arrow，1962）提出的“干中学”效应。阿罗（Arrow，1962）指出，新知识、新技能总是通过从经验中学习获得，而“每一件被生产出来并被投入应用的新机器都能够改变生产活动得以开展的环境，进而为持续的学习提供新的刺激”①，因此更快的资本积累也意味着更快的知识积累。这一观点启发了罗默（Romer，1986）基于资本品种类扩展的内生增长模型（参见2.3.1节的回顾）。可见，“卡尔多—凡登”定律与“斯密—杨格”定理既紧密联系，又相互补充，二者遥相呼应，共同构成了内生于需求的技术进步的理论注解。

5.2 收入分配对经济增长的影响：动态化B－M模型

5.2.1 基本模型设置

非主流学派大多立足B－M模型，考察功能性收入分配对总需求的潜在影响，并识别出两种可能的总需求区制：工资拉动的总需求（wage-led demand，WLD）或利润拉动的总需求（profit-led demand，PLD）。不同于巴杜里和马格林（Bhaduri & Marglin，1990）原文中的表述方式，此处由斯托克哈默、奥纳兰和埃德雷尔（Stockhammer，Onaran & Ederer，2009）首先采用，其后被实证研究广为借用的方式表述B－M模型。

假设一个生产单一产品、存在富余产能的封闭经济体，厂商按照卡莱斯基的直接成本加成原则为产品定价。由于忽略了进口原材料，所以加总到宏观层面，工资成本即为所有的直接成本，于是产品价格：

$$p=(1+m)w/a \tag{5.1}$$

其中，m为价格加成率，w为名义工资率，a为劳动生产率。于是工资份额h和利润份额π分别为：

$$h=\frac{W}{Y}=\frac{1}{1+m},\ \pi=\frac{R}{Y}=1-h=\frac{m}{1+m} \tag{5.2}$$

① ARROW K. J. The economic implications of learning by doing [J]. The Review of Economic Studies, 1962, 29 (3): 155－173, 157.

其中，W、R 和 Y 分别代表工资总额、利润总额和总收入，Y = W + R。由于该部分只考虑收入分配对经济增长的影响，故将 m 进而 h 或 π 视作由外生因素给定。如第 4 章的理论回顾，这些因素包括决定厂商“垄断程度”的诸多因素或更广义的制度结构，即 SSA 或调节机制。

在支出侧，Y 由居民消费 C 和私人投资 I 决定（此处暂不考虑开放经济的情况，故不包含净出口）：

$$Y = C + I \tag{5.3}$$

或者等价地表示为：

$$I = S \tag{5.3a}$$

此处的 I 意指事前（计划）投资，因此式（5.3）或式（5.3a）代表产品市场均衡条件（而不是事后的会计恒等式），其含义是需求决定产出/收入，因而投资决定实现的储蓄。将式（5.3a）相对于资本存量 K 做标准化：

$$\frac{I}{K} = \frac{S}{K} \tag{5.3b}$$

记 $g = \frac{I}{K}$；由于忽略固定资产折旧，g 就代表资本增长率，或曰资本积累率，也是稳态增长路径上的经济增长率。同时出于表述方便，记 $g^S = \frac{S}{K}$。

短期内视 K 为不变量，于是总需求扩张对应产能利用率 u 提高。$u = Y/Y_f$，其中 Y_f 代表 K 满负荷利用时的产量；延续前文的做法，将技术条件决定的额定资本产出比 Y_f/K 标准化为 1，于是 $u = Y/K$。由于在给定的 Y 的边际上，$dY = dC + dI = dI - dS$，所以由 π 的边际增量引发的总需求（产能利用率）的变化可表示为：

$$\frac{du}{d\pi} = \frac{\frac{dY}{K}}{d\pi} = \left(\frac{dI}{K} - \frac{dS}{K}\right) \Big/ d\pi = \frac{dg}{d\pi} - \frac{dg^S}{d\pi} \tag{5.4}$$

g^S 和 g 均为 π 的函数。就 g^S 而言，由于资本收入的主要目的是积累，其储蓄倾向远高于劳动收入，故在同等条件下，π 升高将使社会平均储蓄倾向升高，即 $g^S_\pi > 0$。就 g 而言，由于 π 等同于利润边际（profit margin），故同等条件下，π 提高，意味着实际利润率进而预期利润率上升，以及可作为投资基金的现金流增加，于是 $g_\pi>0$。另一方面，出于储蓄的收入效应和投资的“加速效应”，g^S 和 g 也均为 Y 的函数，并且有 $g_u^S>0$，$g_u>0$。于是对式（5.4）两边求全微分，整理得到：

$$\frac{du}{d\pi}=\frac{g_\pi-g_\pi^S}{g_u^S-g_u} \tag{5.5}$$

式（5.5）中的分子 $g_\pi-g_\pi^S$ 即 π 提高给 u 带来的直接影响，或者说 dπ 产生的初始“超额需求”；它们又对 g^S 和 g 产生反馈作用，进而通过乘数机制使 u 进一步提高，直至重新达到产品市场均衡，因而 $1/(g_u^S-g_u)$ 即为总体乘数。当然，宏观稳定条件要求 $g_u^S>g_u$。于是，当 $g_\pi>g_\pi^S$，即提高利润份额对投资的促进作用超过其对消费的抑制作用，经济属于 WLD，反之则属于 PLD。

既有理论文献通常将短期意义上的“总需求区制”和长期意义上的“增长区制”区分开来。由于在稳态增长路径上，u 将保持在使产品市场出清的均衡水平 u^* 不变，故稳态增长率 $g^*=\widehat{Y}=\widehat{K}=I/K$。故增长区制取决于投资函数 $g^*=g(\pi,u^*)$，并且有：

$$\frac{dg^*}{d\pi}=g_\pi+g_u\frac{du^*}{d\pi} \tag{5.6}$$

其中，$du^*/d\pi$ 由式（5.5）给出。当 $dg^*/d\pi<0$，即 $du^*/d\pi<-g_\pi/g_u$ 时，经济处于工资拉动的增长（wage-led growth，WLG）区制，反之则处于利润拉动的增长（profit-led growth，PLG）区制。显然，正如 4.2.2 节详细阐述过的，WLG 需要较强的 WLD 作为条件。

需要补充的是，虽然立足 B－M 模型的理论研究通常用稳态增长率来定义增长趋势，但实证研究很少将此种意义上的增长区制作为检验对象，而主要关注总需求区制或总需求的短期增长。原因在于，一方面，现实中观测到的数据是由无数短期构成的不可逆时间链条，不存在理论意义上的“稳态增长路径”；另一方面，现实中的总量数据通常为不平稳时间序列，这使用水平值构造的投资函数无法被直接应用于实证检验。因此，实证研究论及“增长区制”，通常指短期内 dπ 对总需求增长的影响，这也是本书第 8 章对我国的实证研究所采取的路线。由于在实证研究中，总量一般采取对数形式；在 lnC 和 lnI 的行为方程不存在协整关系的情况下，需要对方程取一阶差分，于是 lnC 和 lnI 的行为方程转化为 $\hat{C}$ 和$\hat{I}$关于$\hat{\pi}$和 $\hat{Y}$ 的函数。为了明确表述上述关系，只需把式（5.3）取全微分，再两边同时除以 Y，从而转化为增长率的形式：

$$\hat{Y} = \frac{C}{Y}\hat{C} + \frac{I}{Y}\hat{I} \tag{5.7}$$

其中，$\hat{C} = \hat{C}(\hat{\pi}, \hat{Y})$，$\hat{I} = \hat{I}(\hat{\pi}, \hat{Y})$，且 $\partial\hat{C}/\partial\hat{\pi} < 0$，$\partial\hat{I}/\partial\hat{\pi} > 0$，$\partial\hat{C}/\partial\hat{Y} > 0$，$\partial\hat{I}/\partial\hat{Y} > 0$。于是对式（5.7）求全微分，整理得到与式（5.4）类似的形式：

$$\frac{d\hat{Y}}{d\hat{\pi}} = \frac{\alpha}{1-\beta} \tag{5.8}$$

其中，$\alpha = \frac{C}{Y}\frac{\partial\hat{C}}{\partial\hat{\pi}} + \frac{I}{Y}\frac{\partial\hat{I}}{\partial\hat{\pi}}$，$\beta = \frac{C}{Y}\frac{\partial\hat{C}}{\partial\hat{Y}} + \frac{I}{Y}\frac{\partial\hat{I}}{\partial\hat{Y}}$。

作为$\hat{\pi}$对 $\hat{Y}$ 的直接影响，α 为$\hat{\pi}$对 $\hat{C}$ 和$\hat{I}$的直接影响的加权之和，权重即为消费率和投资率。式（5.8）表示来自 π 变化的一个短期冲击，将使 Y 的增长率发生怎样的变化。不过在本章和下一章的理论模型部分，笔者仍遵循既有理论文献的传统，主要考察稳态意义上的增长区制。

5.2.2 收入分配影响经济增长的非线性特征

目前基于 B－M 模型的理论与实证研究一般只考虑被研究的经济体呈现单一的总需求或增长区制。如果将研究视角放在较长的历史时期内，这将是一个极不现实的假设。原因显而易见：如果某个经济体一直处于 WLG（PLG）的趋势，那么实行有利于提高（降低）工资份额的经济政策将持续地促进经济增长，直至工资（利润）份额达到 1！这当然是不合常理的。不难想象，当某一经济体的工资份额很低时，经济将面临较严重的消费不足问题，因而更有可能处于 WLG 的区制，此时实行有利于劳方的经济政策将促进总需求扩张与经济增长；然而随着工资份额的提高，WLD 的特征将逐渐减弱，利润挤压问题逐渐突出，直到经济进入 PLG 乃至 PLD 的区制（也就是从左到右依次经过图 4－2 中的不同阶段）；此时继续提升工资份额不仅会抑制经济增长，甚至还会导致总需求收缩。换言之，收入分配对经济增长的影响呈现非线性特征：工资份额越高，经济呈现 WLD 或 WLG 的倾向越弱，因而增长区制会随着工资份额的提高发生转换。这也正是 SSA 和调节理论中的矛盾运动思想：任何一种与既有增长区制匹配的调节机制或 SSA 都蕴藏着自身毁灭的种子。很多有关“二战”后资本主义“黄金时代”终结的研究都或明或暗地表示，随着“二战”后偏向劳方的经济政策的实施以及工资份额的持续提高，增长区制很可能从 WLG 逐渐转向了 PLD，以致既有的经济政策转而开始抑制资本积累和经济增长（Bowles et al.，1989；Gordon，1995；Marglin & Bhaduri，1988；Weisskopf et al.，1983）。此处笔者将综合既有的研究成果，从储蓄函数和投资函数两方面阐述收入分配对经济增长的非线性影响。

1. 储蓄函数的非线性特征

一旦放松 B－M 模型关于储蓄率的简化假设，即可窥探出储蓄函数的非线性特征，即利润份额 π 对平均储蓄（消费）率的正向（负向）作用会随着 π 的增加而递减。B－M 模型简单地假设劳动收入 W 和资本收入 R 各自具有恒定不变的储蓄率 s_w 和 s_c，于是社会平均储蓄率就是 s_w 和 s_c 的加权平均值，其权重取决于 π。如果记社会平均储蓄率为 $\bar{s}$，则有：

$$\bar{s} = s_c\pi + s_w(1-\pi) \tag{5.9}$$

显然：

$$\frac{d\bar{s}}{d\pi} = s_c - s_w \tag{5.9a}$$

非主流学派正确地意识到资本收入不同于劳动收入的本质属性，即前者的主要目的是积累，故而 $s_c > s_w$（在第 4 章使用的极端简化假设中，$s_w = 0$），于是 $\bar{s}$ 随着 π 的上升而提高，并且 s_c 与 s_w 的差别越大，$\bar{s}$ 随 π 的上升而提高的程度越明显。换言之，给定其他条件，π 上升会对消费需求产生抑制作用，并且这一抑制作用随着 $s_c - s_w$ 的扩大而增强；而这一作用也是总需求可能呈现工资拉动区制的主要原因。在 s_c 与 s_w 均为常数的简单假设下，π 上升对消费需求的抑制作用（$d\bar{s}/d\pi$）当然也是恒定不变的。

然而上述简单假设忽略了两个重要的现实特征。一方面，来自资本收入的储蓄和来自劳动收入的储蓄并非由两个泾渭分明的群体各自独立地做出。在现实的市场经济中，企业得到的资本收入一部分作为利润留存，即作为“企业储蓄”成为社会总储蓄的一部分，余下的部分则作为资本所有者的分红，与所有劳动收入汇集成为居民收入；居民则根据各自的总收入做出储蓄决策，不管这些总收入是单纯的劳动收入还是劳动与资本收入的混合体（取决于居民是否拥有资本）。另一方面，鉴于凯恩斯所说的边际消费倾向递减规律，居民储蓄率会随着居民收入水平的提高而递增，而非一成不变。给定财富分配状况，π 的变化会通过改变个体收入差距，影响私人储蓄率。由于财富分配较之收入分配更加不均，随着 π 的提高，收入将更加向少数资本所有者聚集，进而提高全社会层面的居民储蓄率。换言之，社会平均储蓄率实则是“企业储蓄率”（亦即利润留存率）与居民储蓄率的加权平均，π 不仅决定了这两种储蓄率的权重，还会在边际消费倾向递减规律的支配下通过影响个体收入分配影响居民储蓄率。假设恒定不变的 s_c 和 s_w 不足以反映 π 上升通过加剧个体收入差距对居民消费率的抑制作用，进而不足以反映 π 对社会平均消费率的非线性影响（也就是 π 越高，π 的进一步提升对社会平均消费率的抑制作用越大）。

为了更直观地展示储蓄函数的非线性特征，此处只需把 B－M 模型关于储蓄率的简单假设向更现实的情况推进一步。假设全体居民分为“富人”（R）和“穷人”（P）两个群体，前者坐拥所有社会财富，进而占有所有资本收入，同时像 P 群体那样通过提供同质化劳动获取劳动收入；P 群体则只获取劳动收入。简单起见，此处忽略 R 群体内部的财富分配差距以及所有人之间的工资收入差距。记 R 群体和 P 群体的人数占比分别为 σ_R 和 σ_P；鉴于财富分配高度不均，σ_R 远小于 1，即 $0<\sigma_R\ll 1$，[①] 且 $\sigma_P=1-\sigma_R$。另记 R 群体获取的人均资本收入和所有居民获取的人均工资水平分别为 π 和 w。将全体居民人数标准化为 1，则 σ_R 和 σ_P 等同于 R 群体和 P 群体的人数，π 和 w 等同于资本收入与劳动收入总额。假设资本收入用于分红的比例为 ϑ，则用于利润留存的比例为 $1-\vartheta$。又假设居民储蓄率是居民

① 比如，来自世界不平等数据库（World Inequality Database）的数据显示，2021 年中国和美国最富有的 10% 人群分别占有本国所有财富存量的 68.80% 和 70.68%，因此 $\sigma_R=0.1$ 可视作对现实的一个良好近似。

收入 y 的函数即 s（y），且 $s'>0$，以反映边际消费倾向递减。于是 R 群体和 P 群体的人均收入分别为：

$$y_R = w + \frac{\vartheta\pi}{\sigma_R} \tag{5.10}$$

$$y_P = w \tag{5.10a}$$

R 群体和 P 群体的储蓄总额分别为：

$$S_R = s(y_R)(\sigma_R w + \vartheta\pi) \tag{5.11}$$

$$S_P = s(y_P)(1 - \sigma_R)w \tag{5.11a}$$

为了便于和 B－M 模型中关于储蓄率的标准化假设加以比较，此处计算出当前假设环境下的资本收入储蓄率 s_c 和劳动收入储蓄率 s_w。此时 s_c 和 s_w 不再是两个先验的行为参数，而是给定两个群体的储蓄行为之后核算得到。来自资本收入的储蓄一部分来自企业储蓄 $(1-\vartheta)\pi$，另一部分则来自 R 群体的居民储蓄中归因于资本收入的部分 $s(y_R)\vartheta\pi$。于是有：

$$s_c = \frac{(1-\vartheta)\pi + s(y_R)\vartheta\pi}{\pi} = (1-\vartheta) + s(y_R)\vartheta \tag{5.12}$$

来自劳动收入的储蓄则一部分来自 P 群体的所有居民储蓄，另一部分来自 R 群体的居民储蓄中归因于劳动收入的部分 $s(y_R)\sigma_R w$。于是有：

$$s_w = \frac{s(y_P)(1-\sigma_R)w + s(y_R)\sigma_R w}{w} = s(y_P)(1-\sigma_R) + s(y_R)\sigma_R \tag{5.12a}$$

接下来笔者将说明，此时的 s_c 和 s_w 不再是两个常量，而是随 π 变化。假设在维持总收入不变的情况下，发生一笔从 w 向 π 的再分配，即利润份额上升；再分配规模表示为 $d\pi = -dw$。根据式（5.10），R 群体的人均收入将发生如下变化：

$$dy_R = dw + \frac{\vartheta d\pi}{\sigma_R} = \left(\frac{\vartheta}{\sigma_R} - 1\right)d\pi，亦即\frac{dy_R}{d\pi} = \frac{\vartheta}{\sigma_R} - 1 \tag{5.13}$$

既然 $\sigma_R \ll 1$，$\vartheta/\sigma_R > 1$，可见因资本收入聚集于人数很少的 R 群体手中，利润份额上升会使其人均收入增加。同理，根据式（5.10a），P 群体的人均收入将发生如下变化：

$$dy_P = dw = -d\pi，亦即\frac{dy_P}{d\pi} = -1 \tag{5.13a}$$

进而基于式（5.12）、式（5.12a）、式（5.13）、式（5.13a）可推导

出 s_c 和 s_w 将如何随 π 的变化而变化：

$$\frac{ds_c}{d\pi} = \vartheta s'\frac{dy_R}{d\pi} = \vartheta\left(\frac{\vartheta}{\sigma_R} - 1\right)s' > 0 \tag{5.14}$$

$$\frac{ds_w}{d\pi} = \sigma_R s'\frac{dy_R}{d\pi} + (1 - \sigma_R)s'\frac{dy_P}{d\pi} = (\vartheta - 1)s' < 0 \tag{5.14a}$$

可见利润份额上升使 s_c 提高，s_w 下降。前文已通过式（5.9a）说明，π 上升对社会平均消费率的抑制作用取决于 s_c 与 s_w 之差；二者差距越大，抑制作用越强。式（5.14）和式（5.14a）则说明，随着 π 的上升，s_c 与 s_w 的差距将进一步扩大，并且从式（5.14）不难看出，财富分配越不均（σ_R 越小），二者差距随 π 的上升而扩大的趋势越明显。于是，π 提高对消费的抑制作用呈现“边际效应递增”（换言之，工资份额提高对消费的促进作用呈现“边际效应递减”）。因而同等条件下，随着 π 的提高，总需求将越来越倾向于表现出工资拉动的特征。

2. 投资函数的非线性特征

B－M 模型假设投资随 π 和 u 递增，即 $I/K = g(\pi, u)$，且 $g_\pi > 0$，$g_u > 0$，其中 $g_\pi > 0$ 是增长可能呈现利润拉动区制的主要原因。B－M 模型大多简单地假设投资函数呈线性形式，如 $g = \alpha + \beta\pi + \gamma u$，此时 π 对 g 的促进作用是个常数（即 $g_\pi = \beta$）。少数几位学者提出 π 对 g 的促进作用可能会随着 π 的上升而递减，即 $g_{\pi\pi} < 0$，从而从另一个角度揭示了总需求或增长区制随 π 的变化发生转换的可能性。

尼基弗鲁斯（Nikiforos，2016）是屈指可数的明确提出非线性增长区制的学者之一，他明确地提出了投资对 π 的反应程度会随着 π 的提高而递减。其一，π 提高对投资的促进作用部分来自它是企业家形成未来利润预期的基础；然而有理由相信，随着 π 逐渐升至高位，其进一步提升对于强化利润预期的作用将逐渐减弱，转而让位于其他因素（如产能利用率）。其二，出于“风险递增原则”，企业家依赖较高的 π 进而充足的现金流作为投资基金，以缓解随着投资增长而逐渐收紧的外部融资约束；然而在同等条件下，更高的 π 意味着更充足的自有投资基金，同时也在向银行释放着更低违约风险的信号，外部融资约束随之放宽，因此依赖 π 的进一步提高来提供投资基金的必要性降低。其三，在金融化的背景下，π 的提高通常与股东权力的增强相联系；后者通常要求将更多利润用于分红，而不是用于追加长期投资。

阿兰（Allain，2021）则提出了一个长久以来被人们忽视的因素所引发的投资非线性——企业成本的异质性。特定行业中产品价格由单位成本最低的价格领导者制定；个别企业的单位成本越高，π 越低。随着真实工资的上升，进而全行业平均利润份额的降低，那些成本较高的企业将陆续退出，以致经济将逐渐逼近供给瓶颈，此时一个原本处于 WLD 区制的经济体将不再能够满足其不断扩张的总需求，因而从宏观层面来看，π 越低，总需求呈现工资拉动的倾向越弱。

此外，利马（Lima，2009）从诱致性技术创新的角度提出 π 对投资的非线性影响。由于新技术一般嵌入在新的资本品当中，更高强度的技术进步通常与更高的固定资产投资增速相联系。当企业面临较大的劳动力成本压力，企业更倾向于应用资本密集型的生产技术，提高劳动生产率，以重振利润份额。于是 π 对 g 的促进作用理应在 π 处于低位时更强。不过利马也指出上述规律未必总是成立；如果 π 过低，企业也可能因投资基金的匮乏和外部融资的约束而缺少扩大投资的能力。

总之，随着 π 从一个很低的位置逐渐提高，其进一步提升对消费的抑制作用会逐渐增强，对投资的促进作用会逐渐减弱，因此总需求和经济增长将呈现出从利润拉动到工资拉动的区制转换。

5.2.3 动态化表述：“增长曲线”

接下来就收入分配对经济增长的影响做动态化的模型阐述，以便分析短期内的转折动态。此处借鉴 4.1.1 节介绍的罗宾逊增长模型的思想，假设厂商的投资计划转化为实际需求需要一定的时滞，因此在任一时点，当期实现的收入取决于上一期的投资决策；产品市场均衡意味着：

$$g^S = \frac{S}{K} = \frac{I}{K} = g \tag{5.15}$$

即当期实现的储蓄等于当期的实际投资，但后者的计划是在之前做出，对于当期而言是一个给定的量（在不致引起混淆的情况下，本书将省略时间下标）。同样有 $g_{\pi}^{S}>0$，$g_{u}^{S}>0$。此处要引入上文论证的储蓄函数的非线性，即 π 提高对增加储蓄（也就是抑制消费）的边际效应递增，即 $g_{\pi\pi}^{S}>0$。

每一期的计划投资采取 B－M 模型的投资函数形式：

$$g^{D}=g^{D}(\pi,u)\text{，并且 }g_{\pi}^{D}>0\text{，}g_{\pi\pi}^{D}<0\text{，}g_{u}^{D}>0 \tag{5.16}$$

此处引入了投资函数的非线性，即 π 对 g^{D} 的促进作用存在“边际效用递减”（$g_{\pi\pi}^{D}<0$）。在任一时点，只要计划投资 g^{D} 大于实际投资 g，其后的 g 自然会随着 g^{D} 的陆续落实而增加，因此 g 表现出如下的动态调整形式：

$$\dot{g}=\theta(g^{D}-g) \tag{5.17}$$

其中，θ 代表调整速度，它取决于投资计划转化为实际支出的时间。均衡时需要 $\dot{g}=0$，即 $g^{D}=g$。为了观察模型的动态特征，需要在 $\pi-g$ 坐标系中绘出 $\dot{g}=0$ 对应的等斜线（isocline）。在该等斜线上有：

$$\left.\frac{dg}{d\pi}\right|_{\dot{g}=0}=\frac{dg^{D}}{d\pi} \tag{5.18}$$

于是等斜线的斜率反映了由 g^{D} 所定义的增长区制；向上倾斜对应 PLG，向下倾斜则对应 WLG。特别地，由于引入了储蓄（g^{S}）和投资函数（g^{D}）的非线性，随着 π 从一个很低的位置开始提高，经济将经历 PLG 属性逐渐减弱→转换为 WLG →WLG 属性逐渐增强的过程。为了更明确地说明，只需进一步考察式（5.11）：

$$\left.\frac{dg}{d\pi}\right|_{\dot{g}=0}=\frac{dg^{D}}{d\pi}=g_{\pi}^{D}+g_{u}^{D}\frac{du^{*}}{d\pi} \tag{5.18a}$$

其中，u^{*} 为均衡时的产能利用率，$\frac{du^{*}}{d\pi}$是对总需求区制的量度。由于在 $\dot{g}=0$ 上，$g^{D}=g$，于是参照式（5.5）有：

$$\frac{du^{*}}{d\pi}=\frac{g_{\pi}^{D}-g_{\pi}^{S}}{g_{u}^{S}-g_{u}^{D}} \tag{5.19}$$

不难看出，由于 g_{π}^{D} 关于 π 递减，g_{π}^{S} 关于 π 递增，并且 g_{u}^{S} 作为给定 π 时的平均储蓄率，当然关于 π 递增，于是 $du^{*}/d\pi$ 明确的关于 π 递减；如

果假设表示投资加速效应的 g_u^D 为常数，则 $dg/d\pi$ 无疑也关于 π 递减。换言之，$\dot{g}=0$ 等斜线的斜率随 π 递减，呈倒"U"型。图 5－1 展示了可能的 $\dot{g}=0$ 等斜线的形状。该曲线描绘了使经济保持稳态增长的所有可能的 $\pi-g$ 组合，不妨称其为"增长曲线"，可视作长期化的 IS 曲线。在曲线上方，有 $g^D<g$，故 $\dot{g}<0$，g 向下方调整；反之在曲线下方，g 向上方调整。在"增长曲线"上的任一点，u 将保持恒定，并对应下方 u 曲线中的特定一点。不妨假设产品市场均衡可以瞬时完成，故 u 曲线并非相位图中的等斜线，而是表示均衡时 $\pi-g$ 的实际组合。定义 π^g 和 π^u 分别为增长率和总需求发生区制转换的临界点，当然有 $\pi^g>\pi^u$，故 u 曲线将比增长曲线更加右偏。

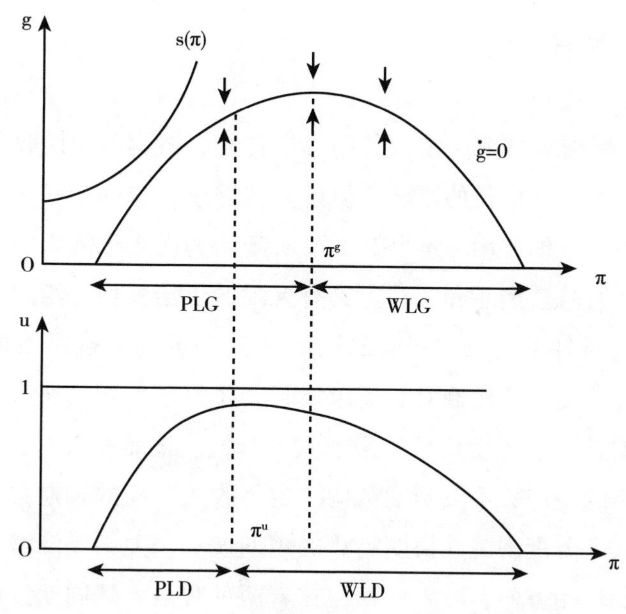

图 5－1 "增长曲线"与产能利用率曲线

此处两条曲线的左端并非始于原点，意在假设 π 至少要高于某个最低值，才会诱发厂商开始投资。增长曲线左上方存在一条代表产能约束的斜线，对应着下方图中 u＝1 的"天花板"；在这条线上，产能被利用到极限，因而产出将完全由供给决定；此时更多的有效需求只会引起价格上涨，而不可能有真实产出的增加，相当于新剑桥模型中"强制储蓄"的情况。记 u＝1 时的产量为 Y_f，则这条线上对应的 $g=s(\pi)Y_f/K$，其中

$s(\pi)$代表平均储蓄率，它是 π 的增函数；由于已然将 Y_f/K 标准化为 1，该线简化为 $g=s(\pi)$。出于上文讨论的储蓄函数非线性，$s(\pi)$的斜率随 π 递增。如果 $s(\pi)$与增长曲线相交，则处于它之上的部分为“不可能区域”。但这种情况只会发生于一个经济周期内需求异常高涨的阶段，不太可能存在于长期内的稳态增长路径，尤其是不太可能发生在成熟的市场经济国家。

5.3 增长对分配的影响

5.3.1 既有争论

B－M 模型秉承需求决定增长的理论传统，考察外生的收入分配变化对总需求进而对经济增长的影响。但是坚持需求决定的增长并非否认供给对需求的约束和反馈作用。本书 5.1 节所阐明的内生于需求的产品与劳动力供给，并非意味着产品和劳动力具有无限的供给弹性。给定特定的产品与劳动力市场条件，需求扩张势必引起产品和劳动力价格不同程度的上涨，进而通过改变工资份额对总需求增长产生反馈作用。换言之，收入分配决定经济增长，经济增长反作用于收入分配。按照 4.3.1 节的阐释，特定历史条件下的生产关系或制度结构决定了收入分配的长期趋势，但经济增长决定了收入分配围绕其长期趋势的短期波动。关于经济增长对收入分配短期波动的作用方向，学界一直存在着两种观点：顺周期假说和逆周期假说。前者认为价格加成率 m 进而利润份额 π 呈现顺周期变动，即总需求扩张与 π 正相关，后者则相反。此处先对相关假说做简要回顾，不过主要限于非主流阵营提出的假说。

1. 顺周期假说

（1）“强制储蓄”论：新剑桥模型无疑是顺周期假说的典型代表。该模型认为由于经济在长期内将趋向充分就业，总需求扩张将通过提高价格加成率，使收入向储蓄倾向更高的资本收入者转移，从而使储蓄适应投资（见4.1.1节的回顾）。不过这一理论默认了真实工资率与总需求反向变动，实则是只强调了产能约束的作用，忽略了劳动力供给约束的作用；此外它将劳动者作为真实工资变化的被动接受者，自然也忽略了就业率变化引发的力量对比变化。

（2）工资滞后论：很多消费不足论者（特别是“每月评论派”）认为，工资一般滞后于国内总收入的变化，以致繁荣时利润份额上升，萧条时利润份额下降（巴兰和斯威齐，1977；斯威齐，1997）。他们提出资本主义经济中很多具体的制度妨碍工资在繁荣时增长，特别是阻止工资在萧条时下降，包括集体谈判合同通常延续较长时期，媒体通常抨击工资快于劳动生产率上升，公众则经常支持工人反对缩减工资或提高劳动强度，而不支持要求工资快于劳动生产率的增长，以及资本主义政府也经常介入抑制工资过快增长的斗争中等。

（3）间接费用理论：由于劳动收入中包含一部分专业技术或管理人员（也就是卡莱斯基所说的“薪金劳动者”）的收入，这部分人员的数量通常与企业规模成正比，与产能利用率关系不大，所以每逢产能利用率下降，这部分人员的工资总额不会等比例下降，继而造成劳动收入份额上升。比如，芒利（Munley，1981）的一篇翔实的实证研究发现，较低的产能利用率导致一定比例的工资劳动者被辞退，但被辞退的薪金劳动者则很少。与间接费用理论紧密联系，“劳动力窖藏”（labor hoarding）理论认为企业不愿意在萧条时大批解雇工人，是因为重新雇佣工人回归花费较多的培训费用（也包括萧条时的解雇费用），因而劳动力会带来一部分准固定成本。

（4）其他：还有一些学者提出不同观点支持顺周期假说。比如，艾格纳（Eichner，2008）认为繁荣时期企业需要通过提升价格加成率，为更大规模的投资筹备资金。大卫·高登等（Gordon et al.，1984）认为在萧条时期，那些因受到产能限制而无法参与价格战的厂商所占有的市场份额降低，以致企业感到需求弹性提高，故而价格加成率下降。

2. 逆周期假说

逆周期假说的典型代表当属西方马克思主义的周期性利润挤压理论。

该理论提出随着总需求的扩张，就业率随之上升——或者说产业后备军被大量吸收——会导致劳动者的议价能力上升，工资对利润份额的挤压。后者不仅来自工资的过快上涨，还可能来自生产领域中劳方权力的增强导致的劳动生产率下降（见 4. 3. 2 节的回顾）。该理论不仅得到西方马克思主义学者，特别是 SSA 学派的广泛支持（Bowles，1985；Bowles et al.，1986；Weisskopf et al.，1983），也与新凯恩斯主义的“工资曲线”相吻合（Blanchard & Katz，1999；Flaschel & Krolzig，2006；Tavani et al.，2011）。

卡莱斯基（Kalecki，1971a）也曾指出在萧条时期，固定成本相对于直接成本的比例升高，厂商更倾向于“达成价格协议，防止商品价格与其直接成本按照相同比例下跌”①，从而保障利润率不受太大影响。尽管卡莱斯基在脚注中说明这“只是一种基本倾向”，不排除有些时候萧条可能引发厂商之间的“割喉式竞争”（cut-throat competition），但后来诸多理论和实证研究都支持这一“基本倾向”的正确性。埃索斯和达特（Assous & Dutt，2013）相信，繁荣时期行业进入者增多，一方面稀释了产业集中度，另一方面在位者更倾向于降低价格加成率以阻遏潜在进入者；同时繁荣时期单个厂商违背价格协议的收益更大，因而维持价格协议变得更加困难。

5. 3. 2 分配区制：产品市场主导与劳动力市场主导

当代非主流学者更多地采用一种更加灵活的，被谢尔曼（2016）称作“利用率—失业”（utilization-unemployment）假说的观点。这种观点认为，价格调整和货币工资调整分别取决于产品市场和劳动力市场，进而分别受到产能利用率 u 和就业率 l 的影响。尽管 u 和 l 的变化步调通常一致，但由于两个市场面临不同的竞争状况，产品价格 p 和货币工资率 w 分别对 u 和 l 的反应很可能并不一致。而 p 和 w 各自不同程度的变化，决定了利润份额的变化。从 4. 3. 1 节提出的融合的权力视角来看，此类理论较好地反映了资本之间的竞争（K－K 关系）、劳动者之间的竞争（L－L 关系）以及

---

① KALECKI M. Selected essays on the dynamics of the capitalist economy 1933－1970 ［M］. Cambridge，UK：Cambridge University Press，1971a：51.

二者共同决定的资本与劳动之间的力量对比关系（K－L 关系），并可以就总需求对收入分配的影响做更加灵活的建模。

此处借鉴对抗性通货膨胀（conflict inflation）的思路（见 4.1.3 节的回顾），对经济增长影响收入分配的可能区制作模型化表述。由于利润份额 $\pi = 1 - h = 1 - w/(pa)$，其中 a 代表劳动生产率，如果忽略短期内 a 的变化，则：

$$\dot{\pi} = (1 - \pi)(\hat{p} - \hat{w}) \tag{5.20}$$

厂商会根据其目标利润份额 π_c^T 与现实的 π 之间的差距调整价格，即如果 $\pi < \pi_c^T$，厂商就会上调价格，促使 π 趋近于 π_c^T：

$$\hat{p} = \lambda_c(\pi_c^T - \pi) \tag{5.21}$$

而厂商的 π_c^T 主要取决于产能利用率 u，因其反映了来自产品市场的需求压力，进而决定了厂商的议价能力：

$$\pi_c^T = \chi_c^0 + \chi_c^1 u \tag{5.22}$$

相应地，劳动者会根据其目标利润份额 π_w^T（实则对应其目标真实工资）与现实的 π 之间的差距调整货币工资要求，即如果 $\pi > \pi_w^T$，劳动者就会上调工资要求，促使 π 趋近于 π_w^T：

$$\hat{w} = \lambda_w(\pi - \pi_w^T) \tag{5.23}$$

而劳动者的 π_w^T 主要取决于就业率的变化率 $\hat{l}$：

$$\pi_w^T = \chi_w^0 - \chi_w^1 \hat{l} \tag{5.24}$$

其中，就业率 l 为就业人数 L 与劳动力数量 N 之比，即：

$$l = \frac{L}{N} = \frac{Y}{aN} \tag{5.25}$$

由于此处忽略 a 的变化，记外生给定的劳动力数量增长率 $\hat{N} = n$，则有：

$$\hat{l} = g - n \tag{5.25a}$$

式（5.24）表明，随着就业率的升高，劳动者的目标真实工资上涨，亦即目标利润份额下降。此处采取与卡塞蒂（Cassetti，2003）、斯克雷潘蒂（Screpanti，2000）、巴杜里（Bhaduri，2006b）等学者相似的做法，将就业率的变化而非就业率本身作为劳动者议价能力的决定因素。这一观点很符合直觉：毕竟是“对失业的恐惧”限制了就业者的议价能力（Cassetti，

2003）。即便某一经济体的失业率长期处于低位，但倘若某一时期失业率快速上升，就业者提出工资上涨要求的动机也会显著下降。相反，即便某一经济体的失业率长期较高，但如若一直保持稳定，不管是就业者还是失业者都会视之为常态；在存在劳动力市场分割、“效率工资”“内部人控制”、信息不完全等因素的情况下，失业群体规模较大这一事实本身并不会对就业者的工资要求权带来太大压力。

将式（5.25a）代入式（5.24）后，再将式（5.24）代入式（5.23），并将式（5.22）代入式（5.21），最后将式（5.23）和式（5.22）代入式（5.20），整理得到：

$$\frac{\dot{\pi}}{1-\pi}=[\zeta^0+\zeta_c u-\zeta_w(g-n)]-(\lambda_c+\lambda_w)\pi \qquad (5.26)$$

其中，$\zeta^0=\lambda_c\chi_c^0+\lambda_w\chi_w^0$，$\zeta_c=\lambda_c\chi_c^1$，$\zeta_w=\lambda_w\chi_w^1$。

式（5.26）展示了 u 和 g 如何影响 π 的调整方向。由 4.1 节可知，u 同样是 π 和 g 的函数。简便起见，假设只有资本家储蓄，储蓄率为 s_c，则给定 g，产品市场均衡意味着：

$$\frac{S}{K}=\frac{I}{K}\Rightarrow s_c\pi u=g\Rightarrow u=\frac{g}{s_c\pi} \qquad (5.27)$$

将式（5.27）代入式（5.26）：

$$\frac{\dot{\pi}}{1-\pi}=\left[\zeta^0+\zeta_c\frac{g}{s_c\pi}-\zeta_w(g-n)\right]-(\lambda_c+\lambda_w)\pi \qquad (5.26a)$$

可见，g 一方面通过提高$\hat{l}$对 π 带来抑制作用，另一方面通过提高 u 对 π 带来促进作用，而其最终效应的大小和方向，取决于分别代表劳方和资方议价能力的 ζ_w 和 ζ_c 的相对大小。为了更清楚地说明 ζ_w 和 ζ_c 的相对大小如何影响 g 对 $\dot{\pi}$ 的作用方向，将$\frac{\dot{\pi}}{1-\pi}$记作 G（π，g），根据式（5.26a）有：

$$G_g=\frac{\zeta_c}{s_c\pi}-\zeta_w \qquad (5.28)$$

当 $\zeta_c>s_c\pi\zeta_w$，即 $G_g>0$，g 通过提高 u 对 π 带来的促进作用超过其通过提高$\hat{l}$对 π 带来的抑制作用，则意味着产能供给约束占优，收入分配将呈现“强制储蓄”特征，此时经济处于“产品市场主导”（product-market-dominated，PMD）的分配区制。反之如果 $\zeta_c < s_c\pi\zeta_w$，亦即 $G_g < 0$，g 通过提高 $\hat{l}$ 对 π 带来的抑制作用超过其通过提高 u 对 π 带来的促进作用，则意味着劳动力供给约束占优，收入分配将呈现“利润挤压”特征，此时经济处于“劳动力市场主导”（labor-market-dominated，LMD）的分配区制。

与增长区制类似，分配区制也可能随着 π 的变化而发生转换。由式（5.28）可知，给定 ζ_w 和 ζ_c，决定分配区制转换的 π 的临界值为 $\zeta_c/s_c\zeta_w$。如果该临界值落在 π 的可行变动范围之内，则当 $\pi < \zeta_c/s_c\zeta_w$ 时，分配区制属于 PMD，反之则属于 LMD。然而现实经验与实证研究更倾向于支持 g 的变动引发的分配区制转换。比如，诸多实证研究表明（Flaschel & Krolzig，2006；Nikiforos & Foley，2012；Tavani et al.，2011），美国的功能性收入分配呈现“中期利润挤压”的特征，即在周期性扩张的前期，利润份额随着增长率的回升而提高，但在增长率达到峰值之前，利润份额就开始下降。换言之，随着 g 的提高，分配区制发生了从 PMD 向 LMD 的转换。这背后的原因不难推测：一方面，出于劳动后备军对就业率变化的缓冲作用，只有 g 达到一定水平之后才会对真实工资率带来显著的上涨压力。另一方面，资本积累兼具需求扩张和产能扩张效应（进而从两个相反的方向影响产能利用率），而产能扩张效应相对滞后，以致 g 和 u 的变化并不同步。可以想象在一个经济周期内，当投资从谷底复苏时，g 从一个很低的值开始回升，在存在大量劳动后备军的情况下，g 带来的 $\hat{l}$ 的有限提升不太可能推升工资水平，甚至初期 g 可能小于 n，以致 $\hat{l}$ 为负。随着投资的复苏，在建资产尚未转化为产能，故 u 显著增加，因而来自 u 对 π 的促进作用相对占优，分配更可能呈现 PMD 的区制。然而随着经济持续回暖，劳动后备军被逐渐吸收，g 通过 $\hat{l}$ 传导的工资上涨压力日益突出；同时随着先期的投资逐渐转化为产能，u 的上升趋势迅速放缓，甚至被扭转。特别是 π 的增加导致社会平均储蓄率上升，投资乘数下降，同等的 g 的提升将带来越来越少的 u 的增加。于是来自 $\hat{l}$ 对 π 的抑制作用转而占据上风，分配更可能呈现 LMD 的区制。尽管本节的理论模型不足以表达这一复杂的动态关系，笔者依然因循经验证据，主要关注分配区制随着 g 的变化而发生转换的可能性。

5.3.3 动态化表述："分配曲线"

与"增长曲线"相对应，此处同样可以在 $\pi - g$ 坐标系中绘出 π 的等斜线，也就是使 π 保持恒定的所有的 $\pi - g$ 组合，不妨称其为"分配曲线"。根据式（5.26a），$\dot{\pi} = 0$ 意味着：

$$G(\pi, g) = \frac{\dot{\pi}}{1-\pi} = \left[\zeta^0 + \zeta_c \frac{g}{s_c \pi} - \zeta_w (g - n)\right] - (\lambda_c + \lambda_w)\pi = 0 \qquad (5.29)$$

此时 π 与 g 的关系表现为：

$$\pi = \frac{\zeta^0 + \zeta_c \frac{g}{s_c \pi} - \zeta_w (g - n)}{\lambda_c + \lambda_w} \qquad (5.29a)$$

两种不同的分配区制（PMD 和 LMD）对应分配曲线不同的倾斜方向。为了推知分配曲线的斜率，只需对 $G(\pi, g) = 0$ 求全微分：

$$G_\pi d\pi + G_g dg = 0$$

进而得到：

$$\left.\frac{dg}{d\pi}\right|_{\dot{\pi} = 0} = -\frac{G_\pi}{G_g} \qquad (5.30)$$

其中：

$$G_\pi = -\frac{\zeta_c g}{s_c \pi^2} - (\lambda_c + \lambda_w) < 0 \qquad (5.31)$$

式（5.31）是分配曲线的稳定条件，它代表 π 的自我调整呈现负反馈机制，即当 π 偏离分配曲线时，会反方向调整。这种自动稳定机制潜藏在 λ_c 和 λ_w 的定义当中，是由对抗性通货膨胀模型本身决定的：每当 π 偏离其中一方的目标 π^T，这一方都会通过提高价格或工资要求，缩小 π 与 π^T 的差距。

除了依赖特定的模型设置，对现实的反思也支持 $G_\pi < 0$ 的观点。一方面，在产品市场上，其他条件不变，当 π 很低时，厂商既有足够的动机（如需要为技术升级筹资），也有充分的空间（如面临较小的市场、社会与监管压力），通过调用各种手段（如兼并重组或产品更新换代）提升垄断程度，进而提升价格加成率。因此 π 越低，$\dot{\pi}$ 越高。另一方面，在劳动力市场上，随着 π 的提高，来自工会的压力也会迫使厂商进一步提升 π 的难

度增大。比如，卡莱斯基（Kalecki，1971a）说：

> 较高的价格加成率会鼓励较强的工会组织要求更高的工资，因为他们知道企业能够“付得起”这么高的工资。如果他们的要求得到满足……［价格加成率］未必受到影响，因为价格也会同步提高。这会促发新一轮的要求提高工资的谈判，继而进一步推高价格。但这样一种让产品价格变得越来越贵，进而越来越没有竞争力的过程当然不会持续下去。总而言之，工会权力限制了价格加成率。①

既然 $G_\pi<0$，分配曲线的斜率 $\left.\frac{dg}{d\pi}\right|_{\dot{\pi}=0}$ 将完全取决于 G_g 的符号，而 G_g 的表达式已由式（5.28）给出。于是当 $G_g>0$，即分配区制属于产品市场主导（PMD）时，分配曲线向上倾斜，反之当 $G_g<0$，即分配区制属于劳动力市场主导（LMD）时，分配曲线向下倾斜。

以上分析使我们可以对收入分配的决定机制有更清晰的认识。u 和 g 的系数——ζ_c 和 ζ_w 分别代表独立于要素市场供需的、由制度因素决定的资方与劳方的结构性议价权力，它们决定了在任意宏观经济条件下收入分配的长期趋势，或者说决定了分配曲线的位置，对应着权力视角下的生产价格；卡莱斯基的固定价格加成理论与马克思主义的 SSA 或调节理论主要关注的就是这些因素。而在给定的 ζ_c 和 ζ_w 下，资本积累通过影响 u 和 g 决定了收入分配的短期波动，它们决定了分配曲线的“形状”，对应着市场价格围绕生产价格的波动。当然，ζ_c 和 ζ_w 限定了这种波动的方向与程度。在一个典型的“资强劳弱”的制度结构中（即 ζ_c 显著大于 ζ_w），u 上升带来的价格上涨幅度将一直大于 $\hat{l}$ 增加带来的工资上涨幅度，则在整个经济周期中分配都将呈现 PMD 的区制；反之在一个劳方组织力量强大的制度结构中（即 ζ_w 显著大于 ζ_c），整个经济周期中分配都将呈现 PMD 的区制。

图 5-2 展示了四种典型场景下的分配曲线。图中箭头代表调整方向。因 $\dot{\pi}_\pi<0$，故当 π 处于曲线右方时，会负向调整，反之则反。场景 I 对应

① KALECKI M. Selected essays on the dynamics of the capitalist economy 1933-1970［M］. Cambridge, UK: Cambridge University Press, 1971a: 161.

资方结构性权力全面占优的情况（一个极端的例子是劳动力供给具有完全弹性的二元经济体），分配区制持续处于 PMD，故分配曲线一直向上倾斜。场景Ⅱ对应劳方结构性权力全面占优的情况，分配区制持续处于 LMD，即呈现利润挤压特征，故分配曲线一直向下倾斜。场景Ⅲ可理解为实行完全指数化（indexed）工资的经济体，即集体谈判使名义工资增长与价格和劳动生产率的提升保持同步，如 20 世纪中期由瑞典蓝领工人工会联合会实行的“团结工资政策”（solidaristic wage policy）；此时利润份额（至少短期内）将不受宏观经济形势的影响。而场景Ⅳ则吻合了当今大量实证研究反映的发达国家（特别是美国）的现实情况，即在劳资双方结构性权力不致过于悬殊的情况下，分配区制会在一个经济周期内发生转换，呈现“中期利润挤压”特征，也就是复苏阶段利润份额上升，至上行周期的中段开始下降（见 5.2.2 节最后部分的分析）。不过倘若 g 超过了某个临界点，经济就会触及产能约束，以致分配曲线与等于平均储蓄率的供给约束线重合。当然这一阶段既非必然，也不常见。场景Ⅳ中的三个区段分别对应“利润复苏”“利润挤压”“强制储蓄”阶段。

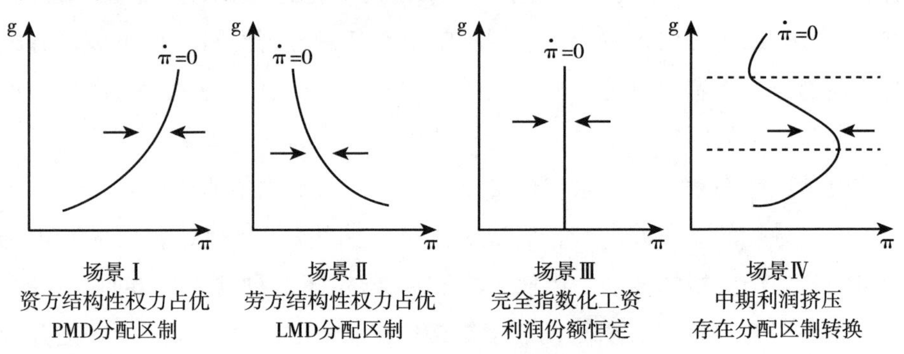

图 5－2　不同场景下的分配曲线

5.4　增长与分配的互动

5.4.1　“双重非线性”下的转折动态与多重均衡

“增长曲线”与“分配曲线”犹如故事中的两个主角。不同面貌的增长曲线与不同面貌的分配曲线搭配，便可演绎出不同的宏观经济动态。在暂不考虑区制转换的情况下，两种增长区制（WLG 与 PLD）与两种分配区制（LMD 与 PMD）即可产生多种增长—分配组合，相应的均衡点也会呈现不同的稳定性。给定如下增长曲线与分配曲线的抽象一般形式：

$$\dot{g} = \theta(g^{D} - g^{S}) \tag{5.32}$$

$$\dot{\pi} = \dot{\pi}(g, \pi) \tag{5.33}$$

式（5.32）与式（5.33）构成了常见的二元微分方程组。该方程组对应的雅可比矩阵：

$$J = \begin{bmatrix} \dot{g}_{g} & \dot{g}_{\pi} \\ \dot{\pi}_{g} & \dot{\pi}_{\pi} \end{bmatrix} \tag{5.34}$$

均衡点的稳定性首先要求 J 的“迹”（trace）$tr(J) < 0$。由于模型假定 $\dot{g}_{g} < 0$，$\dot{\pi}_{\pi} < 0$，该条件在不同情况下均可满足。其次，J 的行列式（determination）$det(J) > 0$，否则均衡点将为不稳定的鞍点路径（saddle path），而 $det(J) > 0$ 意味着在均衡点附近 $\dot{\pi}$ 的斜率的绝对值要大于 $\dot{g}$ 的斜率的绝对值。在此基础上，若 $[tr(J)]^2 - 4det(J) > 0$，J 的特征根为双重实根，均衡点为稳定的“结点”（node），四周的点“径直”趋向均衡点；否则 J 的特征根为双重实根，均衡点为稳定的“螺旋”（spiral），四周的点呈螺旋状趋向均衡点。图 5-3 展示了在均衡点邻域呈现不同斜率的分配与增长曲线所决定的均衡点的稳定性。

在引入分配或增长的区制转换后，系统动态便可以呈现更多的可能性，甚至会出现多重均衡，尽管并不是所有的均衡都是稳定的。可以考虑如下两个比较现实的例子。图 5-4 展现的是这样一种情况：经济在早期阶段存在大量从农业部门转移的剩余劳动力，资方拥有很强的议价能力，并且持续的资本积累不会面临明显的劳动力供给约束，因而分配在正常的增长率下都将呈现 PMD 的分配区制。同时由于利润份额较高，经济增长呈现 WLG 的特征，即工资份额提升将带来更快的经济增长。然而随着劳动力的持续转移，劳方的议价能力逐渐增强（相当于 ζ_w 相对于 ζ_c 增加），分配曲线逐渐向左移动，也就是在任意的 g 之下 π 都会较之早期下降。与此同时，分配曲线的形状也会发生变化：由于 ζ_w 相对于 ζ_c 增加，来自就业率

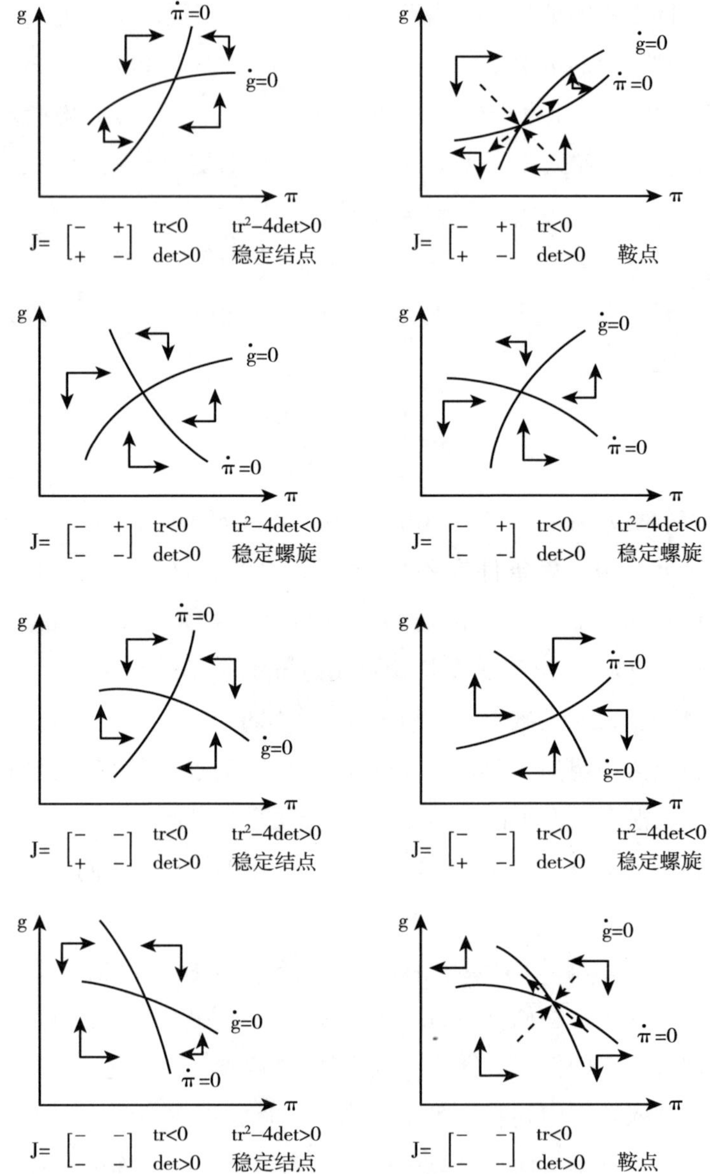

图 5-3　不同区制的分配—增长曲线组合

上升的工资上涨压力也会增加，以致 g 达到一个不太高的水平时就会发生利润挤压现象，即分配区制出现从 PMD 向 LMD 的转换。不过随着 π 的下降，增长也会由 WLG 转向 PLG 区制，即分配曲线终将相交于增长曲线的上行区段。

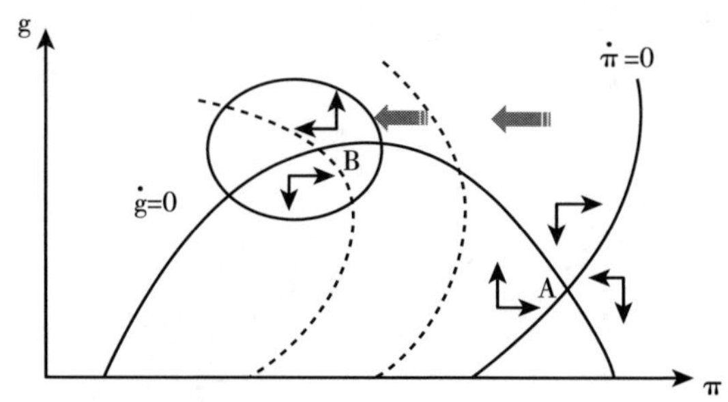

图 5－4 剩余劳动力转移过程中可能发生的宏观动态

早期两条曲线的交点 A 是一个稳定螺旋。而如果坚持 $\dot{g}_g<0$ 和 $\dot{\pi}_\pi<0$ 的假设，后期两条曲线的交点 B 也是一个稳定的螺旋。不过如果放松产品市场瞬时调整的简单假设（从而经济增长率不再等同于 I/K），则 B 点附近可能存在一个“极限环”（limit cycle），即经济围绕 A 点做周期性波动。在短期内，在经济趋向稳态路径的过程中，u 的变化会相较于稳态下的投资函数对 g 的调整发挥更大作用（即短期内的 g 可能更多呈现总需求区制的特征）。由于 B 点刚刚越过增长区制转换的临界点，尽管理论上的稳态增长率已进入 PLG 的区制，但总需求仍处于 WLD 的区制，以致短期内的 g 反而会随着 π 的增加（减少）而下降（上升）。如此一来，B 点成为一个不稳定点。由于在离 B 较远的一定区域内所有轨迹都趋向 B，而在 B 附近的一个邻域内所有轨迹都远离 B，意味着 tr（J）在 B 附近的某个邻域边界改变了符号（由负变正）。根据 Poincare－Bendixon 定理，B 周边的某个区域内至少包含一个稳定的极限环。

图 5－5 展示了一个多重均衡的例子。图中的分配曲线呈现 5.2.3 节中场景Ⅳ的多区段形式，随着 g 的提高依次经历“利润复苏”“利润挤压”和“强制储蓄”，并且 π 的变化对 g 的变化高度敏感。结果在特定的结构性权力对比下，经济可能呈现三个均衡点，其中 A 和 B 是稳定螺旋点，而 C 是不稳定的鞍点。除非恰好处在稳定臂上，否则稳定臂上方和下方的点都将分别“滑向” B 点和 A 点。假设当前经济正处于 C 点附近的 D 点，因而正在向高工资、高增长的 B 点跃升。假如此时某项偏向资方的经济政策（如限制工会权力、放松资本流动管制）使分配曲线向右移动，以致不稳

定交点从 C 移至 C′，导致 D 点重新处于稳定臂下方，经济将转而向低工资、低增长的 A′点“坠落”。

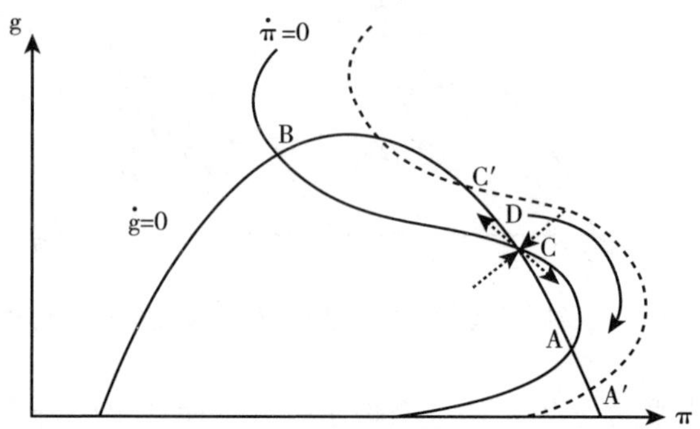

图 5－5　多重均衡下因分配格局改变造成的动态调整

上述分析还带来一个发现，那就是一个呈现 WLG 的经济体，未必在任何时期都表现出 π 与 g 的反向关系；同理，一个呈现利润拉动增长的经济体，未必在任何时期都表现出 π 与 g 的正向关系。比如，在图 5－5 所示的 C 点附近，虽然经济处于 WLG 的区制，但若此时经济处于 C 点的右上方以及稳定臂的下方，会在趋向 A 点的过程中经历向左下方的调整，这使 π 与 g 在调整过程中成正向关系，以致呈现出利润拉动的“假象”。认识到这一点很重要，因为它预示着当经济经历了强烈的负面冲击（进而增长曲线大幅下移）后，当原有均衡点向下方的新均衡点调整的过程中，π 和 g 可能呈现与潜在增长趋势相反的关系。笔者将在第 8 章说明，为什么实证研究表明当前我国属于工资拉动的增长，但 2008 年后却出现工资份额上升、增长率下降的局面，以致人们会认为是劳动力成本上升导致了经济下行压力加大。

5.4.2　不同分配—增长关系下的最优财政政策

在大多数情况下，分配政策与财政政策是密不可分的：很多分配政策要通过财政政策完成，财政政策本身也会带来分配效应。本书把同等条件下有利于提升工资份额的财政扩张称作“倾向劳方的财政扩张”（pro-labor fiscal expansions），把有利于提升利润份额的财政扩张称作“倾向资方的财政扩张”（pro-capital fiscal expansion）。最典型的倾向劳方的财政扩张是福利支出，诸如失业保险、食品券、逆向消费税、公租房和基础教育等，再者就是大量拉动低技能劳动力的公共就业计划。倾向资方的财政政策包括惠及垄断企业的产业政策或投资项目、对金融业放松管制、降低税收累进性的减税政策等。比如，“二战”之后美国的罗斯福“新政”和2017年特朗普对企业与富人减税分别是倾向劳方和倾向资方的财政扩张的典型例子。利用不同形制的分配与增长曲线，可以分析不同类型的财政扩张带来的增长与分配效应。

以促进增长而论，如果经济处在WLG的阶段，相对较优的无疑是倾向劳方的财政扩张。但是工资拉动的增长只表现为增长曲线的性质。要全面分析此类财政政策的增长与分配效应，还需要了解当前阶段所处的分配区制。如图5－6所示，左侧展示了WLG增长区制与PMD分配区制的组合，此时倾向劳方的财政扩张将使增长曲线上移，分配曲线左移，其结果是工资份额h和增长率g均明显上升。右侧展示了WLG区制与PMD分配区制的组合。倾向劳方的财政扩张对g的提振相对较弱，而h的增加被大幅削弱，甚至结果是不确定的。换言之，尽管对于处在WLG阶段的经济体来说，倾向劳方的财政扩张是较优的选择，但只有当其同时处在LMD的分配区制中，此类财政政策的效果才是最优的。

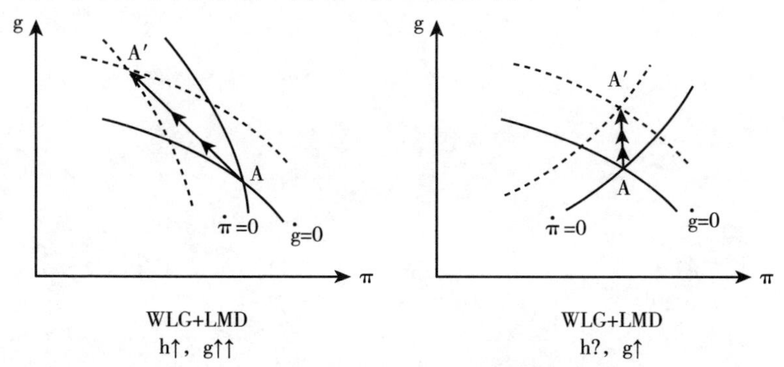

图5－6　WLG阶段倾向劳方的财政扩张的效果

如果经济处在PLG的阶段，那么就促增长而言，相对较优的无疑是倾向资方的财政扩张。同样，其具体效果，还要参考当时的分配区制。如图5－7所示，左侧展示了PLG区制和PMD分配区制的组合。此时倾向资方的财政扩张使增长曲线上移，分配曲线右移，可见其结果是 g 明显上升，不过以 h 下降为代价。右侧展示了 PLG 区制和 LMD 分配区制的组合。倾向资方的财政扩张对 g 的提升相对较弱，而 h 的变动则很微弱或不确定。换言之，对于处在 PLG 阶段的经济体来说，倾向资方的财政扩张能够促进增长；当其同时处在 PMD 的分配关系中，此类政策的效果会明确地压低工资份额，以致决策者面临效率与公平的权衡；如果此时经济处在 LMD 的分配区制中，则此类政策压低工资份额的作用会被大幅抵消，但刺激增长的作用也被削弱。

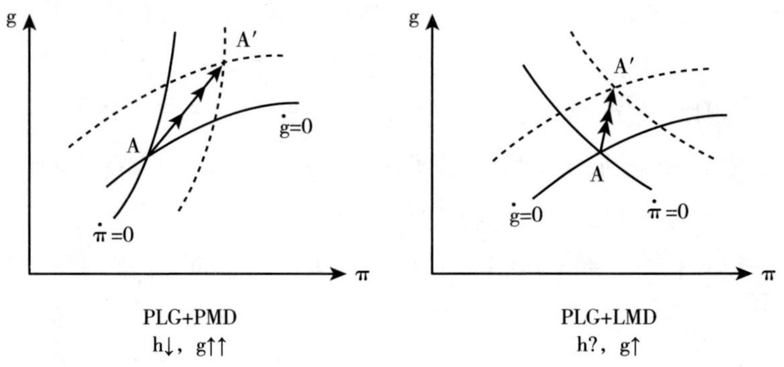

图 5－7　PLG 阶段倾向资方的财政扩张的效果

第6章

模型扩展

第5章构造的基础理论模型从一个不包含技术进步的封闭经济体出发，展示收入分配、总需求与产品和劳动力供给约束之间的宏观互动关系。本章将依次引入技术进步和开放经济的影响，对理论模型做进一步扩展。通过纳入技术进步这一更重要的供给侧因素，扩展后的理论模型不仅可以揭示收入分配、内生需求与供给约束之间更为丰富、现实的互动关系，还能够与“国际收支约束”理论相结合，阐释收入分配改善如何有助于缓解国际收支约束，为国内需求扩张创造更大的空间与潜力，进而为实现“国内国际循环相互促进”提供一个新的诠释角度。

6.1 模型扩展：引入技术进步

6.1.1 外生技术进步

此处放松劳动生产率不变的假设，在模型中引入技术进步。首先，笔者考虑外生技术进步的情况，即劳动生产率 a 按照一个外生的速率增长：$\hat{a}=x$。尽管非主流学派通常将技术进步视作由 π 和 g 决定的内生变量，不过简单假设 x 外生是一个合适的出发点，更何况现实当中外生的技术冲击也属常有之事，特别是对于政府实行积极的科技与产业政策的经济体而言。理解外生技术进步对分配与增长的影响，可以为政府的科技与产业政策提供有益的启示。

当存在$\hat{a}=x$的外生技术进步，工资份额的变化由下式决定：

$$\dot{\pi}=(1-\pi)(\hat{p}+x-\hat{w}) \tag{6.1}$$

在对抗性通货膨胀的理论框架下，劳资双方仍按式（5.21）~式（5.24）定义的方式制定价格与工资调整策略。唯一不同的是，技术进步使同样的 g 引致的就业率增长率下降。由于一个外生给定的劳动力数量增长率 n 不会对分析结果产生任何影响，此处出于简便起见，令 n = 0，于是有：

$$\hat{l}=g-x \tag{6.2}$$

进而劳方议价能力对应的目标利润份额上升：

$$\pi_w^T=\chi_w^0+\chi_w^1\hat{l}=\chi_w^0+\chi_w^1(g-x) \tag{6.3}$$

于是按照同样的处理方法，短期内 π 的动态调整变为：

$$\frac{\dot{\pi}}{1-\pi}=[\zeta^0+\zeta_c u-\zeta_w(g-x)]+x-(\lambda_c+\lambda_w)\pi \tag{6.4}$$

稳态下（也就是在分配曲线上）有：

$$\pi=\frac{\zeta^0+(\zeta_c u-\zeta_w g)+(1+\zeta_w)x}{\lambda_c+\lambda_w} \tag{6.5}$$

可见给定 u 和 g，x 增加则 π 增加，即外生技术进步使分配曲线右移。其中$\partial\pi/\partial x=(1+\zeta_w)/(\lambda_c+\lambda_w)$代表给定 u 和 g 时 x 变化对 π 的直接影响。

另外，技术进步也会对资本积累产生积极影响。马克思、卡莱斯基、卡尔多等非主流学派的先驱都指出技术进步会加快企业固定资产投资的步伐，因此稳态下（即计划投资等于实际投资时）的增长曲线变为：

$$g=g(\pi,u,x)\text{，其中 } g_\pi>0,\ g_u>0,\ g_x>0 \tag{6.6}$$

式（6.5）和式（6.6）共同决定了外生技术进步对均衡时的 π 和 g 的影响。就 x 对 π 的影响而言：

$$\frac{d\pi}{dx}=\frac{1}{\lambda_c+\lambda_w}\left[D\frac{dg}{d\pi}\frac{d\pi}{dx}+(1+\zeta_w)\right]$$

其中，$D=\frac{d}{dg}(\zeta_c u-\zeta_w g)=\zeta_c\frac{du}{dg}-\zeta_w$。

整理得到：

$$\frac{d\pi}{dx}=\frac{1+\zeta_w}{(\lambda_c+\lambda_w)-D\dfrac{dg}{d\pi}} \tag{6.7}$$

式（6.7）分母中的 D 和 $dg/d\pi$ 分别是对分配区制和增长区制的量度。该式表明 π 的变化等于 x 的直接影响 $(1+\zeta_w)/(\lambda_c+\lambda_w)$ 乘以一个乘数：$1/[1-D(dg/d\pi)/(\lambda_c+\lambda_w)]$。该乘数之所以产生是因为 x 给 π 带来的直接影响又通过影响 g 给 π 带来反馈作用，而这一反馈作用的方向和大小则综合取决于增长区制和分配区制。当增长属于 PLG($dg/d\pi>0$)同时分配属于 PMD($D>0$)，或者增长属于 WLG($dg/d\pi<0$)同时分配属于 LMD($D<0$)时，乘数较大；反之当增长属于 WLG($dg/d\pi<0$)同时分配属于 PMD($D>0$)，或者增长属于 PLG($dg/d\pi>0$)同时分配属于 LMD($D<0$)时，乘数较小。

就 x 对 g 的影响而言：

$$\frac{dg}{dx}=g_\pi\frac{d\pi}{dx}+g_u\frac{du}{dx}+g_x=\left(g_\pi+g_u\frac{du}{d\pi}\right)\frac{d\pi}{dx}+g_x \tag{6.8}$$

式（6.8）中的 $g_\pi+g_u\dfrac{du}{d\pi}$ 就是对增长区制的量度。外生技术进步除了对 g 产生直接促进作用之外，还通过影响 π 给 g 带来间接影响。

不难发现，外生技术进步的影响非常类似于之前分析的倾向资方的财政扩张的效果，表现为增长曲线和分配曲线分别向上和向右移动，其对均衡状态下 π 和 g 的影响取决于不同的增长与分配区制组合。在两种增长区制和两种分配区制之下，可以产生四种组合。此处仅举两例加以具体考察。如图 6－1 的左侧显示，当增长属于 PLG 且分配属于 PMD，式（6.8）中的 $g_\pi+g_u du/d\pi>0$，$d\pi/dx$ 也因较大的乘数作用而取值较大，因此 π 和 g 会有明显增加。而若增长属于 WLG 且分配属于 PMD，则技术进步带来的需求扩张效应会随着 π 的上升被大幅抵消，甚至导致一个更低的增长率。而这正是马克思、斯坦德道尔和“每月评论派”所阐述的消费不足的情形：技术进步带来的利润份额上升使更大的剩余价值无法被如数实现。特别是如果考虑到增强劳动生产率的技术进步通常伴随着资本有机构成提高，即资本产出比上升，这意味着实际的经济增长率会低于 g 函数代表的资本积累率，换言之，图中增长曲线的上升会变小；如此一来，技术进步更有可能引发低消费与低增长的后果。可见在处于 WLG 的经济体中，如果真实工资无法与劳动生产率同步提高，只会造成产能过剩与经济停滞。

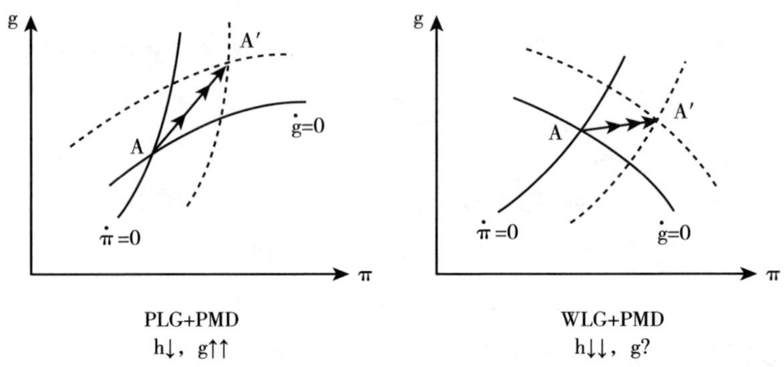

图 6－1　两种不同增长—分配区制组合下的外生技术进步

6.1.2　内生技术进步

非主流学派认为技术进步内生于劳资双方的对抗性分配关系，同时受到总需求扩张或经济增长的影响。一方面，真实工资上涨造成对利润份额 π 的挤压，为重振利润份额，厂商倾向于采取节约劳动的生产技术或劳动组织方式，以提升劳动生产率。这一观点可追溯至李嘉图和马克思①，并被希克斯（Hicks，1932）再次阐述，因此有学者将其称作“马克思—希克斯”（Marx－Hicks）效应（Hein & Tarassow，2009；Naastepad，2006）。另一方面，根据 5.1.4 节的阐述，总需求扩张将通过诱致性创新、实体化技术进步、劳动分工细化导致的收益递增与“干中学”效应，促进劳动生产率的提高，也就是所谓的“卡尔多—凡登”效应。为此，本节将技术进步内生化，使劳动生产率的增长率成为 π 与 g 的函数：

---

①　马克思提出，“对资本来说，只有在机器的价值和它所代替的劳动力的价值之间存在差额的情况下，机器才会被使用”。参见：马克思．资本论（第一卷）［M］．中共中央著作编译局，译．北京：人民出版社，2004c：51．因而劳动力价值的提高将促使厂商更多地采用机器。在“资本主义积累的一般规律”中，马克思发展了更具动态特征的诱致性技术进步理论：面对周期性投资高涨引发的产业后备军减少进而工资上涨，厂商倾向于将更多追加资本投资于新技术，从而再造“相对过剩人口”。参见：马克思．资本论（第一卷）［M］．中共中央著作编译局，译．北京：人民出版社，2004c：712－734．

$$\hat{a} = x(\pi, g) = x_0 - x_\pi \pi + x_g g \tag{6.9}$$

其中，x_π 和 x_g 均为正值，分别反映“马克思—希克斯”效应与“卡尔多—凡登”效应；x_0 代表外生技术进步，包含了除 π 和 g 之外的技术进步影响因素，如科学发现、技术引进、科技发展政策、国家创新体系等。需要说明的是，尽管式（6.9）采取了简化的线性函数形式，但现实中 x_π 和 x_g 不应被视作常数。一方面，π 作为厂商劳动力成本压力的指标，其在一定范围内下降，固然会驱使厂商采取节约劳动的生产方式（表现为 $x_\pi > 0$），但过高的 π 和过低的 π 都倾向于使 x_π 的值减小。若 π 过高，意味着厂商面临的劳动力成本压力很小，此时 π 的小幅下降不会给厂商带来很强的技术革新动机；若 π 过低，厂商无法获取充足的利润留存，进而无法为技术革新提供充足的投资基金。换言之，过高的 π 和过低的 π 分别限制了厂商的技术革新动机与能力，故 x_π 类似于 π 的“二次函数”，会随着 π 的增加先上升，后下降（Lima，2009，2012）。另一方面，x_g 也倾向于随着 g 的升高而衰减。正如杨格（Young，1928）指出，市场规模扩大引致的收益递增效应迟早会遇到收益递减效应的瓶颈，如产业分工专业化受到缺乏弹性的需求或供给的制约。此外，马克思的劳动过程理论强调劳动强度对劳动生产率的重要影响，提供了 x_g 随着 g 的升高而下降的额外解释。正如鲍勒斯（Bowles，1985）在其“劳动力抽取”（labor extraction）模型中揭示的，较高的 g 会通过推高就业率，使劳动者潜在的“失业成本”（cost of job loss）下降，进而使劳动者的工作投入亦即劳动强度下降。

将式（6.9）代入式（6.4）得到：

$$\begin{aligned} \frac{\dot{\pi}}{1-\pi} = \zeta^0 + (1+\zeta_w)x_0 - [(1+\zeta_w)x_\pi + (\lambda_c + \lambda_w)]\pi \\ + [D + (1+\zeta_w)x_g]g \end{aligned} \tag{6.10}$$

依然记 $G = \dot{\pi}/(1-\pi)$，则此时 $\dot{\pi}=0$ 所对应的分配曲线的斜率为：

$$\left.\frac{dg}{d\pi}\right|_{\dot{\pi}=0} = -\frac{G_\pi}{G_g} \tag{6.11}$$

其中：

$$G_\pi = -(1+\zeta_w)x_\pi - (\lambda_c + \lambda_w) < 0 \tag{6.11a}$$

$$G_g = D + (1+\zeta_w)x_g \tag{6.11b}$$

式（6.11a）表明分配曲线依然是稳定的。相较于不存在内生技术进步的情况，此时 π 的变化会在劳资双方的议价过程与厂商的诱致性创新的共同作用下做出更快的反向调整。给定 $G_\pi<0$，分配曲线的斜率完全取决于 G_g 的符号。式（6.11b）表明，此时的 G_g 比不存在内生技术进步时的分配区制量度 D 多了一个正数项 $(1+\zeta_w)x_g$，意味着相比于不存在内生技术进步时，分配区制更倾向于呈现 PMD 的属性，并且"卡尔多—凡登"效应越大（也就是 x_g 越大），上述可能性越大。当然，考虑到上文提到的 x_π 和 x_g 的非线性特征，分配区制呈 PMD 的可能性会随着 π 与 g 的上升而减弱。一方面，随着 π 从一个较高的水平继续上升，x_π 逐渐减小，G_π 的绝对值相应减小；另一方面，随着 g 的升高，x_g 逐渐减小，D 也倾向于减小并由正转负。综合两方面效应，分配曲线的斜率将随着 π 与 g 的上升而递减，甚至由正转负，也就是经历从 PMD 向 LMD 的区制转换。可见引入内生技术进步不会使分配曲线的形状发生本质改变，但同等条件下分配区制更倾向于呈现 PMD 的属性。

沿袭 6.1.1 节的观点，内生技术进步也会对资本积累产生额外的促进作用，即 $g=g(\pi,u,x)$，$g_x>0$。不过由于此时 x 也是 π 与 g 的函数，引入 x 不会使 g 函数的形式发生实质改变，并且由于 x 函数中 π 的系数为负，g_π 会相对于 g_u 进一步下降①，进而使总需求增长呈现 WLG 的可能性增强。

图 6－2 展示了引入内生技术进步对均衡状态下 π 和 g 的影响。分别用虚线和实线表示引入内生技术进步前后的增长与分配曲线。一方面，分配曲线向右平移的同时，同等条件下的斜率变大；另一方面，增长曲线向上平移的同时，倾向于在更大的 π 的取值范围内呈现 WLG 的属性。图 6－2 左侧展示了经济只存在单一均衡的情况。在考虑内生技术进步时，两条曲线更有可能相交于 WLG 的阶段，此时若采取偏向劳方的财政政策（表现为实线标示的分配曲线左移以及实线标示的增长曲线上移），会产生更加显著的促增长作用。右侧图形则展现了因分配曲线呈现较强的非线性特征

① 为了更直观地说明在 g 函数中引入 x 的影响，可简单地假设 $g=\alpha+\beta\pi+\gamma u+\eta x$，将式（6.9）代入，$g=\frac{1}{1-x_g}[\alpha+x_0\eta+(\beta-x_\pi)\pi+\gamma u]$。可见相比于不存在内生技术进步时：$g=\alpha+\beta\pi+\gamma u$，函数形式未发生实质改变，但 π 的系数相比于 u 的系数下降。

导致经济存在多重均衡的情况，其中A点和C点是两个稳定的均衡点，分别代表低增长、低速技术进步的“低水平均衡”与高增长、高速技术进步的“高水平均衡”（技术进步速率的差别主要来自“卡尔多—凡登”效应），而B点是一个不稳定的“鞍点”。如果历史与制度原因使当前工资份额较低（即π较高），经济可能被锁定在低水平均衡状态，此时需要借助强有力的制度变革或者倾向劳方的财政政策，促使经济实现从低水平均衡向高水平均衡的跃迁。

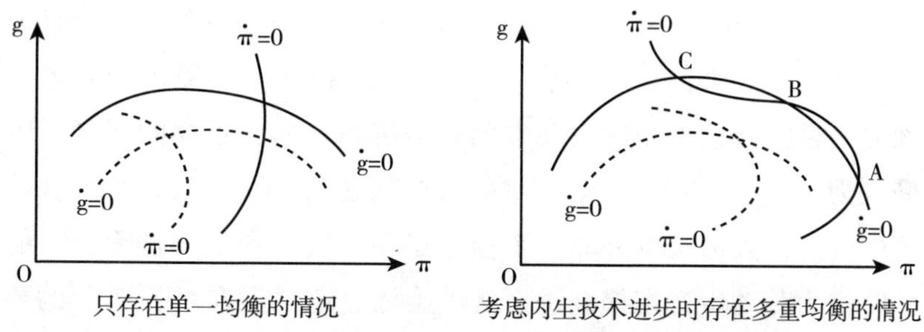

图6-2　存在内生技术进步时的分配—增长均衡

6.1.3　补充讨论：人力资本的作用及其与收入分配的互动

主流增长理论向来重视人力资本积累在推动长期经济增长方面的作用。传统的新古典主义增长模型只是将人力资本存量作为生产函数中与劳动力、物质资本存量并列的生产要素，并将人力资本投资与物质资本积累视作本质上相同的过程，即由个体储蓄自动转化而来（Mankiw，Romer & Weil，1992）。然而由于人力资本和物质资本一样存在边际收益递减，人力资本投资并不能成为推动经济持续增长的内生化因素。新增长理论则将人均人力资本水平作为一个“劳动增强因子”（labor augmenting factor），假设个体根据跨期最优化原则将非闲暇时间在工作和获取人力资本之间进行配置，并通过假设人力资本生产呈现规模报酬不变特征，从而得以将人力资本投资作为经济持续增长的源泉（Lucas，1988）。此类理论无非是将外生的劳动生产率增长率转化为由个体最优化决策决定的人力资本增长率，因而长期经济增长依然收敛于一个由供给侧要素决定的潜在增长率。

由于秉承需求拉动增长的视角，非主流理论一般假设劳动力供给被动地适应总需求增长，因而对人力资本在经济增长中发挥的作用并未给予充分重视。但是少数非主流学者却十分强调劳动者技能对经济增长的制约作用。比如，“停滞理论”的代表性人物约瑟夫·斯坦德道尔（Josef Steindl）在20世纪六七十年代通过若干著作指出，增长最终受限于一个社会对新的生产方法、技术的学习能力；制约经济更快增长的瓶颈并非资本设备，而是拥有适配技能的劳动力，技能劳动力的稀缺使投资增长无法超过特定的限度（转引自 Guger，Marterbauer & Walterskirchen，2006）。类似地，罗伊·哈罗德（Roy Harrod）在同一时期强调，相比于其他供给侧要素，技能劳动力的最大增速是制约发展中国家经济增长的更重要的因素，因此教育理应成为“整个发展经济学领域的首要问题”（Harrod，1962）。站在本书的理论视角，人力资本并非一个独立于物质资本和生产过程存在的、能够自动转化为劳动生产率提高进而从供给侧决定“潜在增长率”的要素投入，但是劳动者的知识、技能与学习能力——我们暂且使用主流学者惯称的“人力资本”——的确会通过影响技术的应用与扩散，制约总需求扩张与内生技术进步的速度。而劳动者的人力资本积累不仅取决于一个社会的教育与技能培训体系，还与收入分配相互作用。如若将人力资本及其与收入分配的互动引入现有的理论模型会使分析过于繁复冗杂；为了不偏离逻辑主线，此处仅对其做简要的补充性讨论。

不同于大多数主流增长理论将人力资本视作一个独立于技术进步的“劳动增强因子”，一些学者遵循尼尔森和菲尔普斯（Nelson & Phelps，1966）的传统，认为人力资本主要体现为对新知识、新技术、新方法的学习与适应能力，因此人力资本深化可以促进技术的应用与扩散（Benhabib & Spiegel，2005）。一项新技术在其应用初期会对劳动者的学习与适应能力提出更高要求，而随着技术应用逐步趋向成熟与标准化，对劳动者技能水平的要求也逐渐降低（Bartel & Lichtenberg，1987），因此“教育只在技术持续改进时才会得到正的回报”（Nelson & Phelps，1966）。从诱致性创新的视角来看，足够规模的具有适配技能的劳动力会扩大新技术的应用前景，从而使新技术应用更加有利可图（Acemoglu，2002；Acemoglu & Autor，2012）。特别是对于赶超型经济体来说，丰富的人力资本使其能够更快地模仿、吸收来自领先经济体的先进技术，从而更快弥合其与领先经济体的生产率差距。由是观之，尽管技术进步主要受需求驱动，但人力资本存量会限制技术进步的速度与广度。需要强调的是，相比于总量意义上的人均人力资本水平，人力资本的结构与分布更加重要。比如，不乏学者指出，对于滞后于技术前沿的赶超型经济体而言，更重要的是拥有数量足够广泛的具有中等人力资本水平的劳动力，从而更好地适应对领先国家的技术引进或模仿（Ang，Madsen & Rabiul Islam，2011；Vandenbussche，Aghion & Meghir，2006）。因此更快的技术进步不仅需要人力资本的“深化”，更需要人力资本的“广化”与“均化”。

人力资本积累与收入分配存在着相互作用关系。尽管人力资本水平提升对工资水平的促进作用无可争议，但其对总体工资份额的影响尚无定论。在主流经济学理论看来，人力资本供给增加对工资份额的影响取决于生产技术条件（即人力资本的“边际生产力”）和要素替代弹性，因而无法先验地确定。站在非主流理论的视角，劳动者人力资本水平的提高更倾向于提升工资份额，因为较高水平的人力资本通常意味着工作过程中更多的专有性技能与隐性知识的嵌入，进而使劳动者具有更强的议价能力（Arif，2021；Lima，Carvalho & Serra，2021）。此外，给定人力资本的“工资溢价”，人力资本更加普遍、均等的提高当然有助于降低个体收入差距。

另外，收入分配也会影响人力资本积累。由于人力资本投资需要一定量的物质资本投入，收入不均当然会导致人力资本投资不均，影响人力资本的“广化”与“均化”。盖勒（Galor，2005；Galor & Moav，2004；Galor & Zeira，1993）在一系列文章中指出，由于人力资本投资的不可分割性（也就是对人力资本的投资数额必须达到一个最低限度），在信贷市场不完全的条件下，财富存量较低的住户将因预算约束无法实现最优的人力资本投资水平。财富分配越不平均，无法实现最优人力资本投资水平的人群占比越高，总体人力资本存量的增长也就越缓慢。

可见，人力资本积累与收入分配改善之间是互促互进的关系。提高工资份额（在财富分配不均的情况下这也意味着更小的个体收入差距）将会促进人力资本总体水平的提高及其更加广泛、均等的分布，加速新技术的应用与扩散，进而从 6.1.2 节的分析来看，增加 WLG 的潜力。而更高水平、更加均等的人力资本又会促成更高的工资份额与更公平的收入分配。促进教育机会与教育资源均等化，完善有效衔接学历教育、职业教育与企业培训的“技能形成体系”，是促进这一需求侧良性循环的重要“供给侧协同”政策。

6.2 引入开放经济

6.2.1 进出口的影响：国际收支约束

在一个存在进出口的开放经济中，产品市场均衡条件转化为：

$$S = I + X - M \tag{6.12}$$

其中，S 代表私人部门储蓄，X 和 M 分别代表出口和进口。式（6.12）中变量均为 π 的函数，并且除了 X 之外均为总需求水平 Y 的函数（为了更方便地表述进出口对需求和增长区制的影响，此处不再将式中变量相对于资本存量 K 做标准化，因此相关变量是 Y 的函数而非 u 的函数）。将式（6.12）两边相对于 π 和 Y 做全微分，整理得到：

$$\frac{dY}{d\pi} = \frac{I_\pi - S_\pi + X_\pi - M_\pi}{S_u - I_u - X_u} \tag{6.13}$$

凯恩斯宏观稳定条件要求式（6.13）的分母大于零，因此总需求区制取决于分子的符号。相比于封闭经济的情况，分子多出了 $X_\pi - M_\pi$，于是为了厘清总需求区制在多大程度上区别于封闭经济时的情况，需要考察 π 对 X 和 M 的影响。

一般认为，一国的出（进）口取决于本国产品与外国产品的相对价格、外（本）国总需求水平，以及外（本）国对本（外）国产品需求的价格弹性与收入弹性。遵循巴杜里和马格林（Bhaduri & Marglin，1990）及布莱克（Blecker，1989），可以假设 X 和 M 各呈现如下幂函数形式：

$$X = \epsilon_X \left(\frac{p_f}{ep}\right)^{\nu_X} Y_f^{\varphi_X} \tag{6.14}$$

$$M = \epsilon_M \left(\frac{ep}{p_f}\right)^{\nu_M} Y^{\varphi_M} \tag{6.15}$$

其中，p、p_f 分别代表本国产品价格和外国产品价格；e 代表汇率，即用外币衡量的本币的价格，e 下降意味着本币相对于外币贬值；Y_f 和 Y 分别代表外国和本国总需求水平；ν_X 和 ν_M 分别表示外国对本国产品以及本国对外国产品的需求价格弹性，φ_X 和 φ_M 则分别为外国对本国产品以及本国对外国产品的需求收入弹性，ν_X、ν_M、φ_X、φ_M 均预期为正；ϵ_X 和 ϵ_M 是两个大于零的常数，其取值与计量单位有关。显然，给定其他变量，p 上升，则 X 减少，M 增加。

利润份额 π 的变动对 X 和 M 的影响实则来自本国价格 p 的涨落对 X 和 M 的影响，然而 π 的变动与 p 的涨落之间的关系无法被先验地确定。在第一种情况下，国内工资水平上涨，导致厂商调高产品价格，但迫于国际竞争的压力，厂商只能把一部分成本转嫁至价格上，故 p 上涨的同时 π 下降，即 π 与 p 反方向变动。这样一种关于 π 和 p 的关系的假设也被称作“部分汇率传导”（partial exchange-rate pass-through）[①] 或者“对标市场定价”（pricing to market）（Blecker，1998）。在第二种情况下，π 的下降来自国内市场竞争程度的增强或者劳动生产率的提高，以致 π 下降的同时可能伴随着 p 的下跌，即 π 与 p 同方向变动。大部分理论分析与实证研究支持第一种情况，此时 $X_\pi>0$，$M_\pi<0$。对照式（6.13），这会使 dY/dπ 相较于封闭经济的情况下更容易取正值，也就是使总需求区制相较于封闭经济的情况下更倾向于呈现 PLD 的属性，进而使增长区制更倾向于呈现 PLG 的属性。反映在图形中，开放经济条件下的增长曲线会显得更为“左偏”，即沿着 π 下降的方向，增长曲线的斜率会更早地由负转正。

然而分析并不能到此为止。B－M 模型将贸易余额视作可以灵活调整的流量，忽略了其对存量债务的长期影响。尽管在短期内，一国能够以贸易赤字扩大为代价换取更快的总需求扩张，但长期内这一状况不可持续。根据一个包含政府收支的三部门金融平衡恒等式（忽略国内流向国外的净要素收入）：

$$(\tilde{S}-\tilde{I})+(\tilde{T}-\tilde{G})=\tilde{X}-\tilde{M} \tag{6.16}$$

① 此处的利率应该指的是由 ep/p_f 表示的真实有效汇率。

即经常账户余额($\tilde{X}-\tilde{M}$)等于私人部门净储蓄($\tilde{S}-\tilde{I}$)与财政盈余($\tilde{T}-\tilde{G}$)之和（“~”上标代表式中变量均为名义量）。如果$\tilde{M}$持续地以高于$\tilde{X}$的增速增长，继而贸易赤字持续扩大，意味着私人部门和/或政府部门对外国净负债的持续累积。特别是根据英国新剑桥学派的经验论断，在大部分时期内，私人部门的金融资本净积累倾向于零，于是贸易赤字将不可避免地转化为财政外债（Godley & Cripps，1983）。而不断累积的政府外债注定不可持续，它将诱发外国资本陷入抛售本国债券、本币贬值、利率飙升、偿债成本提高的恶性循环，进而导致主权债务危机。因此从长期来看，按价值计算的进口需要与按价值计算的出口同步增长：

$$\widehat{epX}=\widehat{p_fM}\text{，也就是：}\hat{e}+\hat{p}+\hat{X}=\hat{p}_f+\hat{M} \tag{6.17}$$

将式（6.14）、式（6.15）代入并整理得到：

$$(\nu_X+\nu_M-1)(\hat{p}_f-\hat{e}-\hat{p})+\varphi_X\hat{Y}_f=\varphi_M\hat{Y} \tag{6.17a}$$

麦康比和瑟尔沃尔（McCombie & Thirlwall，1994）指出，很多理论分析和经验证据表明长期内国际贸易产品的相对价格变动很小，也就是所谓的“相对购买力平价”成立：$\hat{p}_f=\hat{e}+\hat{p}$。如此一来，式（6.17a）可简化为：

$$\hat{Y}=\frac{\varphi_X\hat{Y}_f}{\varphi_M}=\frac{\hat{E}}{\varphi_M} \tag{6.18}$$

这便是麦康比和瑟尔沃尔（McCombie & Thirlwall，1994，2004；Thirlwall，1979）提出的国际收支约束（balance-of-payment constrained，BOPC）理论。它意味着在长期内，给定本国对外国产品的需求收入弹性，本国经济增长率将最终受制于出口的增长率。瑟尔沃尔（Thirlwall，1979）甚至提出：“出口的增长率除以进口需求的收入弹性是对1950年之后主要发达国家的实际增长经验的非常好的一个估计。”这一思想最早体现在哈罗德提出的“外贸乘数”的概念，其后被卡尔多以“超级乘数”之名再次阐述（拉沃，2021），其潜在含义是尽管一国的经济增长由需求驱动，但最终的“自主需求部分”来自外部，出口增长——或者说创造出口的能力——构成了总需求增长的“天花板”。唯有提升本国产品的国际竞争力，不断缓解国际收支约束，方可更大程度地发挥需求拉动增长的潜力。正如麦康比和瑟尔沃尔（McCombie & Thirlwall，1994）指出：

> 如果一国的需求扩张在达到它的短期产能约束之前就遇到了国际收支平衡的困难，那么它的需求就要削减；供给无法被充分利用；投资被抑制；技术进步放缓；本国产品相对于外国产品变得更加不受欢迎以致贸易余额进一步恶化，于是形成了一个恶性循环。相反，如果一国能将需求扩张至现有生产能力水平，而无须面临国际收支约束的困难，施加于产能的需求压力会自发地引致产能的增长。①

BOPC 理论尤其强调非价格竞争力的作用。在当今的国际贸易市场，“相对价格变化与需求的价格弹性在决定外贸局势与国际收支方面变得越来越不重要；随着制造品越发向着差异化发展，非价格竞争成为决定一国在海外市场成功与否的关键要素”。② 这一观点已得到大量实证研究的支持（McCombie & Thirlwall，1994）。而得以从式（6.17a）推导至式（6.18）的“相对购买力平价”条件——产品之间的绝对价格差距持续存在以致产品相对价格保持稳定——本身就是非价格竞争的证据。从式（6.18）可以看出，反映一国产品非价格竞争力的，正是外国对本国产品的需求收入弹性（φ_X）和本国对外国产品的需求收入弹性（φ_M）；φ_X 越高，φ_M 越低，本国产品的非价格竞争力越强，给定国外增长率所容许的本国增长率越高。唯有不断提升本国产品的质量与技术密集程度，实现在国际贸易价值链中的地位攀升，才能不断抬升本国增长面临的由外部因素决定的“天花板”。

6.2.2 收入分配对国际收支约束的缓解作用

BOPC 理论将一国经济增长的最终约束归结于本国产品的非价格竞争力，包括产品的质量、差异化程度、技术密集程度等，而产品的非价格竞争力是一国技术水平的体现（Amable & Verspagen，1995；Fagerberg，1988）。根据内生技术进步的观点，一国技术水平的提升本身也是内生于

①② MCCOMBIE J. S. L，THIRLWALL A. P. Economic growth and the balance - of - payments constraint［M］. New York：St. Martin's Press，1994：233.

收入分配与总需求增长的。在不同的增长区制之下，收入分配格局的变化会直接以及（通过影响总需求）间接地作用于技术进步，进而收紧或缓解国际收支约束。接下来笔者就收入分配对国际收支约束的影响做简要的模型化阐述。

尽管上文指出出口与进口的收入弹性之比（φ_X/φ_M）可作为本国产品非价格竞争力的表征，此处借鉴阿玛布尔和弗斯帕根（Amable & Verspagen，1995）与里贝罗、麦康比和利马（Ribeiro，McCombie & Lima，2016）的做法，将综合反映产品非价格竞争力的"产品质量"因素抽离出来，作为一个独立于进出口收入弹性的变量，继而将进出口收入弹性视为常数。这一做法不会对分析结果有本质影响，但会使建模更加方便。记本国和外国产品的质量水平分别为 Q 和Q_f，出口与进口的质量弹性分别为τ_X 和τ_M，于是 X 和 M 的需求函数可改写为：

$$X = \epsilon_X \left(\frac{p_f}{ep}\right)^{\nu_X}\left(\frac{Q}{Q_f}\right)^{\tau_X} Y_f^{\varphi_X} \tag{6.14a}$$

$$M = \epsilon_M \left(\frac{ep}{p_f}\right)^{\nu_M}\left(\frac{Q_f}{Q}\right)^{\tau_M} Y^{\varphi_M} \tag{6.15a}$$

按照式（6.17）~式(6.18）同样的处理步骤，此时满足国际收支约束（BOPC）的国内增长率为：

$$g_B = (\tau_X + \tau_M)(\widehat{Q} - \widehat{Q_f}) + \varphi g_f \tag{6.19}$$

其中，$\varphi = \varphi_X/\varphi_M$，$g_f$ 即$\widehat{Y}_f$。注意此处将满足 BOPC 的增长率记作 g_B，从而与实际增长率 g 相区别，毕竟 g_B 只是长期内总需求增长率的上限；在现实中，国内总需求很可能低于 BOPC 所限定的水平，此时名义出口以高于名义进口的速度增长，以致本国积累贸易盈余。可以合理地假定，产品质量是劳动生产率 a 的增函数，毕竟二者同为一国技术水平的反映。如果假设 Q 是 a 的幂函数，则式（6.19）可转化为：

$$g_B = \tau(x - x_f) + \varphi g_f \tag{6.19a}$$

按照前文的记号规则，x 和 x_f 分别为本国和外国的劳动生产率增长率，此处可更加一般性地理解为本国和外国的技术进步速率。式（6.19a）表明给定进出口收入弹性与国外增长率，g_B 会随着本国相对于外国的技术进步加速而提高；换言之，本国技术进步的加快有助于缓解国际收入约束。

根据前文式（6.9）的模型设定，技术进步速率受 π 和 g 的影响：

$$x = x_0 - x_\pi \pi + x_g g \tag{6.9}$$

其中，x_π 和 x_g 分别为表示“马克思—希克斯”效应和“卡尔多—凡登”效应的正参数。而 g 本身也是 π 的函数，二者的关系取决于增长区制。于是 π 对 x 的影响表示为：

$$\frac{dx}{d\pi} = -x_\pi + x_g \frac{dg}{d\pi} \tag{6.20}$$

其中，$\frac{dg}{d\pi}$是增长区制的量度。若增长属于 WLG，$\frac{dg}{d\pi} < 0$，则$\frac{dx}{d\pi}$必然小于零；换言之，此时技术进步必然是“工资拉动”型的，即提高工资份额会促进技术进步。若增长属于 PLG，$\frac{dg}{d\pi} > 0$，则除非 PLG 的属性足够强，或者 x_g 相比于 x_π 足够大，技术进步依然会呈现“工资拉动”的属性。当然，给定增长区制以及 x_π、x_g 本身的非线性特征，技术进步会在 π 充分低时从“工资拉动”转向“利润拉动”，但相比于增长区制的转折点，技术进步的区制转换会在一个更低的 π 上出现。特别是大量实证研究表明，绝大多数国家的国内总需求均呈现 WLG 的属性，因此有充分的理由认为，在相当大的 π 的变动范围内$\frac{dx}{d\pi} < 0$。进一步地结合式（6.19a），可得到 π 对 g_B 的影响：

$$\frac{dg_B}{d\pi} = \tau \frac{dx}{d\pi} = \tau\left(x_g \frac{dg}{d\pi} - x_\pi\right) \tag{6.21}$$

可见只要$\frac{dx}{d\pi} < 0$，提高工资份额就将通过促进技术进步，提高本国产品的非价格竞争力，进而提升 g_B，也就是缓解国内总需求增长的国际收支约束。

提高工资份额对 BOPC 的缓解作用如图 6－3 所示。图中第Ⅰ象限再现了前文中由增长曲线和分配曲线决定的国内实际总需求增长率与利润份额；第Ⅱ、Ⅳ象限表现了 π 与 x、$x - x_f$ 与 g_B 之间的关系，分别对应式（6.20）和式（6.19a）；第Ⅲ象限只用于将第Ⅱ象限纵轴代表的 x 折射为第Ⅳ象限横轴代表的 $x - x_f$，故该象限的直线是一条截距为 x_f 的 45 度线。第Ⅳ象限中的直线斜率为 τ，在纵轴的截距为 φg_f，体现了取决于国外增长率的自主需求部分；在不考虑本国与外国技术进步差距的情况下，它构成了对本国增长率的最终限制。而国内总需求的自主变动或收入分配制度的变化（分别体现为第Ⅰ象限中增长曲线和分配曲线的移动）将通过影响技术进步（体现为沿着第Ⅱ象限中 <π，x> 曲线的移动），决定 g_B 的变动（体现为沿着第Ⅳ象限中 <$x-x_f$，g_B> 曲线的移动）。增长与分配曲线决定的国内实际增长率 g 可能低于 g_B，此时本国将积累贸易盈余，尚存在进一步扩张国内需求的潜力；也可能高于 g_B，但这一增长率因无法满足 BOPC 而不可持续。

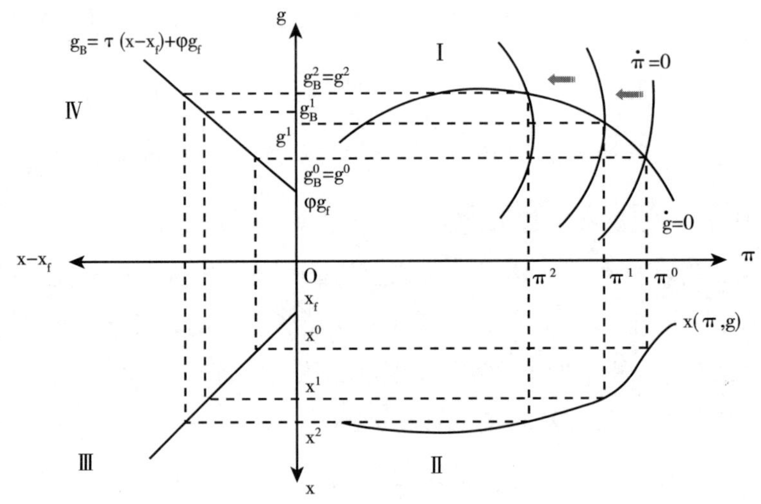

图 6-3　提高工资份额缓解国际收支约束的作用

图 6-3 展示了在国内总需求属于 WLG 的条件下，随着外生制度条件导致工资份额提高（表现为分配曲线左移），国内总需求的实际增长率提高的同时，g_B 也相应地提高。特别是该图展示了实际增长率可能在较低的和较高的工资份额水平上达到 BOPC 的限制。在 $\pi=\pi^0$ 的水平上，实际增长率和技术进步速率分别处于 g^0 和 x^0 的低水平状态，尽管如此，实际增长率已经触及 BOPC 对应的上限（即 $g^0=g_B^0$）。某些长期依赖初级产品出口的拉美国家比较符合这一状态。由于国内收入差距过大，难以形成大规模的工业消费品市场，以致生产技术处于停滞状态，中高端产品的供应能力受到限制，如此一来便形成了本国与外国的技术差距扩大、产品非价格竞争力下降、国内总需求面临越发严格的国际收支约束、技术进步与产业

分工陷入停滞的恶性循环。随着利润份额从 π^0 下降至 π^1，国内总需求增长率从 g^0 提升至 g^1，此时在“马克思—希克斯”效应和“卡尔多—凡登”效应的共同作用下，技术进步速率从 x^0 提高至 x^1，以致 BOPC 对应的增长率上限也提高至 g_B^1，反而高于实际增长率 g^1；换言之，此时本国依然处于贸易盈余状态，进一步扩张国内总需求不会遇到 BOPC 的瓶颈。直至利润份额降至 π^2，随着降低利润份额对技术进步的促进作用显著趋缓，相应的实际增长率 g^2 才再度与 BOPC 对应的增长率上限 g_B^2 重合。由此可见，在国内总需求属于 WLG 的阶段，改善收入分配、扩大内需、提升本国产业的国际竞争力是相辅相成、相互促进的关系。

6.2.3 收入分配制度改革、扩大内需战略与“双循环相互促进”

在 2020 年 5 月 14 日召开的中共中央政治局常委会上，习近平总书记首次提出构建“以国内大循环为主体、国内国际双循环相互促进的新发展格局”①。其后，在《中华人民共和国国民经济和社会发展第十四个五年规划和 2035 年远景目标纲要》、党的二十大报告、2021～2023 年中央经济工作会议等重要文件或场合，党中央多次提到构建“双循环”新发展格局，并着重强调“形成强大国内市场”“实施扩大内需战略”在构建新发展格局中的主体地位与基础性作用。2022 年 12 月，中共中央、国务院颁布《扩大内需战略规划纲要（2022－2035 年）》，进一步明确了将“坚定实施扩大内需战略、培育完整内需体系”作为构建新发展格局的关键支撑，并将完善收入分配格局、不断释放内需潜力作为扩大内需战略的主要目标和重要抓手之一。从近年来党中央颁布的一系列文件中可以看出，深化收入分配制度改革、扎实推进共同富裕、将“实施扩大内需战略同深化供给侧结构性改革有机结合”，进而构建“以国内大循环为主体、国内国际双循环相互促进的新发展格局”是相互交融、相辅相成的关系。本章融合收入分配、内生技术进步与国际收支约束的理论模型，为理解它们之间的逻辑联系提供了一个重要的理论视角：提升工资份额（即“提高劳动报酬在初

① “加快构建双循环相互促进的新发展格局”［EB/OL］. 求是网，2020－07－15.

次分配中的比重”），或者更一般化地缩小居民收入差距，将在促进国内总需求更好、更快增长的同时，通过促进内生技术进步，提高国内产品的国际竞争力，不断缓解内需增长面临的国际收支约束，进而以“内循环”带动“外循环”，实现“双循环相互促进”。

BOPC 理论在坚持需求驱动增长的基础上，将需求扩张的最终约束导向供给侧，即决定了一国产品国际竞争力的供给质量与效率；特别是该理论强调非价格竞争力的作用，强调依靠较低单位劳动力成本的不可持续性及其对本国提升非价格竞争力的抑制作用。该理论较好地呼应了当前我国的现实需求。长期以来，我国依赖相对廉价的劳动力成本，主要通过产品的价格竞争实现出口的大幅增长，并以此作为本国经济高速增长的重要驱动力之一。这不仅是因为出口会通过投入产出关系拉动国内需求，并加快国内的工业化进程，还因为出口增长会满足本国进口所需的外汇需求。当我国处于“大进大出”的进口品加工型贸易模式下，充足的国外需求是总需求快速增长的必要条件。随着我国于2001 年加入世界贸易组织，适逢西方国家在负债驱动的增长模式下保持高速增长（详见第 7 章），我国经济也迎来了改革开放以来最显著的高速增长期；然而这种增长模式也使我国经济在2008 年西方国家遭遇经济危机以致需求大幅回落后，经受了很大的负面冲击，并一直面临着严峻的下行压力。近年来，随着我国居民收入水平的提高，消费升级的需求日益旺盛。如果本国的产品供给无法满足需求，居民只能从发达国家进口高端产品，则进口的收入弹性增加，我国的经济增长也就面临更强的国际收支约束。在此背景下，我国迫切需要提升国内供给体系质量与效率，实现产品非价格竞争力的增强与国际价值链地位的攀升。

从本章的理论分析来看，提升供给体系质量与效率不能仅靠供给政策的推动，更重要的是要通过改善收入分配格局，实现内生于需求的技术进步。如果当前我国的总需求和劳动生产率处于“工资拉动增长”的阶段（第 8 章的实证研究表明的确如此），那么提升劳动收入份额、缩小居民收入差距将不仅有利于扩大国内消费需求，做大、做强“内循环”，还有利于提升产品的国际竞争力，实现“更高水平对外开放”。一方面，提升工资份额将引发提升劳动生产率的诱致性创新；另一方面，随着个体收入差距的缩小以及消费购买力更加平均的分配，市场规模不断扩大，将使更多中高端产品和新产品的规模化生产成为可能，继而触发持续的消费升级、分工细化与产品创新，也就是引发所谓的“斯密—杨格”或“卡尔多—凡登”效应。不乏实证研究表明，给定异质性的消费需求偏好，一国内部高度的收入不平等会造成消费模式的两极分化：高收入阶层从欧美发达国家进口高端消费品或奢侈品，而广大低收入群体只能购买基本必需品，从而进一步限制了本国的市场规模与生产能力。于是，不平等程度更高的国家倾向于出口更多的必需品，进口更多的奢侈品（Ribeiro et al.，2016）。拉美国家高度的收入不平等带来的消费不平等，使中高端产品没有一个足够规模的市场，限制了其产品与技术升级，就是一个典型的反面案例。而国内产品与技术升级又将不断缓解国际收支约束，为国内需求扩张创造更大的空间与潜力，实现供给与需求、国内循环与国际循环的互促互进。

当然，提高工资份额对 BOPC 的缓解作用取决于技术进步“工资拉动”属性的强弱，以及技术进步所受的外部因素的制约。比如，国内高端产业面临核心技术瓶颈（也就是所谓的“卡脖子”问题）、要素在区域间或部门间的流动存在障碍、人力资本水平和结构与产业分工和升级的需求不相适配等，都会对内需扩张及其诱发的技术进步造成供给约束，为此需要供给政策的协同配合。党中央多次提到的将“实施扩大内需战略同深化供给侧结构性改革有机结合”，其深意正在于此。党的二十大报告与《扩大内需战略规划纲要（2022－2035 年）》提出的建设现代化产业体系、健全现代市场和流通体系、深化改革开放、实施科教兴国与创新驱动发展战略等，正是加强供给侧协同的具体体现。在一系列供给侧战略中，打造以先进制造业为主的现代化产业体系尤其值得重视。卡尔多（Kaldor，1966）在阐释“凡登定律”时，提出了制造业是一国经济增长的引擎的观点。其主要原因在于，制造业是典型的“收益递增”部门，其劳动生产率会随着市场规模的扩大进而在规模经济、专业化分工与“干中学”效应的作用下持续提高；而因制造品是可贸易品，这一过程又会通过促进出口增长、提高“外贸乘数”［即式（6.19）中的 φ］，助力总需求的扩张；同时随着更多劳动力从“收益递减”部门向制造业的流动，全社会整体的劳动生产率随之提高。如此一来，制造业发展将促成需求扩张与技术升级的正反馈循环，也就是卡尔多本人强调的“累积性因果过程”（cumulative causation process）。

不妨用图 6－4 对扩大内需战略的作用做总结性说明。扩大内需战略作为一套“政策组合拳”，不仅涉及本书重点关注的提升工资份额、缩小收入差距（表现为分配曲线左移），还涉及自主需求的增加以及对技术进步外生影响因素的促进。其中自主需求的增加包括培育新的消费增长点、加强新型基础设施建设、推动以人为核心的新型城镇化等，它们会在同等的收入分配条件下提升总需求水平，表现为增长曲线上移；对技术进步外生影响因素的促进包括加强国家创新体系建设、加强创新产品应用、激发人才创新活力等，它们会在同等的收入分配与总需求条件下促成更快的技术进步，表现为技术进步曲线的下移。在以上因素的综合作用下，实际增长率会从原有的 g^0 提升至 g^1，而 BOPC 对应的增长率上限也会从原有的 g_B^0 提升至 g_B^1，从而给内需增长带来更大的空间与潜力。

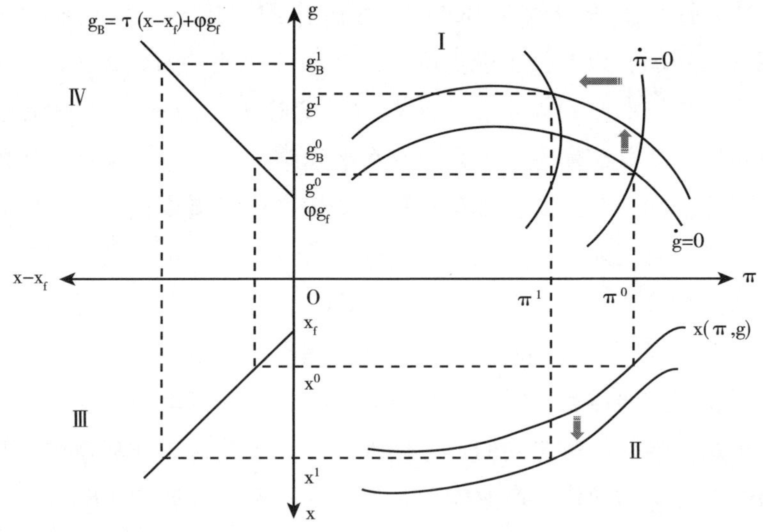

图 6－4　扩大内需战略的促增长效果

6.3　收入分配、内生需求与供给侧协同：进一步整合的理论框架

在第 5 章、第 6 章阐明的理论基础上，我们得以对第 4 章结束时提出

的有关收入分配、内生需求与供给侧协同的思想脉络加以丰富完善，从而梳理出一个更完整的理论框架。作为底层架构的生产关系或制度结构——不妨称其为“制度供给”——决定了收入分配的长期趋势。有效需求驱动增长，而有效需求内生于特定制度结构下的收入分配。给定特定制度条件下劳动收入份额对消费、投资与进出口的潜在影响（也就是各需求分量行为方程的结构参数），总需求会呈现“工资拉动的增长”（WLG）或“利润拉动的增长”（PLG）两种区制。于是，收入分配与潜在增长区制的匹配状况决定了内生需求的创造。如果制度供给使劳动收入份额得以稳步提升，同时增长区制处于 WLG 的阶段，则经济将在较长时期内保持相对高速的增长。当然，出于前文提到的增长区制的非线性，任何一个经济体都不可能一直处于特定的增长区制；随着劳动收入份额逐步升至高位，其进一步提升对促进消费的作用递减，对抑制投资的作用递增，WLG 阶段也将逐步转换为 PLG 阶段，因此任何制度结构都有其特定的历史适用性。收入分配与增长区制之间的矛盾也就孕育着危机的可能性——PLG 与劳动收入份额上升的矛盾预示着剩余价值的生产危机，WLG 与劳动收入份额下降的矛盾预示着剩余价值的实现危机。面对收入分配与增长区制不相协调引发的内生需求不足，外生需求刺激（如“金融化”助推的负债消费）可在一定时期内维持经济增长，但代价是结构性矛盾的不断累积与危机的更猛烈爆发。

非主流理论强调需求决定增长，绝不是否认或忽视供给侧的作用。它与主流经济学供给决定论的最大区别，在于否定“萨伊定律”的存在，即长期经济增长将收敛于一个外生要素供给和技术进步决定的“潜在增长率”，其理由是产品、要素、技术供给本身也是内生于需求的。因此，需求在对经济增长的分析中处于主动、优先的地位，供给则处于被动、适应性的地位。但这一立场丝毫不否认供给侧因素对需求的制约与反馈作用。作为主要的供给侧要素，制度供给、产品供给、劳动力供给、技术供给与技能（人力资本）供给从不同层面、不同程度地制约或反作用于需求驱动的增长。图 6 - 5 是对这一理论框架的简要图示。

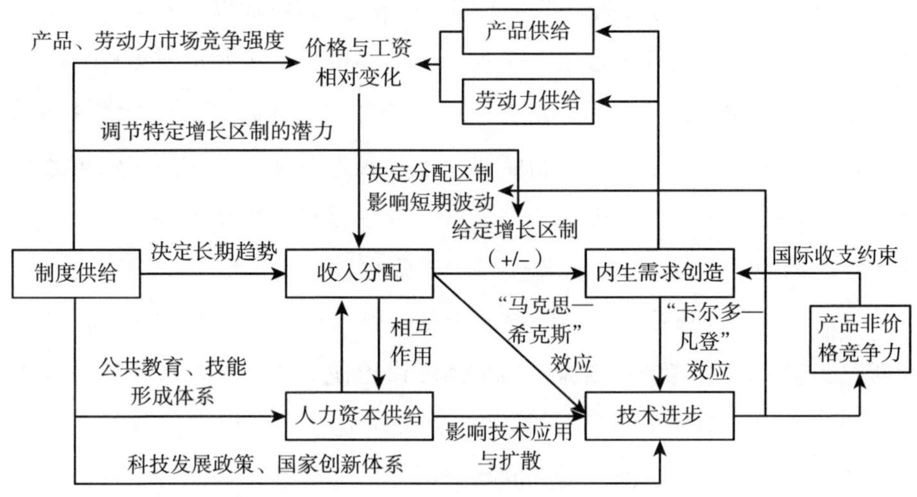

图6-5　收入分配、内生需求与供给侧协同：理论框架

制度供给作为最具自主性的供给侧因素［尽管有作者也强调了需求对制度演化的影响，如康沃尔夫妇（Cornwall & Cornwall，2001）和博耶（2021）］，对内生需求创造及其与其他供给侧因素的协同发挥着基础性作用。制度供给类似于西方马克思主义学者所说的调节机制或SSA，其内涵十分广泛，包括劳动关系规制、劳动力市场制度、再分配制度、宏观经济政策、产业政策、国家创新体系、公共教育体系与技能形成体系等，以及一系列非正式的社会规范。制度供给形塑了市场主体竞争与合作的规则，决定了一国建成什么样的市场经济，而不应狭义理解为自由市场与政府干预的强弱对比（Unger，2019）。其一，制度供给——特别是其中的工资决定机制、劳动力市场制度、财税政策等——直接决定了收入分配格局及其长期演化趋势，进而决定了特定增长区制下的内生需求创造。其二，制度供给通过改变市场主体的行为激励，对增长区制也就是收入分配对总需求的影响发挥调节作用。增长区制并非一个自发的、外生的状态，不是一个一成不变的“再生产图式”，而是根植于特定的制度结构或社会关系的土壤当中，因为消费、投资和净出口对劳动收入份额的反应（也就是相关行为方程的参数）本身就受制于制度供给。比如，更加宽松的信贷约束会降低企业融资对自有资金的依赖，使投资对于劳动收入份额的敏感程度降低；更加完备的社会保障与更加公平的公共服务会降低住户的防卫性储蓄，使提高劳动收入份额对消费的促进作用增强；这些制度调整都会使总需求在更大的收入分配变动范围内呈现 WLG 的属性。其三，制度供给会通过影响下文提到的其他供给侧因素的外部条件或对需求的响应程度，影响其对需求驱动增长的约束与反馈作用。

产品与劳动力供给是内生性最强的供给侧要素，其在响应需求的过程中表现出很强的供给弹性。特别是产品供给，即便短期内供给约束凸显，但产能利用率的上升会通过刺激投资转化为新的产能供给。但除非在萧条时期，产品与劳动力并非具有无限的供给弹性。需求扩张使产品与劳动力价格呈现不同程度的上涨，继而通过造成短期内的收入分配波动反作用于需求扩张。如第 5.2 节借助对抗性通货膨胀理论的推导，在给定制度决定的劳资双方结构性力量对比（相当于系数 ζ_c 和 ζ_w）的情况下，增长一方面通过提高产能利用率推升利润份额，另一方面通过提高就业率抑制利润份额，而这两种力量的相对大小，取决于劳动力要素供给约束和产能供给约束的相对强弱，前者占优则体现分劳动力市场主导（LMD）的分配区制，后者占优则呈现产品市场主导（PMD）的分配区制。如果说结构性权力决定了分配曲线的移动，则要素供给约束决定了分配曲线的“形状”。如果说制度结构与增长区制之间的匹配决定了“长波周期”的演化，那么短期内实际增长率与分配区制之间的互动就决定了一个典型的商业周期内的动态。不同增长区制和分配区制的组合，会演绎出丰富的动态关系，二者决定了需求或分配的自主性变化所导致的实际效果。比如，倾向劳方的财政政策兼具增加自主性需求和提升劳动收入份额的效果（相当于增长曲线上移和分配曲线左移），倘若增长处于 WLG 区制的同时分配处于 LMD 区制，则分配与增长的彼此强化作用会使均衡状态下的增长率与劳动收入份额的提升更加显著。

技术进步在响应需求的过程中，也会对增长与分配的互动产生反馈作用。技术进步一定程度上来自外生冲击（如科学发明或政府的科技政策），但更大程度上由收入分配和总需求的变化所诱致。劳动收入份额上升一方面通过促使厂商采用节约劳动的生产技术或劳动过程优化——即所谓的“马克思—希克斯”效应——直接促进劳动生产率提升；另一方面通过对总需求的影响，经由劳动分工细化、动态规模经济和“干中学”效应——即所谓的“卡尔多—凡登”效应——间接影响劳动生产率。当某一经济体的总需求属于 WLG 的区制，其劳动生产率也必然属于工资拉动的区制。此时，更快的工资增速可以促进总需求增长与劳动生产率提升的良性互动。特别是在考虑国际收支约束（BOPC）的情况下，上述局面会通过增强本国产品的非价格竞争力，抬升 BOPC 对应的增长率上限，为国内需求扩张创造更大的空间与潜力。

当然，内生于需求的技术进步并非没有限度。除了产业链上游的核心技术瓶颈，对技术进步的最大制约因素就是劳动者的技能水平与结构，亦即所谓的“人力资本”供给。人力资本的“深化”“广化”与“均化”程度决定了新技术应用与扩散的速度与范围。收入分配改善与人力资本的“深化”“广化”“均化”互促互进；从这层意义上说，通过优化制度供给以促成工资拉动的增长便具备了更强的必要性与可行性。同时，政府构建更加完备的国家创新体系，加强核心技术攻关，健全高技能人才的技能形成体系是助推分配与增长良性循环的重要供给侧协同举措。

上述理论框架为理解我国近年来的一系列重要经济发展思想提供了一个更加系统化的视角。党中央多次强调提高劳动报酬占初次分配的比重、扎实推进共同富裕，这不仅是社会主义的本质要求，还是促成公平与效率良性循环的必由之路。在国内总需求属于 WLG 的情况下（这已被诸多其他学者的实证研究以及本书第 8 章的实证分析所支持），提升劳动收入份额（以及在更广泛意义上缩小个体收入差距）将有助于发挥我国超大规模市场的消费潜力，实现内需总量扩张与结构优化。这又会通过诱致更快的技术进步，以及收入分配改善促成的人力资本“深化”“广化”与“均化”，促进供给体系的效率与质量提升，做强、做大国内循环。这一过程同时通过提升本国产品的非价格竞争力，推动我国在国际价值链的地位攀升，不断缓解内需增长的国际收支约束，实现以“内循环”带动“外循环”，“双循环相互促进”。作为配套举措，我国在党的二十大报告以及《扩大内需战略规划纲要（2022－2035 年）》提出的一系列供给侧结构性改革战略，如建设现代化产业体系、健全现代市场和流通体系、深化改革开放、实施科教兴国与创新驱动发展战略、加强新时代高技能人才队伍建设等，通过不断突破既有的产品、要素、技术、技能的供给约束，为上述分配与增长的良性循环提供有效的供给侧协同。正是在这层意义上，我国通过将“实施扩大内需战略与供给侧结构性改革有机结合”，实现供给与需求的“更高水平动态平衡”（见图6－6）。

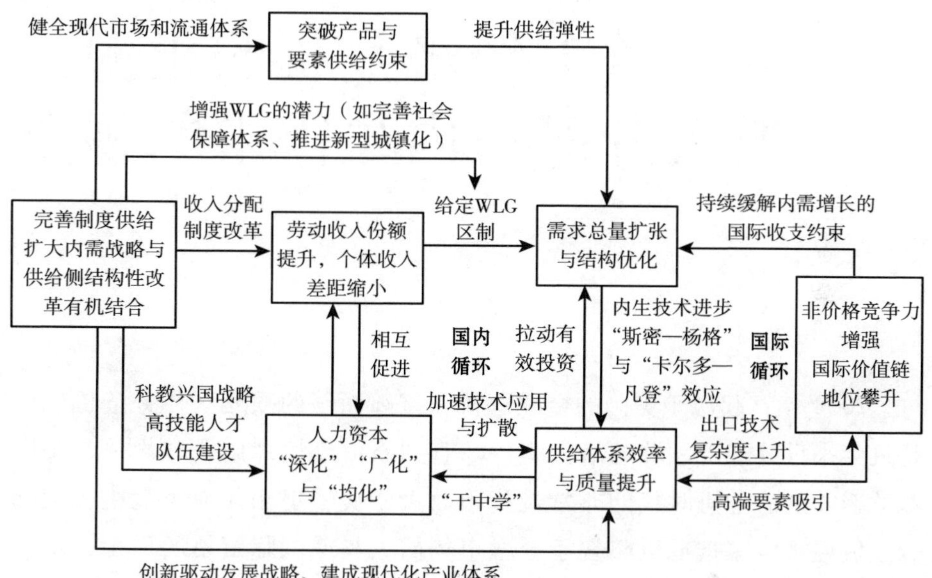

图6－6 供给需求“更高水平动态平衡”与“双循环”新发展格局

第7章

欧美经济危机的根源：收入分配与内生需求的视角

2008年，起源于美国的金融危机和接踵而至的欧元区债务危机无疑是近年来世界经济领域的最大事件。直到新冠疫情肆虐全球之前，美国和欧盟才从后危机时代的非常规货币政策中缓慢退出。面对危机，大部分主流经济学家把危机归咎于金融市场的失灵或国际贸易的失衡，却很少有人深刻反省主流经济理论的固有缺陷和自由市场经济的基本矛盾。相比之下，在西方居非主流地位的新马克思主义和后凯恩斯主义经济学家从新自由主义时期制度转变的视角，从更深层面剖析了这场危机。本章在前两章构建的理论框架基础上，通过回顾欧美国家劳动力市场和配套制度体系的历史演变，解释美国“次贷危机”和“欧债危机”发生的制度根源与内在机理；随后，通过将这一危机理论与“长波周期”乃至“世界体系周期”理论相结合，笔者尝试从一个更广阔的历史视域反思此次危机的历史坐标与现实意义，进而站在本书的理论立场审视当今世界的“百年大变局”。

本章指出，欧债危机和美国金融危机是“一体共生”的关系，二者产生于统一的历史背景与传导机制。危机根源是新自由主义改革导致的工资份额下降与潜在的“工资拉动增长”（WLG）区制发生了矛盾，进而引发内生需求不足、亦即剩余价值的实现危机。在此背景下，欧美国家借助金融化和包括欧洲货币联盟在内的全球化浪潮，分别发展出了两种互为条件、依靠外生需求驱动的增长方式——“负债驱动的增长方式”和“出口驱动的增长方式”，虽暂时缓解了需求不足的危机，却使需求结构与国际收支的失衡不断累积，直至更猛烈的危机相继在美国和欧洲爆发。从更深广的历史视域来看，此次危机也是美国主导的“世界体系”陷入全面危机的标志。随着美国霸权的衰落（集中表现为美国产业竞争力下降），美国已不具备通过制度变革实现更高水平的供需协同，进而在现有的世界体系框架内重启一轮长波周期的客观条件。而“百年大变局”本质上是既有的世界体系陷入失序、新的世界体系尚待确立的历史更迭时期。

7.1 危机发生的制度根源

工资份额下降或收入差距扩大作为欧美经济危机的根源已得到越来越多学者的承认，其中也包括一部分主流经济学者。然而关于工资份额下降的原因学界却是众说纷纭。主流学者大多将原因归结于技能偏向型或资本偏向型技术进步，对此本书已在2.2节做了详细回顾与批评；也有一些主流学者将原因归结为全球化，但他（她）们依然立足总量生产函数与边际生产力分配论，强调要素相对价格引发的要素替代作用。相比之下，非主流学者则强调新自由主义制度变革——包括劳动力市场制度、全球化、金融化等——对劳资双方议价能力的影响。斯托克哈默尔（Stockhammer，2017）通过对1970～2007年28个发达经济体和43个发展中经济体的面板数据分析，发现金融化对工资份额的负面影响最强，福利国家撤退和全球化的影响次之，而技术进步对发达国家的工资份额只有微弱的负面影响，对发展中国家甚至有正向作用。该结果支持了非主流学派在解释收入分配方面的“政治经济学”视角。

新自由主义作为一整套具有内在一致性的社会经济制度和意识形态，是自20世纪70年代末、80年代初逐渐成形的一套新的积累的社会结构（SSA）或调节机制。在影响收入分配的诸多制度结构中，工资政策具有最直接和决定性的影响。此处所谓工资政策，并非仅指由政府推行的关于工资的社会经济政策，而是指内嵌于特定制度结构和意识形态之中的工资决定机制及相应的工资设定规范（Marks，1986）。它相当于 SSA 学派或法国调节学派所说的工资关系，是一国 SSA 或调节机制的核心。在新自由主义时期，包括工资政策在内的一系列制度结构变化造成了工资份额下降与收入差距扩大。下文仅阐述笔者认为造成这一结果的若干重要的制度转变，包括工资政策的转变、去工业化和金融化。

7.1.1 “二战”之后的“团结工资政策”与“欧洲社会模式”

“二战”之后，欧美国家普遍进入了以福特制生产方式和凯恩斯主义政策为主要特征的历史阶段。表现在劳动力市场制度和宏观经济政策方面，是高度集中化的工会组织与集体谈判、稳定的就业保障、以充分就业为目标的需求管理和积极的收入再分配政策。在欧洲，类似的制度体系常被称作“欧洲社会模式”（European social model）。在此基础上，各国普遍推行“生产率导向”（productivity oriented）的工资政策，也称作“团结工资政策”（solidarity wage policy），亦即让各行业的真实工资与社会平均劳动生产率同步提高，从而维持工资份额稳定（进而使消费需求与生产能力同步扩张），控制行业工资差距（Schulten，2002）。

团结工资政策得名于瑞典蓝领工人工会联盟（LO）的经济学家雷恩（Rehn）和梅德纳（Meidner）于 1952 年提出的政策模型。该模型建议各行业工会在其联盟组织 LO 的协调下，使各行业的名义工资增长率趋同于全社会的劳动生产率增长率加目标通胀率；不同行业、不同职业间的工资差距应基于工作评价，实现“同工同酬”（equal pay for equal work），而不受所在行业或企业盈利状况的影响。团结工资政策有助于实现多重目标：（1）避免工资推动的通货膨胀，在实现充分就业的同时维持价格稳定；（2）维持稳定的工资份额和消费需求；（3）控制行业间的工资差距，一方面是为了分配公平与社会团结，另一方面是为了避免企业或工会之间的竞争导致工资螺旋式上涨（另一种极端情况是企业间的价格竞争使工资成本被竞相压低，但常见于经济萧条和工会力量弱化的情况）；（4）倒逼劳动生产率低于平均水平的企业提高效率，促进劳动力从低效率的部门或企业向高效率的部门或企业流动。作为配合，政府采取适度的需求管理和就业促进政策，保障充分就业。1956～1983 年，瑞典 LO 与全国雇主联合会（SAF）一直按照上述原则，通过两年一度的集体谈判商定框架性的工资增长目标，并作为行业工资谈判的参照标准（Høgsnes，1989）。其他北欧国家或一些欧陆国家，如芬兰、挪威、荷兰、比利时、奥地利，都通过劳资双方的联盟组织或者有政府参与的三方协商机制，奉行类似的团结工资政策（Wallerstein，1999）。有学者将这种高度集中化的集体谈判机制作为欧洲“新统合主义”（Neo-corporatism）传统的主要特征（Marks，1986）。

同一历史时期，在工会的联盟组织相对松散、集体谈判的集中化程度较低的国家，也在某种程度上奉行团结工资政策，主要是通过行业工会之间的非正式协调或某些支柱型产业的集体合同对其他行业产生示范作用。比如在德国，金属产业工人工会（IG Metall）与相应企业集团的集体合同，为其他大部分行业的集体谈判设定了规范，而前者在“二战”后 30 年间一直坚持生产率导向的工资增长目标；各行业工会签订的集体合同一视同仁地覆盖本行业几乎所有员工，不管是否为工会会员；企业的职工代表机构——工作委员会（works council）与管理层在行业集体合同的框架下，商定本企业的具体工资标准及其他劳动标准事宜（如薪酬结构、带薪假期等），但一般情况下不能低于行业集体合同的标准，除非因企业特殊情况（如经营困难）通过签订“开放性条款”（opening clauses）予以豁免（Koch，2005）。即便在集体谈判很少超出企业层面的美国和英国，工会仍能通过“模式谈判”（pattern bargaining），将一些有利的合同条款在全行业乃至跨行业范围内推广。比如，在 1948 年，美国汽车工人工会（UAW）和福特汽车公司将“生活成本调整”（COLA）和“年度增长因素”（AIFs）引入集体合同，二者分别规定名义工资根据生活成本和全社会的劳动生产率增长率自动调整，实则是使真实工资与劳动生产率同步增长。到了 20 世纪 70 年代后期，已有近 60% 的劳动者受惠于 COLA 和 AIFs 条款（Rosenberg，2010）。法国的情况则比较特殊：由于法国的最低工资（SMIG）与经济增长率和社会平均工资“双挂钩”，以致最低工资对行业工资谈判起到了重要的协调作用。

7.1.2 “团结工资政策”的解体与“竞争性工资政策”的兴起

到了20世纪70年代，生产方式与国际环境的一系列变化使原有的经济治理方式和工资决定机制面临危机。一方面，随着信息通信技术（ICT）的发展和服务经济的兴起，福特制生产日渐让位于“弹性专业化生产”(flexible specialization)，后者需要更大的工资、就业和工作内容的灵活性(Rosenberg，2010)，同时带来了劳动力结构的多元化与工会力量的分化。另一方面，面对来自新兴工业化国家的竞争、布雷顿森林体系的崩溃和两轮石油危机的冲击，主要资本主义国家陷入“滞涨”，而传统凯恩斯主义政策对此无能为力。在此背景下，新自由主义逐渐取代凯恩斯主义或社会民主主义成为主流意识形态，工会和福利国家政策被视作损害竞争效率乃至机会公平的根源。自1980年开始，西方国家相继开展了一系列新自由主义改革，集中体现在劳动力市场制度的价值取向由团结转向竞争，宏观经济政策首要目标由充分就业转向控制通胀，进而促发团结工资政策向“竞争性工资政策”（competitive wage policy）转变。

工资政策的这一转变大致经历了团结工资政策的解体和竞争性工资政策的兴起这两个在空间和时间上大致分离的过程。前者主要发生在20世纪80年代，大多是通过改变配套制度体系，促使工会力量弱化、集体谈判分散化和工资增长与生产率的增长脱钩；工资政策被视作违背自由市场原则而逐渐淡出。首当其冲者当属美英两国。里根和撒切尔政府通过大幅度削减福利、紧缩财政、冻结最低工资、鼓励非正规就业，加之放松对资本流动的管制与促进传统制造业的转移，极大地规训了工会权力，并使工资谈判完全下移到了企业乃至个人层面。在70年代后期覆盖美国近六成劳动力的COLA和AIFs工资条款，到了1992年仅覆盖不到两成的劳动力(Rosenberg，2010)。瑞典的团结工资政策从1983年沃尔沃与金属产业工人工会（Metall）单独谈判开始被逐步放弃，此后10年的时间里集体谈判主要在缺乏协调的行业层面进行（Alexopoulos & Cohen）。在法国，施密特政府于1982年推出奥卢克斯法（Auroux Laws），规定所有50人以上的企业每年必须开展集体谈判。该法案的初衷是在增强企业灵活性和巩固劳工权益间取得平衡，但实际情况却是行业谈判相对于企业谈判的重要性明显下降；在很多没有工会代表或工会力量较弱的中小企业，集体谈判对提高工资的作用十分有限；法定最低工资由原来协调各行业工资增长的风向标变成了低技能劳动者实际工资水平的参照标准。德国的类似转型主要发生在1990年之后：行业集体谈判和企业共同决定制并行的制度结构虽然没有实质性改变，但是长期大规模失业和民主德国、联邦德国统一带来的社会经济冲击使越来越多的企业使用“开放性条款”，以便执行低于行业合同的工资增长标准（Schmid & SchÖMann，1993）；可覆盖全行业员工的行业集体合同数量也明显下降——从1995年的405个下降到2005年的242个（Keune，2008）。2004年，施罗德政府推出了更具新自由主义色彩的改革举措“哈茨Ⅳ方案”（Harz Ⅳ），通过收紧失业保险、放宽兼职工作与劳务派遣制度，进一步瓦解了生产率导向的工资规范，工资增长几乎停滞。

进入20世纪90年代，越来越多的欧洲国家开始有组织地实行竞争性工资政策，亦即某些学者所称的“工资抑制”（wage moderation）政策。为这一政策背书的是尽显“滴流论调”的“施密特口号”：“今天的利润会创造明天的投资和后天的就业”[①]。与美国、英国、法国、德国等国的自由化与分散化趋势不同，这些国家保持了较高的工会密度和较为集中的工资决定机制，有些国家还经历了工资谈判“再集中化”（recentralization）的趋向（如瑞典、西班牙、意大利）。此类工资政策通常采取“社会合约”（social pacts）的形式。一个较早的尝试是荷兰的工会联盟、雇主协会与政府三方于1982年11月签署的“瓦瑟纳尔协议”（Wassenaar Accord），协议商定劳方把真实工资增长率控制在劳动生产率的增长率之下，条件是资方和政府通过缩短工作时间、扩大兼职岗位等措施，降低失业率（Keune，2008）。随着欧洲一体化进程的加深和欧元区的建立，越来越多的欧洲国家效仿荷兰，签署旨在抑制工资增长的双方或三方协议，并且呈现愈发明显的竞争导向：很多协议规定本国的真实工资增长率不得高于该国的主要

① 这是联邦德国前总理赫尔穆特·施密特于1974年11月提出的政治口号；这一观点多次被法国前总理吉斯卡尔·斯坦德引用，成为之后法国推行竞争性反通货膨胀政策的理论依据之一（博耶，2021）。

贸易伙伴或“竞争对手”（见表7-1）。比利时甚至将这一原则付诸法律：该国于1996年通过的《就业促进与竞争力保护法》规定，本国的工资增长率应低于三个主要邻国——德国、法国和荷兰的预期工资增长率。

表7-1　“社会合约”形式的竞争性工资政策

国家	协议性质与签订时间	协议内容
比利时	就业促进与竞争力保护法（1996年）、跨行业双方协议（1998年、2001年）	工资增长率不得超过德国、法国与荷兰的平均预期工资增长率
丹麦	全国性“三方声明”（1987年）	本国单位劳动力成本不得超过竞争性国家的单位劳动力成本
芬兰	“全国三方工资政策委员会”协定（1995年）	工资增长应该与芬兰央行（目前为欧洲央行）的目标通胀率加本国劳动生产率的增长率同步
荷兰	劳动委员会协调下的全国性三方协议——“国家一般协议”（Centraal Akkoord）（1982年、1993年、1999年）	真实工资增长应低于本国劳动生产率的增长率
挪威	“国家三方工资政策协议”（1992年、1999年、2001年、2003年、2007年）	工资增长应与本国主要贸易伙伴的工资增长保持同步
瑞典	工业部门的双方协议（1997年）	工资增长不应超过欧盟平均水平
希腊	全国性三方协议——“信心公约”（confidence pact）（1997年）	名义工资增长应至少与通胀率同步，并体现部分的劳动生产率增长
意大利	全国性三方协议（1993年、1998年）	在国家层面商定的名义工资增长应反映本国及欧盟平均通胀率，在企业层面商定的额外工资增长应反映部分的劳动生产率增长
爱尔兰	全国性“社会伙伴关系”三方协议（1987年以来每3~4年一次）	按照欧盟“稳定与增长公约”的要求设定工资增长上限
葡萄牙	全国性三方协议——“就业公约”（employment pact）（1996年）	工资增长应反映通胀率与劳动生产率的增长

资料来源：SCHULTEN T. A European solidaristic wage policy? Conceptual reflections on an europeanization of trade union wage policy [J]. European Journal of Industrial Relations, 2002, 8 (2): 173-196；以及笔者自行补充。

“社会合约”形式的竞争性工资政策沿袭了各国一以贯之的“新统合主义”传统，但相比于“二战”后时期，此时的“新统合主义”早已是

“旧瓶装新酒”。从工资政策目的来看，团结工资政策要求真实工资与劳动生产率同步增长，而竞争性工资政策要求真实工资低于劳动生产率的增长；前者旨在保障充分就业的前提下控制通胀，是对凯恩斯主义宏观经济管理的补充；而后者旨在控制通胀的同时（很大程度上是为了满足《马斯特里赫特条约》和《稳定与增长公约》的目标通胀率），提高所谓的国际竞争力和投资吸引力；工资不再被视作需求的来源，而是供给的成本，竞相压低劳动力成本，成为各国普遍追求“以邻为壑”（beggar thy neighbor）的“新重商主义”策略的主要手段（Onaran，2011）。从参与主体的权力格局来看，团结工资政策反映了“二战”后“黄金时代”的社会合约：劳方接受福特制的劳动组织方式，并主动克制进一步扩大收入份额的努力，条件是共享生产率提高的成果，稳定的就业与社会保障，以及参与企业决策与社会事务管理（Aglietta，1979）。但在新时期的社会合约中，劳方被要求在收入份额、福利保障乃至企业共决方面做出全面的妥协，条件只是在现实中很难得到保证的就业增长。足见权力的天平已明显向资方倾斜。

7.1.3 “去工业化”与就业“极化”

作为新自由主义时期西方国家经历的另一重要转型，“去工业化”（deindustrialization）与工会衰落和工资政策转变彼此强化，共同导致了相关国家工资份额下降与收入差距扩大。与其他制度转型不同的是，这一趋势在瓦解需求创造过程的同时（Palley，2012），也会对供给侧产生直接的负面影响，即劳动生产率与国际竞争力的下降。三方面原因助推了去工业化浪潮：一是“全球化”的迅猛发展。自哈里森和布鲁斯通（Harrison & Bluestone，1988）呼吁去工业化趋势造成的不平等加剧并将其与“全球化战略”联系在一起，许多学者都提供证据表明，全球化伴随着本国制造业就业份额的下降（Wallace & Brady，2010）。与19世纪末以人和商品的流动为主的第一轮全球化不同，这一轮全球化使资本相对于劳动力的流动性大幅增加，进而使跨国企业可以在全球寻求低成本优势。二是运输与信息通信技术（ICT）的快速进步。这使协调全球价值链的不同环节变得更加便捷。三是制造业生产本身的特征，即工作任务具有较强的模块化与常规化特征，易于拆解和转移，且生产过程对地理区位不敏感。面对“二战”之后劳方议价能力增强以及全球资本主义竞争加剧导致的制造业利润率下降，以美国为首的西方国家纷纷将技能水平要求较低的制造业迁移至劳动力成本较低的国家（当然首要是中国），即所谓的“离岸外包”。1980～2005年，美国、英国、德国、日本的制造业就业人数占比分别从19.2%、27.7%、34.0%、24.7%下降至12.4%、13.2%、22.1%、18.0%。

与第一轮全球化以最终产品的国际化贸易不同，此轮全球化呈现为全球价值链分工，即同一商品的不同生产环节在不同国家完成，这对发达国家就业会产生更加直接、显著的影响，并使全球化生产呈现更强的“逐底竞争”（race to the bottom）特征。比如，有一项调查研究表明，2006年苹果公司iPod业务在美国境外雇佣人数几乎是在美国国内的两倍——在美国的人数是13920人，在美国境外多达27250人，其中境外员工将近一半在中国——12270人（转引自弗里兰，2013）。美国美泰（Mattel）公司的芭比娃娃则是彻头彻尾的“世界公民”：她的设计与营销是在美国进行，其身体所需塑料原料的冶炼、加工、注塑，头发的制作，从原料到成品的运输、衣饰的制作以及零件组装，则分别由来自沙特阿拉伯、印度尼西亚和马来西亚、日本、中国（包括香港、台湾地区）等国家或地区的十余家公司完成（吉登斯，2009）。

失去工作的威胁加之制造业就业比例下降导致的工会密度下降，极大打击了西方国家工人阶级的议价能力。而这一过程又与“去工业化”相伴而生的另一趋势——本土就业的非正规化紧密联系。那些需要面对面提供服务进而无法实现地理迁移的服务业，则主要通过采取缺乏工作保障的非标准就业形式降低劳动力成本，这些非标准就业形式包括签订一次性劳务合同或者通过劳务中介公司雇佣的员工。一项针对2008年美国纽约、芝加哥、洛杉矶这三座城市的调查研究表明，在家庭医疗护理、零售、酒店餐饮、住宅建筑、保安等以非标准就业为主的行业中，违反法定劳动标准的比例高得惊人：26%的员工工资低于最低工资标准，76%的员工超时工作且没有加班工资，70%的员工被要求在原定排班时间之外工作（Bernhardt，

Spiller & Polson，2013）。[①] 那些因“去工业化”失去工作的劳动者成为此类低薪工作者的主要来源。上述趋势造成了很多经济学者提到的就业“极化”（polarization）现象，即在劳动力市场顶端，少数IT与金融精英领受高额薪酬；而在底层，越来越多的劳动者转移至低技能、低工资、低保障的工作，曾经支撑庞大中产阶层的中层工作逐渐消失，形成中空。

7.1.4 金融化

金融化被普遍视作新自由主义时期西方国家的标志性特征，同时也是加剧工资份额下降与收入差距扩大的重要诱因。参考艾普斯滕（Epstein，2005）的定义，金融化是指金融机构、金融市场和金融动机在社会经济中日趋发挥主导作用，它们与负债消费和收入差距扩大互为条件，主要表现在：（1）金融行业在增加值和利润总额中的占比持续增加。在美国，金融行业增加值占GDP的比重从4%增加到8%，金融、保险和房地产行业（即所谓的“FIRE行业”）的增加值总和占GDP的比重则从15%增加到20%；而单是金融行业的利润就在危机前夕占到了全国利润总额的40%（Vercelli，2011）。（2）剩余价值的生产、实现与积累日益脱离实体经济的生产与服务，转而依赖旨在获取租金的金融活动；尤其在网络经济泡沫破裂之后，大量产业资本转而投入房地产和相关的金融衍生品市场，做起了“无中生有、以钱生钱”的生意。（3）受制于金融机构的权力，企业治理日趋服从于金融资本的利益。通过生产性投资实现长期发展的目标让位于通过资本运作谋求“股东利益最大化”（Lazonick & O'Sullivan，2000），企业从一个生产单位和社会组织转变为在资本市场上待价而沽的资产组合，裁员和控制工资成本则是提升其短期利润或资产价值的重要手段（Tabb，2010）。

实体经济相比于金融领域的低利润率和家庭负债消费的增长成为金融

① BERNHARDT A，SPILLER M W，POLSON D. All work and no pay：Violations of employment and labor laws in chicago，los angeles and new york city［J］. Social Forces，2013，91（3）：725－746.

化的主要动因，二者犹如一枚硬币的两面，并且与收入差距扩大紧密联系。一方面，随着20世纪70年代原材料与国内劳动力成本上涨以及国际竞争加剧，实体经济利润率受到挤压，产业资本迫切寻求新的获利渠道。得益于全球化和金融业放松管制，金融资本得以在全球范围内恣意穿梭，在不从事生产活动的情况下获取丰厚的回报，于是开启了资本“脱实向虚”的进程。进入20世纪90年代，随着大量现金盈余在少数“食利者”的手中集聚，后者迫切需要更加丰厚的短期回报，而此时工资份额下降导致的内生需求不足使实体经济利润率持续疲弱；相比之下，互联网泡沫催生的股市繁荣以及其后的房地产泡沫无疑使金融资产成为更具吸引力的投资渠道（Wisman，2013）。另一方面，既然一笔金融资本必然对应同等数额的金融负债，那么金融资本的迅速膨胀必然与负债的等量扩张相对应，而后者主要来自家庭负债。由于工资增长陷入停滞，中低收入家庭只能依赖借贷满足消费需求，由此催生了信贷资产（特别是房屋抵押贷款）支持的金融衍生品的非理性扩张（详见下文的分析）。与此同时，2001年之后美联储的长期低利率政策、欧洲货币联盟给负债消费国家带来的“廉价货币”，以及信息技术发展为复杂金融工具的开发提供助力，则为上述过程推波助澜。

金融化进一步推动了去工业化进程与工资份额的下降。一方面，金融化与全球化相结合，使资本的流动性进而资方相对于劳方的议价能力进一步增强；特别是金融资本越发成为更有吸引力的投资渠道，加速了去工业化趋势。另一方面，受“股东利益最大化”管理哲学的主导，企业经营模式从原来的“利润留存并再投资”（retain and reinvestment）转向“裁员并分红”（downsize and distribute）（Lazonick & O'Sullivan，2000），企业高管的关注重点逐渐从长期生产性投资转向通过裁员或者业务外包以提高短期利润、抬升股票价格（进而高管本人也能获得高额的股票期权回报）。此外不乏学者指出，金融化伴生的家庭负债成为一种对劳动者的“规训力量”；背负债务使劳动者的失业成本上升，进而使其更加服从资方的权威，接受更低的薪酬与更不利的劳动条件（Kim Lima & Setterfield，2019；Mahmud，2013）。

7.1.5 制度转变的直接后果

工资政策转变、去工业化与金融化的直接后果之一，是真实工资长期滞后于劳动生产率增长，以致工资收入在国民总收入中的份额持续下降。如图7－1所示，1960～1979年，欧美主要发达国家的工资份额在波动中保持稳定，或者总体呈上升趋势（除了经历了政治制度与产业结构剧烈调整的希腊），而从1980年开始，各国工资份额相继出现了不同程度的下降趋势（具体起始时间与各国工资政策转变的时间吻合），即便北欧福利国家也不例外。为了体现不同国家在收入差距扩大方面的差异，此处参照“资本主义多样性”（Varieties of Capitalism，VoC）理论的相关文献（Hall & Soskice，2001），将27个经济合作与发展组织（OECD）国家被划分为三种市场经济类型，分别为自由市场经济（liberal market economies，LME）、协调型市场经济（coordinated market economies，CME）以及体现出混合特征的“地中海”（Mediterranean）及欧洲转型国家（合并简称为MID）[①]。LME国家的工资份额下降较之CME国家更加显著，而MID国家则因民主化、市场化转型以及相应的经济结构变化，工资份额呈现出较为剧烈的波动，但仍总体上表现出下行趋势。

另外，就业极化与金融化使劳动者内部的工资差距急剧扩大，其中尤以美国和英国为甚。从1979～2007年，美国全职员工中工资最高10分位（D90）与最低10分位（D10）的收入比率从3.8跃升至4.9，同一时期英国的这一数字从3.0上升至3.6。就行业工资差距来看，极少数金融精英

① LME国家更多依赖竞争性的市场机制协调生产活动，国家对经济社会尤其是劳动力市场的管制较少；此处包含六个盎格鲁－萨克森国家。CME国家具有较强的社会统合主义（corporatism）特征，相对较多地依靠非市场制度协调生产活动，通常具有较强大的雇主联盟及劳动者组织、相对完备的福利国家制度以及较多的劳动力市场管制；此处包括具有较强社会民主主义传统的北欧四国（瑞典、挪威、芬兰、丹麦）、处于欧盟核心地位的欧洲大陆国家（德国、奥地利、瑞士及“比荷卢”三国）以及日韩两国；MID国家则兼具LME及CME两类国家的部分特征，通常在企业生产经营领域保留有较强的政府干预，而劳动力市场只存在有限程度的管制，且相比于同类发达国家具有相对较多的农业人口；此处包括法国、南欧国家（意大利、希腊、西班牙、葡萄牙）以及四个“冷战”期间属于苏联阵营的东欧转型国家（捷克、斯洛伐克、波兰、匈牙利）。

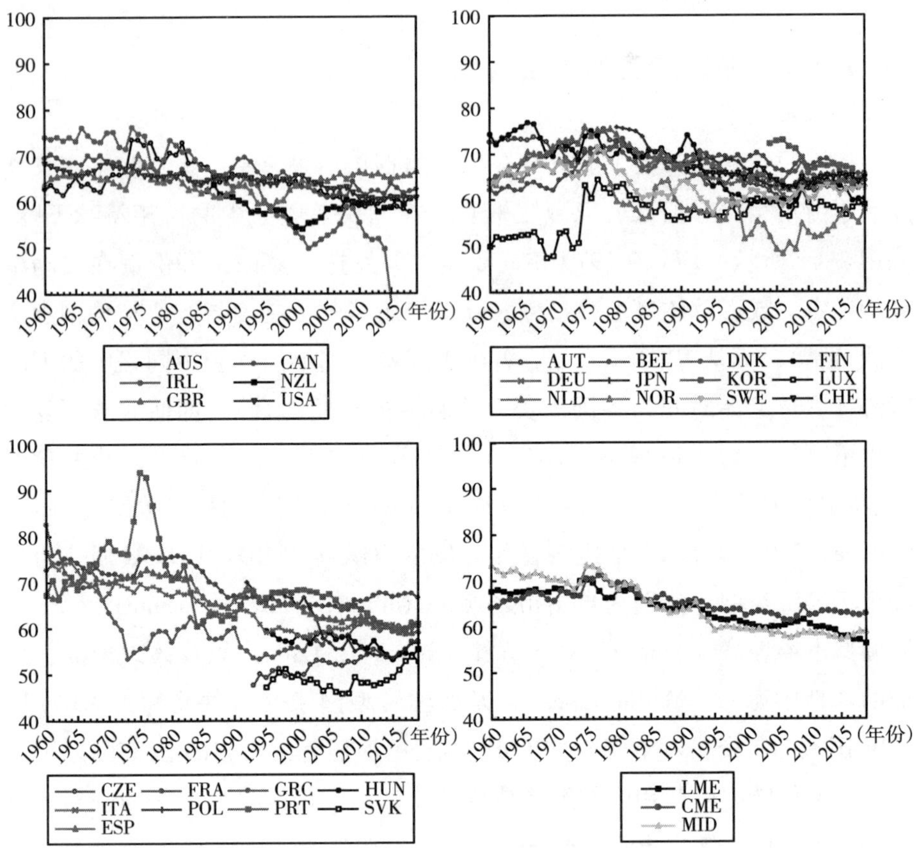

图 7－1　1960～2014 年欧美发达国家的调整后工资份额（adjusted wage share）

注：调整后工资份额系按照雇员平均工资水平将一部分自雇佣人员的收入划归入工资总额，再用工资总额除以 GDP 减生产税净额求出。

资料来源：欧盟 AMECO 数据库。

获得了高额回报，比如卡茨和戈尔丁对哈佛毕业生工资收入的一项研究发现，从事金融业的毕业生比从事其他行业同学的收入高出惊人的 195%（转引自弗里兰，2013）；相比之下，大多数劳动者的真实工资水平止步不前，甚至有所下降，比如按照 2011 年美元计算，美国男性中位数小时工资反而从 1979 年的 19.13 美元下降至 2007 年的 18.29 美元（Mishel et al.，2013）。从职位之间的工资差距来看，位于金字塔顶端的企业高管成为最大赢家：美国首席执行官薪酬从 1973 年工人平均薪酬的 20 倍飙升至 2013 年的 257 倍（转引自戈登，2018）。

工资份额下降与工资差距扩大的共同结果是个体间收入分配差距的扩大。图 7－2 展示了 1950～2019 年三类国家的 Palma 指数，即收入最高的 10% 人群所占收入份额与收入最低的 40% 人群所占收入份额之比。可见 Palma 指数的走势与工资份额密切相关。在 LME 国家经历了 1980 年之前的“大压缩”时代之后，Palma 开始持续走高，其中美国可谓“一骑绝尘”。CME 国家中日本、韩国和德国的 Palma 上升幅度较大，其他国家的上升趋势则比较缓和。

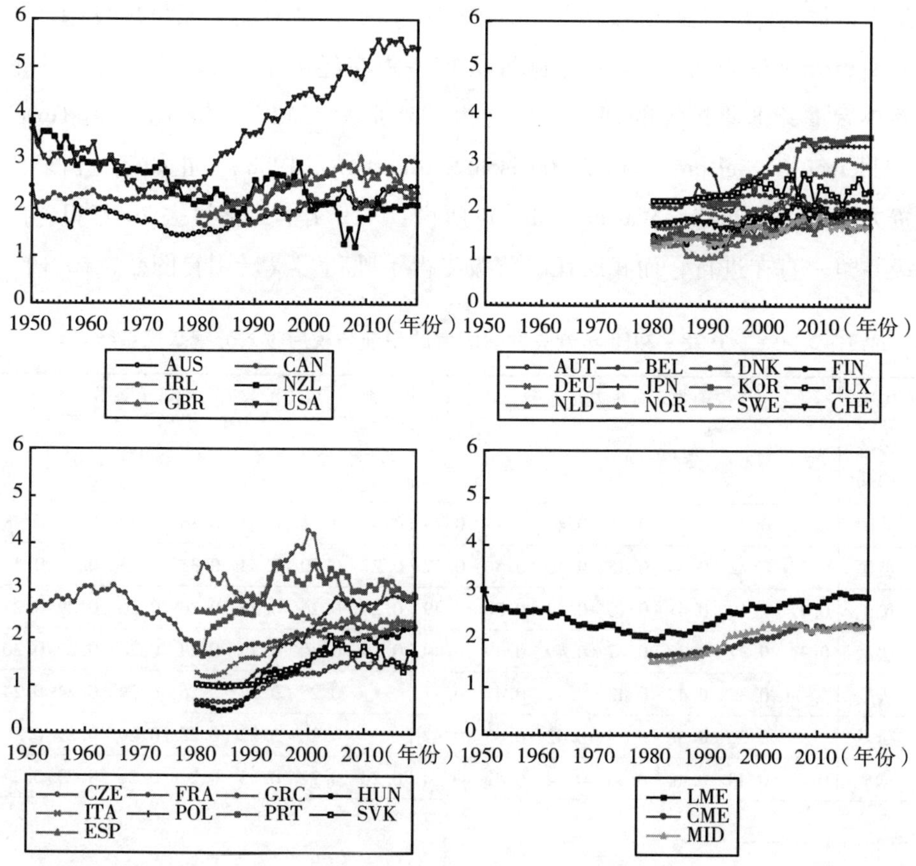

图 7－2　1950～2019 年欧美发达国家最高工资组别与最低工资组别的收入比率

资料来源：OECD“Employment Policies and Data”数据库。

表 7－2 展示了欧美部分发达国家从 1978～2010 年的税前收入分配（初次分配）和税后收入分配（再分配）的基尼系数。各国在 2008 年经济

危机之前几乎普遍经历了初次收入分配差距的扩大，并且时间和程度与各国工资政策转变的时间和类型相吻合。再分配差距呈现大体相似的扩大趋势，但欧洲大陆国家（尤其是“新统合主义”国家）的扩大趋势要比英美两国缓和，总体差距水平也较英美两国低得多。然而初次分配与再分配差距之间的差异越大，意味着财税负担越重，尤其对于经济基础较为薄弱和贸易赤字问题严重的国家（如表7－2中的希腊和意大利）。日益扩大的贫富差距与社会经济结构变化，使相当大一部分“二战”后成长起来的中产阶级群体被“再无产阶级化”（姜辉，2011），以致欧美国家呈现日趋严重的两极分化态势①；有学者将这种贫富差距在经历了“二战”后30年的缩小后重又迅速扩大的现象，称之为“U形大反转”（the Great U-Turn）（Alderson & Nielsen，2002；Harrison & Bluestone，1988）。正如亿万富翁投资人沃伦·巴菲特（Warren Buffet）所说：“事实上，在过去20年里，阶级斗争一直在进行，而我所在的阶级赢得了胜利。”（转引自图兹，2021）

表7－2　1978～2010年欧美发达国家的税前与税后收入分配基尼系数

国家	税前收入分配基尼系数							可支配收入分配基尼系数						
经济周期	1	2	3	4	5	6	7	1	2	3	4	5	6	7
美国	0.39	0.42	0.42	0.45	0.46	0.47	0.49	0.30	0.34	0.34	0.36	0.38	0.37	0.38
英国	0.37	0.42	0.44	0.45	0.46	0.50	0.52	0.27	0.30	0.34	0.35	0.35	0.34	0.34
德国	0.31	0.40	0.41	0.40	0.44	0.50	0.49	0.24	0.26	0.25	0.26	0.26	0.29	0.29
法国	0.34	0.37	0.39	0.47	0.49	0.49	0.49	0.29	0.30	0.29	0.29	0.28	0.29	0.30
丹麦		0.39	0.42	0.43	0.42	0.42	0.41		0.25	0.24	0.26	0.23	0.24	0.24
荷兰		0.36	0.38	0.39	0.42	0.43	0.42		0.26	0.27	0.26	0.29	0.29	0.29
瑞典	0.39	0.43	0.46	0.45	0.44	0.43	0.44	0.20	0.22	0.23	0.22	0.26	0.23	0.27

① 如下两组数据反映了欧美国家的两极分化趋势：从1981年到经济危机发生前的2007年，美国最富有的1%的人群所占有的收入份额从10.0%增加到23.5%；英国（不含资本所得）则从6.7%增加到15.4%；爱尔兰从6.7%上升到11.6%；德国最富有的1%人群所占份额在1981～2003年还呈下降态势，但自“2010大议程”改革起就迅速从2004年的9.0%上升到2007年的12.7%。在美国，在1975～2007年的所有新增收入中，竟然有46.9%被最富有的1%收入囊中，在英国、挪威、意大利、法国、西班牙，这项数字分别为24.3%、11.7%、11.5%、11.4%、10.7%（资料来源：World Top Income Database）。

续表

国家	税前收入分配基尼系数							可支配收入分配基尼系数						
挪威	0.35	0.33	0.37	0.41	0.42	0.45	0.42	0.22	0.23	0.23	0.24	0.26	0.28	0.25
意大利	0.39	0.40	0.47	0.47	0.51	0.49	0.49		0.29	0.28	0.33	0.32	0.33	0.32
希腊		0.44	0.43	0.46	0.47	0.50	0.49		0.35		0.35	0.35	0.34	0.33

注：按照卢森堡收入研究中心（LIS）的划分方法，该表把1978～2010年划分为7个经济周期，分别为——1：1978～1982年，2：1983～1987年，3：1988～1992年，4：1993～1997年，5：1998～2002年，6：2003～2007年，7：2008～2010年；其中7并非一个完整的经济周期，只代表危机时期。第1至第5周期的数据来自贝拉门迪和库萨克（Beramendi & Cusack，2008），除了意大利和希腊，第1至第5周期的数据分别来自OECD数据库提供的1981年、1985年、1990年、1995年和2000年的数据（因只有上述年份的数据）。第6、第7周期的数据均来自OECD数据库。

资料来源：贝拉门迪和库萨克（Beramendi & Cusack，2008）以及OECD数据库。

7.2 危机发生的内在机理

7.2.1 内生需求不足与“外生需求刺激”：负债驱动与出口驱动

作为工资政策演变的直接后果，收入分配差距扩大引致欧美国家经济增长方式失衡，直至危机的爆发。应用第5章的理论，根据B－M模型，当工资份额下降对投资和净出口的促进作用超过它对消费的抑制作用，进而促进了总需求的增长，则宏观经济属于“利润拉动的增长”（profit－led growth，PLG），反之则属于“工资拉动的增长”（wage－led growth，WLG）。国外大量实证研究表明（详见下一章的简要回顾），至少自1990年以来，大多数发达国家都属于工资拉动增长的类型。只有少数的欧盟外向型经济体（如德国、奥地利、比利时、丹麦），虽国内需求属于工资拉动，但在考虑净出口后则由工资拉动变为利润拉动。然而由于欧盟的大多数国际贸易都在其成员国之间进行，如果欧盟各国都指望通过竞争性工资政策刺激出口，结果将是各国的净出口都不会有明显增加，内需却明显下降，以致陷入各国都无法达成最优结果的“囚徒困境”。

当一国本质上属于工资拉动增长的类型，却在实际中发生了工资份额下降或收入两极分化，就会因内生性需求不足而陷入停滞。要摆脱停滞，只能依赖某种“外部需求刺激”，政府的财政和货币政策只是其中特例。在新自由主义时期，尤其是自欧洲货币联盟开始筹建以来，美国和部分欧洲国家借助愈演愈烈的“金融化”（financialization）浪潮，发展出了两种分处两极、却互为条件的外部刺激增长方式——“负债驱动的增长方式”（debt-driven growth）和“出口驱动的增长方式”（export-driven growth）（Hein，2013）。二者分别用负债消费和对负债消费国的净出口弥补了工资增长停滞原本会导致的国内消费需求不足，却使相关国家内部和国家之间的经济结构性失衡不断累积，直至更猛烈的危机爆发。

负债驱动的增长方式通常表现为住户的高负债收入比与企业的高杠杆率，以及由消费繁荣引发的资产泡沫、金融投机与不断增长的经常项目赤字（金融项目盈余），后者又通过一个高度自由的金融市场（尤其是金融衍生品市场），为住户的负债消费和企业的负债经营推波助澜。美国是这一增长方式和金融化的先驱与代表（英国紧随其后），也因此成为本次危机的起源。负债驱动的增长方式并非（或者至少不全是）政府有意追求的某种发展战略，而是在7.1节所述的制度背景下市场主体自主选择的结果。对家庭而言，负债消费一方面是出于自愿，另一方面是迫于无奈。之所以是出于自愿，是由于在新自由主义的意识形态和文化侵蚀下，人被物质异化，消费主义泛滥；鼓励勤俭节约、重视长远发展的清教哲学让位于“寅吃卯粮”的享乐主义；在胜者为王、赢者通吃的“丛林法则”之下，金钱成为衡量个人成功的唯一标准，财富外露则是个人成功的唯一体现（阿尔贝尔，1999）。尤其当暴富的金融新贵和企业高管的炫耀性消费成为风尚，体面的生活标准不断被重新定义，对于处在被“相对贫困化”的另一极的工薪阶层来说，借债消费成为追赶主流社会的自愿选择（加尔布雷斯，2008）。而垄断资本也通过无休止的广告轰炸和营销攻势，不断刺激、制造、操纵着消费者的欲望和情感，缓解消费不足的潜在危机（巴兰和斯威齐，1977；加尔布雷斯，2008）。之所以是迫于无奈，是因为在新自由主义阶段，主要资本主义国家相继以放开竞争和增进效率的名义，对社会保障和公共服务项目（尤其是医疗和教育领域）进行了紧缩或市场化改革，相应的私人支出大幅增加。有研究证据表明，美国个人负债率的提高，主要源于增长缓慢的工资收入无法承受日益昂贵的医疗和教育服务（Warren，2007）。此外由于劳动力市场的自由化改革，非正规就业比例大幅增加；因缺乏长期稳定的收入保障，这些人无法获得信用条件要求较高的优质贷款，只能诉诸次级贷款，从而刺激了对次级贷款的需求，间接助长了个人负债率的提高。与此同时，金融创新和资产泡沫无疑为借债消费提供了“有利”条件。一方面，类似债务担保证券（collateralized debt obligation）、信用违约掉期（credit default swaps）这些衍生品掩盖了金融的系统性风险，增强了次贷资产的流动性，使信用条件较差的人也能得到相对廉价的信贷来购买房产；另一方面，不断膨胀的资产泡沫尤其是持续攀升的房价带来财富效应，它鼓励高收入者通过借贷购买更多的股票或债券，或者促使中低收入群体重新对已购的房屋进行抵押评估，继而利用增加的信用额度购买新的房产或与之相关的汽车和家具（中谷岩，2010）。

就资本所有者而言，负债消费催生的资产价格上涨无疑使房地产与抵押贷款证券化产品成为最值得竞逐的对象。金融业放松管制与宽松的货币政策为这一过程推波助澜。自20世纪80年代起，随着金融业放松管制的推进，越来越多的投资银行开始从事资产证券化相关的金融创新。直到1999年克林顿政府废除了禁止商业银行与投资银行混业经营的《1933年银行法》，商业银行得以全面地从传统的“放贷—持有”（originate-to-hold）经营模式转向“放贷—发行”（originate-to-distribute）的经营模式（也就是将贷款资产打包成为证券化产品并出售）。2001年，美国相继遭受互联网泡沫破裂和“9·11”事件的双重打击，美联储将利率降至1%，如时任美联储主席的格林斯潘所愿，这引发了借款人争相以更低的利率为尽可能多的长期抵押贷款再融资，继而引发了抵押贷款业务（其中就包括了越来越多的次级抵押贷款）以及相关金融衍生品规模的飙升（图兹，2021）。随着金融衍生品的推陈出新与资产泡沫的不断膨胀，居民负债率与金融机构的杠杆率不断攀升。[①] 然而没有真实财富支撑的资本增值和没有真实收入支撑的消费增加只是一个硬币的两面，迟早会随着虚幻预期的破灭而崩塌

① 1997～2007年，美国的个人负债总额从55471亿美元飙升到143745亿美元，共增长了159.1%；作为比较，2004年60个最贫穷国家的负债总额也不过5230亿美元（Cremin，2011）。

（刘盾等，2013）。

在欧洲，负债驱动增长的代表性国家包括希腊、爱尔兰、西班牙与葡萄牙，也就是除意大利之外的所谓“GIIPS 国家”。与美国类似，这些国家都经历了不同程度的房地产泡沫和个人负债收入比、财富收入比上升。如表 7－3 所示，在 1999～2007 年期间，这些国家的经济增长率大多高于欧元区平均水平，但除爱尔兰之外，消费对经济增长的贡献率均在 80% 以上（葡萄牙甚至接近 100%），其中私人消费对经济增长的贡献率均超过 62%（葡萄牙为 77.8%），而净出口为负值。从部门金融平衡表（sectoral financial balance）来看，这些国家的对外财政余额（相当于广义金融项目盈余）均为正，但这项数值对爱尔兰来说和对其他几国相比有着不同的意义：希腊、西班牙与葡萄牙的对外财政盈余是源于经常项目赤字，以致需要国外资金来为本国需求筹资；这反映在上述国家公共部门或私人部门的财政赤字上，亦即本国对外国负有债务。但爱尔兰的对外财政盈余是源于其他国家的资本净流入，因为表 7－3 显示爱尔兰的净出口为正，且对 GDP 增长的贡献率达到 19.7%；而对爱尔兰的资本净流入，则是缘于该国的低税率和房地产泡沫对国外投资的双重吸引力。表 7－3 还显示，在危机发生之前，只有希腊和葡萄牙的公共部门财政余额为负，且并非高到不可控制的水平（至少与美国、日本相比），而爱尔兰和西班牙还拥有公共部门财政盈余。有学者通过分析部门金融平衡表指出，所谓 GIIPS 国家的公共财政赤字并非政府“挥霍无度”的结果，而是在 2008 年政府救市之后才显著增加，实则是把私人部门的巨额财政赤字（债务）转移到了政府身上（Hein，2013）。

表 7－3　　1999～2007 年欧洲的负债驱动国家与出口驱动国家的宏观经济指标比较

指标		负债驱动增长的主要国家				出口驱动增长的主要国家				欧元区平均
		希腊	爱尔兰	西班牙	葡萄牙	德国	比利时	芬兰	荷兰	
部门金融平衡（占 GDP 比率）	对外财政余额	11.7	1.4	5.7	9.4	－2.7	－4.4	－6.1	－6.8	－0.5
	公共部门财政余额	－5.3	1.6	0.2	－4.1	－2.2	－0.4	3.8	－0.5	－1.9
	私人部门财政余额	－6.4	－3.0	－5.9	－5.3	4.9	4.8	2.3	7.3	2.4

续表

指标		负债驱动增长的主要国家				出口驱动增长的主要国家				欧元区平均
		希腊	爱尔兰	西班牙	葡萄牙	德国	比利时	芬兰	荷兰	
需求结构指标（%）	GDP 年均增长率	4.1	6.6	3.7	1.8	1.7	2.3	3.6	2.5	2.2
	私人消费贡献的增长率	2.6	2.9	2.3	1.4	0.5	0.8	1.7	0.8	1.1
	公共消费贡献的增长率	0.7	0.9	0.9	0.4	0.1	0.4	0.3	0.7	0.4
	投资贡献的增长率	1.5	1.5	1.6	0.0	0.2	0.6	0.7	0.4	0.6
	净出口贡献的增长率	-0.8	1.3	-1.0	-0.1	0.9	0.4	0.7	0.5	0.1
劳动力成本指标（%）	工资份额年均变化率	-1.0	0.2	-0.8	-0.1	-0.9	-0.7	-0.4	-0.5	-0.6
	名义单位劳动力成本年均增长率	2.6	3.6	3.0	2.7	-0.1	1.6	1.1	2.2	1.5
	通货膨胀率	3.2	3.4	3.1	2.9	1.6	2.0	1.6	2.4	2.1

资料来源：HEIN E. The crisis of finance - dominated capitalism in the euro area, deficiencies in the economic policy architecture, and deflationary stagnation policies [J]. Journal of Post Keynesian Economics, 2013, 36 (2): 325 - 354.

与负债驱动的增长方式相对应，德国、比利时、芬兰、荷兰、丹麦等国代表了出口驱动的增长方式。如表7-3所示，这些国家表现出较高的经常项目盈余（亦即对外财政余额为负）；由于实行以提高出口竞争力为首要目标的竞争性工资政策（见表7-1），名义单位劳动力成本增长率显著低于负债驱动国家，但随之而来的是低迷的国内需求增长率，进而导致了较高的私人财政余额和低于欧元区平均水平的通货膨胀率，后者加深了负债驱动国家在国际贸易中的价格劣势。其中最具代表性的是德国：由于经历了工资份额的大幅下降（以致名义单位劳动力成本出现负增长），国内消费乃至总体经济增长率都远低于欧元区平均水平；高额的私有部门财政盈余正是收入差距扩大导致平均储蓄率上升和国内需求不足的反映。正如上文所述，德国与其他出口导向的国家处于一种“准囚徒困境”的状态，各国均试图通过竞争性工资政策，用净出口的增加弥补国内需求的不足，结果却是以国内需求增长的大幅下降为代价，换来净出口的有限增长，以致其总体经济增长率落后于欧元区平均水平（芬兰例外）；而净出口的有限增长，主要归功于依靠负债驱动的国家。正是这些国家较强的国内需求，使依赖出口的国家不至于陷入完全的“囚徒困境”。

7.2.2 从增长方式失衡到危机的爆发

负债驱动国家和出口驱动国家结成了如图 7-3 所示的一对矛盾综合体。负债驱动国消化了出口驱动国相对其国内需求而言的剩余产品，以致前者累积了大量的私人部门与对外财政赤字，后者则累积了大量的私人部门与对外财政盈余；后者又通过从美国、英国的金融市场购买政府、企业债券乃至金融衍生品，将资金盈余以信贷或直接投资方式注入负债驱动国，为其负债消费和房地产投资创造了有利条件，但同时也输入了不断累积的金融风险。[①] 由于本章只是在欧美经济危机的话题下讨论，图 7-3 中的出口驱动国只包括欧洲国家。但从全球范围来看，为负债消费国提供剩余产品的还包括全球最大的消费品出口国中国、主要的初级产品出口国俄罗斯、巴西，以及亚洲的资本品出口国日本。两类国家的分立导致了全球范围内生产与消费的分离，其外在表现就是 20 世纪 80 年代以来一方的贸易顺差与另一方的贸易逆差持续扩大。

需要指出的是，尽管中国作为全球最大的贸易顺差国，为美国提供了大量消费品与资金盈余，但中国绝非欧美经济危机的诱因。本·伯南克（Ben Bernanke）所谓来自中国的“过剩储蓄”（saving glut）导致美国金融危机的说法没有根据。正如图兹（2021）通过翔实可信的数据指出，中国金融部门把顺差产生的美元收益投资于美国国债，而非美国的抵押贷款与

---

① 一个典型例子是以高盛为代表的美国投行通过 10～15 年期的货币互换，为希腊、葡萄牙等国提供隐性贷款，以便把部分公共债务移出这些国家的资产负债表，使其满足《马斯特里赫特条约》的要求。

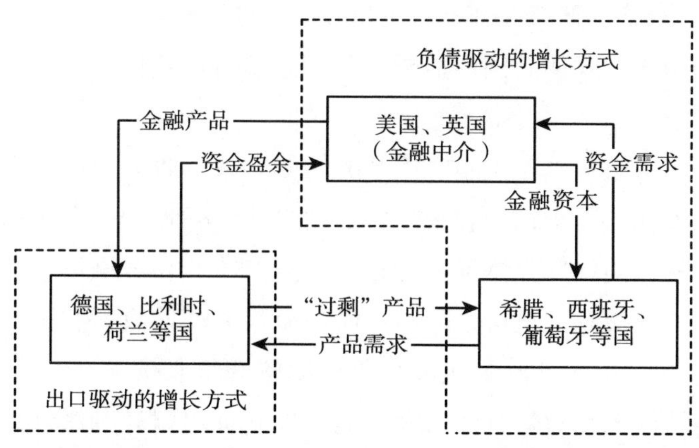

图7-3 负债驱动的增长方式与出口驱动的增长方式：互动关系

相关衍生品市场；"美国资产的最大买家以及危机前借钱给美国的最大外国放款机构，并不是亚洲人，而是欧洲人。"尽管欧洲的出口驱动国相对于美国的贸易顺差额是适度的，但欧洲流向美国的资金绝非贸易顺差的金融对等物。美欧之间的资金流动构成了一个独立于两地商品贸易关系的金融循环系统；欧洲银行借入美元，再用美元投资于美国的抵押贷款与相关衍生品市场。因此只看美欧之间的资本净流量（它等于欧洲对美国的贸易顺差）是有误导性的，流入、流出美国的资金总流量方可显示出欧洲国家在助推美国金融资本扩张方面的重要作用。

由收入分配导致的增长方式与国际贸易失衡，也与供给侧相互作用。伴随着金融化助推的去工业化，美国的劳动生产率增长进一步放缓，继而进一步削弱了美国在实体经济领域的国际竞争力，强化了其依赖贸易赤字满足国内消费需求的局面。同时，收入差距扩大导致的阶层固化与教育不平等加剧，使1982年之后美国的高中毕业生学业质量下降，大学毕业生供给增长放缓，成为制约其劳动生产率增长的另一供给侧因素（戈登，2018）。欧洲方面，GIIPS国家的制造业基础较之欧洲核心国家原本就相对薄弱；得益于欧洲货币联盟带来的低利率信贷使大量资金流入这些国家的房地产与旅游行业，加速了其去工业化进程。从BOPC理论的视角来看，收入分配引发的内生需求不足与依赖外生需求刺激的增长方式，制约了负债消费国家"收益递增"部门的发展，降低了其可贸易品的非价格竞争力

（同时也通过通货膨胀降低了价格竞争力），进一步收紧了国际收支约束。负债驱动的增长方式使其国内需求增长超过 BOPC 容许的增长率上限，贸易逆差持续累积。

总之，工资政策及相关制度体系的转变导致了收入分配失衡，进而又导致了增长方式、需求结构和国际贸易的失衡。一旦危机在负债消费和金融化的中心——美国率先爆发，持有大量美国债券和金融衍生品的欧洲银行便面临信心与流动性危机，欧洲负债国家因流动性收紧和资产泡沫破裂导致债务违约，进一步把欧洲银行业连同整套增长方式带入全面危机当中。欧洲各国因向私有银行注入大量流动性并推出财政刺激计划，同时因增长受挫、失业率上升（尤其是在资金大量外流的负债国家），财政收入锐减而社保支出增加，导致负债国家的大量私人部门债务转变为政府债务。此时曾受政府救助的国际金融资本反过头来做空欧元，致使欧元贬值，国债收益率飙升（特别是在希腊公债丑闻曝出之后），私人部门的经济危机最终转化为主权债务危机。

在造成上述各种经济失衡的过程中，欧洲货币联盟发挥了重要的推动作用。一方面，统一货币与统一的名义利率为负债驱动国提供了充足的廉价货币；另一方面，国家货币主权的丧失使各国不能通过汇率调节国际收支失衡，而《马斯特里赫特条约》与《稳定与增长公约》限制了各国通过公共投资促进就业，或者通过投资补贴、税费减免吸引私人投资的可行性，以致各国主要通过竞争性工资政策压低劳动力成本，也就是采取所谓的“内部贬值”（internal devaluation）策略，提升出口竞争力和投资吸引力（Keune，2008），从而加深了收入分配失衡与需求不足问题。正如某些学者指出，欧洲一体化和欧洲货币联盟的建立，本质上是由新自由主义思想主导的“负向一体化”（negative integration）过程；如果说“正向一体化”（positive integration）旨在通过政治联盟与转移支付联盟，建立共同的社会与经济政策，作为市场运行的制度基础；那么“负向一体化”旨在通过放松管制，移除劳动力竞争和资本流动的各种“障碍”，用“欧洲大市场”代替传统的“欧洲社会模式”，限制劳工权力与主权国家干预经济的能力（Scharpf，2002；Stockhammer，2014）。

至此，笔者得以用图 7－4 总结危机发生的内在机理。以上分析表明，

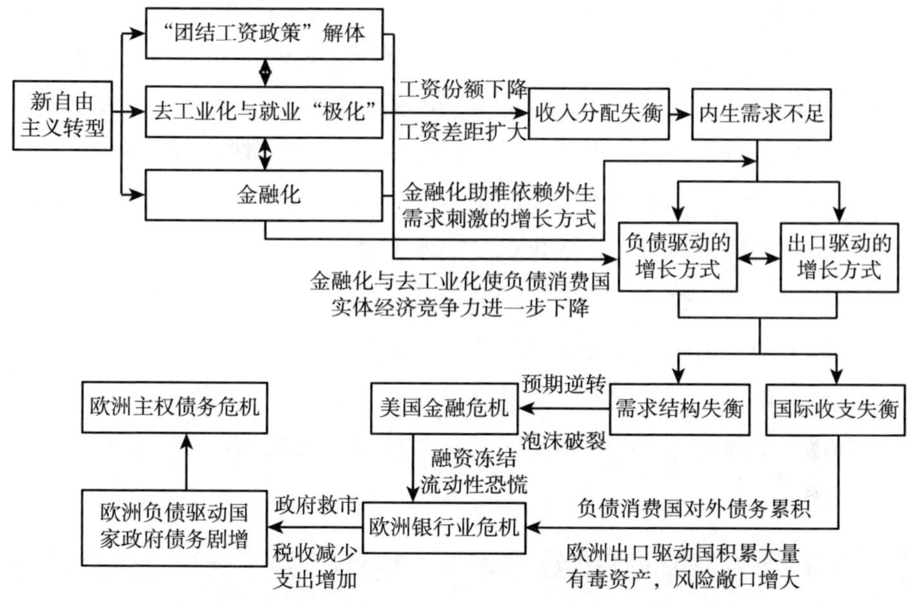

图7－4 欧美经济危机的发生根源与传导机制

美国金融危机与欧债危机并非两个独立的事件，而是发生于统一的历史根源与互动传导机制，亦即新自由主义的劳动力市场制度与社会经济政策渐次导致收入分配、增长方式、需求结构与国际贸易失衡。从发展过程来看，欧债危机依次表现为经济增长危机、银行业危机、国际收支危机、主权债务危机乃至政治危机，但究其本质与根源，是剩余价值的实现危机。主权债务危机只是整个故事的最后一环。主流观点将危机归咎于"GIIPS"国家的所谓高工资、高福利是站不住脚的：如前所述，不管是北方的欧洲核心国家，还是南方的"GIIPS 国家"，都通过工资决定机制的自由化或竞争性工资政策，经历了工资份额（进而真实单位劳动力成本）的下降和工资差距的扩大，甚至"GIIPS 国家"的工资份额下降及收入差距扩大的程度不亚于中心国家。"GIIPS 国家"的公共财政赤字，也并非政府与民众"挥霍无度"的结果，而是因为政府帮助私人部门背负了危机的成本与巨额债务。① 当然，危机也不能"归咎"于出口驱动国"消费太少""储蓄

① 希腊也许是个例外，因为希腊在危机之前就存在较高的政府赤字，但赤字占 GDP 的比重远低于危机发生之后。

太多”，特别是如上文所述，责备中国的“储蓄过剩”导致危机的说法更无根据。是美国主导的资本主义“世界体系”（world system）进入新自由主义长波周期之后，资方通过调节机制的系统性转型全面扭转了权力与收入分配格局，造成了主要国家工资份额的普遍下降与收入差距的持续扩大。在增长区制重新转为 WLG 的情况下，这一转型造成内生需求不足，实体经济利润率下降。而金融化正是资本利益集团为追求资本价值增值的现实回应，两种依赖外生需求刺激的增长方式分化则是收入分配和金融化共同作用下的必然结果。金融化又使西方国家的收入差距与美国实体经济竞争力的衰落进一步加剧。因此从更深广的意义上说，始于2008 年的欧美经济危机也是美国主导的资本主义“世界体系”的危机。

7.3 后危机时代的经济治理：也谈“百年未有之大变局”

欧美经济危机爆发之后，美国迅速通过“不良资产救助计划”稳定金融系统，随后将基础利率降至接近于零的水平，并相继启动三轮大规模资产购买计划，即所谓的“量化宽松”。欧盟各国也普遍采取了凯恩斯主义的扩张性危机应对政策，允许中央银行和社会保障制度分别扮演“最后贷款人”和“自动稳定器”的角色，并经过艰难的磋商之后，直至 2012 年才姗姗来迟地出台欧洲版本的“量化宽松”。但是这些非常规总需求管理政策仍然是基于主流“新共识”（new consensece）理论，旨在通过降低国债利率，寄希望于金融机构出于“资产组合最优化”动机增加对长期债券的购置，进而降低长期债券利率，鼓励企业融资。事实证明，这些措施不仅对就业的拉动效果乏善可陈（毕竟是企业的投资需求决定融资需求，在盈利预期悲观的情况下降低利率的效果十分有限），还因为主要惠及金融机构和巨富阶层，进一步扩大了贫富差距。

然而此轮危机的影响远不限于经济方面。它拉开了全球“百年大变局”的帷幕：希腊的混乱、英国脱欧、特朗普当选、政治极化、民粹主义抬头、俄乌冲突，资本主义民主面临空前挑战，西方世界遭遇了冷战结束以来的最大危机。要对“百年大变局”做出全面的分析，既超出笔者的能力，更超出了本章能够承载的内容。此处仅从本书第 5 章和第 6 章提出的理论视角，结合前文对此轮危机历史根源的解读，对“百年大变局”及其与资本主义长波周期的关系做简要讨论。

7.3.1 “长波周期”与“百年周期”：相关理论的简要回顾

“长波周期”（long waves）的理论最早由苏联经济学家康德拉季耶夫（Kondratieff，1979）在 20 世纪 20 年代提出，其后经过熊彼特（1991a）的引介被经济学界熟知。该理论指出，世界主要资本主义国家的价格、产出增长或资本积累等经济指标大致同步地表现出延续 50 年左右的长周期波动。长波周期是西方非主流经济学家长期研究的课题。按照多数学者的意见，从 18 世纪末至今世界经济至少经历了四次长波，依次为：第一次长波，1790～1848 年，其中 1790～1815 年为上升期，1815～1848 年为下降期；第二次长波，1848～1896 年，其中 1848～1873 年为上升期，1873～1896 年为下降期；第三次长波，1896～1948 年，其中 1896～1929 年为上升期，1929～1948 年为下降期；第四次长波，从 1948 年开始，1948～1973 年为上升期，但关于 1973 年之后是否出现了新的一轮长波尚存在争论。越来越多的学者认为，1983 年前后西方发达国家开始了新的一轮长波，该长波在 2007 年发展至顶点之后，随着美国金融危机的爆发进入下行周期并一直持续至今。

关于长波周期的驱动因素，学界主要存在以下五种理论：（1）基础设施投资理论，也是康德拉季耶夫本人的观点，认为长波周期源于大型、长寿命的基础设施（如铁路、运河、工厂）的投资波动。（2）创新理论，以熊彼特（1991a）、弗里曼和卢桑（2007）为代表，认为长波周期源于一定时期重大技术创新集群出现所带动的投资高潮，以及技术革命潜力用尽后所导致的投资衰落。（3）利润率下降理论，也是经典马克思主义的长波理论，以曼德尔（Mandel，1995）为代表，认为利润率下降是资本主义的必然趋势，但外生因素（如战争、殖民地扩张、对劳工运动的镇压等）会暂时抵消这一趋势，从而间歇性地引发经济上行周期。（4）战争周期理论，以古德斯登（Goldstein，1985；Goldstein，1987）为代表，认为长波周期与世界霸权国家之间周期性爆发的大规模战争相关；经济扩张激化国际竞争、为战争提供经济条件，战争反过来又对经济产生刺激作用。（5）制度变革理论，以美国SSA学派与法国调节学派为代表，认为一整套制度结构的协调一致使剩余价值的生产、实现与积累得以顺利进行，则资本主义经济进入上行周期，直至制度结构的内在矛盾逐渐累积导致危机爆发，资本主义经济转而进入下行周期，直至新的制度结构形成。对此本书已在3.3节做了详细回顾。这也是本书更加倾向的观点，特别是调节学派提出的制度形式与积累区制的匹配给本书最大启发。不过本书更强调制度结构决定的收入分配与积累区制（本书使用后凯恩斯主义学者惯用的“增长区制”）的匹配对推动经济增长的核心作用。

不过，与战争周期理论密切联系的另一种长波周期理论，包括以沃勒斯坦（2013）、阿里吉（2022）为代表的“世界体系”理论，以及观点近似的“霸权周期”理论，对于理解当今世界“百年大变局”似乎更有借鉴意义。不过此类周期是比通常所说的“长波”更长的周期，通常跨越比一个世纪略长的时间（约110～150年），表现为由某个霸权国家主导的世界体系的更迭。我们可以称其为“世界体系周期”“百年周期”，或者跟随阿里吉（2022）称其为“体系积累周期”。世界体系理论认为，世界经济通过国际劳动分工体系与商品交换关系被联结成一个整体；该体系由“核心国家”（core countries）“边缘国家”（periphery countries）和处于两者之间的“半边缘国家”（semi-periphery countries）组成；“核心国家”以霸权国家为主导，凭借其在经济、政治、文化、军事等领域的支配地位，通过与其他国家的不平等交换获取剩余价值，并维持一套相对稳定的世界经济秩序。世界体系周期包括2～3个长波周期。相关学者认为自16世纪现代世界体系正式确立，资本主义世界已先后经历了长17世纪的荷兰周期、长19世纪的英国周期和长20世纪的美国周期，也可依次称为“荷兰世纪”“英国世纪”和“美国世纪”。

正如笔者在7.2节结尾部分指出，始于2008年的欧美经济危机，是美国主导的世界体系的危机；而由此拉开帷幕的“百年大变局”，正是美国世纪走向终结、新的世界体系尚未确立的失序阶段。对此已有国内学者提出类似观点（白钢，2020；严鹏，2023）。不过，既然长波周期嵌入在世界体系周期之中，世界体系的更迭本身也意味着国家层面的制度结构——亦即SSA或调节机制——的更迭，并且以后者为基础，因此不宜脱离长波周期讨论世界体系周期。立足本书的收入分配与供需协同的观点，笔者提出：特定制度结构决定的收入分配变化与增长区制的匹配与失配，决定了一个长波周期的上行与下行；一个世界体系内的长波周期由霸权国家主导，进而取决于霸权国家收入分配及其相应的供需匹配状况。收入分配的现实变化与当前的增长区制相匹配，意味着长波的上行周期；随着制度本身的惯性驱使收入分配继续单向变化直至超过增长区制转换的临界点，以致走向增长区制的反面，既有调节机制也将陷入危机。此时，霸权国家内部的政治力量博弈会驱使收入分配向着与转换后的增长区制相匹配的方向回调，继而从危机中走出并开启新的长波周期，而霸权国家的国际竞争优势为制度调整提供了空间与条件。然而随着霸权国家国际竞争力的衰落，通过制度变革重启上行周期的潜力也随之消失；直至一个新崛起的国家通过一套新的制度结构与其自身增长区制的匹配，推动其接替核心地位，进而建立一套新的国际政治经济秩序。

7.3.2 收入分配与供需协同视角下的“长波周期”

长波周期表现为特定历史时期内核心国家若干经济指标大致同步的变化。由于核心国家之间紧密的经济联系以及制度结构的相似性，各国经济的长周期波动趋于同步，但波动的“策源地”与主要推动力理应来自霸权国家或者即将接替霸权的国家（如20世纪初的美国）。因此在国家层面分析长波周期的发生机制应不失合理性。此处关于长波周期的观点主要受尼基弗鲁斯（Nikiforos，2022）的启发。比如，图7-5展示了一个倾向劳方的制度结构如何经历一个长波周期的过程。根据5.2节的观点，增长区制呈现非线性特征，即工资份额越高（低），增长区制越倾向于呈现利润（工资）拉动的属性。过高的工资份额（也就是过低的利润份额π），会使资本主义经济陷入剩余价值的生产危机；唯有通过倾向劳方的制度调整，推动工资份额回升（也就是推动分配曲线右移），才能恢复内生需求的增长。然而随着内生需求的持续提升，增长区制终将由利润拉动（PLG）阶段转向工资拉动（WLG）阶段，增长随之放缓，直至陷入剩余价值的实现危机。于是资本主义经济犹如航行在两座峭壁的惊涛骇浪之间；某种制度结构驱使的收入分配变化会因其与增长区制的匹配而驱动经济进入上行周期，但这一过程本身也“埋下了自身毁灭的种子”，驱使收入分配走向增长区制的反面。因此长波周期的交替过程，本身也是制度结构的更迭使收入分配与增长区制从失配重回匹配的过程。

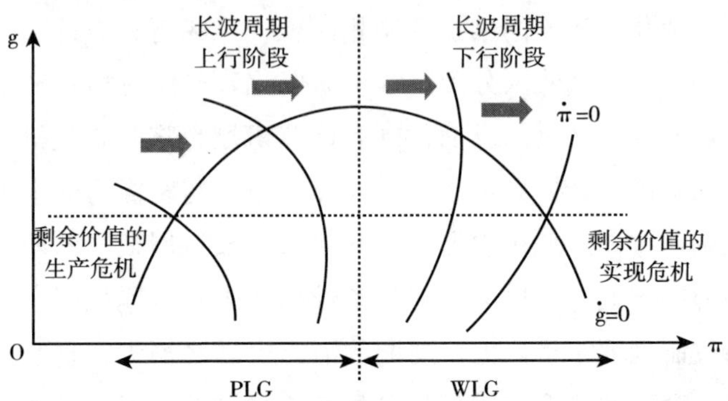

图 7－5　一个倾向劳方的制度结构经历的长波周期过程

需要补充的是，根据 5.3 节和 6.2 节的理论分析，π 越小，分配区制越倾向于呈现 LMD 的属性（即分配曲线向左上方倾斜），反之则越倾向于呈现 PMD 的属性（即分配曲线向右上方倾斜）。这一方面是因为较低的 π 意味着相对较强的劳方结构性权力（相当于 ζ_w 较之 ζ_c 更大），另一方面是由于内生技术进步中反映“马克思—希克斯”效应和“卡尔多—凡登”效应的系数（即 x_π 和 x_g）随 π 变化的非线性。因此当收入分配向着与当前增长区制不相匹配的方向变化时，会以加速的形式趋向危机。当然图 7－5 远不足以揭示现实中危机发生的实际过程。历史经验表明，在实际增长率陷入停滞之前，资本主义经济经常会通过金融化维持总需求的增长，直至潜在的内生需求危机以更集中、更猛烈的金融危机的形式爆发。

至少在美国主导的 20 世纪，我们观察到了这一历史周期律：“咆哮的 20 年代”见证了工资份额下降与收入两极分化，直至剩余价值的实现危机导致 1929～1933 年的大萧条；其后劳工运动与左翼政治力量的兴起催生了“二战”之后的罗斯福“新政”，使之后的几十年间工资份额稳中有升以及个人收入差距的“大压缩”，继而使资本主义经济迎来了高速增长的“黄金时代”。然而随着福特制生产的规模经济潜力消退、劳资矛盾加剧、劳动生产率下降，以及来自新兴工业国家的竞争加剧，工资份额自20世纪60年代后期快速上升，资本积累趋于停滞，并在70年代的石油危机冲击之下使经济陷入“滞胀”危机。于是权力的天平再次向资方倾斜：里根与撒切尔政府发起了新自由主义革命，拉开了7.1节回顾的历史序幕；收入两极分化、金融投机日盛、资产泡沫膨胀，直至金融危机爆发，犹如1929年之前的历史再现。

问题是制度结构为何会在一定历史时期内驱使收入分配持续提高或降低，而不是稳定在特定水平；以及更重要的是，危机之后为何会有制度变革使收入分配回调。尼基弗鲁斯（Nikiforos，2022）对这一问题的回答借鉴了赫希曼（Hirschman，2002）的“转变参与”（shifting involvement）理论。该理论认为一个“消费者公民”会通过权衡对私人消费和公共事务的参与程度实现预期效用最大化，但某一选择带来的实际效用总会低于预期以致个体向另一种选择过度调整，由此产生一个自利行为和集体行动的内生循环。尼基弗鲁斯（Nikiforos，2022）将该理论中的个体替换为阶级，并提出如下理论模型：一方面，劳方或资方各自根据预期收益和成本选择集体行动的参与程度；工资份额越高，意味着劳方掌握的政治、经济权力越大，进而通过调动资源或影响政治决策为己方争取更大收入份额的能力越强，也就是提升工资份额的“边际成本”递减。但是另一方面，随着增长区制从WLG转向PLG并且PLG的属性越来越强，持续提升工资份额将导致增长放缓、失业率上升，于是提升工资份额的“边际收益”也递减。在工资份额较低的阶段，推升工资份额的边际成本递减效应占优，劳方倾向于提高集体行动的参与程度，然而当工资份额逐渐进入高位，进一步推升工资份额的边际收益递减效应开始占优，形势便开始向反方向发展。资方的行为则如同劳方的“镜像”。在此模型设定下，工资份额的变动将形成一个内生化的循环。

该理论为劳资力量对比的钟摆式运动提供了具有内在一致性的解释。但是该理论直接将赫希曼（Hirschman，2002）的“转移参与”理论中的个体换成阶级，假设一个阶级会像个体那样根据预期收益和成本做出统一决策是不能令人满意的。问题正在于，为什么劳动者会在工资份额很低时形成“阶级认同”从而采取集体行动，而不是展开更激烈的个体竞争（也就是所谓的“内卷”)？换言之，需要解释的正是行为假设本身。对此问题的详细解答已超出本书的任务，政治与社会学者理应更有发言权。此处只借鉴由蒂利（Tilly，1978）提出并由凯利（Kelly，1998）发展的“动员”（mobilization）理论做简要讨论。动员理论认为劳动者的集体动员以“利益界定”为前提，即个体劳动者在多大程度上认为自己的利益与其他劳动者是一致的。这一认知过程要经历“不公平感”（injustice）“归因”（attribution）和“认同”（identity）这三个环节。自身回报与投入之比明显低于他人会引发个体的不公平感，但个体对这一结果的归因与他的群体认同相互作用：前者指这种不公平的现状被“归咎于”哪个群体，后者指个体认为自身属于哪个群体、与哪个群体处于相同的境遇。当劳动者的工资增长普遍停滞，以致绝大多数劳动者与少数精英（资本所有者、企业高管、金融家）的差距逐渐拉大，劳动者也就更倾向于将自身认同于一个整体，与少数精英对立起来，形成所谓的“阶级意识”。而由“不公平感”引发的“归因”和“认同”的相互强化会在危机发生后被集中激发。美国金融危机发生之后，美国民众发起“占领华尔街”运动，并喊出“1% vs. 99%”“我们都是99%”的口号就是这一理论的生动例证。①

7.3.3 从“长波周期”到“百年周期”

尼基弗鲁斯（Nikiforos，2022）没有回答（或者毋宁说没有提出）的另一个问题是，为什么上述钟摆式运动不会在同一个国家永远持续下去，为什么从2008年危机发生至今已经过去了15年，仍未见到一套向劳方利益回摆的新的制度体系开始建立的迹象。当然，美国国内从未停止类似的政治运动，如奥巴马在多个场合尖锐批判收入不公，以及大力推动《平价医疗法案》，更加“左”倾的伯尼·桑德斯以建设“民主社会主义”的口号参加竞选。但现实却是极力反对“大政府”“建制派”的茶党崛起，《平价医疗法案》在共和党的百般阻挠下艰难通过了一个缩水版本，2016

① 范·吉尔德. 占领华尔街：99%对1%的抗争［M］. 朱潮丽，译. 北京：中国商业出版社，2012.

年特朗普凭借鼓吹民粹主义被选举为总统，却在上任不到一年后就促使国会通过了一项为企业和巨富阶层大幅减税的法案；即便现任美国总统拜登在2021年3月签署了1.9万亿美元的经济刺激计划，但该计划仍流于传统的总需求管理政策，远未触及造成美国收入分配现状的制度根基。对这一“理想与现实”的差距的一个可能回答是：一套新的SSA或调节机制的建立需要经济、政治、社会乃至文化领域一系列制度安排的协调配合；由于利益既得者已深深嵌入原有制度体系的各个领域，要重建SSA或调节机制注定是一个艰难且漫长的过程。然而对现实进一步考察后不难发现，美国似乎离重建一个21世纪的“新政”渐行渐远。一方面，数字技术正日益成为大企业控制劳动过程的工具而非促进包容性增长的手段；平台经济的崛起一边成就了极少数垄断市场和数据资源的“超级明星”企业，另一边造成了大量收入微薄、缺乏保障的“零工”劳动者；金融危机之前的劳务外包趋势逐渐被发挥到极致，从当初的非核心业务外包发展到今天的员工外包、培训外包、运营维护外包乃至固定资产外包。新自由主义时期的资方支配地位与就业极化现象有增无减。另一方面，政治极化正空前地撕裂美国社会；民主党日益沦为知识精英的政党，沉迷于“身份政治”而非“阶级政治”，愤怒的无产阶级则与共和党的右翼联盟，越发倒向民粹主义；关于新自由主义替代方案的共识还远未达成，更遑论政治上的可行性。

从长波周期理论上升到世界体系周期理论，可对这一问题给出更加令人信服的答案。国际收支约束（BPOC）理论为两种周期理论的衔接与过渡提供了借鉴。根据6.2节的分析，一国的总需求增长不能长期超过BOPC所容许的上限，这个上限可表示为国外总需求增长率乘以一个反映本国产品非价格竞争力的乘数（在6.2.1节的模型中是本国产品的出口收入弹性与外国产品的进口收入弹性之比），而一国产品的非价格竞争力则是该国总体技术水平或所谓供给体系质量与效率的综合体现。产品的绝对竞争优势是霸权国家在世界体系中的主导地位赖以建立的基础，它使霸权国家得以在国际分工价值链中占据支配地位，在国际贸易中获取有利的贸易条件以最大程度地汲取全球剩余价值，维持本国货币的国际结算货币地位，为国内总需求增长营造更大的潜力与空间，乃至主导在全球政治、文化、意识形态领域的影响力与话语权。

霸权国家在国内通过制度体系的更替以实现长波周期的更迭是在一个更广阔的世界体系环境中进行，霸权国家对世界体系的支配为其内生需求的扩张创造了有利条件。当该国处于 PLG 的增长区制，在全球范围内获取相对廉价的劳动力与原材料可使国内厂商实现利润份额的上升；当该国处于 WLG 的增长区制，较强的非价格竞争力可使国内厂商将真实工资的上涨更多地转嫁至产品价格而不至于造成出口增长的大幅下降，也就是由工资份额上升驱动的内需增长不会过早面临国际收支约束。即便是收入分配与增长区制不相匹配，对世界体系的支配地位也有利于缓解内生需求不足的影响，比如依靠国际结算货币地位以较低成本为债务融资，或者依靠较强的产品竞争力消化国内过剩产品。换言之，对世界体系的支配地位使霸权国家更容易避免剩余价值的生产危机与实现危机的双重包夹，犹如行驶在两岸峭壁之间的一个更宽阔的、水流更平缓的航道。

然而正如国内的制度体系一样，任何一个世界体系都蕴含着自身的基本矛盾，其中最具必然性的基本矛盾就是来自其他核心国家乃至半边缘、边缘国家的竞争将逐渐侵蚀霸权国家的支配地位。在“二战”之后的资本主义“黄金时代”，美国对欧洲的“马歇尔计划”和对日本的“强制改造”是其维护全球霸权的有力手段，但借助这些计划实现快速工业赶超的欧洲和日本反过来成为美国强有力的竞争对手。随着美国国际竞争力的相对下降，其内需增长面临日益严苛的国际收支约束，表现为 20 世纪 70 年代以来对日本和德国（其后则是对中国）持续扩大的贸易逆差。美国国内方面，劳动生产率增速下降，叠加以国际竞争的压力，使劳动者要求的真实工资上涨更大程度地转化为工资份额的上升，继而使增长区制从 WLG 转入 PLG。通过制度变革恢复利润份额成为重振资本积累的必要前提，而这也是新自由主义转型的历史背景。

按照相关学者的观点（阿里吉，2022；白钢，2020），1971 年尼克松迫于国际收支压力宣布关闭美元兑换黄金的窗口，就是美国主导的世界体系危机的“信号危机”，标志着美国周期开始进入衰落阶段。新自由主义对应的长波周期，就是处于美国世纪衰落阶段的长波周期，它虽然可以通过恢复利润份额暂时扭转增长停滞，却无法克服既有世界体系的深层次结构性矛盾。正如阿里吉（2022）指出，金融化是一个世界体系“进入秋天的标志”，它意味着资产阶级对实体经济的盈利预期给出了否定的答案。新自由主义时期的金融化，与英国周期衰落时“爱德华时代”的金融化遥相呼应。“爱德华时代”被称作英国世纪的“流金岁月”，但终究是“英国霸权最后的流金岁月”（白钢，2020），正如新自由主义的金融化是美国霸权最后的流金岁月。由于国际竞争力的衰落，利润份额回升带来的短暂增长率反弹很快转化为美国更大的贸易赤字，并且驱使增长区制再度转回WLG。工资份额下降导致的内生需求不足，催化了金融化的高歌猛进；金融化则助推了美国（及部分欧洲国家）去工业化、收入差距扩大、国际竞争力下降、负债消费、贸易赤字扩大的恶性循环，直至金融危机的爆发正式宣告美国周期走入全面危机。

既然世界体系的支配地位是霸权国家通过制度更替实现长波周期更迭的前提条件，处于衰落之中的美国自然不可能通过复制罗斯福“新政”的成功经验实现“让美国再次伟大”。这一方面是因为既得利益固化和政治极化使任何深层次的制度变革都举步维艰，更是因为上文提到的通过提升工资份额以配合WLG将面临难以克服的国际收支约束。图7－6是对这一原因的简要图示。当制度调整旨在通过向左推动分配曲线，以实现更高的经济增长率g^1，会因国际竞争力下降导致BOPC收紧，导致在g^1的水平上进口快于出口增长，造成贸易赤字占GDP的比重不断提高。在国内私人部门净金融资产积累接近于零的情况下，这一局面转化为政府对外债务占GDP的比重不断提高。在美元保持全球储备货币地位的时代，BOPC并非“硬约束”，毕竟债务以美元计价，美国可以通过制造通货膨胀实现债务减记。然而随着近些年美元国际信用的下降，BOPC的约束力也将不断增强。

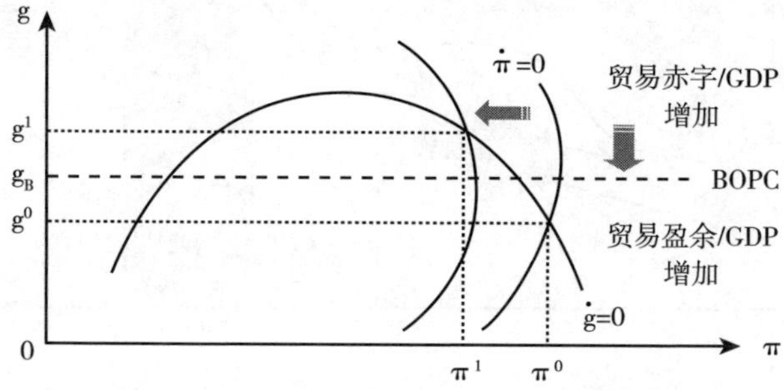

图7－6 WLG区制中提升工资份额的促增长作用受到国际收支约束的情况

美国难以复制“新政”成功经验的另一个更深层次的原因，是生产技术较之一个世纪之前已经发生了革命，而新的生产技术需要新的生产组织方式加以配合。在新的生产组织方式下，能够重新实现劳资均势的也将是一种新的调节机制。正如英国世纪的生产组织方式以高度分散化、灵活化的家族企业为特征，美国世纪的生产组织方式以高度纵向一体化的、内部管理科层化的大企业为主体，后者得以最大化福特制生产条件下的规模经济与速度经济（阿里吉，2022；拉佐尼克，2007）。同时期美国的劳工组织方式也是以福特制生产为基础。这种劳工组织方式已然在“弹性专业化生产”条件下呈现颓势（拉佐尼克，2007）。进入知识经济、信息经济时代后，重复以往的历史经验不太可能是一个可行的答案。

总之，当一个既有的世界体系走入全面危机，重启新一轮长波的主导权也将转移至新崛起的核心国家，继而确立一个新的世界体系。新旧两个世界体系并非首尾相接，而是有所重叠。根据历史经验，既有的世界体系出现“信号危机”之后，会和新崛起国家共享一个长波周期（见图 7－7）；所不同的是，对于既有霸权国家来说，这是它进入衰落期的长波周期，以金融化为主要特征，是既有霸权国家“最后的流金岁月”，而对新崛起国家来说，这是其实现强势崛起的长波周期，是其逐渐形成新的产业体系，探索新的生产组织方式、经济发展方式的时期。比如，自 1873 年的“大萧条”开始英国世纪出现“信号危机”之后，1896～1948 年的长波周期就是英国世纪与美国世纪交叠的时期。而待这一时期对应的长波周期进入下

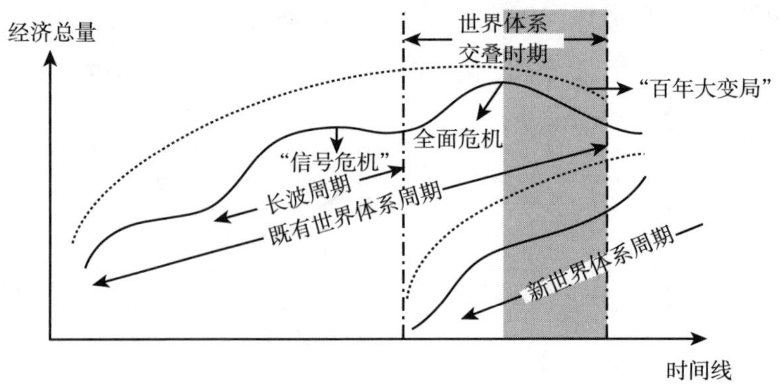

图 7－7　长波周期更迭与“百年周期”兴替

降阶段——也就是既有世界体系走入全面危机之后，因新体系尚未确立，世界经济秩序陷入失序，从而出现所谓的“百年大变局”。

既然2008年以来的全球“百年大变局”是世界体系交替的时期，那么谁将成为新兴世界体系的领导者自然成为一个绕不开的历史问题。在刚刚经历过的这一个西方国家长波周期之内，中国在改革开放路线的指引下，积极融入世界分工体系，充分利用西方国家增长较快、需求强劲的战略机遇期，实现了持续的高速增长。在此期间，中国先后赶超昔日美国强劲的竞争对手——德国、日本，一跃成为世界第二大经济体。越来越多的西方学者与评论家认为，中国将成为美国领导地位的替代者（Jacques，2009；Subramanian，2011）。面对中国的异军突起，美国的保守主义政客表现出强烈的忧虑与警惕，不断抛出“中国威胁论”“中国称霸论”，并于2018年对中国发起“逆全球化”的贸易战。这样一种敌意与对抗，是美国谋求维护霸权的反应，也是其固守霸权思维的体现。毋庸讳言，中国极有可能在21世纪上半叶赶超美国成为全球第一大经济体，并日益在全球治理中发挥主导作用。但中国作为一个东方大国、社会主义大国崛起的突出意义，正在于打破现代世界体系的霸权转移逻辑，超越16世纪以来由西方强权主导的资本主义世界体系周期（严鹏，2023）。现代世界体系由资本的利益驱动，表现为以强制弱、权力扩张与不平等交换。而中国坚持走和平发展道路，致力于建设“不冲突不对抗、相互尊重、合作共赢[①]”的新型大国关系；对于广大发展中国家，中国秉承“各美其美，美美与共[②]”的大同理念，尊重多样化发展道路，强调互利共赢，构建和合共生的“人类命运共同体”。因此中国在建设社会主义现代化强国，实现中华民族伟大复兴的同时，也必将推动全球秩序的重组，引领新型国际秩序的建设。

当然正如前文指出，新的一轮长波周期的启动有赖于世界体系引领者通过自身制度体系调整实现的内生需求增长。因此我国在正确把握国际大势中角色定位的同时，关键是要“做好自己的事情”。在西方核心国家进

① “携手构建合作共赢新伙伴 同心打造人类命运共同体”：2015年9月28日习近平总书记在第七十届联合国大会一般性辩论时的讲话［EB/OL］. 新华网，2015-09-28.

② “强调弘扬和平共处五项原则 建设合作共赢美好世界”：2014年6月28日习近平总书记在和平共处五项原则发表60周年纪念大会上的讲话［EB/OL］. 新华网，2014-06-28.

入下行周期，我国以往较多依靠外需拉动的增长方式难以为继的情况下，我国需要通过优化制度供给，实现收入分配改善、国内需求增长、供给效率提升的良性循环，进而构建“国内国际循环相互促进的新发展格局”。这一论点是基于对当前我国收入分配、总需求与劳动生产率关系的判断，而下一章则是对这一判断的初步实证检验。

第8章

收入分配、经济增长与劳动生产率：对中国的实证研究

自20世纪末以来，我国经济在继续保持高速增长的同时，也累积了一系列有目共睹的结构性问题，集中表现为收入差距扩大、需求结构失衡、供给侧结构性矛盾凸显。面对这一现状，党中央审时度势地采取了针对性的改革策略。其一，深化收入分配制度改革，“提高劳动报酬在初次分配中的比重”，力求“在高质量发展中促进共同富裕”。其二，“加快培育完整内需体系”，使居民消费成为经济增长的主要驱动力，“构建以国内大循环为主体、国内国际双循环相互促进的新发展格局”。其三，“在适度扩大总需求的同时，着力加强供给侧结构性改革，着力提高供给体系质量和效率。”一言以蔽之，我国经济高质量发展的目标，应是实现收入分配公平、需求总量增长与劳动生产率提升的良性循环；如何理解这三者的内在联系，成为学界面对的重要课题。

尽管众多学者认识到，收入分配不均是我国消费率下降的重要原因，但是收入分配对总需求增长和劳动生产率的影响却没有得到同等的关注。造成这一现状的原因与主流经济学中供给导向的增长与分配理论有关。在假设价格机制总能使要素市场出清的前提下，均衡的真实工资率取决于生产函数的性质、要素禀赋和劳动力供给决策，劳动生产率取决于外生的技术进步，长期经济增长率等于劳动生产率与劳动力供给的增长率之和，三者并无内在关联。“人为”提高真实工资率的政策举措，会驱使厂商用资

本替代劳动而在短期内提升劳动生产率，但代价是扭曲要素市场，影响经济效率，以致长期内的经济增长乃至劳动生产率增长也会受到抑制。

相比之下，以西方马克思主义、后凯恩斯主义（Post-Keynesian）为代表的非主流经济学（heterodoxy economics），一直秉承生产关系决定收入分配和需求决定增长的理论范式，强调收入分配对经济增长和劳动生产率的决定作用。他们认为劳动生产率并非单纯取决于外生的技术进步，而是内生于劳资双方的对抗性分配关系。一方面，真实工资提高驱使厂商采用节约劳动的生产技术，从而提升劳动生产率、重振利润份额；另一方面，总需求的增长也会通过市场规模的扩大、资本存量的积累以及需求拉动的技术进步，提升劳动生产率；而总需求增长同样受到收入分配的影响，并根据B－M模型可能呈现“利润拉动”和“工资拉动”两种不同的区制。于是，真实工资与劳动生产率的相对变化，决定了劳动收入份额的变动，而后者又通过影响总需求增长，反馈作用于劳动生产率。因而劳动生产率同样可能表现出“工资拉动”与“利润拉动”两种不同的区制，即提高真实工资既可能促进、也可能抑制劳动生产率的增长。现实情况究竟如何，只能通过实证研究检验。

目前已有多篇文献基于B－M模型考察了我国的总需求增长区制，大部分都得出了中国的总需求增长属于利润拉动的结论，即认为提高劳动收入份额会对经济增长产生负面影响。其中只有邹薇和袁飞兰（2018）进一步考察了提升劳动收入份额对劳动生产率的影响，并发现我国的劳动生产率也处于利润拉动的区制。然而笔者将在下文指出，这些研究在模型设置和估计方法方面存在诸多不足。本章使用中国1978～2017年的省级面板数据，重新估算提升国内真实工资率对总需求和劳动生产率的影响。相比于同类文献，本书做出了如下改进：其一，引入劳动收入份额影响投资和劳动生产率的非线性特征，从而揭示总需求与劳动生产率的增长存在“区制转换”的可能性。其二，注重不同地区经济发展的异质性，分别考察东部与内陆地区的总需求和劳动生产率区制。其三，更加审慎地选择估计方法与控制变量，包括更好地控制真实工资与劳动生产率之间的内生性，从而得出更加稳健的实证研究结论。研究发现：当前我国的总需求和劳动生产率均处于“工资拉动增长”的区制。提高真实工资率，不仅会通过“马克思—希克斯”效应驱使厂商提高劳动生产率，还会通过提高劳动收入份额促进总需求增长，而后者又通过“卡尔多—凡登”效应进一步促进劳动生产率增长。这种效应在内陆地区比在东部地区更加明显。多措并举推动真实工资更快增长，提高劳动报酬占初次分配的比重，可以从供需双侧促进我国经济又好又快增长，助力“形成需求牵引供给、供给创造需求的更高水平动态平衡”。

8.1 理论模型

8.1.1 总体框架

如果不考虑政府部门，一国的总产出/总收入（Y）经过初次分配形成劳动收入（W）和资本收入（R）两部分，则劳动收入份额（labour share）：

$$LS = \frac{W}{Y} = \frac{W}{LP \cdot L} = \frac{\omega}{LP} \tag{8.1}$$

其中，LP 代表劳动生产率，L 代表就业人数，ω 代表真实工资率（$\omega = W/L$），式中 Y、W 和 LP 均代表调整了价格变化后的真实值。则根据式（8.1）有：

$$\widehat{LS} = \hat{\omega} - \widehat{LP} = \hat{w} - \hat{p} - \widehat{LP} \tag{8.2}$$

即劳动收入份额的变化率等于真实工资增长率与劳动生产率增长率之差，其中 w 和 p 分别代表名义工资率和价格水平，$\omega = w/p$，上标“$\hat{}$”代表变化率（如 $\widehat{LS} = \frac{dLS}{dt}\frac{1}{LS}$）。假设厂商普遍按照成本加成原则定价（Kalecki，1971a）。加总到宏观层面，工资成本可近似看作所有直接成本（忽略进口原材料或中间产品），于是：

$$p = (1 + m)w/LP \tag{8.3}$$

其中，w/LP 即单位产品的直接成本，m 即价格加成比例。显然，给定 LP，真实工资率和劳动收入份额与 m 呈反比关系：

$$\omega = \frac{w}{p} = \frac{LP}{1 + m} \tag{8.4}$$

$$LS = \frac{1}{1+m} \tag{8.5}$$

按照卡莱斯基的术语，m 主要取决于产品市场的“垄断程度”（degree of monopoly），影响因素包括产业集中度、非价格竞争的普遍性、厂商总成本中固定成本所占比例、工会的议价权力，以及厂商的外部融资成本等（Kalecki，1971a）。在新马克思主义者看来，m 无非代表了资方所占有的劳动产品的比例，反映了特定生产关系下劳资双方的对抗性分配关系，其影响因素包括更广泛地影响劳资双方力量对比的制度安排，亦即 SSA 或调节机制，如反垄断法规、经济开放程度、工会密度与谈判结构、社会保障体系、最低工资制度、就业保障的严格程度、政府的宏观经济政策等（Bowles et al.，1986；Boyer & Saillard，2002；Kotz et al.，1994；Weisskopf et al.，1983）。

根据 6.2.2 节的理论分析，内生化的技术进步主要体现在两个方面，即“马克思—希克斯”效应与“卡尔多—凡登”效应。前者指真实工资上涨驱使厂商采取节约劳动的生产技术或劳动组织方式，以提升劳动生产率。总需求的扩张也会通过规模经济、“干中学效应”、市场规模扩大带来的分工细化，以及厂商为应对需求压力而加速对新技术的应用，提升劳动生产率。于是，劳动生产率的增长率可表示为如下函数：

$$\widehat{LP} = \lambda \hat{\omega} + \rho \hat{Y} + \eta_{LP} \tag{8.6}$$

其中，λ 和 ρ 分别是代表“马克思—希克斯”效应和“卡尔多—凡登”效应的系数，均预期为正；η_{LP}代表外生技术进步，此处假设为常数。在后凯恩斯学派看来，$\hat{Y}$ 绝非独立于$\hat{\omega}$，而是受制于由$\hat{\omega}$和$\widehat{LP}$共同决定的劳动收入份额变化率$\widehat{LS}$，因此$\hat{\omega}$不仅通过 λ 直接作用于$\widehat{LP}$，还会通过影响 $\hat{Y}$ 间接作用于$\widehat{LP}$。接下来介绍劳动收入份额对总需求增长的作用机制。

8.1.2 劳动收入份额的总需求效应

对于劳动收入份额的总需求效应，此处应用 5.2.1 节介绍的 B－M 模型的短期版本。在一个抽象掉政府收支的开放经济中，总收入/总产出取决于总需求，包括私人消费（C）、投资（I）与净出口（X－M）：

$$Y = C + I + X - M \tag{8.7}$$

各需求分量均为 LS 的函数，且 C、I、M 一般也为总需求 Y 的函数（X 则为国外需求的函数）。将上式转化为总需求增长率与各需求分量增长率之间的关系：

$$\hat{Y} = \phi_C \hat{C} + \phi_I \hat{I} + \phi_X \hat{X} - \phi_M \hat{M} \tag{8.8}$$

其中，ϕ_D 代表各需求分量在 Y 中的占比（此处 D 指代 C、I、X 或 M）。$\hat{D}$ 实际上是各需求分量对数值的一阶差分形式，毕竟 $\hat{D} = d\ln D$。于是，$\hat{D}$ 成为$\widehat{LS}$和 $\hat{Y}$ 的函数。根据上文的阐述，一般情况下：

$$\frac{\partial \hat{C}}{\partial \widehat{LS}} > 0, \ \frac{\partial \hat{I}}{\partial \widehat{LS}} < 0, \ \frac{\partial \hat{X}}{\partial \widehat{LS}} < 0, \ \frac{\partial \hat{M}}{\partial \widehat{LS}} > 0$$

此外，出于消费和进口的收入效应，以及产能利用率增加促进投资增长的“加速效应”：

$$\frac{\partial \hat{C}}{\partial \hat{Y}} > 0, \ \frac{\partial \hat{I}}{\partial \hat{Y}} > 0, \ \frac{\partial \hat{M}}{\partial \hat{Y}} > 0$$

将式（8.8）两边对$\widehat{LS}$求导，整理得到：

$$\frac{d\hat{Y}}{d(\widehat{LS})} = \frac{\alpha}{1-\beta} = \frac{\phi_C \alpha_C + \phi_I \alpha_I + \phi_X \alpha_X - \phi_M \alpha_M}{1 - (\phi_C \beta_C + \phi_I \beta_I - \phi_M \beta_M)} \tag{8.9}$$

其中，$\alpha_D = \partial \hat{D} / \partial \widehat{LS}$，即劳动收入份额变化率对各需求分量增长率的直接影响；$\beta_D = \partial \hat{D} / \partial \hat{Y}$，即总需求增长率对各需求分量增长率的反馈作用；$1/(1-\beta)$相当于“总体乘数”。作为 α_D 的加权之和的 α，代表$\widehat{LS}$对 $\hat{Y}$ 的直接影响，亦即$\widehat{LS}$所引发的“超额需求”（Bowles & Boyer，1995）；后者又经由 $1/(1-\beta)$代表的乘数效应转化为对 $\hat{Y}$ 的最终影响。由于凯恩斯宏观稳定条件要求 $1-\beta>0$，故$\widehat{LS}$对 $\hat{Y}$ 的影响取决于 α 的符号：$\alpha>0$，意味着总需求属于工资拉动的增长，即提高劳动收入份额会促进经济增长，反之 $\alpha<0$ 意味着总需求属于利润拉动的增长。

8.1.3 提高真实工资的劳动生产率效应

为了推导方便，将式（8.9）转述为如下线性形式：

$$\hat{Y} = \frac{\alpha}{1-\beta} \widehat{LS} + \eta_Y \tag{8.10}$$

也就是：

$$\widehat{Y}=\frac{\alpha}{1-\beta}(\widehat{\omega}-\widehat{LP})+\eta_Y \tag{8.10a}$$

η_Y 代表在 LS 不变的情况下，由其他外生变量决定的增长率，此处假设为常数。将式（8.10a）代入式（8.6），整理得到：

$$\widehat{LP}=\frac{\lambda+\Gamma}{1+\Gamma}\widehat{\omega}+\frac{\eta}{1+\Gamma} \tag{8.11}$$

其中，$\Gamma=\frac{\alpha\rho}{1-\beta}$，$\eta=\eta_{LP}+\rho\,\eta_Y$。

式（8.11）表述了真实工资上涨对劳动生产率增长的综合影响。$\widehat{\omega}$的系数显示该影响来自两部分：$\widehat{\omega}$经由“马克思—希克斯”效应给$\widehat{LP}$带来的直接影响 λ，以及$\widehat{\omega}$对应的$\widehat{LS}$通过影响 $\widehat{Y}$，再经由“卡尔多—凡登”效应给$\widehat{LP}$带来的间接影响 Γ。它们都经过了 $1/(1+\Gamma)$所示的乘数效应。正常情况下，λ 作为厂商对真实工资提高的被动反应，一般不会大于 1，进而可推知宏观稳定条件要求 $1+\Gamma>0$。[①] 既然 λ、ρ 和 $1-\beta$ 均预期为正，则当总需求为工资拉动的增长（即 $\alpha>0$）时，$\widehat{\omega}$对$\widehat{LP}$的影响必然为正；而当总需求为利润拉动的增长（即 $\alpha<0$）时，$\widehat{\omega}$对$\widehat{LP}$的影响取决于 ρ 相对于 λ 的大小以及 α 的绝对值的大小，如果总需求增长表现出强烈的利润拉动特征（即 α 的绝对值较大），或者代表“卡尔多—凡登”效应的 ρ 充分地大，那么$\widehat{\omega}$对$\widehat{LP}$的影响可能为负。

当然，将式（8.11）代入式（8.10），可以把$\widehat{LS}$的总需求效应转述为$\widehat{\omega}$的总需求效应：

$$\widehat{Y}=\frac{\alpha}{1-\beta}\frac{1-\lambda}{1+\Gamma}\widehat{\omega}+M \tag{8.12}$$

---

① 因为宏观稳定条件要求 $\left|\frac{\lambda+\Gamma}{1+\Gamma}\right|<1$，否则 ω 的上涨将引起 LP 的无限增长或下降，直至无穷大或降为零。既然 $0<\lambda<1$，则当 $1+\Gamma<0$ 时，$\lambda+\Gamma<0$，且$\frac{\lambda+\Gamma}{1+\Gamma}>1$，与宏观稳定条件矛盾。实际上，$1+\Gamma<0$ 在现实中是极不可能发生的情况，因为它意味着 $\Gamma=\frac{\alpha\rho}{1-\beta}<-1$。既有实证研究表明 ρ 很少会超过 0.5，于是上式意味着$\widehat{LS}$的总需求增长效应$\frac{\alpha}{1-\beta}$至少小于 -2；换言之，假设 $LS=50$（单位为百分点），LS 上升一个百分点（即 $dLS=1$，对应$\widehat{LS}=2$），需要使总需求增长率下降 4 个百分点。这当然是极不符合常理的。

其中，$M=\frac{1}{1+\Gamma}\left(\eta_Y-\frac{\alpha}{1-\beta}\eta_{LP}\right)$。

本书沿用$\widehat{LS}$与$\hat{Y}$的关系来定义总需求区制，但使用$\hat{\omega}$与$\widehat{LP}$的关系定义劳动生产率区制（即$\hat{\omega}$对$\widehat{LP}$的效应为正，则劳动生产率属于工资拉动的增长，反之属于利润拉动的增长）。之所以这么做，一方面是为了与尽可能多的同类文献保持一致，另一方面也有理论上的理由：毕竟各需求分量是对$\widehat{LS}$做出反应，$\widehat{LS}$是需求方程中的外生变量；而在劳动生产率方程中，$\hat{\omega}$是外生变量，$\widehat{LS}$是$\hat{\omega}$和$\widehat{LP}$共同作用的结果。实际上，只要$\lambda<1$，即ω与LS同方向变化，$\hat{\omega}$对$\widehat{LP}$的影响与$\widehat{LS}$对$\widehat{LP}$的影响就会具有相同的符号。采用哪一种定义方式不会带来本质差别。

上述理论机制可概括为如下动态过程：从某一个ω与LP同步增长的“稳态”（即$\hat{\omega}=\widehat{LP}=\eta_{LP}$）开始，一方面，一个来自$\hat{\omega}$提高的正向冲击首先通过“马克思—希克斯”效应直接推升$\widehat{LP}$；另一方面，由$\hat{\omega}$引发的$\widehat{LS}$对$\hat{Y}$产生影响；如果总需求属于工资拉动的增长，$\hat{Y}$将上升，后者通过“卡尔多—凡登”效应进一步推升$\widehat{LP}$，以致$\widehat{LS}$继续变化。这一过程将一直持续，但过程不断衰减，直至$\widehat{LP}$再次与$\hat{\omega}$相等，经济在一个更高的LS水平上达到稳态，至此也就确定了$\hat{\omega}$对$\hat{Y}$和$\widehat{LP}$的最终效应。实证研究的任务，就在于估计式（7.6）和式（7.9）中的相关参数（λ、ρ、α_D、β_D），再根据式（8.11）和式（8.12）核算提高真实工资对总需求和劳动生产率增长的潜在影响。

8.2 既有实证研究述评

8.2.1 对既有实证研究的简要回顾

目前立足B－M模型研究不同国家总需求区制的实证研究数不胜数，其中既包括对OECD或欧元区的发达国家的研究（Álvarez，Uxó & Febrero，2019；Bowles & Boyer，1995；Goda，Onaran & Stockhammer，2014；Hartwig，2014；Hein & Vogel，2007；Naastepad，2006；Naastepad & Storm，2006；Onaran & Galanis，2014；Onaran & Obst，2016；Onaran，Stockhammer & Grafl，2011；Stockhammer et al.，2009），也包括对土耳其与韩国（Onaran & Stockhammer，2005）、泰国（Jetin & Kurt，2016）、印度（Kohli，2018）、巴西（Alarco，2016；Alencar，Jayme & Britto，2018；Feijó，Câmara & Cerqueira，2016）等发展中或新兴工业化国家的研究。总的说来，对于美国、英国、德国、法国、意大利、西班牙、巴西等大中型经济体，大多数现有研究得出了工资拉动的论断；对于奥地利、比利时、丹麦、荷兰等小型开放型经济体，由于净出口对经济增长的贡献率较高，现有研究倾向于得出利润拉动的结论。然而，当假定一组国家（如 OECD 或欧元区国家作为一个整体）同时经历劳动收入份额的下降，其对净出口的促进作用会在很大程度上被这些国家相互间的贸易关系抵销，于是更多国家会呈现出工资拉动的增长（Onaran & Galanis，2014；Onaran & Obst，2016）。

其中小部分学者在估计总需求区制的基础上，加入了对劳动生产率区制的估计。包括斯托克哈默尔和奥纳兰（Stockhammer & Onaran，2004）对美国、英国、法国的研究，纳斯特帕德（Naastepad，2006）对荷兰的研究，海因和塔罗索（Hein & Tarassow，2009）对 6 个 OECD 国家的研究，哈特维（Hartwig，2013）对瑞士的研究，哈特维（Hartwig，2014）对所有 OECD 国家面板数据的研究，阿兰卡等（Alencar et al.，2018）对巴西的研究等。此外，马奎蒂（Marquetti，2004）、费海尔和克莱因克内希特（Vergeer & Kleinknecht，2010，2014）、特里迪科和帕里伯尼（Tridico & Pariboni，2018）只估计了真实工资对劳动生产率的直接作用，并将总需求增长率作为外生变量。几乎所有研究都支持稳健且较强的“卡尔多—凡登”效应，效应量在 0.23 ~ 0.69。至于“马克思—希克斯”效应，大多数文献以真实工资增长率作为自变量，少数以工资份额为自变量（Tridico & Pariboni，2018；Vergeer & Kleinknecht，2014），或者二者兼而有之（Hein & Tarassow，2009），其中真实工资增长率的系数在 0.12 ~ 0.67。综合两种效应之后，几乎所有被考察国家都呈现工资拉动的劳动生产率区制。

据笔者所知，目前已有 8 篇立足 B – M 模型测算中国总需求区制的文献，依次为王鹏（Wang，2009）、奥纳兰和格拉尼斯（Onaran & Galanis，2014）、杰廷等（Jetin，Kurt & Su，2012）、刘盾等（2014）、莫莱罗・西马罗（Molero-Simarro，2015）、刘盾（2020）、杰廷和奥蒂兹（Jetin & Ortiz，2020）、邹薇和袁飞兰（2018）。其中，只有刘盾（2020）、刘盾等（2014）、杰廷和奥蒂兹（Jetin & Ortiz，2020）认为当前我国的总需求属于工资拉动的增长，其余均得出利润拉动的论断。上述文章中，只有邹薇和袁飞兰（2018）进一步估计了我国的劳动生产率区制。该文发现，单就劳动生产率方程的估计结果而言（在1978～2015年的平均水平上），真实工资率和经济增长率各上升1个百分点，分别使劳动生产率提升0.34个和0.65个百分点；然而由于中国的总需求区制为利润拉动，劳动收入份额上升1个百分点，将使经济增长率下降0.67个百分点，以至于在考虑总需求效应与劳动生产率效应的互动之后，劳动收入份额的每1个百分点上升将使经济增长率下降0.78个百分点，使劳动生产率下降0.17个百分点。换言之，该文发现由于我国总需求呈现较强的利润拉动特征且总需求增长对应较强的“卡尔多—凡登”效应，二者的联合影响超过了“马克思—希克斯”效应，以致我国的劳动生产率也呈现利润拉动的增长。

8.2.2 既有实证研究的主要不足

目前对我国的相关研究在变量选取、模型设置、估计方法等方面存在诸多不足。对于这些技术细节问题，本书不做赘述，仅对与本书研究内容最接近的邹薇和袁飞兰（2018）做一些特别说明。首先，该文使用的是1978～2015年的全国时间序列数据，存在样本容量过少、无法控制难以观测的个体特征变量、变量之间共线性较强等问题（Baltagi，2008）。其次，该文对所有方程都使用基于误差修正模型（ECM）的协整估计，但对于变量之间存在协整关系的判断不够稳健，容易造成系数估计的较大偏误。再次，忽略了某些重要的控制变量，如在投资函数中没有控制产业结构。由于第二、第三产业的劳动收入份额比第一产业低得多，其固定资产投资额度比第一产业高得多，因而第二、第三产业的比重变化与劳动收入份额的变动和投资增速均密切相关，忽略该变量会显著高估劳动收入份额对投资的抑制作用。最后，该文直接使用劳动生产率与真实工资的协整估计系数作为“马克思—希克斯”效应的系数；由于该系数包含了二者的反向因果关系，势必会造成对“马克思—希克斯”效应的高估。

接下来着重介绍既有实证研究中两点更为关键的不足，也是普遍存在于国内外相关实证研究之中的不足。其一，现有研究都假设相关方程中劳动收入份额（或真实工资率）的系数是一个常数，从而忽略了劳动收入份额影响总需求与劳动生产率的非线性特征。实际上，同等的劳动收入份额变化率（$\widehat{LS}$）对若干因变量的效应量可能会随当期劳动收入份额水平值（LS）的高低而变化。如前文 5.1.2 节的分析，首先，就消费函数而言，消费倾向的差别不仅存在于劳动和资本收入之间，还存在于不同的居民收入水平之间。由于财富的分配较之收入更加不均，资本收入份额增加（LS 下降），个体间收入差距也随之扩大，于是资本收入和劳动收入平均消费倾向的差别也将扩大，继而使$\widehat{LS}$对消费增长的边际促进作用增强（Palley，2013）。其次，就投资函数而言，LS 越处于低位，厂商的投资决策对 LS 的变化越不敏感。原因如尼基弗鲁斯（Nikiforos，2016）所述，随着利润份额提高：（1）利润份额对于形成利润预期的重要性降低；（2）厂商依赖利润份额提供投资基金或便利外部融资的程度降低；（3）权力因之增强的股东会要求更大份额的利润用于分红而非投资。此外，就劳动生产率函数而言，“马克思—希克斯”效应会随着 LS 的上升而增强；毕竟 LS 越高，LS 继续上升给厂商带来的成本压力越大，厂商采用节约劳动技术的激励也就越强，反之则反。由此可见，随着 LS 的下降，$\widehat{LS}$对总需求的正向边际效应递增，对劳动生产率的直接边际效应递减，总需求和劳动生产率可能会因之发生“区制转换”。

其二，现有研究忽略了同一经济体内不同地区的异质性。目前不管是采用国家层面的时间序列数据，还是采用国家级或省级面板数据的实证研究，均默认研究对象包含的不同地区具有均一的总需求或劳动生产率区制。然而对于我国这样一个地区发展很不平衡的经济体而言，作为截面个体的不同地区在待估计方程的变量系数方面可能存在较大差异；即便假设各地具有相同的变量系数，其劳动收入份额的现有水平与需求结构也可能使总需求区制的核算结果迥异。由于面板数据的系数估计值是所有个体系数的简单平均值（Pesaran & Smith，1995），当经济体量差别较大的个体之间呈现不同的区制时，坚持均一区制的假设可能会扭曲对整体性质的估计。比如，我国东部地区的经济体量已超过全国的一半；如果东部地区的10个省和直辖市属于利润拉动，而余下地区的21个省（区、市）属于工资拉动，那么全国的经济增长作为各地经济增长的加权之和（权重为经济体量占比）可能呈现利润拉动的性质，而系数估计值可能显示工资拉动的结果。

8.3 实证分析

8.3.1 中国的劳动收入份额：统计与描述

从国家统计局提供的地区收入法GDP构成项目得到1978～2017年的省级劳动收入份额数据。按照我国的统计口径，收入法GDP被划分为劳动者报酬、生产税净额、固定资产折旧与营业盈余。后两项合并为资本收入。生产税净额属于政府收入，应在计算要素成本法劳动收入份额（labor share at factor cost）时从分母中扣除。于是：

$$LS = \frac{W}{W + R} = \frac{W}{W + DEP + OS} \tag{8.13}$$

其中，LS、W、R、DEP和OS分别代表劳动收入份额、劳动者报酬、资本收入、固定资产折旧和营业盈余。

核算劳动收入份额的一个重要问题是确定个体就业者混合收入的归属。在我国的统计账户中，个体就业者的收入并不被单独报告。构成第一产业增加值大部分的农户混合收入一直被计为劳动者报酬。非农个体就业收入在2004年以前和2007年以后也被计为劳动者报酬，只是在2004～2007年即两次经济普查之间被计为营业盈余。这一统计方法的反复造成2004年劳动收入份额的大幅下跌与2009年劳动收入份额的剧烈反弹。因此，如果只是为了获得纵向可比的劳动收入份额数据，只需将非农个体就业收入从2004～2007年的营业盈余中扣除，再将其加回劳动者报酬即可。

给定国家统计局提供的非农个体就业人数，笔者按照两种方法推算2004～2007年的非农个体就业收入，并取两种结果的平均。第一种方法曾被海因和克莱默（Hein & Krämer，1997）、戈林（Gollin，2002）采用，是假设个体就业者与雇员赚取同样的人均收入，因此个体就业收入等于个体就业人数乘以劳动者报酬总额与雇员人数之比。第二种方法曾被伯南克和克尔卡亚纳克（Bernanke & Gürkaynak，2001）采用，是假设个体就业者和雇员创造同样的人均增加值，因此个体就业收入等于个体就业人数乘以GDP与总就业人数之比。既然第一种和第二种分别倾向于低估和高估个体就业收入，取二者结果的平均是一种稳妥的办法。调整后，2004～2007年劳动收入份额不再呈现大幅跌落的现象。

本节将全国划分为东部和内陆地区两部分，分别考察其总需求和劳动生产率区制。海南和西藏因相关数据确实较多予以剔除，另外由于重庆于1997年成为直辖市之前没有独立的相关数据，故将四川与重庆合并为一个个体。于是东部和内陆各包含9个和19个个体。图8－1展示了东部与内陆地区的劳动生产率（LP）、人均真实工资率（ω）与劳动收入份额（LS），前两者均按照1978年不变价格计算，并取对数。其中LP由支出法GDP除以就业总数求得，ω由劳动收入总额除以就业总数求得。可见，LP和ω的地区差距在改革开放前半程迅速扩大，进入21世纪后小幅收窄，但ω的地区差距缩小的程度不及LP明显。东部地区的LS低于内陆，主要原因是前者第一产业的比重更低。两地区的LS先是表现出大体相同的走

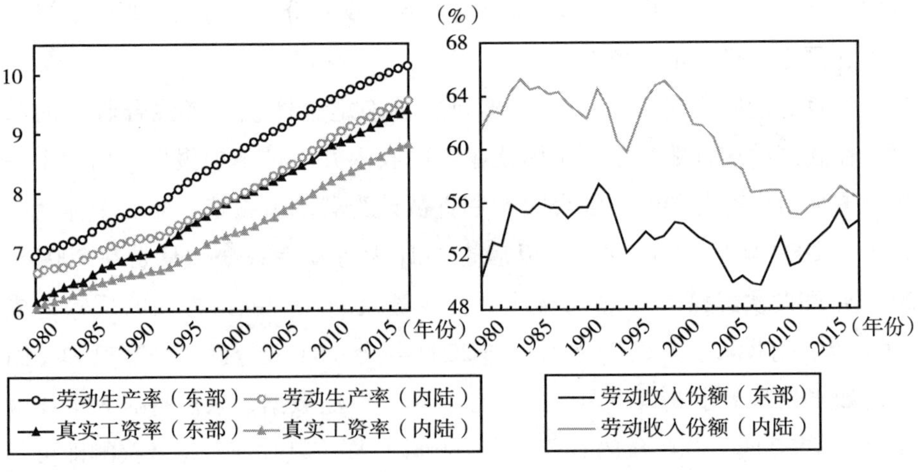

图8－1　东部与内陆地区的真实工资率、劳动生产率和劳动收入份额

注：左侧图为对数标尺。

势，然后从20世纪90年代后期开始出现了明显的分化：东部地区的LS从1998年开始下降，但自2008年起，随着ω以超过LP的增速增长，LS显著回升；而西部地区的ω一直滞后于LP的增长，以致LS经历了持续、显著的下降，仅在2010年后出现了微弱的回升。

8.3.2 估计策略

本节使用“单方程估计法”测算中国的总需求与劳动生产率区制，也就是将LS或ω视作外生变量，依次估计$\widehat{LS}$对各需求分量增长率以及$\widehat{\omega}$对$\widehat{LP}$的影响，再根据式（8.12）与式（8.13）核算最终影响。与同类研究使用的第二种方法——“系统估计法”相比，单方程估计法没有考虑总需求和劳动生产率对收入分配的内生性影响以及不同需求分量之间的动态互动（Blecker，2016；Stockhammer et al.，2009）。但是单方程估计法“能够对单个行为方程进行更为灵活的建模”（Onaran & Galanis，2014），并且能够得出更为明确的因果关系，“这对于明晰工资份额变化如何影响各需求分量以及总需求的作用机制至关重要”（Onaran & Obst，2016）。目前国内外绝大多数同类研究都使用单方程估计法。

本节分开核算东部与内陆地区的总需求与劳动生产率区制，但在大部分情况下，下文将所有个体放在一起估计，而非对两地区的样本分开估计，毕竟分开估计会因截面个体过少影响估计效率，也容易忽略两地区之间的截面相关问题。尽管赋予了两地区相同的估计系数，它们的LS水平与需求结构差异会导致相关效应核算结果的差异。如此一来，全国整体的总需求（劳动生产率）区制等于两地区相应区制的加权之和，其权重为各地区的GDP（就业）在全国总量中的占比。然而，我们必须十分谨慎地对待“全国整体的总需求（劳动生产率）区制”这一概念，它是指全国各地区出现同时、等量的劳动收入份额提升，其总需求（劳动生产率）增长率将会受到何等影响；如果全国的劳动收入份额变化由特定地区主导，其总需求或劳动生产率效应自然也由该地区的相应区制主导。

所有总量变量，包括总需求（Y）、居民消费（H）、固定资本形成（I）、出口（X）、进口（M）、国外需求（Yw）、劳动收入（W）、资本收入（R）等，均按1978年不变价转化为真实值，并在方程估计中取对数以缓解异方差问题。与同类研究一致，所有总量对数值均经检验为一阶单整序列（除了对lnX和lnYw的单位根检验不能确定二者是否为趋势平稳序列）。因此当理论和实证检验均支持协整关系时，使用误差修正模型（ECM）估计相应的方程，否则使用一阶差分设置。所有估计均控制个体固定效应。

8.3.3 总需求效应估计

1. 消费函数

假设居民消费（C）为劳动收入（W）和资本收入（R）的柯布—道格拉斯函数，进而可转化为如下线性对数方程：

$$\ln C = \alpha_W \ln W + \alpha_R \ln R \tag{8.14}$$

式（8.14）两边同减lnY，再根据LS = W/Y，1 - LS = R/Y整理，最后两边求微分，可转化为变量增长率之间的关系：

$$\widehat{C} = \left(\alpha_W - \frac{LS}{1-LS}\alpha_R\right)\widehat{LS} + (\alpha_W + \alpha_R)\widehat{Y} \tag{8.14a}$$

其中，$\widehat{LS}$的系数就是$\widehat{LS}$对$\widehat{C}$的边际效应α_C，$\widehat{Y}$的系数即代表收入效应的β_C。卡奥（Kao，1999）、Fisher型（Maddala & Wu，1999）和佩德罗尼（Pedroni，1999，2004）检验均支持lnCH、lnW、lnR具有协整关系，因此应当对式（8.14）进行协整估计，得到α_W和α_R，再依据式（8.14a）计算α_c。此时得到的α_c就是$\widehat{LS}$对$\widehat{C}$的长期效应。$\widehat{LS}$对$\widehat{C}$的长期影响可以得到理论及实证研究的支持。

布莱克（Blecker，2016）基于多种消费理论和实证研究指出，收入分配对消费的影响“在长期内比在短期内更大”，因为“面对收入的短期波动（尽管出于不同原因），住户力求保持相对稳定的消费支出，因而更大程度上受到长期收入流的约束”。表8-1报告了依次使用动态最小二乘法（DOLS）、基于误差修正模型的自回归分布滞后模型（ARDL）以及使用一阶差分形式的多项式分布滞后模型（PDL）的估计结果，后两种方法的滞后阶数根据 Schwarz 准则选择。节省篇幅起见，ARDL 方法只报告长期关系的估计值。可见三种方法的结果差别不大。鉴于卡奥和江（Kao & Chiang，2000）发现在面板协整估计中，DOLS 方法优于其他方法，故优先采信 DOLS 估计量。表 8-1 最后两行给出了基于 2017 年 LS 计算的东部和内陆地区的 α_C。可见在 2017 年的水平上，东部和内陆地区的 LS 提高 1%，将使各自的 $\widehat{C}$ 提升大约 0.65 个百分点。

表 8-1　　　　消费函数估计结果

估计方法	DOLS	ARDL		PDL
被解释变量	lnC	lnC		$\widehat{C}$
lnW	0.775*** (0.0262)	0.804*** (0.0451)	$\sum_{i=0}^{7}\widehat{W}(-i)$	0.760*** (0.153)
lnR	0.100*** (0.0238)	0.227*** (0.0288)	$\sum_{i=0}^{6}\widehat{R}(-i)$	0.255*** (0.072)
R^2	0.994			0.656
样本数	1074	1092		924
α_C（东部）	0.655	0.606		0.558
α_C（内陆）	0.647	0.598		0.541

注：*** 代表在 1% 的水平上显著。括号内数值为标准误。

2. 投资函数

投资函数以 lnI 为被解释变量，以 lnLS 和 lnY 为核心解释变量，此外纳入政府支出 lnPEXP、三年期贷款利率 IRL、第二产业增加值占比 SW2、第三产业增加值占比 SW3 作为控制变量。尽管协整检验并不拒绝水平变量之间具有协整关系，但尝试不同的模型设置和估计方法后，发现 lnLS 的系数通常不显著，甚至显著为正（尽管效应量很小），因此有理由怀疑协整估计的合理性。实际上，理论并不支持投资与劳动收入份额之间的长期稳定关系。正如布莱克（Blecker，2016）立足投资的现代加速模型与多篇实证研究所做的评论，“资本积累的长期趋势主要受产出增长的驱动，而利润份额只会影响投资的短期波动，在长期内并无独立作用。”更重要的是，本书假设投资与劳动收入份额之间具有非线性关系：$\widehat{I}$ 对 $\widehat{LS}$ 的响应程度很可能在 LS 处于高位时较高，在 LS 处于低位时较低。如此一来，lnI 与 lnLS 之间也就不再有稳定的长期关系。于是，此处对投资函数进行差分估计，并在方程中加入反映非线性特征的交互项 $LSC(-1)\cdot\widehat{LS}$；其中 LSC（-1）代表各截面个体的中心化 LS 的一阶滞后，即上一期 LS 较之其历史平均水平的差值，以反映厂商当前面临的劳动力成本压力。待估计方程如下：

$$\widehat{I} = \alpha_{I0}\widehat{LS} + \alpha_{I1}LSC(-1)\cdot\widehat{LS} + \beta_I\widehat{Y} + \gamma_I Z_I + u \tag{8.15}$$

其中，Z_I 代表差分后的控制变量，包括 $\widehat{PEXP}$、dIRL、dSW2、dSW3；考虑到 1989 年春夏之交的“政治风波”使当年固定资产投资增速急剧下降，以及 2009 年是“四万亿”刺激计划全力推行的年份，控制变量中还加入了对应 1989 年和 2009 年的年份哑变量（D1989 和 D2009）。u 代表个体固定效应。给定对应年份的 LS，即可估计出该年份 $\widehat{LS}$ 对 $\widehat{I}$ 的边际效应 $\alpha_I = \alpha_{I0} + \alpha_{I1}LSC(-1)$。

表 8-2 报告了使用三种方法的投资函数估计结果。首先，尝试在方程中加入 $\widehat{I}$ 的滞后项。由于在面板数据中包含被解释变量的滞后项会使普通最小二乘法与广义最小二乘法产生偏误，应使用动态面板估计方法（Nickell，1981）。对于本书使用的“长面板”，偏差校正 LSDV（LSDVC）法被证明明显优于差分 GMM 或系统 GMM 估计（Judson & Owen，1999）。故使用 LSDVC 法估计包含 $\widehat{I}(-1)$ 的方程。结果发现 $\widehat{I}(-1)$ 的系数不显著。其次，使用能够同时矫正序列相关、同期截面相关与异方差问题的广义最小二乘法（GLS）。最后，使用基于面板校正标准误（PCSE）的最小二乘法。可以看出，不同方法的估计结果差别不大。$\widehat{LS}$ 本身的系数不显著，但我们尤其关注的交互项 $LSC(-1)\cdot\widehat{LS}$ 的系数如预期显著为负，意味着当前 LS 所处的水平越高，$\widehat{LS}$ 对 $\widehat{I}$ 的抑制作用越强；而当 LS 处于历史平均水平，即 $LSC(-1)=0$ 时，$\widehat{LS}$ 对 $\widehat{I}$ 的作用并不显著地异于 0。

表 8-2　投资函数估计结果

被解释变量	$\widehat{I}$		
估计方法	LSDVC	GLS	OLS（PCSE）
$\widehat{I}$（-1）	0.0218 （0.0259）		

续表

被解释变量	$\widehat{I}$		
$\widehat{LS}$	0.0421 (0.0772)	0.0346 (0.0227)	0.0415 (0.0674)
$LSC(-1)\cdot\widehat{LS}$	-0.0253 *** (0.00855)	-0.0181 *** (0.00317)	-0.0253 ** (0.0103)
$\widehat{Y}$	0.927 *** (0.0802)	0.836 *** (0.0317)	0.875 *** (0.110)
$\widehat{PEXP}$	0.166 *** (0.0327)	0.161 *** (0.0133)	0.181 *** (0.0553)
dIRL	0.231 (0.327)	0.283 (0.188)	0.312 (0.604)
dSW2	1.552 *** (0.263)	1.338 *** (0.0783)	1.518 *** (0.289)
dSW3	0.942 *** (0.285)	0.841 *** (0.0820)	0.856 ** (0.347)
D1989	-21.72 *** (3.036)	-21.76 *** (1.915)	-22.64 *** (6.460)
D2009	7.572 *** (2.236)	9.894 *** (1.104)	7.762 * (4.226)
R^2			0.3605
样本数	1092	1092	1092
α_I（东部）	-0.134	-0.102	-0.134
α_I（内陆）	0.0954	0.0728	0.0954

注：*、**、*** 分别代表在10%、5%、1%的水平上显著。括号内为标准误，OLS 法对应面板校正标准误。对于 LSDVC 法，使用系统 GMM 估计量作为初始值，偏差校正精确度为 O（1/NT）。

表 8-2 最后两行给出了基于 2017 年 LS 计算的东部和内陆地区的 α_I。由于东部地区的 LS 已超过历史平均水平 5.30 个百分点，故 α_I 显著为负；但内陆地区的 LS 仍低于历史平均水平 3.77 个百分点，以致 α_I 反而为正。实际上，正值 α_I 在相关实证研究中远非罕见。海因和沃格尔（Hein & Vogel，2007）、阿拉科（Alarco，2016）、斯托克哈默和威尔道尔（Stockhammer & Wildauer，2016）等都曾得到显著为正的 α_I。

3. 进出口函数

根据巴杜里和马格林（Bhaduri & Marglin，1990）及布莱克（Blecker，1989），一国出（进）口主要取决于该国产品与外国产品的相对价格及国外（内）总需求水平。作为一国单位劳动力成本的代理指标，LS 上升一般源于真实工资上涨，以致厂商只能将部分成本压力转嫁至价格的结果，因此 LS 上升通常对应国内产品价格的上涨，对出（进）口的影响预期为负（正）。有鉴于此，出口函数的被解释变量为 lnX，解释变量包括 lnLS、国外价格水平的对数 lnPw、名义有效汇率的对数 lnNEER、国外总需求水平的对数 lnYw，以及控制变量 SW2 和 SW3；进口函数的被解释变量为 lnM，核心解释变量包括 lnLS、进口价格指数的对数 lnPm、lnNEER、lnY。其中，Pw、Pm、Yw 均来自世界银行数据库，NEER 来自达瓦斯（Darvas，2012）建立的数据库。

由于多种协整检验方法并不拒绝水平变量之间存在协整关系，故分别使用 DOLS 法和 ARDL 模型对出口和进口方程进行估计，结果如表 8－3 所示（节省篇幅起见，ARDL 模型仅报告表现长期关系的系数）。可见两种方法的估计结果差别较大。就 DOLS 估计法而言，lnLS 的系数均不显著，特别是在进口函数中 lnPm 和 lnNEER 的符号与理论预期相反，而 ARDL 模型的估计结果与理论完全相符，因此这里采信 ARDL 估计量。lnLS 的系数即 $\widehat{LS}$ 对 $\hat{X}$ 或 $\hat{M}$ 的长期效应，对于东部和内陆地区而言均有 $\alpha_X = -0.43$，$\alpha_M = 0.80$（毕竟 α_X 和 α_M 与两地区的其他状态变量无关）。

表 8－3　　进出口函数估计结果

被解释变量	lnX		被解释变量	lnM	
估计方法	DOLS	ARDL	估计方法	DOLS	ARDL
lnLS	-0.109 (0.1402)	-0.430*** (0.115)	lnLS	0.0394 (0.132)	0.799*** (0.156)
lnPw	1.844*** (0.183)	1.930*** (0.162)	lnPm	1.862*** (0.531)	-2.411*** (0.857)
lnNEER	0.912*** (0.189)	0.516*** (0.158)	lnNEER	0.418 (0.493)	-1.993*** (0.709)
lnYw	1.503*** (0.246)	0.689*** (0.214)	lnY	0.808*** (0.143)	2.024*** (0.220)

续表

被解释变量	lnX		被解释变量	lnM	
SW2	0.00899 (0.00990)	0.0321 *** (0.00866)			
SW3	−0.0169 (0.0111)	−0.00517 (0.00996)			
R^2	0.985			0.974	
Obs.	1000	1049	Obs.	1000	952

注：*** 代表在1%的水平上显著。括号内数值为标准误。ARDL 模型根据 Schwarz 准则选择动态项的滞后阶数。

4. 总需求效应核算

给定所有方程的系数估计值以及两地区的需求结构，按照式（8.9）核算$\widehat{LS}$的总需求效应。表 8－4 报告了在 2017 年的水平上，东部和内陆地区$\widehat{LS}$对各需求分量增长率的边际效应 α_D、作为 α_D 权重的各需求分量在 GDP 中的占比 φ_D、作为 α_D 加权之和的直接总效应 α、根据各方程收入效应系数 β_D 计算的总体乘数 $1/(1-\beta)$，以及经过乘数效应后$\widehat{LS}$对总需求增长率的最终效应 $\alpha/(1-\beta)$。可见东部地区由于 α_I 为负以及进出口所占比例较大，已然呈现微弱的利润拉动特征：LS 提高 1%，将使经济增长率下降 0.15 个百分点。但内陆地区由于 α_I 为正以及进出口所占比例较小，加之较强的乘数效应，呈现强烈的工资拉动特征：LS 提高 1%，将使经济增长率提高 0.60 个百分点。给定 2017 年东部和内陆地区各自在全国 GDP 中所占比重（分别为 0.536 和 0.464），全国总需求整体上呈现工资拉动的特征：两地区的 LS 共同提升 1%，将使全国经济增长率提升约 0.20 个百分点。

表 8－4　　提升劳动收入份额的总需求效应核算结果

地区	需求分量效应				需求结构				总需求效应		
	α_C	α_I	α_X	α_M	φ_C	φ_I	φ_X	φ_M	α	$1/(1-\beta)$	$\alpha/(1-\beta)$
东部	0.655	−0.134	−0.430	0.799	0.374	0.451	0.283	0.233	−0.123	1.177	−0.145
内陆	0.647	0.095	−0.430	0.799	0.395	0.589	0.069	0.054	0.239	2.530	0.604
总体	0.651	−0.025	−0.430	0.799	0.384	0.515	0.184	0.150	0.045		0.203

8.3.4 劳动生产率效应估计

接下来依据式（8.6）估计真实工资增长率（$\hat{\omega}$）对劳动生产率增长率（$\widehat{LP}$）的直接效应（即“马克思—希克斯”效应）以及 $\hat{Y}$ 对$\widehat{LP}$的促进作用（即“卡尔多—凡登”效应）。与大多数同类文献相一致，lnω、lnY 和 lnLP 之间被检验具有协整关系。ARDL 模型表明 lnω 的长期系数为 0.505，lnY 的长期系数为 0.562。但问题是，lnω 的系数显然高估了“马克思—希克斯”效应，因为该系数包含了 lnLP 和 lnω 之间的反向因果关系，即不仅更高的真实工资率会驱使厂商提高劳动生产率，同时外生的劳动生产率提升也会提高真实工资率；后者可能来自资本密集程度提高导致劳动的边际生产力提高、技能互补型技术进步导致厂商雇佣技能水平更高的员工，以及厂商工资支付能力的提高等。

有鉴于此，这里使用多种方法对劳动生产率方程进行差分估计，并采用工具变量法或引入$\hat{\omega}$滞后变量更好地控制内生性问题。控制变量除了$\widehat{PEXP}$、dIRL、dSW2、dSW3 之外，还借鉴海因和塔拉索（Hein & Tarassow, 2009）、费海尔和克莱因克内希特（Vergeer & Kleinknecht, 2010, 2014），加入了个体劳动生产率相比于当期劳动生产率领先水平的差距的滞后值 GAP（-1），以体现技术应用的“赶超效应”。表 8-5 报告了采用多种方法的$\widehat{LP}$方程估计结果。首先，考虑到劳动生产率提升具有路径依赖性，在方程中加入$\widehat{LP}$的滞后项，并采用 LSDVC 法进行估计，同时基于 Schwartz 准则加入了$\hat{\omega}$和 $\hat{Y}$ 的多阶滞后。此外，为了观察$\hat{\omega}$对$\widehat{LP}$的非线性效应，方程中还加入了交互项 LSC（-1）·$\hat{\omega}$。在考虑$\widehat{LP}$（-1）的系数后，包含当期作用的$\hat{\omega}$的长期效应为 0.364（只计算系数显著的滞后项），只考虑滞后项的$\hat{\omega}$的长期效应为 0.0852。特别值得注意的是，交互项的系数如预期显著为正，即厂商当前面临的单位劳动力成本越高，真实工资率进一步上升驱使厂商提高劳动生产率的激励越强。但这个效应量很小，在核算劳动生产率效应时可以忽略不计。当然，该方法无法提供剔除内生性问题的准确结果，毕竟包含当期作用的系数之和也包含了反向关系，而单纯只考虑滞后项的系数之和又排除了当期值中的“合理成分”，只能说

“马克思—希克斯”效应在0.0852～0.364。

其次，使用GMM估计法，将$\hat{\omega}$的一阶滞后$\hat{\omega}$（-1）、集体劳动争议当事人占就业总人数的比例的差分值（dPLILD）、劳动年龄人口增长率（$\widehat{POPWA}$）作为$\hat{\omega}$的工具变量，其中PLILD来自《中国劳动统计年鉴》，POPWA来自《中国人口与就业统计年鉴》。作为劳资冲突的代理指标，PLILD很大程度上反映了劳方权利意识的增强以及劳动者对更好劳动条件的要求，而$\widehat{POPWA}$下降会导致劳动力市场趋紧。它们对$\widehat{LP}$的间接影响，只可能通过劳动者议价能力增强带来的真实工资率提升，进而驱使厂商采取节约劳动的技术进步，因此满足工具变量的排他性要求，可以较好地控制内生性问题。之所以将$\hat{\omega}$（-1）作为$\hat{\omega}$的工具变量，而不是其他的解释变量，是因为发现$\hat{\omega}$（-1）及其更高阶滞后项的系数不显著（与其他估计方法的结果对比，这是一个比较意外的结果），也就是在这一种方法中它与被解释变量不相关，只与$\hat{\omega}$相关，于是将它作为工具变量，以便增强$\hat{\omega}$与工具变量的相关性，提高估计效率。该方程并未纳入交互项LSC(-1)·$\hat{\omega}$，是因为交互项中包含了$\hat{\omega}$，也需要用工具变量代理，但如果进一步引入既有工具变量与LSC（-1）的乘积作为工具变量后，无法通过弱工具变量检验。

如表8-5所示，$\hat{\omega}$的系数为0.228且在1%水平上显著，处于LSDVC法框定的“合理区间”。Cragg-Donald Wald F统计量=9.31，对照Stock-Yogo弱工具变量检验的临界值，可在5%的显著性水平上拒绝弱工具变量问题；Sargan统计量=0.651（χ^2对应p值=0.722），不拒绝工具变量外生性的假设；以上说明工具变量选择合理。不过需要说明的是，由于PLILD的数据最早只可追溯至1999年，该方法只能覆盖后一半统计期间；加之不能加入被解释变量的一阶滞后项（因会引入动态面板偏误），该方法也有一定的局限性。

最后，采用多项式分布滞后（PDL）方法，引入$\hat{\omega}$和$\hat{Y}$的更多阶滞后项，该方法可以在滞后项较多的情况下更好地控制共线性问题。该方法旨在完全用滞后效应剔除内生性问题，因而不包含$\hat{\omega}$的当期值（同时因滞后阶数较多，不需顾虑缺失被解释变量滞后项的问题），但为了显示非线性效应的稳健性，纳入了交互项LSC(-1)·$\hat{\omega}$。可见交互项系数依然显著为正，并且依然量值很小。$\hat{\omega}$各阶滞后的系数之和为0.163，这一数值较之LSDVC法下滞后项的总效应明显增加，更接近工具变量法的估计。当然因排除了当期值，它理应造成对真实效应的低估。

表8-5　　劳动生产率方程估计结果

被解释变量	$\widehat{LP}$					
估计方法	LSDVC		GMM		PDL	
解释变量	$\widehat{LP}(-1)$	0.131*** (0.0344)			$LSC(-1)\cdot\hat{\omega}$	0.00304*** (0.000184)
	$\hat{\omega}$	0.242*** (0.0133)	$\hat{\omega}$	0.228*** (0.0833)	$\sum_{i=1}^{6}\hat{\omega}(-i)$	0.163*** (0.00556)
	$\hat{\omega}(-1)\sim\hat{\omega}(-4)$	0.0740***			$\sum_{i=0}^{7}\hat{Y}(-i)$	0.648*** (0.0116)
	$LSC(-1)\cdot\hat{\omega}$	0.00330** (0.00138)	$\hat{Y}$	0.602*** (0.0827)		
	$\hat{Y}$	0.607*** (0.0237)	$\hat{Y}(-1)$	-0.0775*** (0.0288)	$\widehat{PEXP}$	0.00831*** (0.00106)
	$\hat{Y}(-1)\sim\hat{Y}(-4)$	-0.113***	$\hat{Y}(-2)$	-0.0722** (0.0301)	$\widehat{PEXP}(-1)$	0.00875*** (0.00107)
	$\widehat{PEXP}$	0.0153 (0.00975)	$\widehat{PEXP}$	0.00801 (0.0160)	dIRL	-0.0898*** (0.0174)
	dIRL	-0.0393 (0.0490)	dIRL	-0.114 (0.206)	dIRL(-1)	-0.363*** (0.0174)
	dSW2	0.237*** (0.0596)	dSW2	0.333* (0.189)	dSW2	-0.289*** (0.00724)
	dSW3	0.256*** (0.0664)	dSW3	0.312* (0.165)	dSW3	-0.124*** (0.00748)
	GAP(-1)	1.435*** (0.499)	GAP(-1)	3.580** (1.694)	GAP(-1)	1.618*** (0.107)
R^2			0.651		0.658	
样本数	980		504		924	

注：*、**、*** 分别代表在10%、5%、1%的水平上显著。括号内数值为标准误。对于LSDVC法，使用系统GMM估计量作为初始值，偏差校正精确度为O（1/NT）。节省篇幅起见，LSDVC法中$\hat{\omega}$和$\hat{Y}$的1~4阶滞后不再单独列示估计值与标准误，仅展示显著系数之和。

尽管以上方法都不完美，但综合三种结果，有理由相信提高真实工资的“马克思—希克斯”效应大致处于0.15～0.30。这一结果与相关学者对其他国家的实证研究结果较好地吻合。这里采取第三种方法对应的相对保守的估计，即认为$\lambda=0.163$，对应的“卡尔多—凡登”效应系数为$\rho=0.648$。

至此，在得出总需求方程和劳动生产率方程的所有参数之后，我们可以根据式（8.12）与式（8.11）核算真实工资率提高对总需求和劳动生产率的最终影响。表8-6列示了东部和内陆地区的相关过程参数以及据此计算的$\widehat{\omega}$对$\widehat{Y}$和$\widehat{LP}$的最终影响。可见，当前我国的东部和内陆地区的劳动生产率增长均呈现工资拉动的特征，即提升真实工资增长率将促进劳动生产率的更快增长。不过，东部地区劳动生产率的工资拉动程度较内陆地区微弱得多，这是因为该地区的总需求增长呈现微弱的利润拉动，以致$\widehat{\omega}$导致的总需求增速下降经由“卡尔多—凡登”效应抵消了一部分“马克思—希克斯”效应。就全国层面而言，真实工资增长率提升1个百分点，将使总需求增长率提高约0.15个百分点，使劳动生产率提高约0.22个百分点。

表8-6　　提升真实工资增长率的总需求和劳动生产率效应核算

地区	马克思—希克斯效应	卡尔多—凡登效应	$\widehat{LS}$的总需求效应	$\widehat{LS}$的总需求效应×卡尔多—凡登效应	$\widehat{\omega}$的最终效应	
	λ	ρ	$\alpha/(1-\beta)$	Γ	总需求	劳动生产率
东部	0.163	0.648	-0.145	-0.094	-0.134	0.076
内陆	0.163	0.648	0.604	0.391	0.363	0.398
全国	0.163	0.648	0.203	0.132	0.150	0.223

8.4　来自实证研究的启示：理解中国经济“新常态”

以上实证研究结果传递了一个乐观的消息：当前我国的总需求和劳动生产率均属于工资拉动增长的类型；提高真实工资增速，进而提高劳动收入份额，一方面通过“马克思—希克斯”效应直接推升劳动生产率，另一方面通过促进总需求增长，经由“卡尔多—凡登”效应间接促进劳动生产率的提升，因此公平与效率的目标相容。在当前阶段提高劳动报酬占初次分配的比重，是扩内需、稳增长、调结构的前提，是实现经济又好又快增长并让发展成果惠及全民的目的与手段的统一。这一结果不仅使我们得以从内生需求的视角重新审视金融危机前后我国经济的结构性矛盾，还可以对未来我国转型实现高质量发展提供有益的启示。

8.4.1 重新审视我国经济的结构性矛盾：内生需求的视角

如果宏观经济本质上属于工资拉动增长的类型，但是劳动收入份额下降，经济增长就必须依靠外部刺激推动，但这种依靠外部刺激的增长注定是不可持续的。第7章对美国和欧洲经济危机根源的分析就深刻地反映了这一教训。反观我国，同样属于工资拉动增长的类型，但在1997～2007年劳动收入份额下降的同时保持高速增长，笔者认为这很大程度上是靠另外两种外部刺激——由地方政府和国有企业主导的负债投资①，以及外需高涨拉动的出口增长。首先需要肯定的是，我国依靠的这两种增长方式对于我国供给体系升级发挥了不容低估的积极作用。一方面，由地方政府和国有企业主导的负债投资与危机前部分西方国家的负债消费有着本质的不同；投资在短期创造需求的同时，也会转化为生产性设施；我国之所以能够建成门类齐全、独立完整的工业体系，长期以来政府和国有企业助推的高速投资功不可没。另一方面，强劲的出口增长也是我国实现快速工业赶超的重要因素。比如，邢予青（Xing，2021）通过翔实的案例分析指出，中国的“出口奇迹”在很大程度上受益于国际价值链在品牌、技术、市场方面的溢出效应。其一，中国企业以合同制造商的身份加入全球价值链，可以利用国际认可的品牌销售自己制造的产品，这显然增加了中国产品对国外消费者的吸引力。其二，中国企业通过生产技术含量较低的零部件和

① 当然并非所有投资都依靠高负债，很多基建投资来自地方政府的“土地财政”收入，但这本身又间接构成对劳动收入的挤占和对消费需求的抑制。

提供组装服务，得以加入高科技产品的价值创造过程，并充分利用全球对高科技产品快速增长的需求。其三，中国企业的产品通过跨国公司的全球分销和零售网络进行销售；随着这些网络的扩张，自动扩大了中国制造产品进入市场的范围。这些原因不仅是对“出口奇迹”的解释，还是中国企业得以快速学习新知识、新技术，实现国际价值链“非线性升级”的重要因素。在金融危机之前的30年西方发达国家较快增长的国际环境下，这一增长方式使我国得以把握重要战略机遇期，实现了高速增长与竞争力提升。

然而在肯定这种增长方式的历史合理性与供给侧升级效应的同时，也不容忽视它对收入分配和供需平衡的负面影响。此增长方式虽在短期内弥补了内生性有效需求的不足，但加深了产能过剩问题，并且通过产业结构效应进一步挤压了劳动收入份额，再逢经济危机导致外需突然下降，各种矛盾便集中显现出来。可以说，国际金融危机后引发社会广泛关注的产能过剩问题、地方债务问题、房地产泡沫问题，乃至大量金融资本投入房地产领域而不能有效服务实体经济的问题，很大程度上可归结为一个共同的根源——收入分配失衡引起的内生性有效需求不足。在笔者看来，中国经济“新常态”的现实背景就是以往依靠外部刺激弥补内生需求不足的做法急需调整，要使中国经济重归可持续增长的轨道，必须通过改善收入分配真正实现“工资拉动的增长”。

借助5.4.3节对不同类型的财政扩张在不同增长-分配组合下的效果分析，在当前我国劳方议价能力仍相对较弱的前提下，分配曲线可能在很大范围内都呈现PMD（产品市场主导，即向上倾斜）的区制，于是政府主导的投资和同时期外需的高涨将使增长曲线显著上移，但同时分配曲线上移，结果是增长率被抬高的同时利润份额进一步提升（或者更一般地说，个体收入分配差距进一步扩大）。

这段时期政府对基础设施的大量投入与外资带动的产业结构升级无疑对提升经济增长的长期潜力发挥了积极作用，但是从需求方面来看，其后续负面效应同样不可小觑。一方面，劳动收入份额的降低使投资的乘数效应逐渐下降（表现在图中，就是储蓄曲线不断沿逆时针方向旋转），以致要实现同样速度的增长，就必须依赖更高速度的投资增长。在工资拉动增长的阶段，这意味着政府主导的投资比重不断增大（因为依照工资拉动增长的定义，劳动收入份额降低会使私人投资增速降低，因为后者对产能利用率的变化更敏感）。受短期内拉动 GDP 的动机驱动，地方政府一般倾向规模大、见效快的重化工业投资，结果进一步加重了产能过剩的压力和劳动收入份额的下降，强化了经济增长投资依赖的恶性循环。

另一方面，地方政府之间的招商引资竞赛也成为房地产泡沫的重要推动力。为了招商引资，地方政府通常依赖“竞次战略”（race to the bottom），为第二产业投资者提供低价土地、补贴性基础设施并降低劳工权益和环境保护方面的标准。大量低价乃至“零地价”出让的工业用地不仅带来了一系列社会和环境问题，也压缩了住宅、交通、环境绿化和第三产业用地供给。而地方政府一方面要承担基础设施建设投入，另一方面又要承担地价出让土地带来的净损失，于是更加依赖商业和住宅用地的出让收入和相关税费收入，强化了对商业和住宅用地“垄断少供”的动机（陶然，2011）。

不可否认，住房商品化改革以及同时期城镇化速度的加快是房地产价格上涨的初始动力。但是收入分配差距导致的实体经济需求不足、产能过剩和地方政府对土地财政的依赖却通过相互强化，共同吹胀了房地产泡沫。为了应对内生需求不足，地方政府愈发依赖重化工业和基础设施投资，以及通过“竞次战略”招商引资，进一步拉低了劳动收入份额，扩大了收入差距，加重了产能过剩压力。结果是实体经济的利润率不断降低。于是因消费不足产生的过剩储蓄（其中也包括大量外汇储备转化而成的流动性）越来越多地投向利润率相对可观的房地产行业。

实际上，收入分配差距本身也会推升房地产价格。国外有学者总结了收入不平等推高房价的渠道（Green & Shaheen，2014）：（1）“竞拍”（bidding）效应：在供给受到限制的市场中，卖家不会接受平均价格，而是寻找能够支付最高价格的买主；当收入分配差距扩大，卖家寻找到更富有、更“慷慨”的买主的机会越大。（2）“挤出”效应：更富有者倾向于消费更大的房子，或者是多套房子，于是压缩了面向其他民众的房产供给。（3）“邻避”（nimbyism）效应：不乏研究表明，富人愿意为更大的私人空间付费，换言之，富人倾向于付更高的价钱购买占地更大、密度更低的住宅区，以致降低了土地的利用效率。(4) 分化效应：贫富分化会加剧住宅区域、标准的分化，形成等级分明的“富人区”“中产区”“平民区”乃至“贫民窟”，结果使稀缺地段的房价越炒越高，房价区间不断向上拉伸，平均房价也就水涨船高。除此之外，收入分化会强化凡勃伦（1964）所说的炫耀性消费，亦即特定阶层的群众会根据其上一级阶层的生活条件界定体面的居住条件，进而推升对更高档住宅的消费需求。

反过来说，房地产泡沫又对收入分配和经济增长方式产生了负面的反馈作用。一方面，房地产价格暴涨显著扩大了居民财产分配差距。李实等（2014）发现，2002～2010年，城镇居民的财产分布基尼系数从0.449激增到0.632，其中房价上涨的贡献率达到52.7%。另一方面，房价上涨在初期会通过财富幻觉促进部分有产者的消费（财富效应），以及通过提升抵押资质促进企业获取信贷的能力（信贷效应），进而促进经济增长。但是随着时间推移，其负面效应日渐居主导地位：其一，如明斯基（Minsky，2008）指出，房价泡沫膨胀会使银行从根据企业的收入借贷转向凭借其抵押资产的价格借贷，诱使正常的“套利融资”（hedge financing）逐渐演化成“投机融资”（speculative financing）乃至“庞氏融资”（Ponzi financing），进而不断累积金融的系统性风险。其二，房价上涨大幅提高了企业——尤其是那些不能得到廉价土地的中小企业的固定成本，在进一步压缩工资份额的同时也压低了利润率。其三，房价上涨使更多家庭不得不为买房而储蓄，甚至是为了子女教育而为买上昂贵的“学区房”而储蓄，从而进一步压缩了居民消费，造成消费不足和投资乘数的降低（陈斌开等，2014）。其四，在实体经济“哀鸿遍野”的情况下，房地产行业成了唯一的暴利行业，以致更多金融资本通过影子银行、金融衍生品流向房地产行业，助长了金融投机盛行。地方政府投融资平台、银行和房地产商的杠杆率或负债率高企，日益结成一荣俱荣、一损俱损的利益共同体。

于是，上述所有因果关系形成了一个相互强化的反馈回路（见图8-2）。由此发现，“新常态”初期我国经济的结构性矛盾与欧美经济危机的诱因有一定程度的相似之处。提纲挈领地解决现有矛盾，实现可持续增长的关键在于改善收入分配差距。

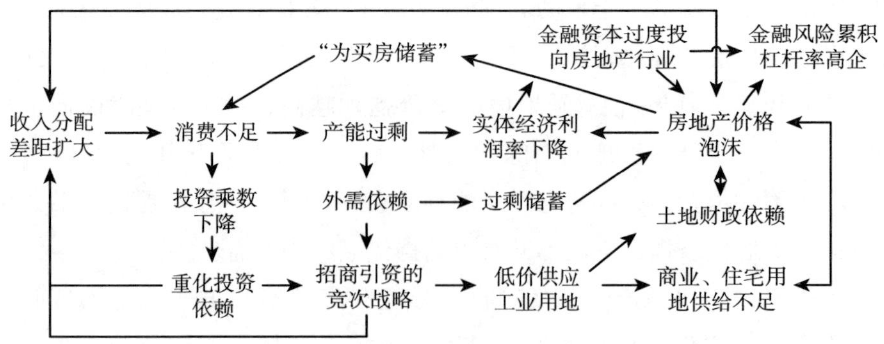

图8-2 “新常态”初期我国面临的经济结构性矛盾的根源与传导机制

8.4.2 改善初次分配，实现供需协同：促进经济高质量发展的关键

适度提升劳动收入份额，实现更加公平的初次分配，是实现更加公平的个体收入分配的前提，是实现“共同富裕”的基石。党的十七大以来，党中央多次提及“提高劳动报酬在初次分配中的比重”“推动劳动报酬提高与劳动生产率提高同步”；2021年8月，国务院印发的《“十四五”就业促进规划》首次将劳动报酬占比与全员劳动生产率增长的量化指标纳入发展目标。党的二十大报告和《扩大内需战略规划纲要（2022-2035年）》则再次将优化初次分配格局作为促进经济高质量发展的重要支撑。

本章从内生需求创造与供给侧效率提升相协同的视角，揭示了劳动报酬占比、劳动生产率提升与其他发展目标的内在联系：真实工资的更快增长会促使企业加快技术升级、增加对员工的技能投资，推动经济从依赖成本优势的要素扩张型增长向依赖高技能、高绩效的高质量发展转变。更重要的是，在现阶段更快的工资增长会通过提升劳动收入份额，促进总需求增长，并伴随着因居民消费以超过投资和净出口的增速增长而带来的居民消费率提升。而这种内生于收入分配的总需求增长又会进一步促进劳动生产率的提升。需要补充的是，“斯密—杨格”定理意味着提升劳动收入份额对劳动生产率的间接效应不仅局限于总需求的总量扩张，还来自需求侧的“量质齐升”：随着个体收入差距的缩小以及消费购买力更加平均的分配，市场规模不断扩大，将使更多中高端产品和新产品的规模化生产成为可能，继而触发持续的消费升级、分工细化与产品创新（Cornwall & Cornwall，2001；McCombie & Thirlwall，2004）。这一过程一方面促进国内供给体系升级，“畅通国内大循环”，另一方面助推我国向全球价值链的高端迈进，实现“更高水平对外开放”。此外，很多后凯恩斯主义学者指出，旨在提高劳动生产率的技术进步会加速投资扩张，进一步促进总需求增长（Setterfield，2002）。如此一来，更快的工资增长将促成供需双侧互促互进的“正反馈循环”，“形成需求牵引供给、供给创造需求的更高水平动态平衡”。

非主流经济学派一致强调制度因素对真实工资增长的决定作用，特别是劳动力市场制度与财税政策。金融危机后的大量实证研究以及第7章的历史回顾也表明工会力量式微、“金融化”与福利国家撤退是西方国家劳动收入份额下降的重要原因（Stockhammer，2017）。因此，完善“制度供给”是改善初次分配的关键。对初次分配影响最直接、最显著的当属劳动力市场制度。当前我国应致力于建立一套以“体面劳动”为核心的劳动力市场制度，它的内涵包括两个方面：一是广泛的劳动经济权益保障；二是劳动者的全面发展。就前者而言，应推动劳动关系调节从个别调节为主向集体调节为主的转型，增强工会的自主性与代表性，同步推进企业层面民主管理、行业层面集体谈判与地区层面的三方协商，促成真实工资增长与劳动生产率提高同步。特别是对于近年来迅速扩大的新就业形态劳动者，应弥补其在劳动报酬、工作条件、社会保障、集体协商等方面的“体面劳动赤字”，避免造成正规与非正规就业部门的制度断层与二元分割。至于劳动者的全面发展，重点在于完善面向广大劳动者特别是产业工人的技能形成体系，加强企业、政府、院校在技能投资、培训以及认证方面的分工协作，并完善相应的技能使用与激励制度，助力“建设知识型、技能型、创新型劳动者大军”。它不仅是提升劳动者收入水平的前提之一，还为创新驱动与供给效率提升创造了必要条件。

作为劳动力市场制度的重要补充，财税政策应进一步加强就业促进功能与再分配效果。财税政策虽然属于再分配领域，但它在三个层面与初次分配及其影响密切相关。其一，给定初次分配决定的劳动收入份额，作为再分配手段的财税政策会通过进一步缩小个体收入差距、降低“防卫性储蓄”，正向调节劳动收入份额的总需求效应，增加“工资拉动增长”的潜力。其二，更加充分的就业促进与更加公平的再分配，会增强劳方议价能力，助力真实工资增长与劳动收入份额提升。其三，财税政策兼具需求侧与供给侧效应（如对教育和职业技能培训的投资），助推总需求与劳动生产率增长的良性循环。不乏研究表明，我国财税体系的再分配效果不足，局部甚至存在“逆向再分配”的现象（Cevik & Correa-Caro，2015；田卫民，2015；杨天宇，2009）。在税收侧，应增强个人所得税的收入调节作用，提高资本利得税率，开征累进性较强的金融交易税、遗产税、赠与税和房产税，减小工薪收入在个人所得税中的比重。在支出侧，应提高社会支出比重，并确保各项社会保障与公共服务能够公平地覆盖所有劳动者；相机抉择的财政政策则应改变传统的需求管理思维，更加强调就业优先原则与收入分配效果。

最后需要指出的是，由于真实工资增长的非线性效应，持续推升真实工资终将使总需求（乃至劳动生产率）转化为利润拉动的增长。然而有理由相信，在我国的总需求区制转换为利润拉动之前，劳动收入份额仍有较大的提升空间。首先，本书中体现真实工资非线性效应的系数，即投资函数交互项系数的估计值较小，显示内陆地区仍有很大的工资拉动潜力。其次，随着社会保障制度的完善以及公共服务的均等化，农民工“市民化”引致的需求潜力释放，给定劳动收入份额水平下的工资拉动属性会进一步增强。最后，上文建议的诸多改革举措，倾向于在制度建设过程中提升劳动收入份额，但待其完善之后有助于稳定劳动收入份额；换言之，它们会在一定时期内使真实工资以略高于劳动生产率的速度增长，从而“提高劳动报酬在初次分配中的比重”，但长期内有利于“劳动报酬提高与劳动生产率提高同步”。

第9章 结语：以收入分配改善促经济高质量发展

在“百年未有之大变局”中，我们处于“没有答案的21世纪”。这个答案不能从主流经济学的药方中寻找。越来越多的人意识到，新自由主义时期令人失望的经济表现与急剧扩大的收入不平等密切相关，而立足于原子个人主义方法论、萨伊定律、理性预期和有效市场假设，以及边际生产力分配论之上的新古典宏观经济学，无疑是导致收入差距扩大的社会经济政策的思想后援。2014年，托马斯·皮凯蒂（Thomas Piketty）的《21世纪资本论》之所以能火成一种现象，不仅是因为它的史料翔实与通俗易懂，更是因为它唤醒了被主流经济学界失落已久的“政治经济学”（political economy）方法论，那就是拥抱历史、拥抱社会科学的整体，并重新把收入分配问题作为经济学研究的核心。从李嘉图到马克思，收入分配与经济增长的宏观动态关系一直是政治经济学的核心议题，然而这一传统止步于所谓的“边际革命”时期。庆幸的是，非主流经济学一直延续着这一传统。

危机之后，马克思、凯恩斯、卡莱斯基、明斯基和凡勃伦等经济思想家的理论受到了比以往更多的关注，因为这些思想家从不同侧面剖析了资本主义的生产关系及其内在的不稳定性，进而能对本轮危机给予更深刻的解释。但在西方经济学界，传承自这些思想家的非主流学派仍是一个“风雨飘摇”中的群体。在中国，西方非主流经济学也仍然是一个学界涉足较少的领域。本书围绕收入分配与经济增长的关系这一主线，对非主流学派的相关理论做了初步的整合与发展，并将其应用于欧美经济危机、危机后的“百年大变局”以及我国构建新发展格局等重要现实问题，以期对相关领域的理论创新与政策研究起到抛砖引玉的作用。

9.1 主要论点总结

本书的核心关键词——“内生需求”，指内生于收入分配的需求，而收入分配又主要取决于特定的生产关系与制度结构。如果要对本书的理论框架做一个最简略的概括，那就是供给内生于需求、需求内生于收入分配，收入分配则内生于制度结构。关于收入分配、需求与供给之间的关系，反映了贯穿经济思想史的关于两个基本理论问题的争论，即何者决定分配、何者决定增长。主流经济学认为长期内经济增长将趋向于外生的要素供给决定的“潜在增长率”，而收入分配取决于生产函数的性质，二者并无关联。这一理论建立在脱离现实的方法论与预先假设基础之上。相比之下，非主流学派强调生产关系或制度结构对收入分配的先决作用，同时强调产品/产能、要素、技术进步内生于需求的属性，因而收入分配通过影响总需求影响经济增长。根据工资份额的提升对消费的促进作用及其对投资和净出口的抑制作用的相对大小，经济增长可能呈现“工资拉动”（WLG）与“利润拉动”（PLG）两种区制，并且工资份额越低，越倾向于呈现 WLG 的属性。收入分配的变动方向与“增长区制”的匹配或失配，决定了内生需求增长的加速或停滞。而收入分配及其引发的总需求变动又将通过所谓“马克思—希克斯”效应与“卡尔多—凡登”效应影响技术进步速率。

供给侧因素（包括产品、劳动力、技能、技术的供给）能在多大程度上顺应内生需求的扩张，受到诸多独立于需求的、外生的因素制约。而这些外生因素很大程度上也是由制度结构决定的。供给约束直接地或者通过反作用于收入分配间接地对内生需求创造产生制约抑或强化作用，它体现了供给侧因素在多大程度上能与内生需求形成有效协同。举例说明：在一个 WLG 区制中，工资份额的提高可以在促进总需求增长的同时，拉动更快的内生技术进步，但假如缺乏一个健全、统一的劳动力市场，抑制了劳动力从传统的低生产率部门向新兴的高生产率部门流动，或者现有的技能形成体系无法保证充足的拥有适配技能的劳动力供给，则技术的应用和扩散进而总需求增长就会受到制约；这样一种局面又会通过限制工资份额的提高与工资差距的缩小，进一步对总需求增长产生负面影响。可见在一系列供给侧因素中，“制度供给”的“外生性”最强，具有基础性作用，它决定了收入分配的长期趋势（供给约束决定了收入分配围绕这一趋势的短期波动）、决定了供给约束，甚至通过影响市场主体对收入分配的行为反应决定了特定收入分配格局下的增长区制。因此在笔者看来，促进经济高质量发展的核心要义，在于从两个方面优化“制度供给”，即一方面通过调整劳动力市场制度、财税政策等改善收入分配，扩大内需，另一方面通过供给侧结构性改革打破供给抑制，并将二者有机结合，从而形成需求和供给的“更高水平动态平衡”。

2008 年发源于美国并扩散至欧洲的经济危机，就是内生需求不足导致增长方式失衡的典型例子。始于 20 世纪 80 年代的新自由主义改革通过工会力量弱化、工资政策转变、去工业化和金融化，造成主要西方国家的工资份额下降、收入两极分化。这样一种分配趋势的演变与潜在的 WLG 区制发生矛盾，导致内生需求不足，以致经济增长在金融化浪潮的助推下，过度依赖两种依靠外生需求刺激的增长方式——负债驱动的增长和出口驱动的增长。同时，去工业化以及收入两极分化造成的人力资本供给放缓，进一步削弱了负债消费国的实体经济竞争力，使其贸易赤字继而对外负债持续扩大。这两种增长方式虽然暂时缓解了需求不足的危机，却使需求结构与国际收支的失衡不断累积，直至更猛烈的危机爆发。

如果结合“长波周期”与“世界体系周期”理论，可以将收入分配与内生需求的视角上升至更宏大的经济史叙事。跨越一个“长世纪”（long century）的世界体系周期包含了若干个发生于核心国家的长波周期；核心国家特别是霸权国家的收入分配与增长区制的匹配情况，决定了其处于长波上行阶段抑或危机阶段；收入分配与增长区制的失配，会导致剩余价值的生产抑或实现危机。面对危机，核心国家内部的政治博弈会内生性地通过制度变革使收入分配回调，以重启新一轮长波周期，但这一过程以霸权国家对当前世界体系的支配地位为条件。当霸权国家衰落，重启长波周期会因收入分配回调受阻或者产品竞争力下降导致的国际收支约束而无法实现，于是一个世界体系随之陷入危机。正如长波周期内生于收入分配必将走向增长区制的反面的基本矛盾，世界体系周期也内生于霸权国家面临的国际竞争加剧和利润率下降导致金融化的基本矛盾，并且后者的基本矛盾与长波周期内的分配和增长动态紧密联系。当既有世界体系陷入失序，新的世界体系尚未确立，世界便进入充满不确定性与动荡的“百年大变局”。

2008 年美国金融危机特别是 2018 年美国对中国发动“逆全球化”的贸易战以来，现代世界体系迎来了“中国时刻”。中国向来奉行相互尊重、合作共赢的“新型大国关系”，致力于构建平等互惠、和合共生的“人类命运共同体”，因此中国的和平崛起，将超越资本主义世界体系的霸权转移逻辑。当然，我国在正确把握国际大势中角色定位的同时，关键是要“做好自己的事情”，也就是通过优化制度供给，实现收入分配改善、国内需求增长、供给效率提升的良性循环。对我国省级面板数据的实证分析表明，当前我国的总需求和劳动生产率都处于“工资拉动增长”的区制，多措并举地促进真实工资更快增长，适度提升劳动收入份额，不仅有利于总需求的更快增长，还可通过诱致性技术进步，促进劳动生产率更快提高。这一局面既有助于做大、做强“国内大循环”，还将通过产品非价格竞争力和国际价值链的地位提升，不断缓解国内需求增长的国际收支约束，实现以“内循环”带动“外循环”，“国内国际循环相互促进”。在此过程中，一系列配套的供给侧结构性改革举措，如推进新型城镇化建设、健全国内统一的要素市场、加强产业链上游核心技术攻关、加强新时代高技能人才队伍建设等，不仅有助于增扩 WLG 区制的潜力，同时也是内生需求增长的供给侧协同因素。一言以蔽之，以改善收入分配为主线，以有效协同的供给政策为配合，将为“双循环”发展提供内生动力。

9.2 对话昂格尔：共鸣与商榷

著名哲学家、社会理论家昂格尔（Unger，2019）在其著作《知识经济》中提出了一个从供需协同的视角审视经济增长的理论框架。该理论框架极富启发意义，与本书观点也颇有共通之处，但也有在笔者看来值得商榷的地方。此处有必要对昂格尔的观点略加评论，以便在与本书论点的对照中深化理论认识，明确政策启示。①

昂格尔《知识经济》一书的主要议题是如何通过系统性的制度变革，让“知识经济”这一最先进的生产方式能够扩散至整个经济领域，惠及全体劳动者，从而实现更加公平、可持续的包容性增长。昂格尔认为，知识经济作为一种适用于所有行业的生产实践，其先进性体现在打破传统劳动分工中“概念”与“执行”的分离，使日常生产实践与持续的技术发明合为一体，不断突破乃至扭转边际收益递减规律。然而当前的知识经济犹如孤岛一般被局限于各行业中的少数群体——昂格尔称之为“孤立先锋”（insular vanguard）——以致知识经济的巨大潜力被限制，并造成少数垄断巨头、技术精英与大量无保障劳动者（precarious workers）的对立。其结果就是经济增长停滞与不断加剧的收入差距。改变现状的治本之策在于从“孤立先锋主义”走向“包容性先锋主义”（inclusive vanguardism），也就是通过教育、文化、法规领域的深层次变革，让全体劳动者公平地获取知识经济相关的资源、机会与能力，使最先进的生产方式扩散至经济全域。

在阐明上述观点的基础上，昂格尔将“包容性先锋主义”的解决方案上升至经济增长规律的一般性认识，就此展开了与本书论点密切相关的内容。他提出，经济增长需要不断突破供给约束和需求约束，但打破这两方面约束的过程既是“不连续的”（discontinuous），又是“不自主的”（heteronomous）；所谓“不连续”，是指突破一层供给（需求）约束并不会自发地导向突破下一层供给（需求）约束；所谓“不自主”，是指需求扩张和供给扩张之间没有自发的对应关系。也正是这种供需调整的“不连续”与“不自主”，成为经济不稳定或危机的根源。他将突破需求与供给约束的方式归纳成两个连续的等级结构，越接近等级顶端，突破相应约束的效

① 在本书接近完成之时，笔者通过崔之元教授（2022a，2022b）的两篇文章了解到了昂格尔的这部著作。在此对崔教授表示感谢。

果越深远、越持久，并且只有在达到顶端之后，需求扩张才会自发地转化为供给扩张（反之亦然）。突破需求约束的方式可分为四层，从下至上依次为：(1) 在不改变收入与财富分配的情况下增加企业或家庭负债。(2) 通过累进性所得税、扩大社会福利支出或转移支付实现事后的、补偿性的再分配。(3) 通过持续的制度创新，拓展资源、机会、能力的可及性，改变初次分配格局；这是最持久、最有效的需求扩张方式，也同时具有供给扩张效应。(4) 知识经济的深化与扩散；这在某种意义上是第三层的子集，但它作为“包容性先锋主义”的体现，能够通过持续的创新不断突破边际收益递减的约束，这使它区别于以往曾经引领经济生活的其他生产方式。相应地，突破供给约束的方式可分为五层，从下至上依次为：(1) 企业只对既有的市场需求做出反应，并最小化存货。(2) 企业建立一定数量的存货以应对未来可能的需求。(3) 企业扩大产出，但不对产品或生产方式做显著创新，仅限于旨在降低成本的生产组织优化。(4) 企业扩张规模的同时实现渐进性创新，包括产品版本的迭代与生产效率的提升。(5) 企业实现突破性创新，包括将全新的技术与商业模式用于既有商品的生产，使其价格大幅下降，目标受众大幅扩张，或者生产一种全新的商品，创造新需求与新市场。也只有到达第五层，供给才会创造自己的需求。同时，第五层也与突破需求约束的第四层——“包容性先锋主义”达到了同样的境界；二者实为一体，表现为需求和供给的同步扩张。

昂格尔论述的诸多要点引发笔者的共鸣。其一，以供需协同看待经济增长。昂格尔强调突破需求与供给约束的“不连续”与“不自主”，否定了要素供给增长决定经济增长的“萨伊定律”，并将供需失衡视作经济不稳定乃至经济危机的根源。尽管他将供给与需求等量齐观，忽视需求对供给的先决作用，但其审视经济增长（以及作为其反面的停滞或危机）的理论视角与本书是一致的。

其二，以收入分配看待需求扩张。昂格尔所说的突破需求约束的过程（除第一层之外），就是改善收入分配的过程；此处表达了与本书所谓“内生需求”相同的意涵，即可持续的需求扩张应是内生于收入分配变化的需求扩张。而突破需求约束的第一层方式——在不改变收入分配的情况下依靠负债扩张需求——正是本书第 7 章提到的依靠外生需求刺激弥补内生需求不足的典型方式。当然，昂格尔认为更公平的收入分配总是会带来需求扩张效应，相当于默认经济总是处于 WLG 的区制。理论上，这是因为昂格尔没有说明个体收入分配主要取决于功能性收入分配，而后者的变化会对不同的需求分量产生不同方向的影响。不过在现实中，至少自 20 世纪 90 年代以来，西方主要经济体的确处于 WLG 的区制，因而昂格尔所持的更公平的收入分配会促进需求扩张的观点是符合实际的。

其三，强调初次分配对需求扩张的基础性作用。昂格尔将再分配与初次分配作为突破需求约束的两个层次，强调后者的效果更深远、更可持续。他指出：

> ［再分配的］效果有限，因为它与现有形式的市场所建立的制度和激励相抵触。随着事后再分配的力度逐渐增大，并且开始显著地改变被既有市场体制预先设定并再生产的利益分配格局，它也就开始与既有经济安排的激励信息发生矛盾。超过某一点，它开始扰乱这些安排。在现实中再分配几乎从未跨越这一门槛："公平"开始损害"效率"的门槛。①

尽管昂格尔对再分配效果局限性的论述是模糊的、语焉不详的，但这一观点本身与本书的理论立场是一致的，即相比于再分配，调节初次分配在扩张需求方面更加可持续，更具"治本"的功效。不过笔者愿对昂格尔的层次划分方式稍作修正。昂格尔将"重塑影响初次分配的制度安排""拓展资源、机会、能力的可及性"作为突破需求约束的第三层，潜在含义是初次分配等价于要素禀赋（资源、机会、能力）的分配。诚然，要素禀赋的分配很大程度上决定了初次分配的结果，但从本书一贯坚持的观点来看，给定要素禀赋的分配，不同的制度安排会导向不同的初次分配结果。比如，给定财富的分配有助于降低利润份额的制度安排，将使个体收入分配更加平均。因此"重塑影响初次分配的制度安排"与"拓展资源、机会、能力的可及性"适宜被区分为突破需求约束的两个层次，且后者是

① UNGER R. M. The knowledge economy［M］. London: Verso, 2019: 206.

比前者更高的层次。

其四，将制度变革作为促进供需协同的根本性举措。昂格尔认为，要实现可持续、包容性的经济增长，特别是实现让知识经济惠及全民的“包容性先锋主义”，“只有一种制度性的解决方案”①，那就是通过教育、文化、法规领域的制度创新，促成资源、机会、能力的公平分配，并借此推动供给侧持续的突破性创新。这是突破供需约束的最高层次，也是需求和供给同步扩张、相互转化的层次，即中央文件所说的“需求牵引供给、供给创造需求的更高水平动态平衡”。同时，这样一种境界还体现出“全民参与发展，全民共享发展成果”的含义。与上述观点不谋而合，本书的理论框架也将“制度供给”置于基础性地位，它不仅通过形塑收入分配决定内生需求，还决定了其他供给侧要素（劳动力、技术、技能）对内生需求增长的制约或协同作用。

然而在笔者看来，昂格尔的论述亦不乏有待商榷之处，在此仅选择与本书主题相关的几个问题加以讨论。首先，昂格尔忽视了需求和供给的动态互动关系。一方面，他将需求与供给视作两个独立的侧面，各自受制于不同的外部规律，忽视了供给内生于需求的性质。他所谓的突破供给约束的五个层次可归结为产品供给和技术进步两个层面。正如笔者多次强调的，不仅产品的供给在大部分情况下会被动地适应需求，技术进步也通常由收入分配的变化以及由此引发的需求扩张所诱致。昂格尔将一个想象中的代表性企业作为突破供给约束的行为主体，却疏于分析企业采取相应供给行为背后的动机——也就是与收入分配和需求变化相联系的盈利预期。从这层意义上说，昂格尔将经济增长停滞归因于知识经济代表的生产前沿没能充分扩散，更像是颠倒了原因与结果。另一方面，他提出只有到了突破供给约束的最高层次，即持续的突破性创新，供给扩张才会自动转化为需求扩张，理由是突破性创新会“创造新市场，找到新顾客，激发新欲望”②，这实则是又忽视了供给通过影响收入分配对需求的反馈作用。不管是简单的扩大再生产，还是渐进性或突破性创新，都不能保证供给与需求的同步扩张。如果创新伴随着利润份额的大幅上升，则新供给势必

①② UNGER R. M. The knowledge economy [M]. London: Verso, 2019: 196, 216 - 217.

面临剩余价值无法实现的问题，以致短期的投资热潮终将转化为生产过剩，更何况突破性创新在创造新市场、新需求的同时，也会消灭既有的市场和需求。

其次，昂格尔忽视了资本主义生产过程中的劳资关系。他将知识经济想象成“一种不断自我再造的生产范式”，具有“在产品、技术以及生产流程与方法上实现永久性创新”① 的潜力。之所以如此，是因为它的生产组织方式与人类的想象力类似，也就是不断通过对现有知识的关联、变换、重组，推翻既有预设，探索新的可能。体现在人与人的关系上，是工作团队中的专业化分工不再分明，“概念”与“执行”的分离将被打破，生产计划在执行过程中被不断更新。体现在人与机器的关系上，是人不再充当机器的简单互补品，而是完全从程序化工作中解放出来，让更擅长程序化工作的机器真正为人所用，成为人发挥并执行想象力的辅助工具（Unger，2019）。不得不说，昂格尔对知识经济生产过程的构想就颇具想象力，遗憾的是，他和主流经济学家一样，忽视了资本主义生产过程的本质特征，即资本家一直在追求对劳动过程的支配与控制。只需稍加回顾马克思主义的劳动过程理论即可明白，资本家对生产技术与组织方式的选择不是为了最大化技术效率，而是为了最大限度地打破技术工人的知识垄断，消解其对劳动过程的自主权（参见 3.2 节）。昂格尔声称福特制的大规模生产决定了脑力与体力的分工，决定了大部分工人只需重复类似机器的程序化工作，而到了 3D 打印、机器人、人工智能成为生产工具的知识经济时代，计划与执行渐趋合一，工人需要更全面的能力发展与更灵活的分工协作。可事实上，昂格尔构想的那种理想化的“人际关系”和“人机关系”与具体使用哪种生产工具无关，它可以适用于任何一种技术形态。不是外生的技术形态决定劳动分工，而是资本的逻辑决定技术选择与劳动分工。正是资本控制劳动的逻辑决定了“脑”与“手”的分工，“概念”与“执行”的分离，以及极少数技术精英与大多数异化劳动力的对立。福特制如此，知识经济亦然。正如休斯（Huws，2013，2019）通过翔实的历史分析表明，当信息技术崭露头

① UNGER R. M. The knowledge economy [M]. London: Verso, 2019: 20.

角时，社会上的确兴起了一群所谓的“创意阶层”或“知识员工”，掌握着其他人难以在短期内复制的隐性知识，使他们也掌握了较强的议价权力。他们掌握的非程序化知识越强，就越发构成对资本在相关领域扩张的限制，于是真实的历史进程与昂格尔的理想化构想相反（Huws，2019）：这些隐性知识被“编码”（codified）——也就是被分析、拆解成为一系列标准化的指令——进而外化成为能被较低技能员工或者机器执行的算法、模型、数据库或程序。于是原本需要复杂技能的生产流程被分解为相对简单、可按件计酬的工作任务，组织内的分工得以发展，乃至越来越多的工作任务被外包，结果就是被昂格尔称作“孤立先锋主义”的局面：一边是极少数掌握核心技术与数据资源的垄断巨头；另一边则是大量承接重复性外包工作的“网络无产者”（cybertariat）。可见，在昂格尔眼中导致经济停滞与不平等加剧的“孤立先锋主义”绝非某种“制度失败”的结果，恰恰相反，它是资本主义生产方式一贯的发展规律，是资本又一次“胜利”的体现。

最后，昂格尔构想的社会制度变革与资本主义生产关系无法兼容。他描绘的理想化制度图景无非是他对生产过程的乌托邦式幻想在宏观层面的体现。昂格尔认为实现“包容性先锋主义”需要全社会在教育、文化道德以及法律－制度层面的深层次变革。在教育领域，不仅每个人要得到公平的教育机会，还需要教育内容更加偏重分析性综合技能与辩证思维的培养、合作与探索精神的培育；在道德文化领域，需要工作团队内部以及市场主体之间建立更强的信任、自主与合作关系；在制度－法律层面，需要逐步实现从单一产权制度向多样化产权安排（类似于我们常说的“混合所有制”）的过渡，特别是探索除知识产权垄断之外的多种创新激励方式；更进一步地，全社会要转向一种所谓“高能民主”（high－energy democracy）的治理方式，也就是广泛的公众参与和权力下放、充分的差异化诉求表达与辩论、迅速且果断地打破政治僵局、持续不断的社会改革实验。尽管作为推动社会进步的大胆设想，这些建议不乏真知灼见，但是显然，只要社会生产还是由资本的利益驱动，只要资产阶级还是事实上的统治阶级，上述改革设想就很难实现。昂格尔自己也意识到了这一点，以致他预言：

> 在这样的一种经济体中，经济上不自由的工资劳动将逐渐淡出主要的工作形式，一种更高层次、更加纯粹的自由劳动——自雇佣与合作——将逐步占据主导地位……届时将出现的画面是工人—企业家、专业人士、技术人员组成的团队以广泛多样的方式共同工作，几乎全部超越了指向一次性工作任务的合同关系，但大部分不限于公司制的组织方式。①

不难看出，昂格尔勾勒的理想画面使近乎每个人都实现了全面发展的“自由人联合体”，是马克思和恩格斯（2015）预言的共产主义社会的组织形式。这一遥远的目标当然不可能通过资本主义制度框架内的“民主”进程或渐进式改革实现。

9.3 迈向高质量发展的政策建议

初次分配在决定最终的收入分配结果以及内生需求创造方面发挥基础性作用，而对初次分配影响最直接、最显著的当属劳动力市场制度。笔者认为，在当前阶段，我国应建立一套以“体面劳动”为导向的劳动力市场制度，兼顾广泛的劳动经济权益保障与劳动者的全面发展。按照昂格尔的划分标准，体面劳动无疑是能对供需双侧发挥积极作用的初次分配制度安排。作为劳动力市场制度的重要补充，我国应健全就业优先和更加公平的财税政策体系。财税政策不仅关乎再分配，还在三个层面与初次分配及其效果密切相关：其一，给定初次分配决定的劳动收入份额，作为再分配手段的财税政策会通过进一步缩小个体收入差距、降低“防卫性储蓄”，正向调节劳动收入份额的总需求效应，增加“工资拉动增长”的潜力。其二，更加充分的就业促进与更加公平的再分配，会增强劳方议价能力，助力真实工资增长与劳动收入份额提升。其三，财税政策兼具需求侧与供给

① UNGER R. M. The knowledge economy [M]. London: Verso, 2019: 222－223.

侧效应（如对教育和职业技能培训的投资），助推总需求与劳动生产率增长的良性循环。

9.3.1 以“体面劳动”为导向的劳动力市场制度

面对经济全球化、金融化以及劳动力市场去规制化给劳动世界带来的严峻挑战，在1999年第87届国际劳工大会上，时任国际劳工组织（ILO）主席胡安·索马维亚（Juan Somavia）提出将“人人实现体面劳动”（decent work for all）作为今后ILO的首要战略目标，即“促使男女在自由、公正、安全和具备人格尊严的条件下，获得体面的、生产性的工作机会”，并将工作中的基本原则与权利、就业、社会保护、社会对话作为支持这一总体目标实现的四个支柱。此目标一经提出，即受到各会员国劳、资、政三方及众多国际组织的积极响应；“体面劳动”越发成为各国为实现更加公平的全球化、促进更加包容与可持续增长的全球治理体系的一部分。我国于2001年5月即与国际劳工组织就体面劳动议程签署合作谅解备忘录，并于2007年4月正式加入了“体面劳动国别计划”。习近平总书记提出“努力让劳动者实现体面劳动、全面发展”①；2021年8月国务院签发的《“十四五”就业促进规划》将“更多劳动者实现体面劳动”作为2025年我国就业高质量发展的主要目标之一。尽管学界对体面劳动的内涵结构和衡量指标的界定还远未统一，但普遍认同体面劳动包括充足且公平的薪酬、完备的社会保障、适度的劳动时间或工作生活平衡、充分的话语权与参与权，以及丰富的技能培训与职业发展机会等（刘盾和徐岩，2021），它们可被归结为广泛的劳动经济权益保障和劳动者的全面发展两个方面。体面劳动涵盖的政策议程众多，此处不可能面面俱到，仅就与本书主题密切相关的若干方面提出政策启示。

① 2015年4月28日习近平总书记在庆祝“五一”国际劳动节暨表彰全国劳动模范和先进工作者大会上的讲话［EB/OL］. 新华网，2015-04-28.

1. 实现真实工资与劳动生产率同步提高的工资决定机制

党中央多次提及的“实现劳动报酬增长和劳动生产率提高同步”这一政策目标，与“二战”之后欧洲国家（也包括美国部分行业）普遍实行的以“生产率为锚的工资政策”（productivity oriented wage policy）不谋而合。此类工资政策的一个代表性版本是瑞典蓝领工人工会联盟（LO）和全国雇主联合会（SAF）达成的“团结工资政策”（solidaristic wage policy）协议，即通过全国层面的集体谈判，让各行业的名义劳动报酬增长率趋同于全社会劳动生产率的增长率加目标通货膨胀率。该方案不仅可以稳定工资份额，缩小行业工资差距，还可以促进劳动力从低生产率部门向高生产率部门的转移，从而实现全社会劳动生产率水平的提高。

尽管“团结工资政策”有其独特的国情与历史背景，不适宜全盘照搬到我国，但它对我国健全真实工资与劳动生产率同步提高的工资决定机制，确有一定借鉴意义。在一个工资不由行政指令决定的市场经济环境中，“以生产率为锚的工资政策”主要经由行业集体协商实现。尽管我国拥有高度统一的工会组织体系，也一直在推动三方协商会议和工资集体协商制度的建设，但实际效果不尽理想（尤其是在非公有制企业）。一方面，工资集体协商一般在企业层面进行，难以达到同一行业内的不同企业（更谈不上不同行业）的工资水平向同一个增长率趋同；另一方面，据很多劳动关系学者和业内人士反映，工资集体协商大多只是对现有法定劳动标准的重复，形式大于内容。为此，工会组织应通过体制机制与工作方式创新，加强自身的自主性与代表性，将维权职能作为工会的基本职责这一立法精神落在实处。上级工会应积极鼓励、引导劳动者依法建立企业职工代表会议或企业工会，并进一步地联合成为地区性的行业工会；在此基础上，积极探索行业集体协商的有效组织方式，比如浙江温岭、湖北武汉、深圳蛇口、江苏邳州等地都产生了行业集体协商可资借鉴的经验。

2. 与人均工资和劳动生产率同步增长的最低工资制度

作为对集体协商的补充，政府推行的最低工资制度发挥了重要的引导与托底作用。最低工资标准的提高不仅会直接惠及那些原本工资水平低于最低工资标准的劳动者，还会由于企业一般保持大致稳定的工资级差，使其他中低工资水平的劳动者也实现不同程度的工资上涨，并且越靠近工资分布的底端，工资涨幅越大（Betcherman，2013；Cengiz et al.，2019）。因此提高最低工资标准不仅会提升平均工资水平，还会在一定程度上起到缩小工资差距的作用。自金融危机以来，各国开始密切关注收入差距扩大问题，提高最低工资标准成为普遍诉求。比如，ILO 建议最低工资的设定应经过政府部门与社会伙伴的协商，兼顾劳动者及其家庭的需要以及包括劳动生产率在内的经济发展情况。欧盟委员会敦促其成员国实现“体面且可持续的工资水平”，并且“将最低工资设定在适当水平，从而防止日益增长的在职贫困（in-work poverty），保障体面的职业公平”。[①] 这些诉求均表明，最低工资不能只保障劳动者自身的基本生存，还应保障劳动者及其家庭能过上体面的、有尊严的生活，满足劳动力再生产的需要，因而应与经济发展和平均收入水平同步提高。长期以来，学界与政界围绕最低工资标准的争议主要在于其就业效应。目前已有越来越多的实证研究表明，提高最低工资不会显著影响就业水平，甚或有微弱的积极影响（ILO，2015；Cengiz et al.，2019）。

尽管我国自 1993 年起就开始实施最低工资制度，但发展至今仍存在若干不足。首先，最低工资滞后于经济发展。自从我国于 2004 年出台《最低工资规定》以来，全国各地连续上调最低工资标准，但 2020 年公布的各地最低工资标准与同年相应地区的社会平均工资水平之比大多不足 30%，相比之下，国际上通行的最低工资占平均工资的比例一般达到 40%～60%（ILO，2013）。其次，最低工资的参考标准和审议过程不够公开透明，民主协商与宣传力度不足，很多打工者甚至不了解最低工资。最后，最低工资的法定强制力不够，很多非正规部门的员工拿不到最低工资。笔者建议完善最低工资立法，明确规定最低工资的参考标准、协商程序、调整方式、监督机制和违法责任；同时引入一年一度的指数化调整机制，可以考虑让各地最低工资逐渐增长到当地平均工资的一定比例（至少应为 40%），然后使最低工资的增长锚定当地生活成本和劳动生产率的增长。

① ILO. Global wage report 2012/13：Wages and equitable growth［R］. Geneva：International Labor Office，2013：59.

3. 不仅要体面工资，还要体面工作时间

与发达国家相比，我国的劳动时间更长，过度劳动现象十分普遍。有一个触目惊心的事实：中国在2013年超过日本成为“过劳死”第一大国。[①] 给定月工资或日工资水平，工作时间越长，实际工资水平进而工资份额自然越低。根据2021年《中国劳动统计年鉴》提供的数据推算，2020年，我国城镇非农就业人员调查周平均工作时间达47.9小时。另据国际劳工组织（ILO）公布的数据，在有同类数据可查的50个国家中，只有5个国家的城镇非农就业人员周平均工作时间超过中国；其中，与我国人均GDP水平接近的俄罗斯的这一数据为36.2小时，与我国同属东亚国家的韩国的这一数据为38.9小时。[②] 在所有18个非农行业门类中，有7个行业的周平均工作时间超过48小时（从高到低依次为住宿和餐饮业，批发和零售业，居民服务、修理和其他服务业，制造业，交通运输、仓储和邮政业，建筑业，采矿业），占所有城镇非农就业人员总数的66.7%。更重要的是，年平均工资水平较高（低）的行业，也是平均工作时间较短（长）的行业，这就意味着各行业之间的实际工资差距要比官方统计数字显示的差距还要大。表9－1选取2020年18个非农行业中城镇私营单位年平均工资水平排名前4位和后4位的行业，列示了其城镇私营单位年平均工资、调查周平均工作时间，以及据此推算的城镇私营单位小时平均工资（按照一年50个工作周计算）。可见年平均工资水平排名前4位的行业中，有两个行业的周平均工作时间排名反而居后4位，另外两个行业的周平均工作时间也排名靠后；而年平均工资水平排名后4位的行业的情况恰好相反。如果按年平均工资计算，工资最高行业与工资最低行业的平均工资比值为3.74；但如果按推算的小时平均工资计算，工资最高行业与工资最低行业的平均工资比值达到4.45。[③]

---

① 吴晓东.“压力山大”背后的集体焦虑感值得警惕［N］. 中国青年报，2012－10－28（3）.

② 资料来源：ILO数据库。

③ 该比值只反映了按照最粗略的行业门类划分的行业工资差距。如果按照进一步细化的行业大类划分，工资最高与最低行业的平均工资比值会大得多。比如，根据2021年《中国劳动统计年鉴》提供的86个非农行业大类城镇私营企业年平均工资数据，工资最高和最低的行业大类分别为“其他金融业”和“餐饮业”（年平均工资分别为374020元和44454元），二者年平均工资之比达8.41。遗憾的是，现有统计资料并未公开按行业大类划分的调查周平均工作时间。

表 9－1　　2020 年我国部分行业城镇私营单位平均工资与周工作时间

行业	城镇私营单位年平均工资（元）	年平均工资排名	调查周平均工作时间（小时）	工作时间排名	推算的城镇私营单位小时平均工资（元）	小时平均工资排名
信息传输、软件和信息技术服务业	180950	1	44.2	14	81.88	1
科学研究和技术服务业	146478	2	43.5	15	67.35	2
金融业	131035	3	42.6	17	61.52	3
电力、热力、燃气及水生产和供应业	120005	4	44.5	13	53.93	4
建筑业	70965	15	49.2	6	28.85	15
水利、环境和公共设施管理业	57123	16	46.4	9	24.62	16
居民服务、修理和其他服务业	56716	17	49.7	3	22.82	17
住宿和餐饮业	48400	18	52.6	1	18.40	18

注：相关指标排名是指在 18 个非农行业门类中的排名；数据来源为 2021 年《中国劳动统计年鉴》。

造成过度劳动现象的首要原因，无疑是部分行业的工资水平过低，以致劳动者为了满足基本生活需要，不得不选择加班。但除此之外，必然也有雇佣方为压低劳动力成本，延长劳动时间，而处于弱势的劳动者迫于被解雇的压力不得不服从的原因。因此相关制度设计必须在促进建立工资正常增长机制的同时，保障合理的工作时间。这包括集体协商应纳入关于工作时间的规定，劳动监察部门应加强对劳动工时制度和加班工资计发情况的监察力度，国家应适当延长带薪休假时间并保障其公平地落实①，同时宏观经济政策要以充分就业为导向，间接提高劳动者的议价能力，促使雇佣方用更多的就业换取更短的人均工作时间。实际上，合理工作时间不仅关乎收入公平与工作体验，它在促进劳动者的身心健康与全面发展、工作

① 根据国际劳工组织 2012 年的报告，大部分国家的法定最低带薪年假在 10～25 天，而我国的最低带薪年假仅为 5 天，可谓全世界最短；在我国，工龄满 20 年以上的劳动者的法定带薪年假才能达到 15 天，比发达国家的平均年假天数还要低。

效率与积极性，乃至促进消费方面也有重要的积极作用。①

4. 构建完备的产业工人技能形成体系

体面劳动不仅意味着广泛的劳动经济权益保障，还意味着给予劳动者充分的技能提升与职业发展机会。后者不仅是提升劳动者收入水平、改善收入分配的前提条件，也是内生需求增长最重要的供给侧协同因素。劳动者的技能养成作为一项在生产实践中的长期积累过程，不可能通过学校教育一蹴而就，也不能单纯依靠企业的自发行为，而是有赖于政府相关部门、普通教育与职业教育院校、职业培训机构、工会、企业等多方主体在劳动者技能投资、供给、评价、使用、激励等方面实现分工协作与利益协调的系统性制度安排，也就是演化经济学和比较制度经济学所谓的“技能形成体系”（skill formation system）（Sung et al.，2000；Crouch，2005）。2017 年 2 月中共中央、国务院印发的《新时期产业工人队伍建设改革方案》提出，构建产业工人技能形成体系，着力提升产业工人的素质能力，“造就一支有理想守信念、懂技术会创新、敢担当讲奉献的宏大的产业工人队伍”。这是中央文件第一次使用“技能形成体系”概念。2022 年 10 月，中共中央、国务院又印发了《关于加强新时代高技能人才队伍建设的意见》，提出健全高技能人才培养体系、完善技能导向的使用制度、建立技能人才职业技能等级制度和多元化评价机制、建立技能人才表彰激励机制等，再次强调了健全技能人才技能形成体系的意涵。

劳动者的技能是显性知识与隐性知识、通用能力与专业能力的有机综合体，其形成来自学历教育、职业教育阶段的学习与长期生产实践中的经验积累。为了实现知识经济时代的产业升级，劳动过程中计划与执行的分离将日渐模糊，技能人才越发表现出高级通用能力与专业能力融合的特征，劳动者可能经历学历教育、职业教育与在职培训之间的多次切换，不同教育类型的区隔也将逐渐被打破。因此，新时代的技能形成体系需要不

---

① 要提振消费，不仅要使普通劳动者有足够的购买力，还要有充足的闲暇时间。近年来但逢法定节假日就出现的景点“爆棚”、交通拥堵现象，反映了通过延长休假时间释放消费需求的潜力与必要性。

同学习阶段的无缝衔接以及多元技能供给主体的协调配合。一方面，为了改变我国普通教育与职业教育相互割裂、职业教育办学层次与社会地位较低的现状，我国可探索构建“H 型”人才培养体系，打造“贯通式”与“互通式”职业教育模式；所谓“贯通”，是指提高职业教育的层次、纵深与质量，使之在学历层次上能与普通教育比肩；所谓“互通”，是指实行全国通用的学分系统，实现普通教育与职业教育的相互连通（刘盾和徐岩，2019）。另一方面，为了改变职业教育与企业技能需求脱节、而企业内部的技能培训又面临能力与激励不足的现状，政府应引导多元技能供给主体在技能投资、开发、认证等方面的利益协调与分工协作。具言之，就是按照《关于加强新时代高技能人才队伍建设的意见》要求，“构建以行业企业为主体、职业学校为基础、政府推动与社会支持相结合的高技能人才培养体系”；通过推进职业院校在产权、师资设立、课程安排以及利益分配上的制度改革，深化产教融合与校企合作；通过“开展订单式培养、套餐制培训，创新校企双制、校中厂、厂中校等方式”，打通企业内外的技能形成过程；“健全以职业资格评价、职业技能等级认定和专项职业能力考核等为主要内容的技能人才评价机制”，坚持并拓展技能评价社会化，增强行业企业在技能认证中的自主性与权威性，优化技能证书对劳动力价格的指引作用。在此过程中，工会发挥着不可或缺的桥梁与枢纽作用。在宏观层面，地方工会应会同人社、教育、科技部门以及行业企业代表，识别与新技术应用相关的新技能需求，制定技能人才开发规划，促进职业学校与行业企业的沟通协作；在企业层面，企业工会应发挥其在职业技能提升领域的传统强项，通过开展技能研修、岗位练兵、技能竞赛、技能大师工作室或劳模创新工作室、“求学圆梦”行动等，对接上级工会的技能开发规划，链接企业内外部培训资源，配合企业对员工的技能升级需求。

如果说技能供给主体之间的协调配合构成了技能形成体系的中观制度环境，那么广泛的劳动经济权益保障与和谐稳定的劳动关系就是技能形成体系的微观制度基础。换言之，体面劳动的权益保障方面本身也是技能发展方面的前提条件。其一，体面的工资收入，以及与技能水平相匹配的薪酬制度和职业发展通道，为劳动者的技能提升提供了引导与激励。其二，适度的劳动强度与工作时间是劳动者得以投入技能提升行动的先决条件。

其三，也是最重要的，长期稳定的劳动关系与充分的社会保护是企业和员工进行技能投资的必要前提。对于大部分产业而言，技能养成都是经由实践历练的历时性过程，频繁的职业流动不利于劳动者技能的形成，制造业尤其如此。更为关键的是，唯有企业和员工形成长期合作关系，使其能够在相当长的时期内共享技能投资收益，企业和员工才有足够的技能投资激励。“资本主义多样性”（Varieties of Capitalism，VoC）理论就曾深刻阐述工作保障与社会保护对劳动者技能形成选择的决定作用。比如，艾斯特维兹-亚伯等（Estevez-Abe et al.，2001）在发展贝克尔人力资本理论的基础上提出，劳动者对技能投资类型的选择，取决于相应投资成本与收益的权衡；前者包括劳动者投入的精力、时间（主要指放弃用于其他技能投资类型的时间所对应的机会成本）以及培训期间的收入损失，后者则取决于培训之后的“工资溢价”以及劳动者预期获取这一“工资溢价”的持续时间。如果劳动者投资于企业专有性技能，则他只能在本企业收获“工资溢价”，此时相对稳定的工作保障对于保持足够高的投资收益至关重要。如果劳动者投资于行业专有性技能，他可以在本行业内的其他企业收获同样的“工资溢价”，但为了保障投资收益，需要有较为完备的“失业保障”（如较高的失业保险替代率），使其可以在失业后耐心寻找行业内与之技能相匹配的工作机会。因此，偏重企业专有性技能和行业专有性技能的产品市场战略，分别需要较为完备的企业内工作保障与失业保障与之配合。艾斯特维兹-亚伯等（Estevez-Abe et al.，2001）将日本、意大利作为依赖企业专有性技能的范例，将丹麦、荷兰作为依赖行业专有性技能的范例，德国则兼具二者的特征。相反，就业保障与社会保护力度较弱的劳动力市场制度，会鼓励劳动者更多投资于流动性较强的通用技能。在以通用技能投资为主的国家（如美国），技能形成主要依赖普通高等教育，行业企业的参与度较低。尽管此类国家在突破性创新或部分高端服务业有一定优势，但表现出较强的去工业化趋势与较大的收入差距。因此，要构建完备的产业工人技能形成体系，培养现代化工业强国所需的“知识型、技能型、创新型劳动者大军”，需要体面的就业保障与社会保护作为其制度基础。

9.3.2 就业优先与公平导向的财税体系

1. 实行更加强调就业优先原则与收入分配效果的财政政策

2008 年金融危机以来，特别是新冠疫情暴发之后，西方各国普遍加强了扩张性的总需求管理政策，但这些政策在促进就业方面的效果不尽理想，且一定程度上加剧了收入分配差距。以传统总需求管理为主要形式的财政政策建立在“新古典综合”（neo-classical synthesis）和“新共识主义”（new consensus）的理论基础之上，它是一种“自上而下”的，或者依靠“下滴”（trickle down）效应的总需求管理政策。它一般通过向宏观经济直接“注资”（pump priming）的方式，改善企业和银行的资产负债表、现金流量表和损益表，抑或增加个人的财富净值，进而改善预期，促进信贷与投资。就业只是信贷与投资扩张的副产品。这样一种财政路线，总是优先惠及大企业和食利者，然后将利益滴流到那些总是最先被雇佣、最后被解雇的高技能劳动者，最后才能很有限地惠及普通劳动者。打一个比方，总需求管理如同“大水漫灌”，并且是从金字塔的顶端往下“浇灌”，政府注入的资金首先变成大企业和银行的现金流，以及食利者的净资产。企业与银行的利润状况得到改善后，才会扩张投资与信贷，继而雇佣“闲置”的但闲置时间较短的高技能劳动者，好比顶端“盆满钵满”之后，部分的水漏到金字塔中部；等到“水”层层滴流到位于底层的普通劳动者，量已经非常有限，难以充分拉动就业。同时由于自上而下的资金流动顺序，这种方式进一步扩大了收入分配差距。于是，传统的总需求管理无法有效解决凯恩斯（2011）所说的“我们生活于其中的经济社会的显著弊端”，也就是“第一，它不能提供充分就业以及第二，它以无原则的和不公正的方式来对财富和收入加以分配”。[①] 除此之外，传统的总需求管理还会助推资产价格泡沫，钝化企业和银行的风险意识，纵容企业和住户的过度借贷或银行的过度放贷行为，进而加剧金融系统的不稳定性。由于短期投资扩张不

① 凯恩斯. 就业、利息和货币通论（重译本）[M]. 高鸿业，译. 北京：商务印书馆，2011：386.

是来自消费需求的同步增长（后者反而因收入分配恶化而被进一步抑制），而是来自财政刺激，因此会加重日后产能过剩的压力。

相比之下，非主流学派倡导一种“自下而上”的财政路线（Tcherneva，2014）。它不仅关注需求总量，还关注需求结构；不仅重视政府投资的必要性，更重视政府投资的方向。它不是作为应急手段，通过刺激短期投资和增长，“熨平”经济周期，而是作为长效经济治理，保障长期的充分就业、公平的收入分配、可持续的增长和更好的社会效益。与直接通过“注资”优先惠及利润、利息和高技能劳动收入不同，它倾向于通过直接创造就业的方式、有针对性的公共投资项目，优先保障那些最容易受到周期波动影响的普通劳动者的就业权益；因而经济繁荣不是依靠企业、银行和高收入人群的收益“下滴”，而是通过普通劳动者实现充分就业和收入增长后的需求“上溢”（bubble up），也就是通过后者的消费需求带动投资。明斯基（Minsky，2008）的一段精辟评论，可谓是对这种财政观的到位注解。

> 把政策目标的重点放在投资和“经济增长”而不是就业是个错误。充分就业的经济一定会扩张，但一个旨在通过诱发资本密集型投资的制度设计来加速增长的经济，不仅未必会增长，还可能不断加剧收入分配的不公平、技术选择的无效率和整体运行的不稳定……建立一个以就业为导向而不是以增长为导向的经济改革方案会很快显现出好处。它以一个人本经济为主要目标，是迈向一个人本社会的第一步。①

实际上，明斯基表达的以就业为导向的财政政策与我国一直坚持的就业优先战略高度契合。我国自 21 世纪初基本确立了就业优先战略；2013 年以来，随着中共中央《关于全面深化改革若干重大问题的决定》等纲领性文件的颁布，就业优先战略持续深化；2022 年 10 月，习近平总书记在党的二十大报告中再次强调在高质量发展中强化实施就业优先战略。所谓就业优先，就是要把促进就业作为经济社会发展的优先目标，把促进就业融入稳增长、促改革、调结构、惠民生、防风险等经济社会治理的各个领

① MINSKY H. P. Stabilizing an unstable economy [M]. New York: McGraw - Hill, 2008: 325 - 326.

域。落实到宏观经济政策上，自然就是要突出财政政策的就业促进导向（纪韶，2022）。我国的就业优先战略比上述非主流学派的财政思想在内涵上更丰富、更深刻。但是，非主流学派的这种“自下而上”的财政思想对于我国更好地改变传统总需求管理路线，落实就业优先战略确有启发意义。实际上，“自下而上”的需求管理类似于本书5.4.2节提到的倾向劳方的财政扩张——或者更一般地说——倾向公平分配的财政扩张。秉承这一思想，我国在当前阶段应综合考虑财政支出的如下效应：（1）分配效应：是否有利于提升普通劳动者的收入份额，实现更公平的收入分配。（2）就业效应：是否能相对大量地、并且是持续地拉动就业，尤其是非技术劳动力就业，而不只是在建造期间一次性地拉动就业。（3）产能效应：是否容易造成过剩产能，或者造成与私营部门竞争的产能。（4）资源环境效应：是否有利于资源节约和环境保护。综合以上标准，我们认为较为合宜的财政政策包括对基础教育和医疗设施的投入、职业技能培训、面向“三农”的基础设施建设、公租房建设、社区服务、环保和环卫项目、生态与循环经济的开发、累进性减税乃至直接发放消费券，以及对中小企业创业、创新活动的支持等。在此过程中，政府应积极寻求与非营利组织或所谓的“社会企业”合作，后者在提供公共服务、解决弱势群体就业方面发挥了重要作用。

2. 走向更加公平的再分配政策

税收和社会保障体系作为收入再分配的主要手段，在保公平、促消费、稳增长方面发挥着极其重要的作用。相关学者通常用再分配有效性，也就是再分配后的家庭收入基尼系数相比于再分配前的这一系数下降的百分比，来衡量再分配的力度。绝大多数OECD国家（地区）的再分配有效性在20%~45%，2018年的平均水平为32.7%。[①] 然而不乏学者表明，我国税收和社保体系的再分配效应明显偏弱，局部甚至出现了“逆向再分配”的结果，也就是再分配有效性为负值（杨天宇，2009；田卫民，

---

① 资料来源：OECD数据库。虽然在写作本书时，相关数据已更新至2021年，但2018年的数据覆盖国家最全面。在2018年有相关数据可查的35个OECD国家（地区）中，29个国家的再分配有效性在20%~45%，其中最低的是墨西哥，仅2.8%，最高的是比利时，达47.3%。2018年的平均水平是35个国家再分配有效性的简单算术平均值。

2015；Cevik & Correa-Caro，2015）。[①] 造成我国财税体系再分配效应不强的主要原因包括：（1）个人所得税占比过低。2021 年，我国个人所得税占 GDP 的比重仅为 1.2%，占税收总额的比重仅为 8.1%[②]，远低于 OECD 国家（地区），这意味着最重要的一项再分配工具在我国发挥的作用过小。除了税制调整滞后于人均收入增长、税率结构不合理之外，高收入阶层通过多种方式"合理避税"乃至逃税也是一大重要原因。（2）财产性收入在税率上被优待。目前我国的财产性收入普遍采用 20% 的比例税率，调节力度有限。同时，一些对于调节财富分配差距十分重要的财产存量税，如房产税、遗产税和赠与税均未开征或者仅在个别城市试点。（3）社会保障缴费具有累退性，也就是较低收入群体的社保缴费支出占其收入的比重反而比高收入群体更高。（4）社会保障水平和转移支付的力度偏低。2021 年，我国的社会保障和就业支出仅占财政支出的 13.8%、占 GDP 的 3.0%[③]；尤其是失业保险的覆盖面偏窄、补偿标准偏低、领取时间偏短，难以充分发挥"社会安全网"和"自动稳定器"作用。

针对上述现象，笔者建议对现有财税体系的收入侧和支出侧都做出调整。在收入侧，要提高个人所得税对收入分配的调节作用，降低工薪收入在个人所得税中的比重。随着我国私人财富的积累，财富分配差距日益成为决定个人收入差距的重要决定因素，因此未来应加强对财产收入流量和财产存量的税收调节。一方面，建议将财产收入纳入综合所得，实行统一的超额累进税率，同时完善税率层次随人均收入水平的自动调整机制；另一方面，开征遗产税、赠与税、房产税等财产存量税种；同时，建立全国统一的个人财产与收入所得税征缴管理系统，利用大数据、区块链等技术手段提高对财产税申报的稽查与征管，堵住税收漏洞。在支出侧，要着力提高社会保障、公共服务的转移支付力度与均等性。一方面，要提高教育、医疗卫生和社会保障支出的比重，提高各类社会保险的政府筹资水平

① 国家统计局并未公布再分配之前的家庭收入基尼系数，因此无法根据官方数据计算再分配有效性。OECD 数据库仅提供了中国 2011 年再分配前后的家庭收入基尼系数，分别为 0.548 和 0.514，照此计算，再分配有效性为 6.2%。不过 OECD 公布的再分配后家庭收入（即可支配家庭收入）基尼系数比国家统计局公布的数据偏高，且该数据库并未表明数据来源。

②③ 资料来源：国家统计局发布的《中国统计年鉴 2022》。

和统筹层次，扭转优势群体“少缴多得”的逆向再分配局面；特别是考虑到失业保障对促进劳动者的行业专有性技能投资、加强劳动力供需匹配的重要性，当前要较大幅度提高失业保险的补偿标准，建议失业保险补偿额度至少达到失业前工资收入的50%，并且以当地最低工资的80%为最低限度。[①] 另一方面，确保各项社会保障和公共服务能公平地覆盖所有劳动者，尤其是以农民工为主体的非正规就业劳动者；通过逐步放开大城市落户限制，让城市保障性住房政策能够覆盖技能型产业工人，破除劳动力流动的体制性障碍。

9.3.3 重新理解创新驱动：体面劳动的双重作用

目前，学界和决策者已就下述看法达成共识，那就是原有的增长方式难以为继，经济增长必须从要素驱动转向创新驱动。为了实现创新驱动发展战略，下列一系列举措无疑是必要的，包括深化教育与科技体制改革、提升科技研发投入、加强核心技术攻关、促进产学研深度融合等。但是大多数学者似乎都认为，实现创新驱动只能从供给端着眼，认为只有劳动生产率的更快增长才能换来工资增长的空间，有些人甚至把创新驱动等同于“机器换人”。笔者认为这些看法存在误区。

一方面，体面劳动促成的收入分配改善将从需求侧有力拉动技术创新。产业领域的技术创新不是来自科学家的灵光闪现，也不是来自科研院所的研究项目，而是当企业面临旺盛的市场需求，企业家受到盈利预期的驱动及产能或劳动力供给的限制，促使躺在实验室或专利局“抽屉”中的科学成果被投入使用，或加速技术引进和扩散的速度；抑或是需求扩张带来的规模经济与“干中学”效应，推动劳动生产率的提高。而旺盛的市场需求最终来自工资收入进而消费需求的增长。反过来说，如果工资增长长期滞后于劳动生产率的提高，导致工资份额下降，那么

---

① 丹麦的失业补偿为失业前工资的90%，美国的补偿标准较低，但失业补偿也达到了失业前工资的53%。我国各地补偿标准差别很大，相当部分省市是以最低工资的60%~80%作为支付标准，西藏、黑龙江和吉林等地甚至以最低生活保障为标准。

一段时间的投资热潮很可能转化为消费不足和增长停滞。所谓我国原有的增长方式难以为继，不是要素驱动本身的问题，而是收入分配差距扩大导致的内生性需求不足，导致要素驱动难以再收到原有效果，以致要素投入的后继动力不足。

另一方面，体面劳动——包括相对公平的收入分配、稳定的就业保障、广泛的技能发展机会等——也会从供给侧推动技术创新。传统创新理论单纯强调研发活动对创新与产业升级的重要性，低估了普通生产劳动的作用。然而越来越多的研究表明，普通生产岗位是研发创新的实现载体，研发活动必须与生产实践相结合才能实现有效的产业创新；反之研发与生产环节无法即时互动反馈会产生所谓的创新“死亡峡谷”，直接拖累产业创新升级的步伐（王星和徐佳虹，2020）。特别是在制造业中，成功的研发通常源于对生产工艺流程的高度参与和充分熟悉，只有足够长时间的车间生产实践的积累，制造业才能完成先进基础工艺、关键基础材料、核心基础零部件以及产业技术基础（简称“工业四基”）方面的真正突破（王星，2019）。不仅如此，很多管理学文献表明，相比于单纯依靠技术引进或少数研发人员的创新活动而言，基于员工日常工作实践的、“自下而上”的员工创新行为日益成为企业可持续竞争优势的更重要源泉（Xu，Liu & Tang，2022）。

在以强大的制造业和产业创新能力著称的国家（如德国、日本和北欧），大部分创新来自生产一线，来自工程师、技术工人和销售人员在长期的相互磨合过程中、与市场的互动过程中、不断的实验试错过程中，以及持续的流程改进与质量管理过程中积累的工艺诀窍与隐性知识。支持这样一种创新氛围的，是被称作“莱茵模式”的劳动力市场制度和劳动关系实践，比如德国企业的“劳资共决制”、日本企业的年功序列制和终身雇佣制。这些制度的共同特点是劳资双方达成长期合作关系，建立劳动者分享劳动生产率增益的工资增长机制，并给予劳动者参与部分企业决策的权利。高工资与长期合作关系促使企业对员工进行长期的技能投资，采取创新与质量制胜的竞争战略，而非依靠压缩劳动力成本的“竞次战略”；同时也培养了员工的忠诚度、归属感与主人翁意识，激发了更强的工作积极性和创造性。这样一种竞争模式与发展战略，也就是很多人所说的中国产业界最缺少的“工业精神”，那就是不唯短期利润是图，不盲目跟风、一哄而上，不以牺牲质量和劳动标准为代价搞价格战，而是脚踏实地地做实业，精益求精地做产品，持之以恒地做研发。也正是这样一种竞争模式与发展战略，使德国与一些北欧国家保持了扎实的制造业基础，没有经历像美国和英国那样的产业空心化，将经济增长建立在互联网、房地产和金融业泡沫的脆弱基础之上。

制造业是立国之本、强国之基、兴国之器。“坚持把发展经济着力点放在实体经济上，坚定不移建设制造强国”是牵引我国迈向高质量发展进程中的一条主线，而一支高技能和高参与度的产业工人队伍是塑造强大制造业的中坚力量。要使产业工人实现足够的技能投资和工作投入，离不开能带来足够公平感的工资收入、充分的闲暇消费与劳动力再生产、体面且有尊严的生活水平，以及稳定的就业保障。在当前我国，农民工已经成为产业工人队伍的主体，而广大农民工“就业短期化、漂泊无根”的特征已经成为我国完善产业工人技能形成体系、推进制造业转型升级的最大痛点（王星和徐佳虹，2020）。唯有加强体面劳动为导向的劳动力市场制度建设，推动社会保障与公共服务均等化，不断加强产业工人尤其是农民工群体的获得感、幸福感、安全感，才能加快建设现代产业体系，建设制造强国与质量强国。

9.3.4 辩证看待教育公平与结果公平

公共教育是广义技能形成体系的组成部分，并且是形成个体大部分通用技能的基础组成部分。鉴于教育公平、收入分配与经济增长之间的关系在理论和现实中的重要性，此处对教育相关议题做简要的单独讨论。根据6.1.3节的讨论，劳动者的总体受教育程度以及受教育程度的分配公平情况对供需协同机制均会产生重要影响。改革开放以来，我国极大地扩大了公共教育的供给，人均受教育年限大幅提高。如图9－1所示，根据我国第五次至第七次人口普查以及期间两次1%人口抽样调查数据，2000～2020年，我国拥有高中或中专教育程度的人口比例从11.2%稳步提升至15.1%，接受过高等教育的人口比例从3.6%大幅提升至15.5%，就业人口的平均受教育年限则从 7.8 年显著提升至 10.4 年。这一人力资源质量的持续提高为我国从“人口红利”转向“人力资本红利”提供了强大推动力。

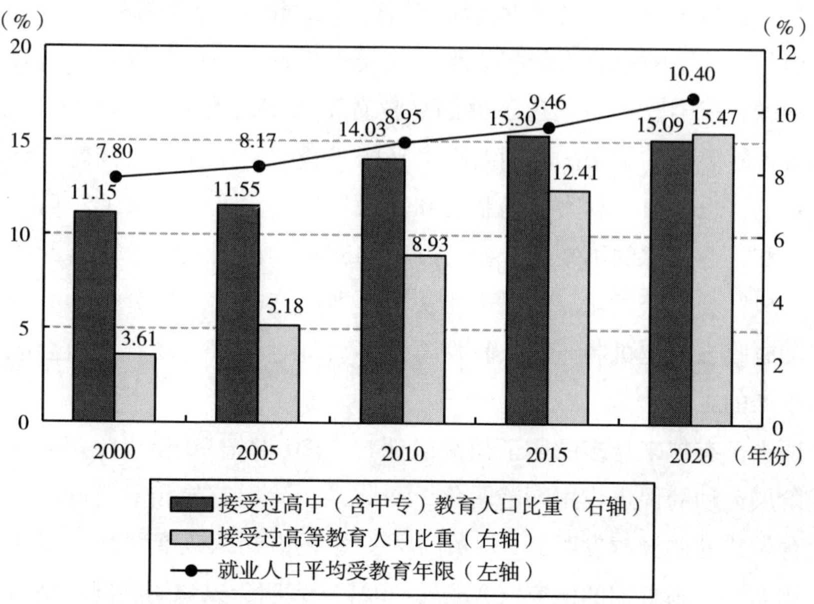

图 9-1　2000~2020 年我国总体人口及就业人口受教育程度发展情况

资料来源：第五、第六、第七次人口普查以及 2005 年、2015 年 1% 人口抽样调查公布数据。

教育不平等程度无疑是收入分配差距的重要决定因素。给定教育回报率，受教育年限的分布越平等，收入分配也就越平等。有研究显示，随着我国义务教育的普及、高等教育的扩招以及地区间教育经费转移支付的增加，教育不平等程度也有所下降（Yang et al.，2014）。但不容否认的是，当前我国在地区之间、城乡之间以及城乡户籍人口之间仍存在不小的教育差距。尤其是城乡户籍差别已经造成个体间教育不平等的首要因素，这一差别集中体现在城市居民子女与农民工子女在受教育年限和教育绩效方面的差距（Yang et al.，2014；Zhang et al.，2015）。可见为了进一步促进教育公平，我国一方面需要继续提高公共教育支出占 GDP 的比重①，加大地

① 根据《中国统计年鉴 2022》，2021 年我国教育支出占 GDP 的比重为 3.3%，较之 2020 年 OECD 国家 5.3% 的水平还有不小的差距［OECD 国家（地区）的数据来自世界银行数据库，写作本书时该数据库尚未公布 2021 年数据］。

区间教育支出转移支付力度，促进教育资源在地区之间、城乡之间的均衡分布，另一方面需要坚持以人为核心的新型城镇化路线，加快农民工市民化进程，让外来务工人员子女与城市居民子女能够享受平等的教育机会。

但是，为了缩小收入分配差距，仅促进教育资源的均等化，或者说表面上的教育机会公平是远远不够的。教育不平等既是收入不平等的原因，也是收入不平等的结果。不同教育水平的工资差距不仅是由技能的供需状况决定的，也是由劳动力市场制度和其他制度环境共同决定的；后者决定的收入和社会资源的不平等，会反过来加剧不同阶层获取教育资源的不平等，造成社会阶层固化。如果不能从根本上改变扩大阶层分化的劳动力市场制度或收入决定机制，那么教育不仅不会促进阶层流动，反而会成为阶层再生产的工具。

国内已有越来越多的实证研究表明，自20世纪90年代中期以来，教育对阶层流动的促进作用渐趋弱化，与收入、阶层差异相对应的教育机会和教育效能的差异越发明显，“寒门学子”凭借知识改变命运变得越来越难。比如，一则近期的研究（Wang，2021）表明，以户籍状况、父母的受教育程度和职业类型代表的家庭社会经济地位显著影响了学生的高等教育入学率，以致1999年以来的大学扩招更多惠及社会经济优势群体。而出身不同阶层的学子在整个教育生涯中的分化，从基础教育阶段就开始了。比如，熊易寒（Xiong，2015）对上海市杨浦区分别来自一座公立学校和一座农民工子弟学校的224位农民工子女进行了问卷调查。数据显示，在公立学校学习的农民工子女更倾向于“主流价值观”，而在私立农民工学校就读的同学则更容易出现“反学校文化”，并且出现“越长大越悲观”的现象，也就是随着年龄增长，对未来的预期越低；到了初中三年级，选择继续学业的比例骤降至5.5%，而选择技校的比例升至56.4%。而即便在公立学校中，农民工子女与周围世界的接触中，也始终保持对未来发展的低预期，削弱了学习的动力与向上流动的机会。结果是他们很可能重复父辈的职业，复制父辈的阶层。

自20世纪80年代以来，教育不均与阶层固化在西方发达国家，尤其是美国表现得尤为明显。知名学者帕特南（Putnam，2015）总结了教育造成阶层再生产的机制：首先，中产家庭有着更稳定的收入预期和职业发展规划，因而会选择在收入和事业的稳定期生儿育女，从而给后代一个更优越的家庭环境。其次，中产家庭会给孩子足够的关怀和照料，而低收入阶层不得不从事长时间、繁重的劳动，没有充足的时间和精力与孩子进行深入、频繁的交流，更负担不起丰富的素质教育与课外活动，这使孩子更容易在家庭之外寻求认同与关爱，大大增加了误入歧途、自暴自弃的可能性。再次，中产或富裕家庭可以在好学区买房子，让孩子进入好学校，而穷人显然没有这种条件；“孟母三迁”只能是有钱人的专利。随着不同阶层的居住区日益隔离，来源于高收入阶层税收的优质教育资源和治安条件也日益向高收入阶层区聚集，进一步加剧了教育资源分布不均的恶性循环。此外有数据显示，学历水平相当的男女之间结合的比例越来越高，这种“门当户对”的婚姻模式使不平等增加了25%，因为“双学历”家庭意味着双份丰厚收入，以及对后代而言更优质的精英教育、生活阅历、人脉资源和发展规划。[①] 这还不是故事的全部——阶层差距除了造成教育机会不公平之外，还会造成教育效能的不公平。来自不同阶层的同学，即便出自同一所高校，他们在求职和职业发展道路上，因为自身阅历、资源和来自父母的言传身教的差异，也会存在把握机遇、积累技能、调用资源和人际交往能力等方面的显著差异，继而造成社会阶层和收入水平的再生产。[②]

来自美国的教训表明，除非从源头上改变扩大既有收入和阶层差距的制度机制，否则仅通过使教育资源的分布更加平衡，无法达到真正的教育公平。实际上，单凭教育机会公平即可促进收入分配公平的想法，反映了主流经济学关于机会公平优先于结果公平的价值观。通过鼓吹所谓的人力资本理论，由“劳动力市场”决定的学历溢价被视作公平合理的收入，无视劳动力市场本身就是政治和制度安排形塑的结果。只需简单的事实比较即可明白：美国的教育不平等日益加剧的时期，就是收入差距扩大和阶层日趋固化的新自由主义时期；同样的现象没有发生在大学教育反而没那么普及、技术进步同样高歌猛进的20世纪五六十年代，也没有同等程度地发

① America’s New Aristocracy [J]. The Economist, 2015-01-24.

② 网上的一篇知名博文：《我们的时代，寒门为何再难出贵子》以作者的亲身经验与调查研究，生动地表现了大学毕业生的阶层出身不同如何影响了其职业发展。

生在经济发展水平相似的西欧和北欧国家。可见，与主流看法相反，促进教育机会公平固然重要，但更重要的是变革劳动力市场制度与收入决定机制，促进结果公平。

9.4 主要不足及有待进一步解决的问题

本书作为整合、发展西方非主流学派分配与增长相关理论的初步尝试，在理论分析与应用方面还有诸多不足。改进这些不足既是对未来可行研究方向的展望，同时也可作为对学界同行开展同类研究的粗浅建议。

首先，本书主要以西方马克思主义与后凯恩斯主义（或者说“西方政治经济学”）的理论为基础，以资本主义经济体为预设的分析对象。尽管大部分内容也适用于社会主义市场经济，但对于它们在中国情境下的适用范围及其创新发展仍欠缺更深入的分析。在批判性地借鉴西方政治经济学的基础上，逐渐完善具有中国特色的社会主义政治经济学，是值得相关学者持续探索的重大课题。

其次，本书更多体现为对既有理论的比较、评析、整合与边际创新，突破性创新仍显不足。站在本书构筑的理论起点，笔者预期以下三个理论创新方向有望取得富有成效的进展。其一，受宏观经济研究方法的限制，本书主要停留在宏观总量分析，对于微观经济层面的市场主体行为以及经济的结构性特征仍有待开发；马克思的劳动过程理论、竞争理论以及新熊彼特学派的创新理论可以为此提供丰富的理论依据。其二，重视现实中的市场经济作为一个货币经济的本质属性是非主流学派的重要特征，而本书对于货币和信贷在宏观经济动态中的作用分析还远远不够；将后凯恩斯主义近年来在货币金融和“存量－流量一致性”（SFC）模型方面的理论进展与马克思的资本积累和危机理论相结合，是现有理论模型很自然的增补扩展方向。其三，对于长波周期理论与世界体系周期理论的整合，本书只是提出了一个初步的理论思路，如何将其纳入一个统一的宏观动态学理论模型，同时又能经得起历史证据的检验，将是一个极具挑战性却又颇具吸引力的研究方向。

最后，本书并未将实证研究作为重点，对我国的实证分析只是浅尝辄止。然而如果以理论应用为主要目的，要深入理解我国收入分配、供需互动与双循环发展的关系，就必须展开更加全面、深入的计量经济分析，包括使用结构方程模型或向量自回归分析，纳入经济增长对收入分配的反馈作用，引入收入分配、内需扩张对产品非价格竞争力（如出口技术复杂度）的影响，明确考察收入分配通过促进“内循环”带动“外循环”的作用过程，等等。

参考文献

[1] 阿尔贝尔·M. 资本主义反对资本主义 [M]. 杨祖功，译. 北京：社会科学文献出版社，1999.

[2] 阿里吉·G. 漫长的20世纪：金钱、权力与我们时代的起源 [M]. 姚乃强，严维明，吴承义，译. 北京：社会科学文献出版社，2022.

[3] 阿里吉·G. 亚当·斯密在北京：21世纪的精神谱系 [M]. 路爱国，等译. 北京：社会科学文献出版社，2009.

[4] 巴兰·P，斯威齐·P. 垄断资本：论美国的经济和社会秩序 [M]. 南开大学政治经济学系，译. 北京：商务印书馆，1977.

[5] 白钢. 美国世纪的终结与世界体系的未来 [M]. 北京：红旗出版社，2020.

[6] 波兰尼·K. 大转型：我们时代的政治与经济起源 [M]. 冯钢，刘阳，译. 杭州：浙江人民出版社，2007.

[7] 博耶·R. 资本主义政治经济学：调节与危机理论 [M]. 桂泽元，译. 北京：中国经济出版社，2021.

[8] 布朗芬布伦纳·M. 收入分配理论 [M]. 方敏，等译. 北京：华夏出版社，2009.

[9] 布雷弗曼·H. 劳动与垄断资本：二十世纪中劳动的退化 [M]. 方生，等译. 北京：商务印书馆，1978.

[10] 布若威·M. 制造同意：垄断资本主义劳动过程的变迁 [M]. 李荣荣，译. 北京：商务印书馆，2008.

[11] 陈斌开，陈琳，谭安邦. 理解中国消费不足：基于文献的评述 [J]. 世界经济，2014 (4)：3-22.

[12] 崔之元. 新三位一体：供给侧结构性改革、双循环和共同富裕

［J］. 清华金融评论, 2022a（3）: 48－50.

［13］崔之元. 为什么应该称3D打印为“增材制造”? 它意味着一种新型生产方式［J］. 文化纵横, 2022b（12）: 在线发表.

［14］凡勃伦·T. 有闲阶级论［M］. 蔡受百, 译. 北京: 商务印书馆, 1964.

［15］樊纲. 现代三大经济理论体系的比较与综合［M］. 上海: 上海三联书店, 1994.

［16］弗里兰·C. 巨富: 全球超级新贵的崛起及其他人的没落［M］. 周晋, 译. 北京: 中信出版社, 2013.

［17］弗里曼·C, 卢桑·F. 光阴似箭: 从工业革命到信息革命［M］. 沈宏亮, 译. 北京: 中国人民大学出版社, 2007.

［18］戈登·R. 美国增长的起落［M］. 张林山, 等译. 北京: 中信出版集团, 2018.

［19］格雷伯·D. 债: 第一个5000年［M］. 孙碳, 董子云, 译. 北京: 中信出版社, 2012.

［20］哈维·D. 资本的限度［M］. 张寅, 译. 北京: 中信出版社, 2017.

［21］哈耶克·F. V. 作为一种发现过程的竞争［C］//F V 哈耶克. 哈耶克文选. 冯克利, 译. 南京: 江苏人民出版社: 2007: 107－117.

［22］吉登斯·A. 社会学（第五版）［M］. 李康, 译. 北京: 北京大学出版社, 2009.

［23］纪韶. 强调就业优先就是强化财政等宏观政策支持导向［EB/OL］.（2022－10－31）［2023－02－19］.

［24］加尔布雷斯·J. K. 美国资本主义: 抗衡力量的概念［M］. 王肖竹, 译. 北京: 华夏出版社, 2008.

［25］姜辉. 论当代资本主义的阶级问题［J］. 中国社会科学, 2011（4）: 39－54.

［26］凯恩斯·J. M. 货币论（上卷）［M］. 何瑞英, 译. 北京: 商务印书馆, 1986.

［27］凯恩斯·J. M. 就业、利息和货币通论（重译本）［M］. 高鸿业, 译. 北京: 商务印书馆, 2011.

[28] 克拉克·J. B. 财富的分配 [M]. 王翼龙，译. 北京：华夏出版社，2008.

[29] 克莱曼·A. 大失败：资本主义生产大衰退的根本原因 [M]. 周延云，译. 北京：中央编译出版社，2013.

[30] 克鲁格曼·P. 美国怎么了?：一个自由主义者的良知 [M]. 刘波，译. 北京：中信出版社，2008.

[31] 拉沃·M. 后凯恩斯主义经济学：新基础 [M]. 孟捷，译. 北京：中国人民大学出版社，2021.

[32] 拉沃·M. 后凯恩斯主义经济学 [M]. 王鹏，译. 济南：山东大学出版社，2009.

[33] 拉佐尼克·W. 车间的竞争优势 [M]. 徐华，黄虹，译. 北京：中国人民大学出版社，2007.

[34] 李实，万海远，谢宇. 中国居民财产差距的扩大趋势 [J]. 中国收入分配研究院工作论文 No. 24，北京师范大学中国收入分配研究院，2014.

[35] 刘盾，施祖麟，袁伦渠. 利润拉动还是工资拉动?：对劳动收入份额影响经济增长的理论探讨与实证研究 [J]. 南开经济研究，2014 (2)：3–29.

[36] 刘盾，施祖麟. 对欧债危机的根源和治理的另一种解读与反思：工资政策转变的视角 [J]. 欧洲研究，2014 (5)：114–116.

[37] 刘盾，徐岩. 体面劳动的内涵结构与指标测量：基于质性访谈的量表开发与验证性因子分析 [J]. 管理评论，2021，33 (2)：227–238.

[38] 刘盾，徐岩. 职业能力与体面劳动：理论、测度、实践 [M]. 北京：北京交通大学出版社，2019.

[39] 刘盾，袁伦渠，林玳玳. 资本主义经济和经济学的双重危机与重构：历史唯物主义的视角 [J]. 经济学家，2013 (7)：5–16.

[40] 刘盾. 中国的经济增长属于"利润拉动"还是"工资拉动"?：再测功能性收入分配对我国需求增长与结构的影响 [J]. 南开经济研究，2020 (1)：70–95.

[41] 刘易斯·A. 二元经济论 [M]. 施炜，等译. 北京：北京经济

学院出版社，1991.

[42] 柳欣. 经济学与中国经济 [M]. 北京：人民出版社，2006.

[43] 柳欣. 资本理论：价值、分配与增长理论 [M]. 西安：陕西人民出版社，1994.

[44] 卢卡奇·G. 历史与阶级意识：关于马克思主义辩证法的研究 [M]. 杜章智，等译. 北京：商务印书馆，1996.

[45] 卢森堡·R. 资本积累论 [M]. 彭坐舜，吴纪先，译. 北京：三联书店，1959.

[46] 罗宾逊·J，伊特韦尔·J. 现代经济学导论 [M]. 陈彪如，译. 北京：商务印书馆，1982.

[47] 罗宾逊·J. 马克思、马歇尔和凯恩斯 [M]. 北京大学经济系资料室，译. 北京：商务印书馆，1963.

[48] 马克思，恩格斯. 德意志意识形态 [C] //马克思恩格斯全集第三卷. 中共中央著作编译局，译. 北京：人民出版社，1972：11-640.

[49] 马克思，恩格斯. 共产党宣言 [M]. 中共中央著作编译局，译. 马列主义经典作家文库著作单行本. 北京：人民出版社，2015.

[50] 马克思. 哥达纲领批判 [C] //马克思恩格斯选集第三卷上. 中共中央著作编译局，译. 北京：人民出版社，1995：352-378.

[51] 马克思. 剩余价值理论（第二册）[M]. 中共中央著作编译局，译. 北京：人民出版社，1975.

[52] 马克思. 哲学的贫困 [C] //马克思恩格斯全集第四卷. 中共中央著作编译局，译. 北京：人民出版社，1958：71-198.

[53] 马克思. 资本论（第二卷）[M]. 中共中央著作编译局，译. 北京：人民出版社，2004a.

[54] 马克思. 资本论（第三卷）[M]. 中共中央著作编译局，译. 北京：人民出版社，2004b.

[55] 马克思. 资本论（第一卷）[M]. 中共中央著作编译局，译. 北京：人民出版社，2004c.

[56] 孟捷. 劳动与资本在价值创造中的正和关系研究 [J]. 经济研究，2011（4）：15-25.

[57] 诺布尔·D. F. 生产力：工业社会化的社会史 [M]. 李风华，译. 北京：中国人民大学出版社，2007.

[58] 斯蒂格利茨·J. E. 不平等的代价 [M]. 张子源，译. 北京：机械工业出版社，2020.

[59] 斯拉法·P. 用商品生产商品：经济理论批判绪论 [M]. 巫宝三，译. 北京：商务印书馆，1991.

[60] 斯密·A. 国民财富的性质和原因的研究（上卷）[M]. 郭大力，王亚南，译. 北京：商务印书馆，2007.

[61] 斯威齐·P. 资本主义发展论：马克思主义政治经济学原理 [M]. 陈观烈，秦亚男，译. 北京：商务印书馆，1997.

[62] 陶然. 中国当前增长方式下的城市化模式与土地制度改革：典型事实、主要挑战与政策突破 [R]. 清华－布鲁金斯公共政策研究中心政策报告系列一. 清华－布鲁金斯公共政策研究中心，2011.

[63] 田卫民. 转移性收入在居民收入分配中的作用：中国居民收入分配中的逆向调节机制 [J]. 暨南学报（哲学社会科学版），2015，37 (2)：92－101.

[64] 图兹·A. 崩盘：全球金融危机如何重塑世界 [M]. 伍秋玉，译. 上海：三联书店，2021.

[65] 王星，徐佳虹. 中国产业工人技能形成的现实境遇与路径选择 [J]. 学术研究，2020 (8)：59－64.

[66] 王星. "学技术为了不再做技术"背后的逻辑是什么 [EB/OL]. (2019－05－03) [2023－02－20].

[67] 沃尔夫·R. D.，雷斯尼克·S. A. 相互竞争的经济理论：新古典主义、凯恩斯主义和马克思主义 [M]. 孙来斌，王今朝，杨军，译. 北京：社会科学文献出版社，2015.

[68] 沃勒斯坦·I. 现代世界体系（四卷本）[M]. 郭方，等译. 北京：社会科学文献出版社，2013.

[69] 谢尔曼·H. 商业周期：资本主义下的增长和危机 [M]. 胡永红，译. 北京：中国社会科学出版社，2016.

[70] 谢尔曼·H. 停滞膨胀：激进派的失业和通货膨胀理论 [M].

厉以平，厉放，译．北京：商务印书馆，1984.

[71] 谢克·A. 资本主义：竞争、冲突与危机 [M]. 赵准，李连波，孙小雨，译．北京：中信出版集团，2021.

[72] 熊彼特·J. 经济发展理论：对利润、资本、信贷、利息和经济周期的考察 [M]. 何畏，等译．北京：商务印书馆，1991a.

[73] 熊彼特·J. 经济分析史（第一卷）[M]. 朱泱，等译．北京：商务印书馆，1991b.

[74] 严鹏．现代世界体系的“中国时刻”：历史的回归与变轨 [J]. 文化纵横，2023（2）：37-46.

[75] 杨天宇．我国居民收入再分配过程中的“逆向转移”问题研究 [J]. 统计研究，2009，26（4）：19-25.

[76] 张延．对经济学模型化的批判：结论隐藏在基本前提假设中 [J]. 经济理论与经济管理，2010（1）：38-44.

[77] 中谷岩．资本主义为什么会自我崩溃?：新自由主义者的忏悔 [M]. 郑萍，译．北京：社会科学文献出版社，2010.

[78] 朱富强．对现代主流经济学的方法论反思 [J]. 政治经济学评论，2010（2）：121-137.

[79] 朱嘉明．论非均衡增长 [M]. 上海：三联书店，1988.

[80] 朱特·T. 沉疴遍地 [M]. 杜先菊，译．北京：新星出版社，2012.

[81] 朱勇，吴易风．技术进步与经济的内生增长：新增长理论发展述评 [J]. 中国社会科学，1999（1）：21-39.

[82] 邹薇，袁飞兰．劳动收入份额、总需求与劳动生产率 [J]. 中国工业经济，2018（2）：5-23.

[83] ACEMOGLU D. Technical change, inequality, and the labor market [J]. Journal of Economic Literature, 2002, 40 (1): 7-72.

[84] ACEMOGLU D. Labor and capital-augmenting technical change [J]. Journal of the European Economic Association, 2003, 1 (1): 1-37.

[85] ACEMOGLU D. Introduction to modern economic growth [M]. Princeton and Oxford: Princeton University Press, 2009.

[86] ACEMOGLU D., AUTOR D. What does human capital do?: A review of Goldin and Katz's "the race between education and technology" [J]. Journal of Economic Literature, 2012, 50 (2): 426 - 463.

[87] ACEMOGLU D., ROBINSON J. A. The political economy of the kuznets curve [J]. Review of Development Economics, 2002, 6 (2): 183 - 203.

[88] AGHION P., CAROLI E., GARCIA-PENALOSA C. Inequality and economic growth: The perspective of the new growth theories [J]. Journal of Economic Literature, 1999, 37 (4): 1615 - 1660.

[89] AGLIETTA M. A theory of capitalism regulation: The US experience [M]. London and New York: Verso, 1979.

[90] ALARCO G. Factor income distribution and growth regimes in Latin America, 1950 - 2012 [J]. International Labour Review, 2016, 155 (1): 73 - 95.

[91] ALCHIAN A. A., DEMSETZ H. Production, information costs, and economic organization [J]. The American Economic Review, 1972, 62 (5): 777 - 795.

[92] ALDERSON A. S., NIELSEN F. Globalization and the great U-turn: Income inequality trends in 16 OECD countries [J]. American Journal of Sociology, 2002, 107 (5): 1244 - 1299.

[93] ALENCAR D. A., JAYME F. G., BRITTO G. Productivity, real exchange rate, and aggregate demand: An empirical exercise applied to Brazil from 1960 to 2011 [J]. Journal of Post Keynesian Economics, 2018, 41 (3): 455 - 477.

[94] ALESINA A., PEROTTI R. Income distribution, political instability, and investment [J]. European Economic Review, 1996, 40 (6): 1203 - 1228.

[95] ALESINA A., RODRIK D. Distributive politics and economic growth [J]. The Quarterly Journal of Economics, 1994, 109 (2): 465 - 490.

[96] ALEXOPOULOS M., COHEN J. Centralised wage bargaining and

structural change in sweden [J]. European Review of Economic History, 2003, 7 (3): 331 -363.

[97] ALLAIN O. Heterogeneous unit labor costs and profit margins in an economy with vintage capital: An amended Neo-kaleckian model [J]. Journal of Post Keynesian Economics, 2021, 44 (4): 537 -568.

[98] AMABLE B., VERSPAGEN B. The role of technology in market shares dynamics [J]. Applied Economics, 1995, 27 (2): 197 -204.

[99] ANDREWS P. W. S., BRUNNER E. Competitive prices, normal costs and industrial stability [C] //P W S ANDREWS, E BRUNNER. Studies in pricing. London: Palgrave Macmillan UK: 1975: 18 -34.

[100] ANG J. B., MADSEN J. B., RABIUL ISLAM M. The effects of human capital composition on technological convergence [J]. Journal of Macroeconomics, 2011, 33 (3): 465 -476.

[101] ANTRÀS P. Is the U. S. Aggregate production function Cobb-Douglas? New estimates of the elasticity of substitution [J]. The B. E. Journal of Macroeconomics, 2004, 4 (1): 1 -36.

[102] ARIF I. Productive knowledge, economic sophistication, and labor share [J]. World Development, 2021: 139 (March): Online Published.

[103] ARPAIA A., PÉREZ E., PICHELMANN K. Understanding labour income share dynamics in europe [J]. European Commission Economic Papers No. 379, 2009.

[104] ARROW K. J. The economic implications of learning by doing [J]. The Review of Economic Studies, 1962, 29 (3): 155 -173.

[105] ARROW K. J., CHENERY H. B., MINHAS B. S., et al. Capital-labor substitution and economic efficiency [J]. The Review of Economics and Statistics, 1961, 43 (3): 225 -250.

[106] ASIMAKOUPULOS A. Investment, employment and income distribution [M]. Oxford: Polity Press, 1988.

[107] ASSOUS M., DUTT A. K. Growth and income distribution with the dynamics of power in labour and goods markets [J]. Cambridge Journal of Eco-

nomics, 2013, 37 (6): 1407 - 1430.

[108] BALTAGI B. H. Econometric analysis of panel data [M]. Chichester: John Wiley & Sons, 2008.

[109] BARBOSA-FILHO N. H., TAYLOR L. Distributive and demand cycles in the us economy: A structuralist goodwin model [J]. Metroeconomica, 2006, 57 (3): 389 - 411.

[110] BARRO R. J. Government spending in a simple model of endogeneous growth [J]. Journal of Political Economy, 1990, 98 (5, Part 2): S103 - S125.

[111] BARRO R. J., SALA-I-MARTIN X. Economic growth [M]. Cambridge, MA: MIT Press, 2004.

[112] BARTEL A. P., LICHTENBERG F. R. The comparative advantage of educated workers in implementing new technology [J]. The Review of Economics and Statistics, 1987, 69 (1): 1 - 11.

[113] BENHABIB J., SPIEGEL M. M. Chapter 13 human capital and technology diffusion [C] //P AGHION, S N DURLAUF. Handbook of economic growth. Elsevier: 2005: 935 - 966.

[114] BERAMENDI P., CUSACK T. R. Diverse disparities: The politics and economics of wage, market, and disposable income inequalities [J]. Political Research Quarterly, 2008, 62 (2): 257 - 275.

[115] BERNANKE B. S., GÜRKAYNAK R. S. Is growth exogenous? Taking mankiw, romer, and weil seriously [J]. NBER Macroeconomics Annual, 2001 (16): 11 - 57.

[116] BERNHARDT A., SPILLER M. W., POLSON D. All work and no pay: Violations of employment and labor laws in Chicago, Los Angeles and New York city [J]. Social Forces, 2013, 91 (3): 725 - 746.

[117] BETCHERMAN G. Labor market institutions: A review of the literature [J]. World Bank Policy Research Working Paper No. 6276, 2013.

[118] BHADURI A. On the dynamics of profit-led and wage-led growth [J]. Cambridge Journal of Economics, 2007b, 32 (1): 147 - 160.

[119] BHADURI A. Macroeconomics: The dynamics of commodity production [M]. London: Macmillan, 1986.

[120] BHADURI A. Endogenous economic growth: A new approach [J]. Cambridge Journal of Economics, 2006a, 30 (1): 69 – 83.

[121] BHADURI A. The role of income distribution in long run endogenous growth [C] //N SALVADORI. Economic growth and distribution: On the nature and causes of the wealth of nations. Cheltenham, UK: Edward Elgar: 2006b: 40 – 57.

[122] BHADURI A. Growth, distribution and innovations: Understanding their interrelations [M]. London: Routledge, 2007a.

[123] BHADURI A., MARGLIN S. Unemployment and the real wage: The economic basis for contesting political ideologies [J]. Cambridge Journal of Economics, 1990 (14): 375 – 393.

[124] BLANCHARD O., KATZ L. F. Wage dynamics: Reconciling theory and evidence [J]. American Economic Review, 1999, 89 (2): 69 – 74.

[125] BLEANEY M. F. Underconsumption theories: A history and critical analysis [M]. New York: International Publishers, 1976.

[126] BLECKER R. A. International competition, income distribution and economic growth [J]. Cambridge Journal of Economics, 1989 (13): 395 – 412.

[127] BLECKER R. A. International competitiveness, relative wages, and the balance-of-payments constraint [J]. Journal of Post Keynesian Economics, 1998, 20 (4): 495 – 526.

[128] BLECKER R. A. Wage-led versus profit-led demand regimes: The long and the short of it [J]. Review of Keynesian Economics, 2016, 4 (4): 373 – 390.

[129] BLISS C. J. Capital theory and the distribution of income [M]. Amsterdam: North-Holland Publishing Company, 1975.

[130] BODDY R., CROTTY J. Class conflict and macro-policy: The political business cycle [J]. Review of Radical Political Economics, 1975,

7 (1): 1 –19.

[131] BORTIS H. Marshall, the Keynesian revolution and sraffa's significance [J]. Journal of Economic Studies, 2003, 30 (1): 77 –97.

[132] BOWLES S. The production process in a competitive economy: Walrasian, neo-hobbesian, and marxian models [J]. The American Economic Review, 1985, 75 (1): 16 –36.

[133] BOWLES S., BOYER R. Wages, aggregate demand, and employment in an open economy: An empirical investigation [C] //G A EPSTEIN, H M GINTIS. Macroeconomic policy after the conservative era: Studies in investment, saving and finance Cambridge, UK: Cambridge University Press: 1995: 143 –171.

[134] BOWLES S., GINTIS H. The problem with human capital theory—a marxian critique [J]. The American Economic Review, 1975, 65 (2): 74 –82.

[135] BOWLES S., GINTIS H. The crisis of liberal democratic capitalism: The case of the United States [J]. Politics & Society, 1982, 11 (1): 51 –93.

[136] BOWLES S., GORDON D. M., WEISSKOPF T. E. Power and profits: The social structure of accumulation and the profitability of the postwar U. S. Economy [J]. Review of Radical Political Economics, 1986, 18 (1 –2): 132 –167.

[137] BOWLES S., GORDON D. M., WEISSKOPF T. E. Business ascendancy and economic impasse: A structural retrospective on conservative economics, 1979 –87 [J]. Journal of Economic Perspectives, 1989, 3 (1): 107 –134.

[138] BOYER R. The regulation school: A critical introduction [M]. New York: Columbia University Press, 1990.

[139] BOYER R., DURAND J-P. After fordism [M]. London: MacMillan, 1997.

[140] BOYER R., SAILLARD Y. Régulation theory: The state of the art

[M]. London: Routledge, 2002.

[141] BRENNER R., GLICK M. The regulation approach: Theory and history [J]. New Left Review, (July-August): 1991: 45 – 119.

[142] CASS D. Optimum growth in an aggregative model of capital accumulation [J]. The Review of Economic Studies, 1965, 32 (3): 233 – 240.

[143] CASSETTI M. Bargaining power, effective demand and technical progress: A kaleckian model of growth [J]. Cambridge Journal of Economics, 2003, 27 (3): 449 – 464.

[144] CENGIZ D., DUBE A., LINDNER A., et al., The effect of minimum wages on low-wage jobs [J]. The Quarterly Journal of Economics, 2019, 134 (3): 1405 – 1454.

[145] CEVIK S., CORREA-CARO C. Growing (un)equal: Fiscal policy and income inequality in China and BRIC + [J]. IMF Working Paper 15/68. International Monetary Fund, 2015.

[146] CORNWALL J. Modern capitalism: Its growth and transformation [M]. London: Martin Robertson, 1977.

[147] CORNWALL J., CORNWALL W. Capitalist development in the twentieth century: An evolutionary-keynesian analysis [M]. New York: Cambridge University Press, 2001.

[148] CREMIN C. Capitalism's new clothes: Enterprises, ethics and enjoyment in times of crisis [M]. London: Pluto Press, 2011.

[149] CROUCH C. Skill formation systems [C] //S ACKROYD, R BATT, P THOMPSON, et al. The oxford handbook of work and organization. Oxford: Oxford University Press: 2005: 95 – 114.

[150] DARVAS Z. Real effective exchange rates for 178 countries: A new database [J]. Bruegel Working Paper, 2012.

[151] DEL MONTE A. Grado di monopolio e sviluppo economic [J]. Rivista Internazionale di Scienze Sociali, 1975, 46 (3): 231 – 263.

[152] DEQUECH D. Institutions in the economy and some institutions of mainstream economics: From the late 1970s to the 2008 financial and economic

crisis [J]. Journal of Post Keynesian Economics, 2018, 41 (3): 478 -506.

[153] DESAI M. Growth cycles and inflation in a model of the class struggle [J]. Journal of Economic Theory, 1973, 6 (6): 527 -545.

[154] DOMAR E. D. Capital expansion, rate of growth, and employment [J]. Econometrica, 1946 (14): 137 -147.

[155] DUTT A. K. Stagnation, income distribution and monopoly power [J]. Cambridge Journal of Economics, 1984, 8 (1): 25 -40.

[156] DUTT A. K. Conflict inflation, distribution, cyclical accumulation and crises [J]. European Journal of Political Economy, 1992, 8 (4): 579 -597.

[157] EDWARDS R. Contested terrain: The transformation of the workplace in the twentieth century [M]. New York: Basic Books, 1979.

[158] EICHNER A. S. The megacorp and oligopoly: Micro foundations of macro dynamics [M]. Cambridge, UK: Cambridge University Press, 2008.

[159] ELSBY M. W. L., HOBIJN B., SAHIN A. The decline of the U. S. Labor share [J]. Brookings Papers on Economic Activity, Fall: 2013: 1 -63.

[160] EPSTEIN G A. Financialization and the world economy [M]. Cheltenham: Edward Elgar, 2005.

[161] ESTEVEZ-ABE M., IVERSON T., SOSKICE D. Social protection and the formation of skills: A reinterpretation of of the welfare state [C] //P A HALL, D SOSKICE. Varieties of capitalism: The institutional foundations of comparative advantage. New York: Oxford University Press: 2001: 145 -183.

[162] FAGERBERG J. International competitiveness [J]. The Economic Journal, 1988, 98 (391): 355 -374.

[163] FEIJÓ C. A., CÂMARA F. F., CERQUEIRA L. F. Inflation, growth, and distribution: The Brazilian economy after the post war [J]. Journal of Post Keynesian Economics, 2016, 38 (4): 616 -636.

[164] FELIPE J., MCCOMBIE J. S. L. Aggregate production function and the measurement of technical change: Not even wrong [M]. Cheltenham, UK:

Edward Elgar, 2013.

[165] FERGUSON C. E., MORONEY J. R. The sources of change in labor's relative share: A neoclassical analysis [J]. Southern Economic Journal, 1969, 35 (4): 308 -322.

[166] FLASCHEL P., KROLZIG H-M. Wage-price phillips curves and macroeconomic stability: Basic structural form, estimation and analysis [C] // C CHIARELLA, R FRANKE, P FLASCHEL, et al. Contributions to economic analysis. Amsterdam: Elsevier: 2006: 7 -47.

[167] FRANK R. Richistan: A journey through the American wealth boom and the lives of the new rich [M]. Danvers, MA: Crown Publishers, 2007.

[168] GALOR O. Chapter 4 from stagnation to growth: Unified growth theory [C] //P AGHION, S N DURLAUF. Handbook of economic growth. Amsterdam: Elsevier: 2005: 171 -293.

[169] GALOR O., MOAV O. From physical to human capital accumulation: Inequality and the process of development [J]. The Review of Economic Studies, 2004, 71 (4): 1001 -1026.

[170] GALOR O., ZEIRA J. Income distribution and macroeconomics [J]. The Review of Economic Studies, 1993, 60 (1): 35 -52.

[171] GERDES C. The fundamental contradiction in the neoclassical theory of income distribution [J]. Review of Radical Political Economics, 1977, 9 (2): 39 -64.

[172] GLOVER A., SHORT J. Can capital deepening explain the global decline in labor's share? [J]. Review of Economic Dynamics, 2020 (35): 35 -53.

[173] GODA T., ONARAN Ö., STOCKHAMMER E. The role of income inequality and wealth concentration in the recent crisis [C] //Progressive Economy Annual Forum. Brussels, 2014.

[174] GODLEY W., CRIPPS F. Macroeconomics [M]. London: Fontana, 1983.

[175] GOLDSTEIN J. P. The cyclical profit squeeze: A Marxian microfoundation [J]. Review of Radical Political Economics, 1985a, 17 (1-2): 103-128.

[176] GOLDSTEIN J. S. Kondratieff waves as war cycles [J]. International Studies Quarterly, 1985b, 29 (4): 411-444.

[177] GOLDSTEIN J. S. Long waves in war, production, prices, and wages: New empirical evidence [J]. Journal of Conflict Resolution, 1987, 31 (4): 573-600.

[178] GOLLIN D. Getting income shares right [J]. Journal of Political Economy, 2002, 110 (2): 458-474.

[179] GOODWIN R. M. A growth cycle [C] //C H FEINSTEIN. Socialism, capitalism & economic growth. Cambridge, UK: Cambridge University Press: 1969: 54-58.

[180] GOODWIN R. M. A note on wages, profits and fluctuating growth rates [C] //R M GOODWIN. Essays in nonlinear economic dynamics: Collected papers 1980-1987. New York: Peter Lang: 1989: 193-200.

[181] GORDON D. M. Growth, distribution, and the rules of the game: Social structuralist macro foundations for a democratic economic policy [C] //G A EPSTEIN, H M GINTIS. Macroeconomic policy after the conservative era: Studies in investment, saving and finance. New York: Cambridge University Press: 1995: 335-383.

[182] GORDON D. M., EDWARDS R., REICH M. Segmented work, divided workers [M]. New York: Cambridge University Press, 1982.

[183] GORDON D. M., WEISSKOPF T. E., BOWLES S. Long-term growth and the cyclical restoration of profitability [C] //Nonlinear Models of Fluctuating Growth. Berlin, Heidelberg: Springer Berlin Heidelberg: 1984: 86-102.

[184] GORDON D. M., WEISSKOPF T. W., BOWLES S. Long swings and non-productive cycles [J]. The American Economic Review, 1983, 73 (2): 152-157.

[185] GREEN B., SHAHEEN F. Economic inequality and house prices in the UK [J]. NEF Working Paper, The New Economics Foundation, 2014.

[186] GUGER A., MARTERBAUER M., WALTERSKIRCHEN E. Growth policy in the spirit of Steindl and Kalecki [J]. Metroeconomica, 2006, 57 (3): 428 – 442.

[187] HALL P. A., SOSKICE D. Varieties of capitalism: The institutional foundations of comparative advantage [M]. New York: Oxford University Press, 2001.

[188] HARCOURT G. C. Some cambridge controversies in the theory of capital [J]. Journal of Economic Literature, 1969, 7 (2): 369 – 405.

[189] HARRISON B., BLUESTONE B. The great U-turn [M]. New York: Basic Books, 1988.

[190] HARROD R. An essay in dynamic economic theory [J]. The Economic Journal, 1939 (49): 14 – 33.

[191] HARROD R. Economic development and Asian regional cooperation [J]. The Pakistan Development Review, 1962, 2 (1): 1 – 22.

[192] HARTWIG J. Distribution and growth in demand and productivity in Switzerland (1950 – 2010) [J]. Applied Economics Letters, 2013, 20 (10): 938 – 944.

[193] HARTWIG J. Testing the Bhaduri-Marglin model with OECD panel data [J]. International Review of Applied Economics, 2014, 28 (4): 419 – 435.

[194] HAUSMAN D. M. The philosophy of economics: An anthology [M]. Cambridge, UK: Cambridge University Press, 1994.

[195] HAYEK F. A. Monetary theory and the trade cycle [M]. New York: Harcourt, Brace & Company, 1933.

[196] HEIN E. The crisis of finance-dominated capitalism in the euro area, deficiencies in the economic policy architecture, and deflationary stagnation policies [J]. Journal of Post Keynesian Economics, 2013, 36 (2): 325 – 354.

[197] HEIN E. Distribution and growth after Keynes: A Post-Keynesian

guide [M]. Cheltenham, UK: Edward Elgar, 2014.

[198] HEIN E., KRÄMER H. Income shares and capital formation: Patterns of recent developments [J]. Journal of Income Distribution, 1997, 7 (1): 5-28.

[199] HEIN E., TARASSOW A. Distribution, aggregate demand and productivity growth: Theory and empirical results for six OECD countries based on a Post-Kaleckian model [J]. Cambridge Journal of Economics, 2009, 34 (4): 727-754.

[200] HEIN E., VOGEL L. Distribution and growth reconsidered: Empirical results for six OECD countries [J]. Cambridge Journal of Economics, 2007, 32 (3): 479-511.

[201] HICKS J. R. The theory of wages [M]. London: Macmillan, 1932.

[202] HIRSCHMAN A. O. Shifting involvements: Private interest and public action [M]. Princeton: Princeton University Press, 2002.

[203] HODGSON G. M. Economics and institutions: A manifesto for a modern institutional economics [M]. Philadelphia: University of Pennsylvania Press, 1988.

[204] HUWS U. The making of a cybertariat: Virtual work in a real world [M]. New York: Monthly Review Press, 2003.

[205] HUWS U. Labour in contemporary capitalism [M]. Dynamics of virtual work. London: Palgrave Macmillan, 2019.

[206] HØGSNES G. Wage bargaining and norms of fairness: A theoretical framework for analysing the Norwegian wage formation [J]. Acta Sociologica, 1989, 32 (4): 339-357.

[207] IHRIG J. E., WEINBACH G. C., WOLLA S. A. Teaching the linkage between banks and the FED: R. I. P. Money multiplier [J]. Page One Economics Newsletter, Federal Reserve Bank of St. Louis, 2021.

[208] ILO. Global wage report 2012/13: Wages and equitable growth [R]. Geneva: International Labor Office, 2013.

[209] ILO. Global wage report 2014/15: Wages and income inequality [R]. Geneva: International Labor Office, 2015.

[210] IMPERIA A., MAFFEO V. As if nothing were going on: A search in vain for warning about the current crisis in economic journals with the highest impact factors [C] //E BRANCACCIO, G. FONTANA. The global economic crisis: New perspectives on the critique of economic theory and policy. London and New York: Routledge: 2011: 59-77.

[211] INGHAM G. The nature of money [M]. Cambridge, UK: Polity Press, 2004.

[212] JACQUES M. When china rules the world: The end of the western world and the birth of a new global order [M]. New York: Penguin Press, 2009.

[213] JARSULIC M. Effective demand and income distribution: Issues in alternative economic theory [M]. Cambridge, UK: Polity Press, 1988.

[214] JETIN B., KURT O. E. Functional income distribution and growth in Thailand: A post keynesian econometric analysis [J]. Journal of Post Keynesian Economics, 2016, 39 (3): 334-360.

[215] JETIN B., KURT O. E., SU A. Unbalanced distribution of income and unbalanced Chinese growth: Single equation estimations based on bhaduri/marglin model [C]. Paper presented at the Political economy and the outlook for capitalism Conference, Paris, 2012.

[216] JETIN B., ORTIZ L. R. Wage-led demand as a rebalancing strategy for economic growth in China [J]. Journal of Post Keynesian Economics, 2020, 43 (3): 341-366.

[217] JONES C. I. R & D-based models of economic growth [J]. Journal of Political Economy, 1995, 103 (4): 759-784.

[218] JUDSON R. A., OWEN A. L. Estimating dynamic panel data models: A guide for macroeconomists [J]. Economics Letters, 1999, 65 (1): 9-15.

[219] KALDOR N. Alternative theories of distribution [J]. The Review

of Economic Studies, 1955, 23 (2): 83 – 100.

[220] KALDOR N. Capital accumulation and economic growth [C] //D C HAGUE. The theory of capital. London: Palgrave Macmillan: 1961: 177 – 222.

[221] KALDOR N. Causes of the slow rate of economic growth of the United Kingdom: An inaugural lecture [M]. Cambridge, UK: Cambridge University Press, 1966.

[222] KALDOR N. The irrelevance of equilibrium economics [J]. The Economic Journal, 1972, 82 (328): 1237 – 1255.

[223] KALDOR N. Collected economic essays, vol. 5: Further essays on economic theory [M]. London: Duckworth, 1978.

[224] KALECKI M. The principle of increasing risk [J]. Economica, 1937a, 4 (16): 440 – 447.

[225] KALECKI M. A theory of the business cycle [J]. The Review of Economic Studies, 1937b, 4 (2): 77 – 97.

[226] KALECKI M. A theory of profits [J]. The Economic Journal, 1942, 52 (206/207): 258 – 267.

[227] KALECKI M. Money and real wages [C] //J OSIATYNSKI. Capitalism: Economic dynamics (collected works of Michal Kalecki, Vol. 2) . Oxford: Clarendon Press: 1967a: 21 – 50.

[228] KALECKI M. The problem of effective demand with Tugan-Baranovsky and Rosa Luxemburg [C] //J OSIATYNSKI. Capitalism: Economic dynamics (collected works of michal kalecki, Vol. 2) . Oxford: Clarendon Press: 1967b: 451 – 458.

[229] KALECKI M. Selected essays on the dynamics of the capitalist economy 1933 – 1970 [M]. Cambridge, UK: Cambridge University Press, 1971a.

[230] KALECKI M. Trend and business cycle [C] //J OSIATYNSKI. Capitalism: Economic dynamics (collected works of michal kalecki, Vol. 2). London: Claredon Press: 1971b: 435 – 450.

[231] KAO C. Spurious regression and residual-based tests for cointegration in panel data [J]. Journal of Econometrics, 1999, 90 (1): 1 –44.

[232] KAO C., CHIANG M-H. On the estimation and inference of a cointegrated regression in panel data [J]. Advances in Econometrics, 2000 (15): 179 –222.

[233] KARABARBOUNIS L., NEIMAN B. The global decline of the labor share [J]. The Quarterly Journal of Economics, 2014, 129 (1): 61 – 103.

[234] KELLY J. Rethinking industrial relations: Mobilization, collectivism and long waves [M]. London: Routledge, 1998.

[235] KENNEDY C. Induced bias in innovation and the theory of distribution [J]. The Economic Journal, 1964, 74 (295): 541 –547.

[236] KEUNE M. Wage moderation, decentralization of collective bargaining and low pay [C] //M KEUNE, B GALGÓCZI. Wages and wage bargaining in Europe: Developments since the mid – 1990s. Brussels: European Trade Union Institute, 2008.

[237] KEYNES J. M. Relative movements of real wages and output [J]. The Economic Journal, 1939, 49 (193): 34 –51.

[238] KIEFER D., RADA C. Profit maximising goes global: The race to the bottom [J]. Cambridge Journal of Economics, 2015, 39 (5): 1333 – 1350.

[239] KIM Y. K., LIMA G. T., SETTERFIELD M. Political aspects of household finance: Debt, wage bargaining, and macroeconomic (in)stability [J]. Journal of Post Keynesian Economics, 2019, 42 (1): 16 –38.

[240] KINDLEBERGER C. P. Europe's postwar growth: The role of the labor supply [M]. Cambridge, MA: Harvard University Press, 1967.

[241] KLEIN L. R, KOSOBUD R. F. Some econometrics of growth: Great ratios of economics [J]. The Quarterly Journal of Economics, 1961, 75 (2): 173 –198.

[242] KLUMP R., MCADAM P., WILLMAN A. Factor substitution and

factor-augmenting technical progress in the United States: A normalized supply-side system approach [J]. The Review of Economics and Statistics, 2007, 89 (1): 183 - 192.

[243] KOCH M. Wage determination, socio-economic regulation and the state [J]. European Journal of Industrial Relations, 2005, 11 (3): 327 - 346.

[244] KOHLI V. Functional income distribution and effective demand in India: An applied Post Keynesian model [J]. Journal of Post Keynesian Economics, 2018, 41 (3): 399 - 429.

[245] KONDRATIEFF N. D. The long waves in economic life [J]. Review (Fernand Braudel Center), 1979, 2 (4): 519 - 562.

[246] KONZELMANN S. J. The political economics of austerity [J]. Cambridge Journal of Economics, 2014, 38 (4): 701 - 741.

[247] KOOPMANS T. C. On the concept of optimal economic growth [J]. Cowles Foundation Discussion Papers No. 163, 1963. https://elischolar.library.yale.edu/cowles-discussion-paper-series/392.

[248] KOTZ D. M. A comparative analysis of the theory of regulation and the social structure of accumulation theory [J]. Science & Society, 1990, 54 (1): 5 - 28.

[249] KOTZ D. M., MCDONOUGH T., REICH M. Social structures of accumulation: Political economy of growth and crisis [M]. New York: Cambridge University Press, 1994.

[250] KRUSELL P., OHANIAN L. E., RÍOS-RULL J-V, et al., Capital-skill complementarity and inequality: A macroeconomic analysis [J]. Econometrica, 2000, 68 (5): 1029 - 1053.

[251] KURZ H. D. Technical change, growth and distribution: A steady-state approach to "unsteady" growth [C] //H D KURZ. Capital, distribution and effective demand: Studies in the "classical" approach to economic theory. Cambridge, UK: Polity Press: 1990: 209 - 239.

[252] KUZNETS S. Quantitative aspects of the economic growth of na-

tions: Iv. Distribution of national income by factor shares [J]. Economic Development and Cultural Change, 1959, 7 (3, Part 2): 1 -100.

[253] LABINI P. S. The theory of prices in oligopoly and the theory of growth [C] //P S LABINI. The forces of economic growth and decline. Cambridge, MA: MIT Press, 1971.

[254] LAZONICK W., O'SULLIVAN M. Maximizing shareholder value: A new ideology for corporate governance [J]. Economy and Society, 2000, 29 (1): 13 -35.

[255] LEAR W. V. Income distribution and business cycles [J]. Review of Social Economy, 1992, 50 (3): 316 -332.

[256] LEIJONHUFVUD A. Schools, "revolutions", and research programmes in economic theory [C] //S J LATSIS. Method and appraisal in economics. Cambridge, UK: Cambridge University Press: 1976: 65 -108.

[257] LIMA G. T. Functional distribution, capital accumulation and growth in a non-linear macrodynamic model [J]. Journal of Income Distribution, 2009, 18 (1): 3 -19.

[258] LIMA G. T. Market concentration and technological innovation in a dynamic model of growth and distribution [J]. PSL Quarterly Review, 2012, 53 (215).

[259] LIMA G. T., CARVALHO L., SERRA G. P. Human capital accumulation, income distribution, and economic growth: A demand-led analytical framework [J]. Review of Keynesian Economics, 2021, 9 (3): 319 -336.

[260] LIPIETZ A. Mirages and miracles: The crises of global fordism [M]. London: Verso, 1987.

[261] LIPPIT V. D. Social structure of accumulation theory [C] //T MCDONOUGH, M REICH, D M KOTZ. Contemporary capitalism and its crises: Social structure of accumulation theory for the 21st century. New Yok: Cambridge University Press: 2010: 45 -71.

[262] LUCAS R. E. On the mechanics of economic development [J]. Journal of Monetary Economics, 1988, 22 (1): 3 -42.

[263] MADDALA G. S., WU S. A comparative study of unit root tests with panel data and a new simple test [J]. Oxford Bulletin of Economics and Statistics, 1999, 61 (S1): 631 -652.

[264] MAHMUD T. Debt and discipline: Neoliberal political economy and the working classes [J]. Kentucky Law Journal, 2013, 101 (1): 1 -54.

[265] MANDEL E. Long waves of capitalist development: A Marxist interpretation [M]. London: Verso, 1995.

[266] MANKIW N. G., ROMER D., WEIL D. N. A contribution to the empirics of economic growth [J]. The Quarterly Journal of Economics, 107 (2): 1992: 407 -437.

[267] MARGLIN S. A. What do bosses do?: The origins and functions of hierarchy in capitalist production [J]. Review of Radical Political Economics, 1974, 6 (2): 60 -112.

[268] MARGLIN S. A. Growth, distribution, and prices [M]. Cambridge, MA: Harvard University Press, 1984.

[269] MARGLIN S. A., BHADURI A. Profit squeeze and Keynesian theory [J]. WIDER Working Paper 39. World Institute for Development Economics Research of the United Nations University, 1988.

[270] MARKS G. Neocorporatism and incomes policy in western europe and north america [J]. Comparative Politics, 1986, 18 (3): 253 -277.

[271] MARQUETTI A. Do rising real wages increase the rate of labor-saving technical change? Some econometric evidence [J]. Metroeconomica, 2004, 55 (4): 432 -441.

[272] MCCOMBIE J. S. L., THIRLWALL A. P. Essays on balance of payments constrained growth: Theory and evidence [M]. Routledge; London, 2004.

[273] MCCOMBIE J. S. L, THIRLWALL A. P. Economic growth and the balance-of-payments constraint [M]. New York: St. Martin's Press, 1994.

[274] MCDONOUGH T., REICH M., KOTZ D. M. Contemporary capitalism and its crises: Social structure of accumulation theory for the 21st century

[M]. New York: Cambridge University Press, 2010.

[275] MCLEAY M., RADIA A., THOMAS R. Money in the modern economy: An introduction [R]. Bank of England Quarterly Bulletin 2014 Q1. London: Bank of England, 2014b.

[276] MCLEAY M., RADIA A., THOMAS R. Money creation in the modern economy [R]. Bank of England Quarterly Bulletin 2014 Q1. London: Bank of England, 2014a.

[277] MEANS G. C. Notes on inflexible prices [J]. The American Economic Review, 1936, 26 (1): 23-35.

[278] MINSKY H. P. Stablizing an unstable economy [M]. New York: McGraw-Hill, 2008.

[279] MISHEL L., BIVENS J., GOULD E., et al. The state of working America, 12th edition [M]. Cornell University Press, 2013.

[280] MITCHELL W., WRAY L. R., WATTS M. Macroeconomics [M]. London: Red Globe Press, 2019.

[281] MOLERO-SIMARRO R. Functional distribution of income, aggregate demand, and economic growth in the Chinese economy, 1978-2007 [J]. International Review of Applied Economics, 2015, 29 (4): 435-454.

[282] MUNLEY F. Wages, salaries, and the profit share: A reassessment of the evidence [J]. Cambridge Journal of Economics, 1981, 5 (2): 159-173.

[283] NAASTEPAD C. W. M. Technology, demand and distribution: A cumulative growth model with an application to the Dutch productivity growth slowdown [J]. Cambridge Journal of Economics, 2006, 30 (3): 403-434.

[284] NAASTEPAD C. W. M., STORM S. OECD demand regimes (1960-2000) [J]. Journal of Post Keynesian Economics, 2006, 29 (2): 211-246.

[285] NEILD R. Pricing and employment in the business cycle [M]. Cambridge, UK: Cambridge University Press, 1963.

[286] NELSON R. R., PHELPS E. S. Investment in humans, technological diffusion, and economic growth [J]. The American Economic Review,

1966, 56 (1/2): 69 – 75.

[287] NICKELL S. Biases in dynamic models with fixed effects [J]. Econometrica, 1981, 49 (6): 1417 – 1426.

[288] NIKIFOROS M. Distribution-led growth in the long run [J]. Review of Keynesian Economics, 2016, 4 (4): 391 – 408.

[289] NIKIFOROS M. Induced shifting involvements and cycles of growth and distribution [J]. Cambridge Journal of Economics, 2022, 46 (1): 73 – 103.

[290] NIKIFOROS M., FOLEY D. K. Distribution and capacity utilization: Conceptual issues and empirical evidence [J]. Metroeconomica, 2012, 63 (1): 200 – 229.

[291] NISHI H., STOCKHAMMER E. Cyclical dynamics in a Kaleckian model with demand and distribution regimes and endogenous natural output [J]. Metroeconomica, 2020, 71 (1): 256 – 288.

[292] NISHIYAMA Y. The endogenous money supply revisited in a more realistic institutional framework [J]. Journal of Post Keynesian Economics, 2014, 36 (4): 653 – 672.

[293] NORDHAUS W. D., GODLEY W. Pricing in the trade cycle [J]. The Economic Journal, 1972, 82 (327): 853 – 882.

[294] OBERFIELD E., RAVAL D. Micro data and macro technology [J]. Econometrica, 2021, 89 (2): 703 – 732.

[295] OHANIAN L. E., ORAK M., SHEN S. Revisiting capital-skill complementarity, inequality, and labor share [J]. NBER Working Paper No. 28747, 2021. https://www.nber.org/papers/w28747.

[296] ONARAN Ö. From wage suppression to sovereign debt crisis in western europe: Who pays for the costs of the crisis? [J]. International Journal of Public Policy, 2011, 7 (1 – 3): 51 – 69.

[297] ONARAN Ö., GALANIS G. Income distribution and growth: A global model [J]. Environment and Planning A: Economy and Space, 2014, 46 (10): 2489 – 2513.

[298] ONARAN Ö., OBST T. Wage-led growth in the EU15 member-states: The effects of income distribution on growth, investment, trade balance and inflation [J]. Cambridge Journal of Economics, 2016, 40 (6): 1517-1551.

[299] ONARAN Ö., STOCKHAMMER E. Two different export-oriented growth strategies: Accumulation and distribution in Turkey and South Korea [J]. Emerging Markets Finance and Trade, 2005, 41 (1): 65-89.

[300] ONARAN Ö., STOCKHAMMER E., GRAFL L. Financialisation, income distribution and aggregate demand in the USA [J]. Cambridge Journal of Economics, 2011, 35 (4): 637-661.

[301] OREIRO J. L. Accumulation regimes, endogenous desired rate of capacity utilization and income distribution [J]. Investigación Económica, 2004, 63 (248): 41-70.

[302] OXFAM. Even it up: Time to end extreme inequality [R]. Oxford, UK: OXFAM International, 2014.

[303] O'HARA P. A. Growth and development in the global political economy: Social structures of accumulation and modes of regulation [M]. London and New York: Routledge, 2006.

[304] PALERMO G. Competition: A Marxist view [J]. Cambridge Journal of Economics, 2017, 41 (6): 1559-1585.

[305] PALLEY T. I. From financial crisis to stagnation: The destruction of shared prosperity and the role of economics [M]. New York: Cambridge University Press, 2012.

[306] PALLEY T. I. Enriching the Neo-Kaleckian growth model: Nonlinearities, political economy, and financial factors [J]. Political Economy Research Inmstitute Working Paper Series, No. 335, Political Economy Research Institute, University of Massachusetts at Amherst, 2013.

[307] PASINETTI L. L. Rate of profit and income distribution in relation to the rate of economic growth [C] //F H HAHN. Readings in the theory of growth: A selection of papers from the review of economic studies. London: Palgrave Macmillan UK: 1971: 184-196.

[308] PAUL S. A decline in labor's share with capital accumulation and complementary factor inputs: An application of the Morishima elasticity of substitution [J]. IZA Discussion Paper Series No. 12219, 2019. https://ssrn.com/abstract=3390208.

[309] PAUL S. Understanding the global decline in the labor income share [J]. IZA World of Labor, 472, 2020. https://wol.iza.org/articles/understanding-the-global-decline-in-the-labor-income-share/long.

[310] PEDRONI P. Critical values for cointegration tests in heterogeneous panels with multiple regressors [J]. Oxford Bulletin of Economics and Statistics, 1999, 61 (S1): 653-670.

[311] PEDRONI P. Panel cointegration: Asymptotic and finite sample properties of pooled time series tests with an application to the ppp hypothesis [J]. Econometric Theory, 2004, 20 (3): 597-625.

[312] PESARAN M. H., SMITH R. Estimating long-run relationships from dynamic heterogeneous panels [J]. Journal of Econometrics, 1995, 68 (1): 79-113.

[313] PURDY D. Social power and the labor market: A radical approach to labor economics [M]. London: MacMillan Education, 1988.

[314] PUTNAM R. D. Our kids: The American dream in crisis [M]. New York: Simon & Schuster, 2015.

[315] RAMSEY F. P. A mathematical theory of saving [J]. The Economic Journal, 1928, 38 (152): 543-559.

[316] REBELO S. Long-run policy analysis and long-run growth [J]. Journal of Political Economy, 1991, 99 (3): 500-521.

[317] RIBEIRO R. S. M., MCCOMBIE J. S. L., LIMA G T. Exchange rate, income distribution and technical change in a balance-of-payments constrained growth model [J]. Review of Political Economy, 2016, 28 (4): 545-565.

[318] ROBINSON J. The production function and the theory of capital [J]. The Review of Economic Studies, 1953, 21 (2): 81-106.

[319] ROBINSON J. The accumulation of capital [M]. London: Macmillian, 1956.

[320] ROBINSON J. Essays in the theory of economic growth [M]. London: Macmillan, 1962.

[321] ROBINSON J. Economic heresies: Some old-fashioned questions in economic theory [M]. New York: Basic Books, 1971.

[322] ROBINSON J. Collected economic papers, Vol. 3 [M]. Oxford: Basil Blackwell, 1975.

[323] ROBINSON J. What are the questions?[J]. Journal of Economic Literature, 1977, 15 (4): 1318 -1339.

[324] ROMER P. M. Increasing returns and long-run growth [J]. Journal of Political Economy, 1986, 94 (5): 1002 -1037.

[325] ROMER P. M. Endogenous technological change [J]. Journal of Political Economy, 1990, 98 (5, Part 2): S71 -S102.

[326] ROSENBERG S. Labor in the contemporary social structure of accumulation [C] //T MCDONOUGH, M REICH, D M KOTZ. Contemporary capitalism and its crises: Social structure of accumulation theory for the 21st century. New York: Cambridge University Press: 2010: 195 -214.

[327] ROWTHORN B. Neoclassical economics and its critics: A Marxist view [J]. Pakistan Economic and Social Review, 1973, 11 (3): 316 -348.

[328] ROWTHORN B. Demand, real wages and economic growth [J]. Thames Papers in Political Economy, Autumn: 1981: 1 -39.

[329] SAMUELSON P. A. Interactions between the multiplier analysis and the principle of acceleration [J]. The Review of Economics and Statistics, 1939, 21 (2): 75 -78.

[330] SAMUELSON P. A. A theory of induced innovation along Kennedy-Weisäcker lines [J]. The Review of Economics and Statistics, 1965, 47 (4): 343 -356.

[331] SANDMO A. Chapter 1 - the principal problem in political economy: Income distribution in the history of economic thought [C] //A B ATKIN-

SON, F BOURGUIGNON. Handbook of income distribution. Amsterdam: Elsevier: 2015: 3 -65.

[332] SAWYER M. C. The economics of Michal Kalecki [M]. London: MacMillian, 1985.

[333] SCHARPF F. W. The European social model: Coping with the challenges of diversity [J]. Journal of Common Market Studies, 2002, 40 (4): 645 -670.

[334] SCHMID G. , SCHÖMANN K. Wage policy in the new Germany [J]. Challenge, 1993, 36 (1): 48 -51.

[335] SCHMOOKLER J. Invention and economic growth [M]. Cambridge, MA: Harvard University Press, 1966.

[336] SCHULTEN T. A European solidaristic wage policy? Conceptual reflections on an europeanization of trade union wage policy [J]. European Journal of Industrial Relations, 2002, 8 (2): 173 -196.

[337] SCHÜTZ B. Endogenous income distribution in the Bhaduri-Marglin model [J]. European Journal of Economics and Economic Policies: Intervention, 2012, 9 (2): 309 -320.

[338] SCREPANTI E. Wages, employment, and militancy: A simple model and some empirical tests [J]. Review of Radical Political Economics, 2000, 32 (2): 171 -196.

[339] SERVAAS S. , NAASTEPAD C. W. M. Bhaduri-Marglin meet Kaldor-Marx: Wages, productivity and investment [J]. Review of Keynesian Economics, 2017, 5 (1): 4 -24.

[340] SETTERFIELD M. A model of Kaldorian traverse: Cumulative causation, structural change and evolutionary hysteresis [C] //M SETTERFIELD. The economics of demand-led growth: Challenging the supply-side vision of the long run. Cheltenham, UK: Edward Elgar: 2002: 215 -233.

[341] SETTERFIELD M. , CORNWALL J. A Neo-Kaldorian perspective on the rise and decline of the golden age [C] //M SETTERFIELD. The economics of demand-led growth: Challenging the supply-side vision of the long

run. Cheltenham, UK: Edward Elgar: 2002: 67 - 85.

[342] SETTERFIELD M., GOURI SURESH S. Aggregate structural macroeconomic analysis: A reconsideration and defence [J]. Cambridge Journal of Economics, 2014, 38 (4): 797 - 815.

[343] SHAIKH A. Laws of production and laws of algebra: The humbug production function [J]. The Review of Economics and Statistics, 1974, 56 (1): 115 - 120.

[344] SLEEPER R. D. Manpower redeployment and the selective employment tax [J]. Bulletin of the Oxford University Institute of Economics & Statistics, 1970, 32 (4): 273 - 299.

[345] SMITHIN J. Rethinking the theory of money, credit, and macroeconomics: A new statement for the twenty-first century [M]. New York: Lexington Books, 2018.

[346] SNOWDON B., VANE H. R. Modern macroeconomics: Its origins, development and current state [M]. Cheltenham, UK: Edward Elgar, 2005.

[347] SOLOW R. M. A contribution to the theory of economic growth [J]. The Quarterly Journal of Economics, 1956, 70 (1): 65 - 94.

[348] SOLOW R. M. A skeptical note on the constancy of relative shares [J]. The American Economic Review, 1958, 48 (4): 618 - 631.

[349] SOLOW R. M. The Neoclassical theory of growth and distribution [J]. PSL Quarterly Review, 2012, 53 (215): 3643 - 9923.

[350] SRAFFA P. The laws of returns under competitive conditions [J]. The Economic Journal, 1926, 36 (144): 535 - 550.

[351] STEINDL J. Maturity and stagnation in american capitalism [M]. New York: Monthly Review Press, 1952.

[352] STOCKHAMMER E. The Euro crisis and contradictions of neoliberalism in europe [J]. Post Keynesian Economics Study Group Working Paper 1401, 2014. https: //eprints. kingston. ac. uk/id/eprint/27724/.

[353] STOCKHAMMER E. Determinants of the wage share: A panel a-

nalysis of advanced and developing economies [J]. British Journal of Industrial Relations, 2017, 55 (1): 3 -33.

[354] STOCKHAMMER E., ONARAN Ö. Accumulation, distribution and employment: A structural var approach to a kaleckian macro model [J]. Structural Change and Economic Dynamics, 2004, 15 (4): 421 -447.

[355] STOCKHAMMER E., ONARAN Ö., EDERER S. Functional income distribution and aggregate demand in the euro area [J]. Cambridge Journal of Economics, 2009, 33 (1): 139 -159.

[356] STOCKHAMMER E., WILDAUER R. Debt-driven growth? Wealth, distribution and demand in OECD countries [J]. Cambridge Journal of Economics, 2016, 40 (6): 1609 -1634.

[357] SUBRAMANIAN A. Eclipse: Living in the shadow of China's economic dominance [M]. Washington, DC: Peterson Institute for International Economics, 2011.

[358] SUNG J., TURBIN J., ASHTON D. Towards a framework for the comparative analysis of national systems of skill formation [J]. International Journal of Training and Development, 2000, 4 (1): 8 -25.

[359] SWAN T. W. Economic growth and capital accumulation [J]. Economic Record, 1956, 32 (2): 334 -361.

[360] TABB W. K. Financialization in the contemporary social structure of accumulation [C] //T MCDONOUGH, M REICH, D M KOTZ. Contemporary capitalism and its crisis: Social structure of accumulation theory for the 21st century. Cambridge, MA: Cambridge University Press: 2010: 145 -167.

[361] TAVANI D., FLASCHEL P., TAYLOR L. Estimated non-linearities and multiple equilibria in a model of distributive-demand cycles [J]. International Review of Applied Economics, 2011, 25 (5): 519 -538.

[362] TAVANI D., ZAMPARELLI L. Endogenous technical change in alternative theories of growth and distribution [J]. Journal of Economic Surveys, 2017, 31 (5): 1272 -1303.

[363] TAYLOR L. A stagnationist model of economic growth [J]. Cam-

bridge Journal of Economics, 1985, 9 (4): 383 –403.

[364] TCHERNEVA P. R. Reorienting fiscal policy: A bottom-up approach [J]. Journal of Post Keynesian Economics, 2014, 37 (1): 43 –66.

[365] THIRLWALL A. P. The balance of payments constraint as an explanation of international growth rate differences [J]. BNL Quarterly Review, 1979, 32 (128): 45 –53.

[366] TILLY C. From mobilization to revolution [M]. New York: McGraw-Hill, 1978.

[367] TRIDICO P., PARIBONI R. Inequality, financialization, and economic decline [J]. Journal of Post Keynesian Economics, 2018, 41 (2): 236 –259.

[368] UNDP. Addressing the cost-of-living crisis in developing countries: Poverty and vulnerability projections and policy responses [R]. New York: United Nations High-Level Political Forum on Sustainable Development, 2022.

[369] UNGER R. M. The knowledge economy [M]. London: Verso, 2019.

[370] UZAWA H. Optimum technical change in an aggregative model of economic growth [J]. International Economic Review, 1965, 6 (1): 18 –31.

[371] VAN DER WEE H. Prosperity and upheaval: The world economy, 1945 –1980 [M]. Berkeley: University of California Press, 1986.

[372] VANDENBUSSCHE J., AGHION P., MEGHIR C. Growth, distance to frontier and composition of human capital [J]. Journal of Economic Growth, 2006, 11 (2): 97 –127.

[373] VERCELLI A. Economy and economics: The twin crisis [C] //E BRANCACCIO, G. FONTANA. The global economic crisis: New perspectives on the critique of economic theory and policy. London and New York: Routledge: 2011: 27 –41.

[374] VERGEER R., KLEINKNECHT A. The impact of labor market deregulation on productivity: A panel data analysis of 19 oecd countries (1960 –2004) [J]. Journal of Post Keynesian Economics, 2010, 33 (2): 371 –408.

[375] VERGEER R. , KLEINKNECHT A. Do labour market reforms reduce labour productivity growth? A panel data analysis of 20 OECD countries (1960 – 2004) [J]. International Labour Review, 2014, 153 (3): 365 – 393.

[376] WALLACE M. , BRADY D. Globalization or spatialization? The worldwide spatial restructuring of the labor process [C] //T MCDONOUGH, M REICH, D M KOTZ. Contemporary capitalism and its crisis: Social structure of accumulation theory for the 21st century. New York: Cambridge University Press: 2010: 121 – 144.

[377] WALLERSTEIN M. Wage-setting institutions and pay inequality in advanced industrial societies [J]. American Journal of Political Science, 1999, 43 (3): 649 – 680.

[378] WANG P. Three essays on monetary policy and economic growth in china [D]. Department of Economics. Ottawa: University of Ottawa, 2009.

[379] WANG Y. Who benefits more from the college expansion policy? Evidence from china [J]. Research in Social Stratification and Mobility, 71: Online Published, 2021.

[380] WARREN E. The new economics of the middle class: Why making ends meet has gotten harder [R]. Testimony before State Finance Committee May 10, 2007.

[381] WEISSKOPF T. E. Marxian crisis theory and the rate of profit in the postwar U. S. Economy [J]. Cambridge Journal of Economics, 1979, 3 (4): 341 – 378.

[382] WEISSKOPF T. E. , BOWLES S. , GORDON D. M. , et al. Hearts and minds: A social model of U. S. Productivity growth [J]. Brookings Papers on Economic Activity, 1983 (2): 381 – 450.

[383] WICKSTEED P. H. An essay on the co-ordination of the laws of distribution [M]. London: London School of Economics, 1932.

[384] WISMAN J. D. Wage stagnation, rising inequality and the financial crisis of 2008 [J]. Cambridge Journal of Economics, 2013, 37 (4): 921 – 945.

[385] WRAY L. R. Modern money theory: A primer on macroeconomics for sovereign monetary systems [M]. London: Palgrave MacMillan, 2015.

[386] XING Y. Decoding China's export miracle: A global value chain analysis [M]. Hackensack, NJ: World Scientific, 2021.

[387] XIONG Y. The broken ladder: Why education provides no upward mobility for migrant children in china [J]. The China Quarterly, 2015 (221): 161 - 184.

[388] XU Y., LIU D., TANG D-S. Decent work and innovative work behaviour: Mediating roles of work engagement, intrinsic motivation and job self-efficacy [J]. Creativity and Innovation Management, 2022, 31 (1): 49 - 63.

[389] YANG J., HUANG X., LIU X. An analysis of education inequality in China [J]. International Journal of Educational Development, 2014 (37): 2 - 10.

[390] YOUNG A. A. Increasing returns and economic progress [J]. The Economic Journal, 1928, 38 (152): 527 - 542.

[391] YOUNG A. T. One of the things we know that ain't so: Is US labor's share relatively stable? [J]. Journal of Macroeconomics, 2010, 32 (1): 90 - 102.

[392] ZHANG D., LI X., XUE J. Education inequality between rural and urban areas of the people's republic of China, migrants' children education, and some implications [J]. Asian Development Review, 2015, 32 (1): 196 - 224.

[393] ZIZEK S. First as tragedy, then as farce [M]. London: Verso, 2009.

[394] ÁLVAREZ I., UXÓ J., FEBRERO E. Internal devaluation in a wage-led economy: The case of spain [J]. Cambridge Journal of Economics, 2019, 43 (2): 335 - 360.

致　谢

本书是笔者于2016年开始主持的国家社会科学基金青年项目“非主流宏观动态学视角的收入分配、内生需求与供给侧协同研究”（16CJL036）的最终成果。参与该项目结题审批的五位匿名专家在对成果给予肯定评价的同时，也提出了诸多宝贵的修改建议。这些建议使本书较之当初提交的结题成果又有了很大改进，也帮助本人明确了进一步的研究方向。在此对五位匿名评审专家表示衷心的感谢。

在该项目的过程管理、结题乃至成果报送环节，中国劳动关系学院科研处的各位老师给予了大力的支持与配合。感谢科研处处长燕晓飞教授、主管相关工作的副处长张楠老师，特别是负责项目日常管理的丁小团和汪星余老师。多亏她们的耐心帮助，结题工作才得以顺利推进。同时也感谢中国劳动关系学院劳动经济学院（原经济管理学院）的各位同仁，特别是院长纪韶教授、执行院长谢琦教授以及劳动经济系主任张勇副教授。我自2020年底从原单位调至现单位，她（他）们在我入职过程中给予了鼎力支持；在我入职至今的两年多时间里，她（他）们给予了我充分的信任，让我尽可能发挥自身的专长。我取得的任何成绩，当然与这些可敬可爱的同事们的支持密不可分。

感谢我在学术道路上的领路人——我在北京交通大学攻读博士学位时的导师林玳玳教授、袁伦渠教授，以及我在清华大学从事博士后研究时的合作导师施祖麟教授。她（他）们不仅共同引领我走上学术研究生涯，还在我一贯坚持既有研究方向的过程中给我持续的知识给养与精神激励。三位教授深厚的理论修养和见识阅历令我受益良多，她（他）们严谨的治学态度与人格操守更是我的精神榜样与行为示范。

另外还有一名“神秘”的师长值得感谢，他就是清华大学的崔之元教授。之所以说“神秘”，是指他几乎从没有当面指导过我，但一直在潜移默化地给我帮助，并且是在他并不知情的情况下实现的。我只是在 2015 年崔教授担任我的博士后出站报告答辩老师时与他有一面之缘，但他渊博的学识、儒雅的风范一直令我钦羡。他在政治哲学、政治经济学、宏观经济学等领域均有广泛涉猎，并且每天都会在朋友圈以及他主持的公众号“实验主义治理”上无私分享多篇富含精神营养的文章。我几乎每天都能从这些分享中发现自己感兴趣的话题。这些分享不仅给了我直接的给养与启迪，还把我引向很多与本人研究密切相关的文章与著作。他可谓是我的“朋友圈老师”。

当然还要感谢经济科学出版社，特别是本书的责任编辑和编审老师。她们以扎实的专业知识功底和令人钦佩的敬业精神，字斟句酌地完成本书的修订与审校工作，并在书稿的修订和出版方面提出了很多宝贵的建议，使本书能以更好的面貌付梓。

最后要把深沉的感谢送给家人。感谢父母给予永远不求回报的爱与关心，并且乐此不疲地帮助精心照料儿女。感谢妻子刘德俊在精神上给了我始终如一的支持与鼓励，在生活上给了我无微不至的照顾，让我心无旁骛，潜心研究。谨以此书献给他（她）们。也把这本书献给女儿刘乐逸和儿子刘乐桐，她（他）们是全家奋斗的动力和欢乐的源泉。

刘 盾

2023 年 2 月于北京